2024年企业合规师考试教材

考试执行T/CEEAS 004—2021《企业合规师职业技能评价标准》

中国企业评价协会企业合规专业委员会 组编

企业合规事务管理(高级)

中国法制出版社
CHINA LEGAL PUBLISHING HOUSE

主 编

李奋飞

副主编

陶朗逍　汪承昊　黎　文　张　吕

编写组成员

陈　超　李晓晖　李　斌　田　申
周治成　王荣珍　仕　达　郑伟伟
沈　洁　范哲豪　陈正伟　白浩琳
王春军　李　梁　张　静　陈　杰
杨保全　孔建美

总　序

党的十八大以来，党和国家高度重视发挥法治在推进社会主义建设中的重要作用，党的十八届四中全会通过的《中共中央关于全面推进依法治国若干重大问题的决定》指出，依法加强和改善宏观调控、市场监管，反对垄断，促进合理竞争，维护公平竞争的市场秩序。随着中国特色社会主义进入新时代，企业合规有关法律制度改革蓬勃发展，全国检察机关全面推开涉案企业合规改革试点，国家发改委、外交部、商务部、中国人民银行等部门联合发布了《企业境外经营合规管理指引》，国务院国资委发布了《中央企业合规管理办法》，这些标志性事件推动我国企业合规建设程度不断提高。落实"十四五"规划，持续优化市场化、法治化、国际化的营商环境，需要高水平、高素养的合规人才队伍，加强企业合规师职业能力培训具有时代必要性。2022年中华人民共和国人力资源和社会保障部发布的《中华人民共和国职业分类大典》将企业合规师纳为我国的正式职业。在此背景下，有必要组织编写企业合规师相关职业技能教材，作为知识丰富的实务手册，引领和规范合规实践。

本套教材在撰写时力求反映和体现企业合规师职业能力（水平）考试的特点，以T/CEEAS 004—2021《企业合规师职业技能评价标准》（以下简称《CEEAS标准》）为指引，同时参照国际标准ISO 37301:2021

《合规管理体系 要求及使用指南》和国家标准 GB/T 35770—2022《合规管理体系 要求及使用指南》编撰而成。本套教材包括企业合规事务管理、企业合规与审计思维、企业合规与财务思维三大门类。在体例编排和内容安排上，为方便应试人员复习考试，本套教材根据《CEEAS 标准》划分为：1.《2024 年企业合规师考试教材：企业合规与审计思维（通用）》；2.《2024 年企业合规师考试教材：企业合规与财务思维（通用）》；3.《2024 年企业合规师考试教材：企业合规事务管理（高级）》；4.《2024 年企业合规师考试教材：企业合规事务管理（中级）》；5.《2024 年企业合规师考试教材：企业合规事务管理（初级）》。其中《2024 年企业合规师考试教材：企业合规与审计思维（通用）》《2024 年企业合规师考试教材：企业合规与财务思维（通用）》是初级、中级、高级的统一教材。

企业合规事务管理是企业合规工作的统称，涵盖企业合规师作为企业合规官、企业合规顾问、企业合规监管人等履职的所有必备专业技能。《2024 年企业合规师考试教材：企业合规事务管理》的初级、中级、高级教材主要从企业合规的基本内涵、企业合规师的岗位职能、企业合规师的职业素养、企业合规管理体系的基本要素、企业合规管理体系的搭建要点、我国检察机关开展的涉案企业合规改革、风险领域的专项合规实务等方面展开，实务内容丰富，尤其是对反不正当竞争合规、招投标合规、劳动用工合规、安全生产合规、数据合规、反垄断合规、反商业贿赂合规七大常见专项合规领域进行阐述，深度分析和总结了专项合规领域的监管态势、风险识别、合规计划打造等问题。初级、中级、高级教材不仅在基础章节的内容细致程度方面有所区别，而且合规实务所涵盖的专项合规领域数量也有所不同；不仅可以作为企业合规师的考试教材，还可以作为企业合规师从业的操作手册和企业实施合规培训的参考资料。

审计思维和财务思维是企业合规师必须具备的专业技能。《2024年企业合规师考试教材：企业合规与审计思维（通用）》从审计的知识体系中，选取了四大类思维，分别为企业合规师的审计规范思维、审计联系思维、审计逻辑思维、审计系统思维，并细分为十六个具体审计思维进行深入浅出的阐述，是编写组成员长期从事审计、会计专业教学、科研和审计实务工作的经验总结。《2024年企业合规师考试教材：企业合规与财务思维（通用）》核心内容主要包含企业合规师的战略财务思维、流程财务思维、要素财务思维、战略成本思维、财务准则思维、财务结构思维、财务报表思维、财务分析思维八大思维。两本教材辅以练习题和参考答案，大大提高了教材的可读性、启发性和实用性。

本套教材由中国企业评价协会企业合规专业委员会组织编写，约请中国人民大学、北京经济管理职业学院数字财金学院、北京科技大学、广东外语外贸大学、中央民族大学等院校的知名学者，以及正义网、易华录、中兴通讯、汉坤律师事务所、植德律师事务所、泰和泰律师事务所、广盛律师事务所等单位对企业合规管理富有经验的实务专家担纲撰写，力求开放务实、简洁明快、深入浅出，努力凸显本套教材所具备的实践品格。中兴通讯全球法律政策研究院邓园园、王晨、刘权、胡帅、祁子沐、范佳宜、刁扬等诸君对教材写作亦有所贡献。我们愿广泛汲取各方意见、建议，不断拓宽深化合规管理工作的知识内容和研究领域，立足新职业实践，助推企业合规师行业的高质量发展。

目　　录

第一章　企业合规的基本内涵 …………………………………………… 001

第一节　企业合规的概念 / 003
一、理论视角下的企业合规概念 / 003
二、管理视角下的企业合规概念 / 006
三、法律制度视角下的企业合规概念 / 010

第二节　企业合规的源起 / 012
一、立法、执法环境的现代化 / 012
二、企业管理方法的现代化 / 015
三、国家监管制度的现代化 / 015

第三节　企业合规的分类 / 017
一、企业合规的法律分类维度 / 017
二、企业合规的业务分类维度 / 021
三、企业合规标准的分类维度 / 022

第四节　企业合规的价值 / 024
一、合规提升企业的商业竞争力 / 025
二、合规提升企业的刑事风险防控力 / 027
三、合规提升企业的行政风险防控力 / 029

第二章　企业合规师的岗位职能 …………………………………………… 033

第一节　企业合规官的职能 / 035
一、企业合规官的类型 / 035
二、企业合规官的职责 / 038

第二节　企业合规顾问的职能 / 043
　　一、企业合规顾问的类型 / 044
　　二、企业合规顾问的职责 / 045
第三节　企业合规监管人的职能 / 046
　　一、合规监管人的类型 / 047
　　二、合规监管人的职责 / 050

第三章　企业合规师的职业素养 …………………………………… 055

第一节　企业合规师的职业道德标准 / 057
　　一、保守秘密 / 057
　　二、公平正义 / 059
　　三、忠于职守 / 061
　　四、服务大局 / 063
第二节　企业合规师的能力模型 / 064
　　一、企业合规师的知识结构 / 064
　　二、企业合规师的通用能力 / 068
　　三、企业合规师的专项技能 / 072
第三节　高级企业合规师的技能要求 / 075
　　一、合规价值观、定位、架构 / 075
　　二、风险识别、评估 / 076
　　三、风险应对 / 077
　　四、培训 / 077
　　五、沟通/咨询 / 078
　　六、举报 / 078
　　七、调查 / 078
　　八、文化建设 / 079
　　九、合规管理的监督改进 / 080
　　十、风险领域的专项合规 / 081

第四章　企业合规管理体系的基本要素 ……………………………… 083

第一节　合规手册 / 085
一、合规手册概述 / 085
二、合规手册的内容 / 087
三、建立并维护合规手册 / 089
四、合规手册在企业内部的实施与应用 / 092

第二节　合规组织的定位和结构 / 093
一、合规组织的定位 / 093
二、合规组织的架构 / 097

第三节　合规风险的评估 / 102
一、合规风险的概念 / 102
二、合规风险评估的概念 / 103
三、合规风险评估的主要步骤和基本方法 / 104
四、合规风险评估的具体开展 / 106

第四节　合规培训与沟通 / 109
一、合规培训概述 / 109
二、合规培训的实施与管理 / 110
三、合规培训的效果评估及结果应用 / 113
四、合规培训的记录保存 / 114

第五节　合规举报与调查 / 114
一、合规举报 / 114
二、合规调查 / 118

第六节　合规审计 / 122
一、合规审计概述 / 122
二、合规审计工作流程 / 126

第七节　第三方管理 / 130
一、第三方相关概念 / 131
二、第三方合规管理思路 / 132

三、第三方合规管理要素 / 133

四、第三方管理要求 / 135

第八节 合规文化 / 138

一、合规文化对企业合规管理体系建设的重要意义 / 138

二、合规文化建设的方法和思路 / 140

第五章 企业合规管理体系的搭建要点 …… 145

第一节 国有企业合规管理体系的构建 / 147

一、国有企业开展合规管理建设的概况 / 147

二、国有企业开展合规管理建设的实践方法 / 175

第二节 民营企业合规管理体系的构建 / 213

一、民营企业开展合规管理建设的背景 / 213

二、民营企业开展合规管理建设的目标和原则 / 221

三、民营企业开展合规管理建设的实践方法 / 223

第三节 跨境企业合规管理体系的构建 / 230

一、跨境企业所面临的合规环境的特征 / 230

二、跨境企业进行合规管理体系搭建时的关注点 / 233

三、ZT 公司的企业合规体系搭建经验 / 243

第六章 我国检察机关开展的涉案企业合规改革 …… 249

第一节 涉案企业合规概述 / 251

一、涉案企业合规的内涵 / 251

二、涉案企业合规的现状分析 / 251

三、涉案企业合规与企业合规的关系 / 254

第二节 涉案企业合规的具体操作 / 256

一、涉案企业合规的适用 / 256

二、涉案企业合规的操作流程 / 263

三、涉案企业合规的法律效果 / 283

第七章 风险领域的专项合规实务 …… 297

第一节 反不正当竞争合规 / 299
一、反不正当竞争合规的监管态势 / 299
二、反不正当竞争合规的风险识别 / 301
三、反不正当竞争合规计划的打造 / 318

第二节 招投标合规 / 323
一、招投标合规的监管态势 / 324
二、招投标合规风险的识别 / 337
三、招投标合规计划的打造 / 345

第三节 劳动用工合规 / 347
一、劳动用工合规的监管态势 / 347
二、劳动用工合规风险的识别 / 352
三、劳动用工合规计划的打造 / 364

第四节 安全生产合规 / 370
一、安全生产合规的监管态势 / 370
二、安全生产合规风险的识别 / 377
三、安全生产合规计划的打造 / 383

第五节 数据合规 / 386
一、数据合规的监管态势 / 386
二、数据合规风险的识别 / 392
三、数据合规计划的打造 / 394

第六节 反垄断合规 / 405
一、反垄断合规的监管态势 / 405
二、反垄断合规风险的识别 / 409
三、反垄断合规计划的打造 / 425

第七节 反商业贿赂合规 / 431
一、反商业贿赂合规的监管态势 / 432
二、反商业贿赂合规风险的识别 / 433
三、反商业贿赂合规计划的打造 / 434

第一章 企业合规的基本内涵

自 2018 年以来,"企业合规"作为新兴的交叉学科概念,开始成为我国国家治理、刑事司法、涉外法治、企业管理等领域的热门词语。2021 年 3 月,我国人力资源和社会保障部、国家市场监督管理总局、国家统计局联合发布了 18 个新职业,其中就包括"企业合规师"。新增该职业的原因在于,扎实推动经济高质量发展和提升企业国际竞争力,对企业合规建设提出了更高要求。企业合规管理是对企业法律、财务、审计、进出口、劳动环境、社会责任等多方面进行合规管控,具有较强的综合性、独立性和技术性。近年来,多部门出台了一系列企业合规管理政策及指引,如《企业境外经营合规管理指引》《中央企业合规管理办法》等。企业合规师将在规范企业投资经营行为、注重环境保护、履行社会责任、提高企业竞争软实力等方面发挥积极作用。

简言之,企业合规师就是从事企业合规工作的人员。然而,由于企业合规相关理论和实践在我国发展的时间较短,社会各界对于什么是企业合规、企业为什么要实施合规管理、企业合规管理制度的实践样貌等基本问题仍在讨论中。本章旨在明确企业合规的基本概念,梳理企业合规产生的历史渊源,概括企业视角下合规管理的基本分类,并对企业合规的价值进行探讨。

第一节 企业合规的概念

企业合规的定义有广义和狭义之分。广义上的企业合规指的是企业"守法"或"合乎法律规定",即企业依法依规经营。狭义的企业合规则是一种新型的管理制度,即"企业为防范外部的法律风险而建立的内部管理制度"[1]。我国《中央企业合规管理办法》第3条第3款对这种管理制度所涵盖的具体管理活动进一步阐释:"本办法所称合规管理,是指企业以有效防控合规风险为目的,以提升依法合规经营管理水平为导向,以企业经营管理行为和员工履职行为为对象,开展的包括建立合规制度、完善运行机制、培育合规文化、强化监督问责等有组织、有计划的管理活动。"

随着市场经济和法律制度的发展,企业只有建立内部管理制度,才能将纷繁复杂的法律法规要求嵌入经营和管理活动,防止企业因集体或个别员工的行为构成违法违规,而被有关国家监管执法机关所制裁,确保实现依法依规经营的价值目标。因此,发展至今,企业合规的狭义定义已经逐渐取代广义定义,被社会各界所普遍接受。本节将分别从理论、管理、法律制度三个视角,对企业合规基本概念进行辨析和阐释。

一、理论视角下的企业合规概念

实践探索离不开理论的统领和指导。在理论研究的视角下,企业合规的狭义概念逐渐占据主导地位,企业合规不再泛指"守法",而成为法律与管理交叉的新概念和新领域,一般是指企业通过内部管理措施落实外部法律法规要求的实践活动。

(一)合规的主体

合规的主体既不是政府、城市等其他组织体,也不是企业家、企业高管等自

---

[1] 参见李奋飞主编:《企业合规通识读本》,法律出版社2022年版,第3页。

然人，而是企业。国际理论界对"合规"的定义共识是，该词是形容组织体遵循国家管理规定的专有词语，指的是："组织体通过一系列内控措施努力确保其员工和相关者不违反法律法规，以避免成为政府执法对象。"① 虽然所有受国家法律管制的组织体理论上都可以成为合规的主体，但实践中绝大多数的执法和司法案件都是企业作为违法犯罪主体的案件，因此合规法律研究以"企业合规"为主，鲜少提及"其他组织体合规"。②

合规的主体需要具备两个要素：一是主体需为法律承认的独立组织体（有独立于自然人的名义和财产）；二是该组织体需有被法律制裁的明确风险。实践中，"政府""城市""社会组织"等其他组织体的行为规范主要通过民主选举、行政管控、政治领导等途径实现，鲜少作为法律制裁的对象，没有作为合规研究对象的必要性。企业家、企业高管等都是自然人，名义和财产都与企业分离，可以作为独立的法律主体承担责任，不是合规所保护的主要权益对象。

企业作为合规的主体需要具备两个要素：一是具有独立于自然人的名义；二是具有独立于自然人的财产。只要具备这两个要素，企业就能够独立承担法律责任，可以成为合规的主体。在民商事法律意义上，企业可以分为具有法人资格的企业和不具有法人资格的企业，前者以公司为主，后者包括合伙企业、独资企业、分公司、分支机构等类型。我国企业与域外国家"商业组织"的指代基本一致，都是主要的市场主体。"企业一般指的是以营利为目的，运用各种生产要素（如土地、劳动力、资本、技术等），向市场提供商品或服务，实行自主经营、自负盈亏、独立核算的法人或其他社会经济组织。"③ 在我国，无论企业是否具有法人资格，只要依法享有独立于自然人的名义和财产，能独立承担法律责任、面对被制裁的风险，就可以成为合规的主体，被法律赋予合规义务，从而有建立合规管理制度的基础。

---

① See Miller, Geoffrey P., *The Compliance Function: An Overview*, NYU Law and Economics Research Paper No. 14-36, p. 3 (2014). ［美］杰佛瑞·P. 米勒：《合规的功能：总述》，纽约大学法律与经济研究论文第14—36号，第3页（2014年）。

② See David Orozco, *A Systems Theory of Compliance Law*, 22 J. Bus. L. 244, 246 (2020). ［美］大卫·奥罗斯科：《合规法律的系统理论》，载《商法杂志》2020年第22卷，第246页。

③ 赵良庆主编：《企业管理学》，中国农业大学出版社2015年版，第1页。

(二) 合规的客体

合规的客体主要是企业的活动。企业作为市场活动的参与者，无论是从事商品提供、服务提供还是其他类型的商贸活动，都需要遵循法律法规的要求。因为企业的一些活动会损害市场秩序，影响其他经营者、社会公共利益、国家利益等，所以国家有必要通过制定法律法规的方式限制或禁止这些活动。基于此，企业合规管理的客体就是企业的各类活动，以经营相关活动为主，包括但不限于设计商品、生产商品、销售商品、提供劳务、经营性租赁、购买商品、接受劳务、广告宣传、推销产品、缴纳税款等。各类型企业的主要经营活动存在差异，所面对的法律合规要求也不同。企业需要根据自身的行业属性和活动特征，建立系列管理措施，实现对各类法律禁止活动的自我监管、自我发现、自我预防，确保各项活动都符合法律法规的要求。

(三) 合规的对象

合规的对象主要是法律的制裁性风险。企业在经营过程中所面临的法律风险可以分为两类：制裁性风险和纠纷性风险。

制裁性风险，即企业因为违反公法类规定而被国家有权机关施以惩戒的风险。这种风险包括企业构成行政违法的风险和构成刑事犯罪的风险，前者主要指的是企业因违反经济行政法[①]的规定而被国家行政监管机关施以行政处罚，后者主要指的是企业因违反《刑法》的规定而被国家司法机关施以刑罚。针对央企、国企，制裁性风险还包括企业因违反党内法规等规定而被处罚。针对涉外经营的企业，制裁性风险还包括企业因违反国际组织规定或域外国家规定，而被境外组织、政府等处罚。

纠纷性风险，即企业因为违反私法类权利和义务规定而面临民事赔偿的风险。虽然这种风险也可能会使企业面临资产上的损失，但这种风险存在于平等主

---

① 经济行政法是调整国家经济行政主体在运用行政权调控、监督、干预、管理市场经济运行的活动中所形成的社会关系的法律规范总和，主要是指政府对经济的调控与管理的法律。具体可参见王克稳：《经济行政法基本论》，北京大学出版社2004年版，第1页。

体之间，一般不会对企业的生存能力造成严重影响。实践中，企业面临民事纠纷的情况较为常见，因侵权、合同等行为而进行赔偿属于正常的经营活动成本。

一般而言，企业合规管理的对象是法律的制裁性风险，不包括纠纷性风险，即只将公法类的、易影响企业生存能力的法律风险予以统一防范。

（四）合规的目标

合规的主要目标是保障企业依法依规经营。合规的广义定义——"守法依规"，就是合规的狭义定义的价值目标，企业建立合规管理制度就是为了落实法律法规的要求，实现可持续的依法依规经营。这种法律法规的要求基本可以分为两种类型。

第一，直接建立合规管理义务。立法机关或者其他机关以法律强制力为依托，直接将建立合规管理制度规定为企业的法定强制义务，如果企业不依要求建立合规管理制度，就会直接构成违法违规，面临法律的制裁。

第二，间接规定企业行为规则。在大多数情况下，法律不会直接赋予企业合规管理义务，而是为企业的行为建立规则、划定边界，明确企业可以从事和不可以从事的活动类型。此时，只要企业能在日常的经营和管理中遵守这些行为规则，即便不建立合规管理制度，也不会受到法律的制裁。但是，随着间接规定的增加，许多企业会自主选择建立合规管理制度，将复杂的法律法规要求嵌入日常的经营和管理活动之中，以此提高合规的效率和效果。

无论法律法规的要求属于哪种类型，企业作为参与社会活动的独立主体，都需要积极回应、充分落实，才能实现依法依规经营的总体目标。

二、管理视角下的企业合规概念

在企业管理的视角下，采取企业合规的狭义概念，即认为企业合规是企业为防范外部的法律制裁性风险而建立的内部管理制度。需强调的是，合规管理与内控管理、风控管理、法务管理、审计管理等传统企业管理概念不同，它是企业管理制度现代化的新发展之一。

(一) 合规管理是内控管理的组成部分

企业内控管理通常被视为企业经营和管理的基石。"企业内控管理主要是指企业针对自身内部各项工作的运行情况所实施的检查和管理活动,其中包括对员工的检查管理、公司制度的执行和完善、风险的防范和控制等。"[①] 我国《企业内部控制基本规范》第 3 条也采用了相似的定义:"本规范所称内部控制,是由企业董事会、监事会、经理层和全体员工实施的、旨在实现控制目标的过程。内部控制的目标是合理保证企业经营管理合法合规、资产安全、财务报告及相关信息真实完整,提高经营效率和效果,促进企业实现发展战略。"显然,合规管理制度是以内控管理措施实现管理目标,从属于内控管理制度。

实践中,企业基本认同,内控管理的范围较大,合规管理是内控管理的组成部分。

(二) 合规管理是风控管理的组成部分

内控管理的一个重要分支是风控管理,而合规管理是风控管理的分支。"一般而言,企业会面临三个方面的风险:一是经营风险;二是财务风险;三是合规风险。"[②] 企业的风控管理制度主要以防范这三种风险为目标,其中合规风险防控就是通过合规管理制度实现的。也有企业将风控管理再进行细化,认为风控管理所针对的风险包括战略风险、财务风险、管理风险、操作风险、声誉风险、政策风险、合规风险等。我国《中央企业全面风险管理指引》第 4 条也采用这种更多维度的风险分类定义方法:"本指引所称全面风险管理,指企业围绕总体经营目标,通过在企业管理的各个环节和经营过程中执行风险管理的基本流程,培育良好的风险管理文化,建立健全全面风险管理体系,包括风险管理策略、风险理财措施、风险管理的组织职能体系、风险管理信息系统和内部控制系统,从而为实现风险管理的总体目标提供合理保证的过程和方法。"实践中,虽然每个企业

---

① 沈雨欣:《企业内控现状及优化路径探析》,载《现代商业》2019 年第 6 期。
② 陈瑞华:《论企业合规的性质》,载《浙江工商大学学报》2021 年第 1 期。

所采取的风险管理分类维度和方法不同，但它们都将合规管理作为风控管理的一部分。

（三）合规管理与法务管理的内容不同

在企业的多种管理制度之中，法务管理最容易与合规管理相混淆。需明确的是，企业法务管理与合规管理的目标和内容大相径庭，是相互独立的两个管理模块。法务管理具有外向性和私法性的特征，即以解决企业经营活动中涉及的民事纠纷为主。然而，合规管理具有内向性和公法性的特征，即通过对企业内部个人行为的管控避免企业因违法违规而被外部监管机关制裁的风险。

一方面，法务管理服务于企业经营行为，而合规管理审视企业经营行为。企业界公认的是，法务管理指的是："企业在日常的经营活动中，企业法务部门以参与企业各项重大经营决策为前提，以为企业提供案件处理、合同管理、知识产权管理、公共关系管理、重大危机处理、公司信息披露和法律培训等为主要职能，以预防、控制和处理可能发生或已经发生的风险为核心，以保障企业合法合规经营，提高企业竞争力和盈利能力为目标的一项系统管理活动。"[①] 我们最常见的法务工作内容就是，在企业即将与业务合作方达成协议时，由法务人员站在本单位利益的角度审核合同，提出有利于本企业的修改意见。显然，这类工作要求法务人员服务于企业业务的增长。然而，如果由合规人员来审查同类合同，其就需要主要考察业务人员是否在获取合同的过程中存在商业贿赂、串通投标、缺乏资质等违法犯罪情形，避免企业因此合同而面临行政机关、司法机关的制裁。

另一方面，法务管理的对象主要是民事事件，而合规管理的对象主要是行政事件和刑事事件。企业在经营活动中，难免需解决各类纠纷事件。例如，企业在与合作方签署合同之后，该合作方没有按照约定支付款项、交付货物、提供服务，那么法务人员就可以代表公司的利益提起诉讼，追回违约行为造成的损失。但是，企业除了可能成为民事纠纷的主体，也可能成为行政法和刑事法等公法所

---

① 叶小忠主编：《中国企业法务观察（第一辑）》，法律出版社2014年版，第57页。

规制的对象。例如，企业在工程合同结束之后，可能由于押款等原因拒不支付农民工工资，在这种情况下，国家监管部门可能会对其作出行政处罚并责令其支付；如果企业经政府有关部门责令支付仍拒不支付的，可能会构成拒不支付劳动报酬罪。实践中，这种场景一般需要合规人员负责解决，如在拖欠工资行为发生时、行政责令支付的决定下达时告知企业管理层相关行为所带来的行政和刑事风险，尽力阻止可能导致公司构成违法犯罪的行为。

总之，虽然有许多企业成立了"法律合规部"，但其部门内部的法务管理和合规管理职能仍相互独立。

（四）合规管理与审计管理的内容不同

在企业管理制度中，审计管理通常只解决财务风险问题，而不以防控法律制裁性风险为目标。审计作为一项经济监督工作，对企业各项经营活动开展、资金运作、经营效益等有直接影响，因此审计与财务管理之间也具有密切关联。审计工作高质量开展，将会起到预防、纠正不良经济行为的效果，从而为财务管理目标的实现提供了间接帮助。[1] 如许多企业审计岗位招聘要求所写，审计管理的主要职能包括：审查企业各项财务制度的落实情况，协助审计主管拟订审计计划或方案；完成资产、负债、收入、成本、费用、利润等单项业务的审计工作；检查、复核审计证据，做出单项审计评价意见；编写内部审计报告，提出处理意见和建议；等等。

企业的一些法律合规风险源于财务审计功能的失控，例如企业涉及逃税、虚开发票、商业贿赂等活动一定程度上都应当能够被审计人员发现并阻止，强化企业管理中的审计制度有助于防范企业构成一些与财务相关的违法犯罪行为。虽然如此，但这不是企业所面临的全部法律风险，如串通投标、非法经营、侵犯公民个人信息、侵犯知识产权等相关的违法犯罪行为不涉及财务环节，难以被审计人员所发现。更何况，企业的财务和审计工作往往以企业的利益为导向，员工通常也不具备法律知识，这都使审计工作在一定程度上存在失灵的风险。所以，企业

---

[1] 孙颖：《简析企业审计对财务管理的推动作用》，载《现代审计与会计》2021年第11期。

财务管理中的审计管理，一般不包含合规管理，二者本质上相互独立。

三、法律制度视角下的企业合规概念

在国家制定法律制度的视角下，提及"企业合规"，通常指的是"企业合规法律制度"，具体是指国家为推动企业建立合规管理制度所制定的系列法律规则。企业建立合规管理制度需要投入人力、物力、财力，这必然会增加企业的运营成本。因此，许多企业难以自觉自主地建立合规管理制度，需要外部的法律制度力量予以推动。这种以加强企业合规建设为目标的法律制度可以分为三种基本类型：一是以建立法定合规管理义务为核心的合规强制模式，二是以给予合规企业违法责任减免为核心的合规激励模式，三是以出台柔性政策鼓励企业自主合规为核心的合规引导模式。

（一）合规强制模式的法律制度

合规强制模式指的是，法律法规直接赋予企业建立合规管理制度的法定义务，企业不建立合规管理制度就构成违法，会面临处罚。

以我国中央企业的合规规定为例。2018年11月，国务院国资委印发《中央企业合规管理指引（试行）》的通知，启动中央企业合规改革工作。该规定明确了中央企业全面合规管理义务的强制性、全面性、层次性：中央企业"应当"加快建立健全合规管理体系；"全面"梳理和应对经营管理活动中存在的各类合规风险；根据董事会、监事会、管理层、合规委员会、合规牵头部门、业务部门等"层级"分配合规管理责任。虽然目前尚无中央企业因合规问题而被国务院国资委处罚，但中央企业合规管理义务的强制性已经能够体现。

合规强制模式对企业合规的推动力最强。但是，因企业建立合规管理制度会增加成本、降低决策效率，基于对市场自由和企业自主经营权的尊重，合规强制模式不宜普遍地适用于所有企业。

(二) 合规激励模式的法律制度

合规激励模式指的是，法律法规赋予建立合规管理制度的企业特别法律"红利"，激励企业自主选择建立合规管理制度。这种法律"红利"主要是对违法违规责任的减免。如果企业没有合规管理制度，那么企业在构成违法犯罪之后，就需依法承担相应的处罚结果。然而，如果企业有合规管理制度，那么企业在构成违法犯罪时，就能以合规为由获得从轻、减轻甚至免除处罚的结果。

以我国检察机关主导的"合规不起诉"改革为例。自2020年3月始，最高人民检察院主导开展企业合规改革试点工作，以对涉罪主体决定不起诉的司法裁量权为依托，激励涉案企业进行合规整改、建立有效合规管理制度。[①] 这场改革被学者们总结为"合规不起诉"，体现涉罪企业以合规管理制度的建立和完善换取不起诉的宽大处理结果。

合规激励模式能较大限度地尊重企业的经营自由，让其依据外部法律法规自主决定是否建立合规管理制度，保障企业的经营自主权。但是，相较而言，其对企业合规建设的推动力不如合规强制模式。

(三) 合规引导模式的法律制度

合规引导模式指的是，法律法规通过出台一系列指引或者指南的柔性合规规则或合规标准，引导企业建立合规管理制度。企业可以根据自身的需求，自主选择是否遵循此类引导。

以我国引导企业境外经营合规的实践为例。国家发展改革委、外交部、商务部、人民银行、国资委、外汇局、全国工商联于2018年共同制定了《企业境外经营合规管理指引》，全面指引开展对外贸易、境外投资、对外承包工程等"走出去"相关业务的中国境内企业及其境外子公司、分公司、代表机构等境外分支

[①] 《最高检下发工作方案，依法有序推进企业合规改革试点纵深发展——第二期改革试点范围扩大至北京、浙江等十个地区》，载最高人民检察院网站，https://www.spp.gov.cn/spp/xwfbh/wsfbt/202104/t20210408_515148.shtml#1，最后访问时间：2022年9月8日。

机构，从合规治理结构、合规管理机构、合规管理协调等方面提供参考建议。该规定只是为这些企业的行为提供建议性的指引，不强制要求这些企业建立合规管理制度，这些企业建立合规管理制度也不会获得法律"红利"。

与合规强制模式和合规激励模式相比，合规引导模式的推动力最小，但其灵活性最高，有助于在初步探索阶段帮助企业了解合规管理的应然样貌。

第二节 企业合规的源起

企业合规及相关制度源于域外，是市场经济和法治建设现代化发展下的必然产物，目前企业合规正处于全球化迅速发展的阶段。在强立法、重监管的外部法律环境下，因企业传统管理制度疲于应对复杂的法律要求，故企业自主产生新型的合规管理实践。国家作为市场监管主体，在传统的单向监管理念下，难以用有限的监管资源应对不断攀升的企业数量和法律规定数量，因此开始探索推动企业自主承担一部分监管责任，让企业从执法对象变为执法配合者，形成公私主体合力监管的新执法格局。总之，企业合规的源起和发展经历了立法执法环境的现代化、企业管理方法的现代化、国家监管制度的现代化三个主要阶段，本节将就各个阶段的发展进行详细阐释。

一、立法、执法环境的现代化

在19世纪以前，无论是英美法系国家还是大陆法系国家，法律制度一般都仅将自然人作为规制主体，不将企业等组织体纳入。但是，随着市场经济的萌芽和发展，各国逐渐开始认识到，企业作为一个集体，其从事不当行为的社会危害性通常远超个体自然人。因此有必要将立法和执法的重心向企业转移，针对企业设置更多法律法规要求，也要求国家监管机关加强针对企业的执法力度，逐步形成强立法、重监管的现代化法律环境。

（一）针对企业的立法

在多起企业丑闻事件的推动下，各国逐渐认识到法律将企业作为规制主体的必要性。历史上，著名的"南海公司泡沫事件"就是一个经典案例。[①] 1711年，英国授权成立了南海公司，赋予其在南美地区进行奴隶贸易和商品贸易的垄断经营权，允许投资者购买公司股票。但是，该公司几乎没有真实交易，仅采取商业贿赂、制造虚假财务信息、内幕股票交易等行为哄抬股价。有人如此形容当时的英国社会："政治家忘记了政治，律师也不打官司，医生把病人放在一边，店主让自己的店铺关门歇业，牧师放下《圣经》离开神坛，就连深居简出的贵妇都放下高傲和虚荣，所有人都来到市场抢购南海公司股票，只盼着股价飞涨后出手大赚一笔。"1720年年底，南海公司的真实资产所剩无几，欺诈的事实曝光，南海公司泡沫破灭，投资者蒙受严重的财产损失，直接导致英国的金融市场陷入低迷。类似的企业丑闻事件，在各国历史上屡见不鲜，政府逐渐认识到企业的不当行为经过市场机制的传导将具有更大的破坏力，规范企业的行为是维护社会秩序稳定的内在需要。

自此，各国均开始增设针对企业的违法犯罪规定。以美国的企业相关法律制度发展为例。企业的垄断和腐败是市场公平竞争秩序的两大主要敌手，美国自19世纪起开始通过立法进行反垄断、反腐败。在反垄断方面，美国通过立法限制企业行为，增设专门执法机关。美国联邦于1887年通过《州际贸易法》，主要规制各州间的铁路运输垄断行为，并成立州际贸易委员会负责执法。随后，美国联邦于1890年通过《谢尔曼法》，于1914年通过《克莱顿法》和《联邦贸易委员会法》，成立联邦贸易委员会负责相关执法，这些法律为美国现今的反垄断法律制度框架奠定了基础。在反腐败方面，自"水门事件"起，美国便开始加强反腐败立法。最具代表性的就是美国联邦于1977年出台的《反海外腐败法》（the Foreign Corrupt Practices Act，FCPA），分别赋予美国证券交易委员会、美国

[①] 参见陈学权、陶朗道：《企业犯罪司法轻缓化背景下我国刑事司法之应对》，载《政法论丛》2021年第2期。

司法部在行政和刑事领域的主要执法权，不仅对国内的商业腐败行为予以制裁，还重点惩罚企业在境外经营中贿赂外国官员的行为。据统计，至 2007 年年底，美国联邦的刑事法律中已有超过 4450 个犯罪规定，还有将近 30 万个带有刑事处罚规定的行政法规，其中包含大量针对企业违法犯罪的规定。①

我国的立法趋势亦然，企业所需承担的法律责任越来越多。就企业刑事立法而言，我国从 20 世纪末开始通过创设单位犯罪将企业作为犯罪主体，即将企业与公司、事业单位、机关、团体等集体并列，作为单位的一种类型，规定构成犯罪的单位需要由其责任人承担自然人刑罚，由单位集体承担罚金刑。1987 年随着企业走私现象的出现，我国开始在《海关法》《全国人民代表大会常务委员会关于惩治走私罪的补充规定》②《全国人民代表大会常务委员会关于惩治贪污罪贿赂罪的补充规定》③ 等 10 余部单行刑法中出现单位犯罪，罪名逐渐增加至 49 个之多，约占当时所有罪名的 1/5。④ 至今，我国《刑法》中单位犯罪的罪名数量已有 160 余个，涵盖许多如"帮助信息网络犯罪活动罪"入罪门槛较低的新罪名。就经济行政法立法而言，我国近年来加强反垄断、证券、数据等与企业经营相关的领域立法，企业行政违法的规则数量更是远多于刑事犯罪，对于构成违法的企业，需要依法承担处罚，一般包括：警告、通报批评；罚款、没收违法所得、没收非法财物；暂扣许可证件、降低资质等级、吊销许可证件；限制开展生产经营活动、责令停产停业、责令关闭、限制从业等。

总之，在强立法的总体趋势下，随着企业法律责任圈的不断扩大，企业经营和管理活动所需遵循的行为边界越来越窄。

（二）针对企业的执法

立法是法律制度的基础，而监管和执法才是确保立法具有威慑力和公信力的

---

① See Todd Haugh, *The Criminalization of Compliance*, 92 Notre Dame Law Review 1215, 1235 (2017).
［美］托德·豪格：《合规的刑事化》，载《圣母院法律评论》第 92 卷，第 1235 页（2017 年）。
② 此文件已失效。
③ 此文件已失效。
④ 参见陈兴良：《单位犯罪：以规范为视角的分析》，载《河南省政法管理干部学院学报》2003 年第 1 期。

根本保障。在企业相关立法数量增加的背景下，各国也在不断加强执法力度，最大限度地确保每一个触犯法律的企业都承担对应的法律后果。在强监管的政策引导下，企业的违法违规行为更容易被发现。诸多知名域外企业都曾不止一次因触犯法律而被各国制裁。

随着国内监管和执法力度不断增强，以企业犯罪案件为例，根据最高人民检察院公布的 2021 年 1 月至 6 月的办案数据，半年间全国检察机关以单位犯罪起诉 950 件，涉及单位 1882 个。[①] 这些单位犯罪案件中绝大多数为企业犯罪案件。再以反垄断行政执法为例，2018 年以来，多个互联网平台巨头都曾因垄断行为而被市场监管局制裁，罚款数额有的高达百亿元人民币。另外，我国企业在"走出去"的过程中可能成为域外执法者的监管对象和执法对象。总之，无论是内向经营的企业还是外向经营的企业都面临着更大的法律制裁性风险。

二、企业管理方法的现代化

随着外部法律环境变化，有一些企业自发地认识到传统企业合规管理制度已经无法应对日益增长的守法需求，因此开始探索创设企业合规管理制度。

以往，企业以公司法律为核心建立的传统管理制度主要处理的是企业所有者和管理者间的权利分配问题，规制的是股东、董事、监事、高管等顶层管理者的民事行为方式。然而，对于企业的中低层员工，特别是在涉及违法违规问题方面，相关规定较少，这极易使企业集体因个体的行为而承担公法意义上的违法犯罪责任，许多企业开始因对内部关联个体行为的管理失职而承担违法违规责任，受到执法者的直接制裁。为了避免这种法律制裁风险，一些大型的、管理资源较为充沛的企业开始自主探索建立合规管理制度。这既是企业积极承担社会责任的表现，又是企业管理制度现代化发展的表现。

三、国家监管制度的现代化

针对企业的立法数量不断增加，企业的数量也在不断增加，企业的行为不断

---

① 《2021 年 1 至 6 月全国检察机关主要办案数据》，载最高人民检察院网站，https://www.spp.gov.cn/spp/xwfbh/wsfbt/202107/t20210725_524723.shtml#2，最后访问时间：2022 年 9 月 30 日。

向复杂化演进,但国家的监管资源是有限的。有限的国家治理资源难以应对日益复杂的市场监管需要,这就推动国家转变监管思路,开始探索向企业"借用"监管资源,以推动企业以自治的方式构筑公私合力的"回应型"监管新格局。"回应型"监管指的是:除了政府组织是监管主体,也应将监管对象自身纳入监管主体,优化配置社会资源,推动企业在经营和管理的过程中实现自我发现、自我调查、自我预防。目前,各国意识到实现"回应型"监管的最佳路径就是推动企业建立合规管理制度。

在自我发现方面,合规管理制度中的违规举报机制发挥主要作用。通过设立举报热线、举报信箱、内联网越级通信等沟通渠道,确保企业内部成员能在发现潜在违法违规行为时担任"吹哨人",秘密而安全地向相关管理人员反映问题。在自我调查方面,合规管理制度包含合规稽查机制,即企业在发现违法违规事件时,能及时启动内部调查程序,并将调查结果、调查证据、处理方式公开,确实构成违法犯罪时还需联系相关执法机关,将证据材料提交并进一步配合公权力机关的调查或侦查工作。在自我预防方面,合规管理制度采取威慑和教育相结合的方式帮助内部成员树立合规价值观。合规章程需明确合规奖惩规则,确定违法违规行为的直接后果,包括降薪、停职、辞退、移送司法机关等;合规培训要求对各岗位的人员进行有针对性的规则培训,辅以合规测验、合规咨询等措施,鼓励企业成员理解合规要求、参与合规管理。实践中,企业在建立合规管理制度之后,能承担一部分合规监管职能,有效分担公权力主体的执法压力。

1991年,有域外国家对"有效的合规计划"所应当包含的"两项宗旨、七项要素"评判标准作出规定。两项宗旨指的是,该组织需要满足:第一,尽职尽责地预防和发现犯罪行为;第二,建立遵纪守法的组织文化。七项要素包括:第一,合规章程,该组织应建立预防和发现犯罪行为的标准和程序;第二,管理层承诺,该组织的管理机构应当对有效合规计划的制订和运行负责,任命有权力和资源的合规负责人并要求其定期向管理层汇报;第三,违法人员排除,该组织应尽力将曾从事违法违规行为的人员排除在管理赋权的范围之外;第四,合规培训,该组织应定期实施合规培训,向高管、有业务处置权的人、合规负责人、员工、代理方等传达合规计划相关信息；第五，合规监督，该组织应采取能够发现犯罪行为的监督和审计措施，定期评估合规计划有效性，建立秘密举报潜在犯罪行为的匿名机制；第六，合规奖惩，该组织应有激励员工遵守合规计划的措施，也有对从事犯罪行为人员的纪律处分措施；第七，违规应对，该组织应有应对已发现犯罪行为的合理措施，进一步预防类似犯罪行为，包括对合规计划进行必要的修正等。[1] 自此，企业合规管理制度正式成为国家实现监管职能的重要途径之一。

总之，各国均不断优化监管思路，推动企业建立合规管理制度，从执法的对象变为执法的配合者，以监管法律制度的现代化解决强立法、强监管的传统治理方式所带来的资源困境。

第三节 企业合规的分类

虽然企业合规是一个企业管理学和法学的交叉领域，但以法学为主导，因为外部法律法规的发展催生了企业的法律新风险，企业为应对这些新型的法律合规风险，而对内部管理制度进行调整。本节将分别从法律、业务的分类维度对常见的企业合规概念进行解析，阐释"行政合规""刑事合规""大合规""专项合规"等概念间的区别和联系，也从企业管理和业务分类的角度解答"采购合规""销售合规""招投标合规""劳动用工合规"等概念的内涵，为法律人与企业管理者之间的合规问题交流奠定基础。此外，本节还将对已有的各类合规标准进行分类阐释，解释国际标准、国家标准、行业标准、团体标准等常见标准间的适用差异。

一、企业合规的法律分类维度

企业为实现合规目标所建立的管理制度也被称为"合规计划"。在法律分类

---

[1] United States Federal Sentencing Guidelines, Chapter 8 Sentencing of Organizations, §8C2.5. Culpability Score and §8B2.1. Effective Compliance and Ethics Program. [美]《美国联邦量刑指南》第八章"组织量刑"，其中"责任指数"和"有效道德合规计划"部分的规定。

维度下，企业合规的分类通常指的是企业合规计划的分类，即企业应当具体针对哪些法律风险建立合规管理制度。根据合规计划所针对的法律风险领域，其主要可以分为行政合规计划与刑事合规计划；根据合规计划所针对的法律风险数量，其主要可以分为综合合规计划（俗称"大合规"）和专项合规计划。

（一）行政合规与刑事合规

企业合规具有"以风险为导向"的基本属性，所防范的法律制裁风险主要是企业被行政处罚或刑事追究的风险。[①] 因此，企业合规主要分为"行政合规"和"刑事合规"。"行政合规"指的是企业为了防范因构成行政违法而被行政监管机关制裁的风险所建立的管理制度，"刑事合规"指的是企业为了防范因构成刑事犯罪而被刑事司法机关制裁的风险所建立的管理制度。

从企业管理制度的视角来看，行政合规与刑事合规的范围和重点不同，但二者可以相互衔接。因为企业违法的规定数量多于企业犯罪的规定数量，所以企业行政合规设置的要素和规则一般比刑事合规更多。此外，二者的风险防控重点也有差异，行政合规更加注重对行政违法风险的普遍防范，而刑事合规更加注重对刑事犯罪风险点的特殊防范。但是，企业合规管理制度的建设可以实现行刑衔接，即行政合规和刑事合规可以相互衔接。一方面，企业犯罪都以企业违法为前提，合规管理制度可以通过阻断作为企业犯罪前提的行政违法行为而防止行为严重程度达到刑事犯罪的标准。另一方面，行政合规和刑事合规一般可以共享合规管理体系的基本要素，在合规风险识别、合规章程、合规组织、违规举报制度、合规培训制度、第三方管理制度等基本结构建立之后，实现对同一类违法犯罪行为的协同预防，且不会造成太大的成本负担。[②]

从法律制度的视角来看，经济行政法是治理企业行为的主要法律领域，刑事合规是推动力，行政合规是归宿。我国学者较为一致地认为："行政监管是企业合规的根本和必要性前提。"[③] 作为企业行为治理的主要领域，行政法律推动企

---

① 参见陈瑞华：《论企业合规的性质》，载《浙江工商大学学报》2021年第1期。
② 参见李奋飞：《涉案企业合规刑行衔接的初步研究》，载《政法论坛》2022年第1期。
③ 张泽涛：《行政监管是企业合规之本》，载《民主与法制》2021年第29期。

业建立行政合规计划是实现企业合规改革目标的最终归宿，在企业能通过建立合规文化减少行政违法的前提下，企业的刑事犯罪风险自然随之降低。各国的合规法律制度建设都基本经过了"以刑带行"的基本过程，即首先以刑事法律为依托推动企业建立刑事合规计划，再继续探索通过经济行政法律推动企业建立预防范围更为广泛、预防效果更为深化的行政合规计划，二者协同推动形成合规经营的行业和合规文化。

但是，随着合规理论研究在我国蓬勃发展，合规概念开始出现泛化的趋势。有人开始提出"道德合规""民事合规""文化合规""诚信合规"等新概念，然而，需明确的是，在这些新概念中，"合规"一般只具有"守法"的广义内涵，不具有内化为企业管理制度的可能性。企业经营中的民事纠纷属于平等主体间的外向契约性问题，民事诉讼的输赢是商业问题，不涉及自上而下的违法性评价问题，企业最多只承担给付财产性赔偿的民事义务。如前文所述，防范这种所谓的"民事法律风险"，一般是企业传统法务工作的常规范畴。文化、道德、诚信更是抽象的理念问题，若是概念的提出者没有将其所指的行为规则具体化，也没有明确的违规制裁机制，那么就不能成为企业合规所需应对的法律风险类型。在实践中，一些国家或国际组织将合规与道德或诚信的概念并用，要求企业建立道德（诚信）与合规计划，这更多是为了强调强制性法律规则本身的伦理正当性，不形成新的行为要求。[1] 因此，国际通行的观点认为，国内法所称企业合规只有行政合规（应对经济行政法律制裁所建立的合规计划）和刑事合规（应对刑事法律制裁所建立的合规计划）两种，而国际法所称合规还包括国际组织合规（应对国际组织制裁所建立的合规计划，如世界银行、经济合作与发展组织等对其成员及成员关联企业建立的行为准则和制裁规则）。

（二）综合合规与专项合规

依合规所应对的法律风险集内含的风险点数量，企业合规计划的类型可以分为综合合规（俗称"大合规"）和专项合规，前者是笼统地针对所有违法犯罪

---

[1] 参见赵万一：《合规制度的公司法设计及其实现路径》，载《中国法学》2020年第2期。

风险建立的合规体系，后者则是针对特定违法犯罪风险点而细化的合规体系。

比较而言，综合合规的体系化特征更为明显，而专项合规的针对性特征更为明显。一般而言，企业合规管理制度建立会经过从"综合"到"专项"的发展过程，即先搭建法律风险一体化防范的合规管理制度体系，后基于其运行效果进行评估和调适，针对风险集中的特定法律领域优化配置资源，选择建立反腐败合规、反垄断合规、反洗钱合规、数据保护合规、出口管制合规等专项合规管理制度。

在经济行政法视野下，行政合规具体可以分为行政综合合规和行政专项合规。我国国家监管部门发布的《中央企业合规管理办法》《企业境外经营合规管理指引》等文件均属前者，它们没有以某一类违法风险作为特殊防范对象，而是笼统地要求企业建立体系化的"大合规"。后者则有很多种形态，包括反垄断合规、反商业贿赂合规、反洗钱合规、数据保护合规等。相较于前者，后者各类专项合规的要素虽然基本一致，但更加清楚地描述了具体的违法风险点，并根据该项违法风险点的特殊性建立更具有针对性的要求。例如，《经营者反垄断合规指南》第三章将"合规风险重点"概括为禁止达成垄断协议、禁止滥用市场支配地位、依法实施经营者集中、经营者的法律责任等。相应地，建立合规制度、合规风险管理、合规管理保障等措施环节都强调了"反垄断"，要求"经营者可以根据业务状况、规模大小、行业特性等，建立反垄断合规管理制度，或者在现有合规管理制度中开展反垄断合规管理专项工作"。

在刑事法视野下，刑事合规也可以分为刑事综合合规和刑事专项合规。美国司法部于 2017 年出台《企业有效合规标准》，指导检察官在起诉相关决策中评估企业刑事合规的有效性，形成了"三个方面、十二项要素"的基本结构，其本质属于刑事综合合规。与此同时，美国、英国、法国等也在反腐败、反垄断、反洗钱等领域出台了刑事专项合规计划或者行刑一体化的专项合规计划，进一步细化专项风险点的防控。[1] 我国检察机关在企业合规改革中也正在积极探索刑事综合合规计划和刑事专项合规计划。2022 年 4 月 19 日，全国工商联、最高人民检

---

[1] 参见陈瑞华：《企业合规基本理论》，法律出版社 2022 年版，第 102 页。

察院等九部门联合发布《涉案企业合规建设、评估和审查办法（试行）》，为第三方监督评估组织评价企业合规管理有效性提供标准，其所包含的合规六要素可以视为我国刑事综合合规计划的雏形。

二、企业合规的业务分类维度

除了法律分类维度，企业合规还存在业务分类维度。这种分类维度不以法律风险为导向，而选择以业务流程为导向，一般存在于管理学的讨论视角下，更适于非法律从业人员间沟通和落实合规管理措施。

在业务分类维度下，有依企业经营领域对合规进行分类的方法，如所称"医药合规""网络平台合规""金融合规"等。在这种分类维度下，所合之"规"指的是国家针对该特定经营领域所建立的法律要求总和，包含的法律要求类型和范围较为宽泛，可能包括行业规范、行政法律法规、刑事法律法规等。各类法律要求散见于各个法律文件之中，一般没有专门的立法或总结性规定，但可能由国家执法机关出台专门的合规标准，指引企业优化有关管理制度。例如，金融合规一般包括"银行合规""证券合规""保险合规"三大类别，就这三类企业的合规管理制度建设，国家相关行政监管部门都已经作出了基本规范，出台《商业银行合规风险管理指引》《保险公司合规管理办法》《证券公司和证券投资基金管理公司合规管理办法》等文件，针对三个行业的特殊性建立了较为统一的综合合规计划建设标准。当提及此种合规分类维度时，一般意在提炼出该行业或领域的法律风险共性，没有"以风险为导向"地指出主要的法律风险类型，也没有建立具有针对性的专项合规管理制度的意图。

在业务分类维度下，还有以企业经营环节对合规进行分类的方法，如所称"采购合规""生产合规""销售合规""招投标合规"等。在这种分类维度下，所合之"规"指的是企业在特定经营环节所需要遵循的法律要求，没有区分法律风险的类型，也没有具体的法律文件指向，意在强调企业应当在较为薄弱的环节强化合规管理制度建设。在企业经营管理视角下，每个企业都需要实现全业务流程的有效合规管理，使采购、生产、销售、咨询等各个环节都符合法律法规的要求，因此，一般鲜有企业强调自身的个别经营环节合规实践。然而，由于企业内部的管理职能有明确区分，各部门高管或经理一般只负责业务的一个环节，因此在规划和总结部门工作时可能采用此种合规分类维度进行表述。

总之，除了法律分类维度以外，还有业务分类维度的存在，这种分类方法因为更贴合非法律从业人员对企业经营行为的理解习惯，因此也经常出现在企业实践场景当中。

三、企业合规标准的分类维度

随着企业合规在全球范围内的迅速发展，已经有许多国际组织、政府机构、行业组织等出台官方的有效合规标准，既能引导各个企业按照该标准的要求建设合规管理制度，提高企业合规管理的有效性，又能帮助执法机关监督和评估企业已有的合规管理制度，提高涉企执法的公信力。需要将这些企业合规标准进行分类，以便理解管理型标准和法律型标准的根本差别，明确国际标准、国家标准、地区标准、行业标准、团体标准等的基本指代，以防止标准适用混乱影响企业合规管理的有效性。

（一）管理型合规标准和法律型合规标准

以企业合规标准的语言逻辑和法律效力为分类依据，现有企业合规标准可以分为管理型合规标准和法律型合规标准。

管理型合规标准是指采用管理技术语言，涉及管理环节和管理要素较为全面的合规标准，旨在为企业合规建设提供一个详尽的参考范围，让企业依据自身特色从中挑选合适的管理要素和方法。该类标准的制定主体不是国家执法机关，不能作为在涉企案件中判断企业合规管理有效性的法定依据。实践中，最常提及的管理型合规标准就是国际标准化组织发布的《合规管理体系 要求及使用指南》（ISO 37301：2021）和我国发布的《合规管理体系 要求及使用指南》（GB/T 35770—2022），二者都属于综合合规标准，适用于所有类型、规模、性质的企业，从"计划—执行—检查—改进"四个方面，结合组织环境、领导作用、策划、支持、运行、绩效评价、改进等几个基本要素，指引企业建立有效合规管理制度。在专项合规领域，也有一些管理型合规标准，对合规的细节问题作出指引,如数据合规领域有《信息安全技术 个人信息安全规范》(GB/T 35273—2020)、《信息安全技术 网络安全等级保护基本要求》(GB/T 22239—2019)、《信息安全技术 个人信息去标识化指南》(GB/T 37964—2019)等。

法律型合规标准是指主要采用法律语言,涉及管理环节和管理要素较为概括的合规标准,旨在将法律规定的义务、责任嵌入管理流程当中,对企业合规管理提出最低标准的合规要求,给执法机关留有较大的裁量空间。该类标准的制定主体一般是有执法权的机关或组织,可以作为其在具体案件中评估合规管理有效性的直接依据。在国际法视野下,常见的法律型合规标准就是世界银行发布的《诚信合规文件》,这是其在决定是否制裁相关企业时的重要评判依据。在其他国家,常见的法律型合规标准包括:美国《联邦量刑指南》中"两项宗旨、七项要素"标准,美国司法部《企业有效合规标准》中"三个方面、十二项要素"标准,英国出台的反腐败专项合规的"六大原则"标准,法国出台的反腐败合规的"七项措施"标准等。在我国,《中央企业合规管理办法》属于这一类型,全国工商联、最高人民检察院等九部门联合发布的《涉案企业合规建设、评估和审查办法(试行)》也包含相关内容。

(二) 从国际到团体的标准层级

合规标准除已经出台的这些,还可以依据标准出台主体所属性质或标准适用的范围,分为国际标准、国家标准、地区标准、行业标准、团体标准等。

国际标准是指旨在适用于所有国家所有企业的标准,不区分地域、行业、性质等方面,以国际标准化组织所发布的《合规管理体系 要求及使用指南》(ISO 37301:2021)为代表。

国家标准是指国家相关权力机关发布的,旨在适用于所有本国企业的合规标准,也不再具体区分地域、行业、性质等方面,以《合规管理体系 要求及使用指南》(GB/T 35770—2022)为代表。

地区标准是指各地相关权力机关发布的,旨在适用于本行政区划或法律辖区内企业的合规标准,一般针对专项合规领域,例如上海市浦东新区检察院和中国信息通信研究院知识产权与创新发展中心联合发布的《企业知识产权合规标准指引

（试行）》。

行业标准是指由国家特殊行业的相关权力机关发布的，旨在适用于该行业或经营领域的企业的合规标准，以金融合规领域存在的《商业银行合规风险管理指引》《保险公司合规管理办法》《证券公司和证券投资基金管理公司合规管理办法》为代表。

此外，随着各个社会组织参与推动企业合规建设，我国也开始出现许多团体标准。例如，中国化学制药工业协会发布的《医药行业合规管理规范》，中国中小企业协会发布的《中小企业合规管理体系有效性评价》，还有中国企业评价协会发布的《企业合规师职业技能评价标准》。这些团体标准主要规范该团体参与成员企业的合规实践，为各个协会、组织、团体实施合规评价、合规认证工作等提供基础。

总之，企业在选择参考适用合规标准时，需要根据自身所处的地域、行业、经营领域、企业规模等选择最为合适的参考标准。但是，有效合规管理不是"打卡式"的指标落实，而是一场"因企而异"的实践探索，需要企业进一步根据自身的特性进行调整，建立符合自身成本、资源、领域、性质等条件的合规管理制度，追求落实各项要素和指标背后的合规价值目标。

第四节　企业合规的价值

企业建立合规管理制度需要花费成本，但越来越多的企业开始主动选择建立该制度，其原因在于，合规管理制度能够为企业带来三个方面的直接价值：第一，帮助企业获得直观的商业竞争优势和盈利收益，因为所有人都更愿意信任合规管理制度的规范化企业；第二，帮助企业防控刑事风险，有合规管理制度的企业更不容易涉嫌犯罪，在涉罪后也能通过开展合规整改，从而争取获得检察官的不起诉决定或其他从宽处理决定；第三，帮助企业防控行政制裁风险，防止企业因构成行政违法而承担罚款和其他经营资质类处罚，在涉嫌违法后也能以合规为由与执法机关协商和解，寻求解除制裁的机会。本节从企业的视角出发，简单介绍企业建立合规管理制度所能获得的直接"好处",铺垫基础知识,后续章节将再就"合规不起诉""行政和解"等具体的法律制度展开论述。

一、合规提升企业的商业竞争力

表面来看,企业合规管理制度是成本消耗型制度,相关建设会增加企业的运行成本,降低利润率。其一,企业建立和维持合规管理制度运行,需要投入大量的人力、物力、财力。例如,需要花钱聘用企业合规师担任合规官。其二,企业整体的经营效率会降低,因为合规管理制度增加了审批、备案、监控等管控流程,这会降低决策落实的速度。但实则不然,许多企业在建立合规管理制度以后,反而获得了竞争优势,提高了商业信誉,进而加快实现了盈利目标。

首先,企业建立合规管理制度,能够助力企业赢得竞标及其他合作机会,更容易在商业竞争中获得优势。我国市场经济的竞争属性越来越明显,那些收益较高的商业机会往往需要企业通过各种形式的合法竞争获得。政府、大型企业、国际组织合作项目都需要企业参与竞标,只有胜出的企业才能获得合作机会。例如,在水利工程施工建设的招标过程中,项目企业也会发布"评标标准",其中除了"投标报价合理性""施工方案与技术措施"等传统评分项目之外,还经常涵盖"环境保护合规管理体系与措施""施工安全管理合规体系与措施""投标企业信誉状况"等与合规有关的评分项目。显然,那些建立了有效合规管理制度的企业,更容易获得评标优势,也就更容易胜出。其他商业竞争亦然,在业务能力基本相当的情况下,政府、大型企业、国际组织等资源优势方都更愿意与合规管理水平较高的企业合作,这既能尽量避免合作企业涉嫌违法犯罪而耽误项目进程,也能体现自身良好的商业视野和社会责任。

其次,企业建立合规管理制度体现了其勇于承担社会责任的企业精神,更容易获得消费者、客户、合作方等社会各界的认可,带来更多潜在的商业机会。企业不只是作为经济组织参与社会活动,还作为一个社会"实体"影响着社会生活的方方面面。许多企业将"合规管理"作为企业"社会责任"或"可持续发展"项目的一部分,认为企业建立合规管理制度体现自主合法经营,也能够分担国家、社会的监管责任,是"良民"企业的良好表现。此外,建立环境保护合规管理制度、生态资源合规管理制度还能作为企业助力经济绿色、节能、环保发展的重要体现，呈现出"可持续发展"的战略意图。对于那些发展程度较高的企业而言，追求商业利益早就不是其唯一目标，而形成可持续发展的商业模式，服务社会和公益事业才是其经营的深远意义。这时，企业建立合规管理制度就是其参与社会生活的重要方面，消费者、客户、合作方等利益相关方，乃至社会大众、政府等，都会对勇于承担社会责任的企业给予更高的评价。在选择商品、合作伙伴时，人们都会基于理性判断和情感推动，选择支持更加合规的企业，这会为企业带来更多潜在的商业利益。

最后，企业建立合规管理制度，塑造高水平、规范化的企业和品牌形象，能切实提高企业的商业信誉，有利于巩固市场地位。进入信誉社会，我们的经济形态和商业模式已经发生了转型，"品牌形象"在企业发展战略中的地位不断提升，企业逐渐开始认识到追求长远的发展远比追求短期的利益更为重要。甚至，有许多企业投身于慈善和公益事业，以提高其品牌在公众心中的正面形象，谋求高竞争市场中的一席之地。与之相似，企业建立合规管理制度也是塑造"品牌形象"的重要措施。有许多研究和调查发现，那些有合规管理制度的企业，经营流程更加规范，员工业务素质更高，实现了"合规创造价值"的基本目标。[1] 合规所带来的形象提升不仅限于商业产品，更是企业经营和管理的全面提升。随着我国营商环境优化，选择以边缘性违法行为"赚快钱"的企业越来越少，真正能占据市场主导地位、掌握商业话语权的都是那些规范化的合规企业。因此，从长远发展来看，以合规塑造企业形象，以管理提升品牌信誉，才是长久发展之道。

实践中，有许多案例能够证明，企业虽然在建立合规管理制度时投入了大量资源，但很快就获得了"产出"，收获了更明显的商业优势。以江西某企业涉嫌污染环境案[2]的处理结果为例。2019年，江西某企业因设备检修等原因，导致生产形成的废水无法处置。于是，该企业未经环保等行政主管部门许可，便通过中

---

[1] 参见陈瑞华：《企业合规基本理论》，法律出版社2022年版，第69页。
[2] 参见刘荣松：《合规整改后，企业发展更稳健了》，载《检察日报》2022年5月31日。

间商将废水委托给一家无处理资质的公司进行处置，致使废水被随意排放，污染了河流、土壤。案发后，该企业相关负责人主动投案。2020年7月，这起涉嫌污染环境案被移送市检察院审查起诉。检察官在审查案件时了解到，该企业系从事稀有金属新材料研发和生产的民营高新技术企业，现有员工约2000人。该案反映出企业在内部管理、安全生产制度上存在漏洞。为更好地服务民企健康发展，检察官认为有必要对该企业进行合规整改，督促其建立完善的内控制度和管理机制。2020年10月，该企业提交了书面合规承诺及计划书。之后，办案检察官结合企业实际情况，牵头引入第三方监管机制，开始了对企业为期6个月的合规考察。2021年下半年，检察机关召开公开听证会，听取人大代表、政协委员等社会各界代表的意见。经过评议，与会人员一致认为可以对该企业作出相对不起诉决定。2022年5月，在检察机关进行企业回访时，企业表示："经过合规整改，我们强化了责任意识，树立了依法经营、环保先行的发展理念，年净利同比增长200%，如今正稳步拓展市场。"域外也有相关的案例证明，在企业开展合规整改后，其订单数量急速增加，2021年比照2020年的企业收益翻倍。[1]

二、合规提升企业的刑事风险防控力

随着监管力度增强，企业构成犯罪的风险加剧。我国企业犯罪是单位犯罪的一种，其主流归责原则遵循"集体决策责任论"，即只要企业代理人的行为是以企业名义，为企业利益，再满足行为系单位集体研究决定或者负责人决定的条件，就会导致企业构成犯罪。对于实践中的企业而言，特别是那些从事创新行业的企业，可能"一不小心"就构成犯罪，在被刑事立案、追诉、定罪、处刑后，便基本失去了生存和发展的能力。在这种刑事威慑力下，建立合规管理制度既是企业维持合法经营的有效手段，也是企业在涉罪后，通过"合规不起诉"等规定，摆脱刑事制裁的必要措施。

企业在日常生产经营中，需要通过合规管理制度增强其预防违法犯罪行为发

---

[1] 参见李奋飞主编：《企业合规通识读本》，法律出版社2022年版，第57页。

生的能力，这种刑事风险防控的必要性在新科技行业最为明显。以 NFT[①] 数字艺术品交易平台企业所面临的刑事风险为例。NFT 数字艺术品本身与无记名证券较为相似，可以成为"匿名的现金"。例如，某人创作了一个数字艺术品，同时开具一个 NFT 形态的证明书来确权，然后将其放入匿名的"数字钱包"中，此后，他就可以通过线上买卖该艺术品实施洗钱犯罪。对于从事 NFT 数字艺术品交易的平台企业而言，如果其明知用户存在洗钱风险，但仍然纵容或放任该行为，拒绝进行有效管理，那么有可能直接构成"洗钱罪"，或者构成"帮助信息网络犯罪活动罪"。对此，虽然 NFT 数字艺术品交易平台没有被定义为金融机构，不具有强制性的反洗钱合规义务，但企业若想要充分防控涉罪风险，可以适当借鉴我国商业银行、保险公司等金融机构的反洗钱合规管理实践，采取"客户身份验证""可疑交易监控"等措施，确保可持续地依法依规经营。

在企业涉罪之后，如果企业事先建立了有效合规管理制度，那么就可以提出"合规抗辩"，以合规为由主张自身无罪。域外许多国家都正式建立了合规抗辩制度，即企业在被推定构成犯罪后，可以通过自身的合规管理制度证明无罪。例如，英国在《反腐败法案》第 7 条规定，经济组织可以通过证明自己建立了能充分防止相关人犯罪的程序实现抗辩。[②] 在我国，虽然没有明确的合规抗辩规定，但已经产生了相似的实践案例。以某公司员工侵犯公民个人信息案为例。该案中，某公司的员工从医院购买新生婴儿信息，以便宣传和销售婴儿奶粉，构成侵犯公民个人信息罪。在该案中，争议的焦点是某公司是否也应当因其员工的行为而承担单位犯罪的刑事责任。法院在裁定书中写道："单位犯罪是为本单位谋取非法利益之目的，在客观上实施了由本单位集体决定或者由负责人决定的行为。某公司政策、员工行为规范等证据证实，某公司禁止员工从事侵犯公民个人信息的违法犯罪行为，各上诉人违反公司管理规定，为提升个人业绩而实施犯罪为个人行为。"[③] 该案中员工们实施的犯罪行为有为单位带来非法利益之目的，

---

① NFT 指的是"Non-Fungible Token"，中文为"非同质化通证"。
② See Bribery Act 2010（UK）, Section 7 Failure of Commercial Organisations to Prevent Bribery.［英］2010 年《反腐败法案》第 7 条"经济组织未能防止腐败行为发生罪"。
③ 甘肃省兰州市中级人民法院（2017）甘 01 刑终 89 号刑事裁定书。

员工们也有一定的管理职务，包括事务经理、区域经理，认定他们的行为不属于"单位集体决定或者由负责人决定"的关键就是某公司的合规管理制度，合规管理制度实际上证明了员工的犯罪行为不是由企业决定实施的，企业意志不存在主观过错，因而不构成企业犯罪。可见，我国的企业如果有合规管理制度，便于基于该制度而切割集体与行为人的责任，存在主张无罪的空间。

在企业涉罪之后，即使企业事先没有合规管理制度或建立的合规管理制度不合格，也有通过合规整改换取摆脱刑事制裁的机会。对于许多企业而言，在被公安机关正式立案、被检察机关审查起诉以前，其难以认识到自身所面临的刑事风险，而在进入刑事诉讼程序之后，才"追悔莫及"。但是，世界各国都为涉罪企业设立了一些"改过自新"的机会。在国外，企业犯罪暂缓起诉制度不断扩张，在美国、英国、法国等国家，企业在涉嫌犯罪之后，仍有机会与办案检察官协商达成暂缓起诉协议，在检察机关的监管下合规整改一段时间，如果期满后能够达到有效合规，就可以免予起诉，进而从犯罪主体转化为合法"良民"。自2020年3月起，我国也出台了类似制度，由检察机关主导开展涉案企业合规改革，给予一些涉罪企业以"合规"换"不诉"的机会，这种司法实践被学者们总结为"合规不起诉"试验。简单而言，在企业涉嫌单位犯罪之后，检察机关可以在相对不起诉制度赋予的起诉裁量权范围内，决定暂停案件的处理，考察涉罪企业一段时间，如果该企业能够在限期内配合检察机关以及第三方监督评估组织的考察，进行有效合规整改，那么企业最终就能够获得检察机关的不起诉决定，通过刑事诉讼程序实现出罪。至2022年6月，我国检察机关已经办理了大量企业合规案件，许多涉罪企业通过合规考察实现有效合规，由犯罪企业转型成为"良民"企业。

三、合规提升企业的行政风险防控力

相较于刑事风险，企业更容易面临行政风险，即企业容易因从事违法行为而被市场监督管理、生态环境、税务等行政执法机关按照我国《行政处罚法》的规定，处以警告、罚款、没收违法所得、没收非法财物、吊销许可证件、限制开展生产经营活动、责令停产停业等处罚。企业建立日常性合规管理制度，能够从

根本上降低违法事件发生的概率，企业在涉嫌违法后，也能通过建立合规管理制度，以非正式协商、行政和解、遵循行政指导意见等方式寻求行政监管机关的从宽从无处罚处理。

对于企业的日常生产经营，在经营资质、财税管理、网络安全、信息管理等方面有较多规定，违反这些经济行政法律规定，企业将构成违法，随时有被行政执法机关制裁的风险。但是，如果企业有合规管理制度，能够将法律的要求嵌入日常的经营管理之中，那么，企业自然而然就会降低行政违法风险，这种违法风险的防控在技术性较强的行业领域最为常见。以网络平台企业的数据合规管理问题为例。自 2017 年起，《网络安全法》《数据安全法》《个人信息保护法》构成了我国数据保护领域的"三驾马车"，对企业在网络安全和个人信息保护方面提出了较高的法律要求。对于平台企业而言，如果没有规范化的数据合规管理制度，那么线上用户在买卖行为中透露的姓名、性别、年龄、信用卡号、身份证号等信息的存储和流转可能造成侵犯公民个人信息的后果，如果企业的数据库被盗，这些信息被泄露，就可能威胁公民安全、网络安全、国家安全等，造成严重的社会后果。在这些法律要求较为复杂的领域，企业传统的管理制度已经难以防控行政法律风险，需要建立新型的、专项的合规管理制度，以防止企业的常规经营合规管理行为造成危害后果，涉嫌行政违法。

我国企业在涉嫌一些违法行为之后，能以建立合规管理制度为条件，与执法机关协商避免行政处罚。例如，我国证券领域的行政和解制度，为涉嫌违法的企业构筑了以合规和平解决行政违法纠纷的渠道。证监会于 2015 年出台了《行政和解试点实施办法》（已失效），在证券期货领域试点行政和解制度，允许违法企业以申请支付和解金的方式与证监会达成和解协议。2019 年 4 月，证监会发布了第一起和解协议，从证监会披露的信息来看，和解协议内容包括：支付 1.5 亿元人民币和解金;[①] 申请人采取必要措施加强公司的内控管理，并在完成后向中国证监会提交书面整改报告；证监会终止对申请人有关行为的调查、审理程序。2020 年 1 月，证监会发布了第二起和解协议，除和解金额外，证监会披露的其他

---

① 参见中国证券监督管理委员会〔2019〕11 号公告。

协议内容与第一起和解协议完全相同。① 2020年3月，我国新实施的《证券法》第171条将试行的行政和解制度正式纳入："国务院证券监督管理机构对涉嫌证券违法的单位或者个人进行调查期间，被调查的当事人书面申请，承诺在国务院证券监督管理机构认可的期限内纠正涉嫌违法行为，赔偿有关投资者损失，消除损害或者不良影响的，国务院证券监督管理机构可以决定中止调查。被调查的当事人履行承诺的，国务院证券监督管理机构可以决定终止调查；被调查的当事人未履行承诺或者有国务院规定的其他情形的，应当恢复调查。具体办法由国务院规定。国务院证券监督管理机构决定中止或者终止调查的，应当按照规定公开相关信息。"自此，我国证券领域的行政和解试验被以"当事人承诺制度"的称呼纳入，我国《反垄断法》中也有相似的制度规定，构成我国国内法赋予企业合规免予行政处罚的制度"空间"。

在企业的涉外经营中，合规亦是企业免予境外机构制裁风险的关键。我国企业在"走出去"的过程中可能涉嫌违反域外的行政法律规定，被世界银行这类的国际组织制裁，或者被域外国家的执法机关制裁。以某案为例。某集团有限公司是我国的大型国有企业，其在参加世界银行资助的一项竞标项目时提供了虚假材料，构成了《世界银行集团企业诚信合规指引》中禁止的欺诈行为。2013年10月，世界银行决定对某集团采取"附解除条件的取消资格"制裁，即若某集团有限公司能主动消除行为损害、采取改进措施、建立诚信合规计划，那么就会解除其参与世界银行项目的资格禁止规定，否则将一直将其置于"黑名单"之中。为了挽回国际市场、消除不利影响，某集团于2014年开始重视诚信合规管理体系的建设。最终，2017年6月，某集团以有效的诚信合规管理体系，说服世界银行彻底解除制裁，并将结果告知其他多边开发银行。自此，某集团从"合规黑户"变成了国内的"合规模范"。② 对于我国涉外经营的企业来说，合规管理制度是其防控境外制裁风险、避免境外处罚的有效工具。

总之，对于企业而言，建立合规管理制度不总是消耗和负担，有效的合规管

---

① 参见中国证券监督管理委员会〔2020〕1号公告。
② 参见陈瑞华：《××建工的合规体系》，载《中国律师》2019年第11期。

理会给企业带来直接的经济收益,也能帮助企业防控行政和刑事领域的法律风险,从而带来间接的经济收益。从社会发展的角度来看,推动企业建立合规管理制度能够使公私主体利益兼得,既使国家的监管变得更容易,又使企业的经营变得更有益。

第二章 企业合规师的岗位职能

企业的高质量发展孕育了企业合规师这一新兴职业。扎实推动经济高质量发展和提升企业国际竞争力，也对企业合规建设提出了更高要求。近年来，政府出台了一系列企业合规管理政策及指引，如《企业境外经营合规管理指引》《中央企业合规管理办法》等。"企业合规师"在规范企业投资经营行为、注重环境保护、履行社会责任、提高企业竞争软实力等方面发挥了积极作用。自2021年3月起，中华人民共和国人力资源和社会保障部将企业合规师正式列入新职业，同会计师、税务师、审计师、经济师、工程师、律师等为同类别职业，属于专业技术人员类别，企业合规师已成为企业实现依法经营与合规管理的必设岗位。

但是，"企业合规师"是以职业技能为中心的新职业名称，其在实践中所担任的具体工作岗位一般不采取这一名称。实践中，法学、管理学、会计学等领域的实践人员在获得企业合规师的技能和资质之后，主要有以下三种职业方向：

第一，在企业内部担任企业合规官。

第二，在律师事务所、会计师事务所、合规咨询公司等专业咨询机构担任企业合规顾问。

第三，被检察机关选为第三方监督评估组织专业人员候选人，在涉案企业合规整改中担任企业合规监管人。

这三种职业方向都围绕企业的合规管理工作展开，但从业重点和履职方式均有明显差异，故相关教育和培训的重点也应当有所不同。本章就目前我国企业合规师的三大职业方向进行阐释，为企业合规师职业规划前景提供基础知识和建议。

第一节　企业合规官的职能

企业合规师是担任企业合规管理职能的职业的总称。实践中，如果在企业内部从业，那么其会成为"企业合规官"，与"法务官""审计官""财务官"等并列履职。如果在企业外部从业，则会成为"企业合规顾问"，与"法律顾问""税务顾问"等并列履职。目前，我国对"企业合规官"的岗位需求甚多，也出现了更为细分的岗位类型。

一、企业合规官的类型

在当代企业的工作场景中，西方企业经常将在企业内部从业的企业合规师称为"Compliance Officer"，我国企业也通常采取与之语义对应的"合规官"称谓。企业合规师在担任企业内部合规官时，一般处于以下四种不同的岗位类型，履行不同层级的合规管理职能。

（一）合规官

企业合规师在进入企业后，通常会担任合规官，作为合规部门员工负责企业的合规工作。这些合规官的岗位职责可以分为三个类型。

第一，研究法律要求和监管动态。合规管理制度本质上是企业为应对外部法律风险而建立的内部管理制度，需要根据法律法规和监管动态的变化进行增加、修正、调试等。因此，合规官的常态工作包括关注法律变化，定期撰写"法律法规报告""监管动态报告""法律风险分析报告"等。

第二，落实企业合规管理建设工作。该项工作既包括建设企业合规管理体系，也包括建设后的日常运行工作，具体涉及更新企业合规细则、开展员工合规培训、调整合规审批流程等多方面。合规官负责落实具体工作，保留相关记录，并整合材料，向首席合规官等上级领导汇报。

第三，处理企业合规风险事件。企业合规官需要警惕和应对企业合规风险事件，既包括处理企业内部的违法违规举报，对确有问题的事件进行调查、处理，也包括应对外部执法机关的制裁。当企业被行政或刑事立案后，企业合规官需要就该问题制定应对策略，与执法人员协商可行的解决路径，与辩护或代理律师进行沟通，聘请企业合规顾问对企业合规管理制度进行优化，争取获得最为有利的处理结果。

（二）首席合规官

首席合规官是与首席法务官、首席财务官、首席风险官等并列的企业核心高管，但也有企业在总法律顾问下设首席合规官和首席法务官两个岗位。目前，我国要求中央企业必须设置首席合规官的岗位。《中央企业合规管理办法》第12条规定："中央企业应当结合实际设立首席合规官，不新增领导岗位和职数，由总法律顾问兼任，对企业主要负责人负责，领导合规管理部门组织开展相关工作，指导所属单位加强合规管理。"首席合规官的主要工作是领导企业合规部，向合规管理委员会或董事会汇报，对企业合规管理工作负首要岗位责任。首席合规官的岗位职责主要包含以下三个方面。

第一，参与企业重大经营决策，提出合规审查意见和建议。要保障合规管理的有效性，就需保障首席合规官的决策地位。在许多企业中，首席合规官有权列席董事会，参与企业重大经营和管理决策。例如，《中央企业合规管理办法》第21条规定："中央企业应当将合规审查作为必经程序嵌入经营管理流程，重大决策事项的合规审查意见应当由首席合规官签字，对决策事项的合规性提出明确意见……"可以认为，首席合规官是企业重大项目的核心审核人，对于董事会成员提出的新经营项目、新经营方式等提出法律意见，提示项目是否存在违法犯罪风险。若发现项目牵扯无法避免的违法犯罪风险，首席合规官需要坚决反对通过这一项目，并向董事会说明有关风险。若发现项目存在需警惕的违法犯罪风险，首席合规官需要提示该风险，并就如何防范和避免该风险提出可行对策。目前，已有许多企业设置了"合规一票否决制度"，即如果董事会提案项目存在重大违法犯罪风险，那么首席合规官可以直接投出反对票，而这一票就能够直接阻止企业落实该项目。实践中，有许多企业因对法律缺乏了解，从事了无资质开发的项目、涉嫌非法吸收公众存款行为、涉嫌违规开具发票行为等，这些风险都能因首席合规官的"一票否决权"而有效降低。

第二，领导合规部，完成主要的合规管理工作。首席合规官就是合规部的总经理，其需要统筹合规部门的工作细节，包括领导部门开展合规建设、评估合规风险、优化合规管理等。这意味着，首席合规官不仅需要具备丰富的法律知识，还需要具有领导力和领导经验，能够领导和统筹几十人、上百人的工作团队。可以说，如果企业聘请了一个优秀的首席合规官，那么合规管理工作的有效性就得到了极大的保障。

第三，指导业务部门和子企业的合规工作。合规工作的完成主体不仅限于合规部，还需要将合规要求嵌入每一个业务部门之中。比如，生产部进行产品生产的过程中，需要遵循安全生产合规管理规范，防止发生生产事故。再如，营销部对外进行销售的过程中，要践行反腐败合规的系列要求，防止有员工行贿官员的行为发生。首席合规官担任着联通合规部与各个业务部的责任，需要统筹配置人员，合理安排合规沟通、合规举报、合规调查、合规问责等工作。有时，首席合规官还需要承担任免子公司、分公司合规负责人的责任。

（三）合规管理委员会

在大型企业的合规管理实践中，在董事会下设合规管理委员会是较为常见的做法，有时合规管理委员会也被称为"合规委员会"，二者的职能相一致。该委员会一般由各个职能部门的总经理、高管以及具备法律、财务、人事管理方面专业知识的管理层人员组成，定期召开合规管理会议，针对企业有关的重大合规事项作出领导性决策，对董事会负责。通常，合规管理委员会的主席由独立的执行董事、副总或其他高管担任，这是为了避免负责经营的董事长、总经理等同时担任合规管理委员会主席而产生决策独裁风险，本质上是为了保障企业合规工作的独立性。

需明确的是，并非每一个存在合规管理制度的企业都要有合规管理委员会，一般而言，只有那些管理体系较为复杂的大型企业才有成立合规管理委员会的必要。例如，我国就要求中央企业建立合规管理委员会，并将委员会的建设情况作为考察合规管理质量的重要指标。《中央企业合规管理办法》第 11 条规定："中央企业设立合规委员会，可以与法治建设领导机构等合署办公，统筹协调合规管理工作，定期召开会议，研究解决重点难点问题。"至 2021 年，经过 3 年的努力，所有央企已全部成立合规管理委员会。①

在合规组织体系中，一般只有首席合规官才是合规管理委员会的成员，其需要就企业合规工作情况向委员会作出汇报，包括企业合规建设情况、企业合规风险变化情况、企业重大合规风险事件处理结果等，有时需要筛选重大问题，经过委员会投票决定，上报董事会最终决策。

（四）合规联络人

有效合规的必要条件就是保障"将合规嵌入业务"，所以许多企业除了设立合规官之外，还会在各个业务部门任命合规联络人。这些联络人可以是全职的，也可以是兼职的，负责与合规官就落实各项合规工作进行沟通，协助合规官落实各项合规工作，监督部门内部的员工合规情况。

以兼职形式任命部门内部的一名或几名员工为合规联络人的情况最为常见。这些联络人具有双重身份，采取双线管理方式，他们既是承担合规职责的合规员工，需要向合规部汇报工作，又是承担业务职责的部门员工，需要向部门领导汇报工作。这种双线化的管理能够保障合规工作的独立性，防止员工丧失秘密地跨级反映部门合规问题的渠道。

二、企业合规官的职责

企业合规师作为各个岗位的合规官，需负责企业的合规管理工作，包括设计合规管理制度体系、负责合规风险识别、制订合规管理制度优化方案、与其他管理部门沟通配合等，这些复杂的工作可以重点概括为合规建议和沟通、合规管理制度建设两大主要职能。

---

① 参见侯建斌：《央企合规进行时》，载《法人》2022 年第 5 期。

(一) 合规建议和沟通职能

企业的所有者主要是股东,而企业的管理者主要是受股东委托经营和管理企业的董事、监事、经理等。在现代化的企业治理结构下,所有者与管理者分属独立的岗位和职能,虽然有时二者存在人员组成重合。企业合规官要想实施合规管理工作、发挥合规管理职能,其首要工作就是说服企业管理者。企业管理者对合规风险防控工作的重视程度直接决定企业是否有合规管理制度、合规管理的工作质量、合规管理的资源配置、合规管理的有效程度等。

在企业搭建合规管理制度体系之前,企业内部也存在一些潜在的"合规官"(通常由法务官、风险官等传统岗位人员兼任)负责合规风险管理工作,为企业董事会、首席执行官、首席财务官等管理人员提供合规风险防控相关信息和专业建议,包括评估该企业是否有建立合规管理制度体系的必要性,以及应当建立何种专项合规管理制度。实践中,这些合规官一般通过向管理者汇报工作、行使董事会否决权的方式履行合规管理职能。例如,当合规官发现企业某个经营项目存在严重违法违规风险时,其需要将法律风险告知管理者,若企业合规官同时是董事会成员,则可以在董事会投票表决通过该项目决策时投否定票。但是,由于没有合规管理制度体系和资源,这些非正式的合规官一般只采取兼职形式任职,缺乏规范化的履职流程和业务隔离制度,合规职能的独立性难以保障。

在企业建立合规管理制度以后,向企业管理者提出合规管理建议是企业合规官最为核心的岗位职责之一。例如,所有的合规管理有效性评价标准都将企业管理层的合规承诺作为重要评价指标,甚至在绝大多数的中小微企业,只有企业家"真心想合规",形成合规意识、听取合规官的意见,合规管理制度才能有效运行,企业内部的合规官才能发挥岗位功能。实践中,合规官提出的常见合规管理建议主要围绕经营项目展开。企业在开发项目进行创新之初,最需要确定的是,这种项目经营模式是否本身就会构成违法犯罪,或者企业是否具有基本的经营资质。以小额贷款公司的盈利模式为例,这些公司大多不存在切实盈利的经营项目,如果只是通过"拆东墙,补西墙"的方式造成业务亏空,则会形成巨大的

"庞氏骗局"。作为合规官，一旦发现公司管理者选择从事这种本质属于集资诈骗的业务模式，就应当全力劝阻，告诫管理者业务所存在的风险。再以"荐股产品"开发为例，我国深圳地区检察院就曾清查过数据型企业的经营资质问题。A 公司是一家以云计算和大数据技术开展金融科技研发的公司，在没有证监部门许可的情况下，开发荐股软件并盈利，该企业及高管最终被公安机关以非法经营罪立案。虽然，最终案件以"合规不起诉"处理，但企业也需要建立与经营资质有关的合规管理制度，任命合规官，建立产品或服务的立项审查制度，形成企业内部的合规咨询机制、合规奖惩机制等。[①] 这些企业在产品开发之初，就应当对自身的经营资质有基本认识，若合规官能够对其经营资质进行审查和把关，就能有效避免不必要的资金投入，以及企业管理者因构成违法犯罪而被司法机关制裁的严重后果。

（二）合规管理制度建设职能

搭建企业合规管理制度是企业合规工作的首要环节，常见的搭建方式可以分为自行建设和第三方建设两种，前者指的是企业主要依赖内部合规官和人员搭建合规管理制度，后者指的则是企业聘用外部专业的合规咨询机构、律师事务所、会计师事务所等负责合规建设。对于中小微企业而言，在外部合规顾问的辅助下建立合规管理制度的做法较为常见，然而，对于大型、跨国企业而言，经常需要聘请专业的第三方机构完成较为复杂的合规建设工作。无论选择哪种路径，合规管理制度建设都是企业内部合规官的首要工作内容。

1. 设计合规管理制度体系

建设合规管理制度的第一步就是要设计合规建设方案，主要包含以下三个基本环节。

第一，确定企业的规模和可投入的资源。有效的合规管理制度需具有可持续性，即企业能够在不过度增加成本负担的情况下，将合规管理流程嵌入日常的经营和管理环节之中。对于中小微企业而言，合规管理制度的计划投入成本每年可

---

① 参见陈瑞华、李玉华主编：《企业合规改革的理论与实践》，法律出版社2022年版，第276页。

能仅为几万元或几十万元人民币，而对于大型企业而言，合规管理制度的计划投入成本每年可能高达数百万元或数千万元人民币。需要合规官依据企业自身情况，比对其他相似企业案例，作出合理规划。这既要避免合规投入不足而导致"纸面合规"，也要防止过度合规而妨碍企业经营。

第二，确定企业选择搭建的合规管理制度类型。合规官需要依据初步的合规风险识别工作，确定企业所面临的一项或几项核心风险，并依据企业资源选择拟建设的合规管理制度类型，一般需要在大合规和专项合规间作出选择。对于许多初步涉及合规工作的企业而言，较为常见的做法是：先以大合规建设保障合规管理体系的有效运行，健全合规章程、合规部、举报机制等要素，再逐步转变为建设一项或几项专项合规管理制度，优化落实"以风险为导向"的合规管理目标。此外，也有一些风险较为集中的中小型企业，选择直接建立税务合规、反腐败合规、反不正当竞争合规、数据合规等专项合规管理制度，以较少的资源投入保障较为有效的合规效果。

第三，确定企业的合规管理制度细节。在确定企业合规规模和合规类型之后，合规官需要根据企业的管理线条、管理流程、管理"颗粒度"等确定各个环节的合规细则，包括配置人力资源、设计审批流程、拟定处理结果等。在规划细节的过程中，合规官可以参考有关合规管理标准，结合其他企业的合规管理实践经验，并借助科技手段实现合规管理的现代化建设。随着我国监管科技和合规科技的不断发展，许多合规工作可以用智能化系统来实现，无须企业投入过大的人力和物力成本。例如，对于数据合规中的跨境流动管理，许多科技企业开发了"数据合规卫士"一类的合规产品，通过智能化的电子检测，减轻员工合规工作负担，更为高效地将合规嵌入企业流程。[①] 再如，在反洗钱合规领域，许多银行都采用了"了解你的客户（KYC）"科技系统：首先，利用语音识别、人脸识别等技术快速识别客户身份，替代原有人工身份验证工作，保障了工作的效率和准确性；其次，利用知识图谱技术绘制企业资金往来情况，检测和识别潜在的财

[①] 参见赵精武、周瑞珏：《隐私计算技术：数据流动与数据安全的协同保护规则构建》，载《信息通信技术与政策》2021年第7期。

务造假和洗钱风险，对大额可疑转账进行自动筛查；最后，利用机器学习技术，建立人工智能无监督学习识别模型，自主对反洗钱风险进行检测分析。①

2. 推动合规管理制度运行

在实施松懈、资源不足、效率低下的情况下，设计良好的合规管理制度也难以成功运行，甚至可能因此沦为无效的合规。合规官在设计了合规管理体系之后，更为重要的是保障合规管理制度的有效运行。

第一，监督企业的管理层落实合规承诺。除了合规结构、政策、程序之外，企业还必须在各个层面创建和培养遵纪守法的文化。合规管理制度的有效实施需要领导层做出承诺，从高层至中层都要践行合规文化。合规官需要适时考察企业管理层是否有违反合规章程的行动，是否会定期通过"致员工的一封信""合规管理工作报告"等形式传达合规精神，是否会对基层的工作进行适当监督。

第二，确保企业投入适当的资源，并赋予管理人员合规管理权。有效合规要求企业投入适当的人力、物力、财力，并保障负责合规管理工作的人员有足够的权力和地位来履行职责。需结合公司的规模、结构、风险状况进行判断，具体考察企业的组织结构、企业投入的资金和资源、合规官的资历和地位、合规官的数据访问权限、合规官的决策自主性等。

第三，开展合规培训，传达"因岗而异"的合规要求。在大多数企业中，合规培训由合规官负责，其需要针对不同岗位员工设计差异化的合规培训内容，建立定期的合规培训和考察机制，将企业最新的合规要求充分传达。在此过程中，针对员工提出的合规咨询问题，合规官也负有予以解答的责任。

第四，落实合规奖惩措施，确保合规工作连贯性。合规官需要考察企业是否建立了统一的奖惩措施，并将这些措施告知员工，始终如一地执行这些措施。合规政策和措施的连贯执行，是保障合规工作权威性的前提，只有所有不合规的员工都受到应有的惩罚，所有合规的员工都得到适当的表彰和奖励，才能更好地保障合规管理制度的有效性。

---

① 参见山成英、赵大伟：《人工智能在合规科技中的应用研究》，载《清华金融评论》2019年第8期。

3. 维护合规管理运行效果

第一,真实有效的合规管理需要不断更新,以实践效果验证、修正、调整合规管理制度。对此,合规官应当切实努力地审查和更新其合规计划,具体包括开展合规审计、进行内控测试、持续更新合规信息、建设合规文化等。在此过程中,合规官经常需要与外部人员进行配合。例如,一些企业会将合规审计工作外包给合规服务单位,此时合规官需要配合第三方工作,协同落实合规审计的各项任务。

第二,合规官还需要对违规行为进行调查。有效运作的合规管理制度需存在一个功能良好、资金充足的程序机制,能及时而彻底地调查企业、员工、代理方的所有可疑违规行为。合规官发现这些违规行为以后,需要实施符合调查程序的适当调查,在发现事实、作出决定后,对调查结果予以适当公开或回应,让进行举报的员工能收到应有回音。

第三,合规官需要对潜在违规行为进行分析和补救。实践中有效运作的合规管理制度需能详尽地分析违规行为发生的根本原因,并及时且适当地补救违规,以从根源上解决问题。此时,合规官需要具体分析问题根源、发现合规管理制度的弱点、避免违规行为获利的制度设计、发现和总结违规的事先迹象、开展针对违规行为的补救和追责活动等。

第二节 企业合规顾问的职能

企业合规师除了在企业内部担任合规官以外,还可以选择在专业的合规服务机构任职,而后受企业聘用成为合规顾问,帮助企业处理重大合规风险事件,体系化升级合规管理制度,开展大规模合规审计等特定合规事务。与企业合规官不同,企业合规顾问的职能具有短期性、专项性、辅助性特征。短期性指的是,企业合规顾问一般只因企业的短期聘用而协助企业工作,通常不属于企业的长期员工;专项性指的是,企业合规顾问一般只负责合规管理制度的部分工作,即完成企业委任的合规设计、合规审计、合规培训、合规调查等工作,不会超出委托权限从事统筹性的合规工作；辅助性指的是，企业合规顾问一般仅指导企业内部合规官完成合规工作，不会亲自替代合规官从事完整的、具体的合规管理工作。一般而言，可以将合规顾问视为企业聘请的外部专家，在合规官无法解决一些较难的合规问题时，或者企业无法投入内部资源时，辅助性地帮助企业实现有效合规管理。

一、企业合规顾问的类型

依据职业类型，企业合规顾问可以分为三种：律师、会计师和审计师、专家学者等。

第一，律师。企业聘用律师担任企业合规顾问的情况最为常见。企业在专项合规领域遭遇法律难题时，通常会寻求外部律师的帮助。例如，当企业要建立进出口合规管理制度体系时，由于对各国进出口贸易规则了解不全面，往往需要聘请该领域律师作为合规顾问，为企业合规管理制度建设提供专业法律支持。实践中，这种合规顾问活动经常与常年法律顾问服务（以下简称常法服务）相融合，即企业首先会向其常法服务单位咨询合规专业问题。但是，企业合规顾问服务与常法服务有较多不同之处，前者不仅包括专业法律知识服务，还包括合规管理知识服务，不仅能告诉企业相关法律法规的要求，还能帮助企业将法律法规要求转化为内部管理制度。而且，常法服务的提供者主要是民商事法律律师，而合规服务的提供者主要是经济行政法和刑事法律律师。目前，我国提供合规服务的律所较少，但该业务在一些合规行业成熟的国家较为常见，是大型律所的主营业务之一。

第二，会计师和审计师。除了律所，会计师事务所和审计师事务所也会提供相关合规服务。例如，许多大型会计师事务所都有专门合规服务项目，包括帮企业搭建合规管理体系、进行合规尽职调查、完成合规审计工作等。由于会计师和审计师的业务主要围绕财务领域，所以其提供的合规顾问项目中，与税务合规、反腐败合规等财务有关专项合规管理更为成熟，已经能够模板化地为企业提供合规服务。

第三，专家学者。随着合规管理制度引入我国，例如，在"合规不起诉"的司法改革过程中，有大学教授、研究员担任涉案企业合规顾问的情况发生。国外专家学者兼职担任企业合规顾问，也是常见的行业现象。与专门从事合规业务的律师、会计师、审计师等相比，专家学者对于专项领域的研究更为深入，提供的服务更具有专业性，指导企业搭建的合规管理体系一般也更能体现"以风险为导向"的特征。

二、企业合规顾问的职责

与企业合规官相比，企业合规顾问提供的合规服务更具有"外向性"，即以"外包"的形式负责部分合规管理工作。常见的企业合规顾问职责包括三个方面。

第一，分担日常性合规管理工作。首先，合规培训可以由合规顾问负责。许多企业出于合规培训专业性的考虑，会将合规培训工作委托给企业合规顾问设计、组织、开展，由企业合规顾问通过分析企业提供的信息，日常性地承担合规培训工作，以定期进企业讲课、组织讲座等形式实现。其次，合规审计也经常需要由企业合规顾问负责。对于许多企业而言，合规官承担日常性的合规审计工作，但每年或不定期的大型合规审计工作则需要委托给外部更为专业的合规顾问负责，这能够有效防止内部合规官因思维惯性而忽视一些合规漏洞和风险。最后，违规举报机制也可以由合规顾问负责运行。以某公司为例，其委托某法律服务机构管理其违规举报渠道并承担合规监察职能，定期汇总违规信息，与内部合规官一同开展违规事件调查，监督企业公开处理结果。[①] 在这种路径下，处理违规举报的人员从企业内部合规官变为外部的独立第三方，降低了腐败、包庇等风险的发生概率。经过调研发现，在违规举报机制由内部合规官负责管理的情况下，"吹哨人"的信息极易被泄露。因此，这种第三方委托的方式能最大限度地保障企业违规处理的公正性，在保护"吹哨人"信息、确保调查程序公正、确保处理结果公平公开等方面都具有优越性。

第二，在企业涉及兼并、收购时，承担合规尽职调查工作。企业需要收购或合并一个新实体时，经常需要聘请合规顾问团队对新实体开展尽职调查，确定该实体没有重大违法违规风险，并对其原有管理体系进行评估，以此保障企业的商业活动不会"花冤枉钱"。无论是国内还是国外，企业都要承担法律意义上的

---

① 参见李奋飞主编：《企业合规通识读本》，法律出版社2022年版，第27页。

"继承责任",即新企业需要对收购或合并的原企业行为负责,在一定的资金和名义范围内,对不法行为承担行政或刑事责任。因此,对新实体的尽职调查工作格外重要,一般企业没有足够的合规资源来完成该项活动,需要额外聘请合规顾问提供更为专业和细致的服务。

第三,在企业涉嫌违法犯罪时,协助企业应对风险事件。企业合规资源最为紧缺、合规需求最为迫切的阶段就是合规风险事件暴露的时候,这时企业往往已经被执法机关立案和调查,既需要合规顾问协助沟通、评估风险和损失等,也需要合规顾问帮助企业落实有效合规整改,以此获得法定的从宽处理机会。例如,在我国"合规不起诉"改革试验中,不少涉案企业在检察院开展合规考察后,都自行聘请合规顾问,帮其进行合规内部调查、拟订合规整改计划、落实合规考察要求等。已有许多企业在合规顾问的支持下,获得了检察院的不起诉决定或从宽量刑建议,因此降低了各方面损失。

第三节 企业合规监管人的职能

在企业合规官和企业合规顾问这两种市场化职业类型之外,企业合规师还可以从事一种类公职化的职业——合规监管人。合规监管人系执法机关在处理企业涉罪案件时委任的独立第三方专家,由其代行部分合规监管职责,负责对企业合规整改的情况进行监督、评估、考察,其结论和意见是执法机关处理企业违法犯罪案件时的重要参考。

自 2020 年 3 月起,我国最高人民检察院主导开展涉案企业合规改革,为合规监管人职业引入我国奠定了制度基础。2021 年 6 月,最高人民检察院联合八个负责企业监管的机关和组织发布《关于建立涉案企业合规第三方监督评估机制的指导意见(试行)》,将合规监管人制度称为"第三方监督评估机制",强调合规监管人的监督合规整改、评估合规整改效果这两项核心职能。该试行规定明确由律师、会计师、审计师等专业人员组成"第三方监督评估组织"(也可以简称为"第三方组织"),承担调查、评估、监督、考察企业的合规整改工作,并由九个单位（最高人民检察院、司法部、财政部、生态环境部、国务院国有资产监督管理委员会、国家税务总局、国家市场监督管理总局、中华全国工商业联合会、中国国际贸易促进委员会）联合成立的"第三方监督评估机制管理委员会"（也可以简称为"第三方机制管委会"）负责第三方组织的相关管理工作。[①] 至2022年5月，我国许多地区都形成了合规监管人名录，已有超过一千起案件有合规监管人参与。

本节以阐释我国涉案企业合规改革中的合规监管人规定为基础，结合域外合规监管人制度的发展，呈现全球视野下合规监管人职业的类型、选任、管理、履职方式。

一、合规监管人的类型

合规监管人最早源于美国法官的司法实践，即美国联邦法官在司法活动中任命一些"特别主事官"（Special Master），辅助法官履行一些复杂的职能，如证据开示、计算损害赔偿、监督合意判决执行等。进入20世纪80年代，在美国《联邦缓刑法案》确立针对企业的"合规缓刑制度"以后，法官就开始在包含"限期企业落实合规整改"的缓刑判决中适用合规监管制度，即有时会任命一名合规监管人代为监督和评估企业的合规整改活动。后来，该做法逐渐被美国检察机关纳入暂缓起诉协议和不起诉协议的应用当中，检察机关开始在与涉罪企业签署的协议中包含任命合规监管人的条款，规定由独立的律师、税务师、审计师等专业人员担任独立合规监管人（Independent Compliance Monitor），由其具体负责监督和指导企业构建或完善合规计划。[②]

我国的合规监管人制度产生于2021年，随着合规引入我国刑事司法而发展，目前尚处于"试行"阶段。至2022年8月，我国只有检察机关委任的合规监管

[①] 参见最高人民检察院：《关于建立涉案企业合规第三方监督评估机制的指导意见（试行）》，载最高人民检察院网站，https://www.spp.gov.cn/spp/xwfbh/wsfbh/202106/t20210603_520224.shtml，最后访问时间：2022年5月20日。

[②] See Vikramaditya Khanna & Timothy L. Dickinson, *The Corporate Monitor: The New Corporate Czar?*, 105 MICH. L. REV. 1713, 1718 (2007). [美] 维克拉马迪亚·卡纳、提摩西·L. 迪金森：《企业监管人：新的企业"沙皇"？》，载《密歇根州法律评论》第105卷，第1718页（2007年）。

人这一类型，尚无法院委任和行政执法机关委任的合规监管人出现，相关制度属于检察系统涉案企业合规改革试验的系列规定。

首先，我国的合规监管人是检察机关涉案企业合规改革催生的新职业，从属于第三方机制，改革文件中的《关于建立涉案企业合规第三方监督评估机制的指导意见（试行）》和《涉案企业合规建设、评估和审查办法（试行）》是该职业的本土渊源。自 2020 年 3 月起，涉案企业合规改革作为一种检察机关主导的司法新尝试，开始在各个检察院推行。检察机关在办理涉企案件时，可以暂停案件的处理一段时间，对涉案企业开展合规考察，考察期届满时，对实现有效合规整改的涉企案件依法作出不起诉或从宽处理的决定，对无效合规的企业依法继续追诉。该项改革也被学者们称为"合规不起诉"改革，体现"严管"与"厚爱"相结合的司法理念，赋予企业以"合规"换取"不起诉"决定的机会。在这项改革中，试点检察院面临的首要难题是，检察官不熟悉企业管理，难以判断企业是否开展了适当的整改活动、是否最终实现了有效合规。因此，检察院开始借鉴域外的合规监管人制度，委任一些专业的律师、会计师、审计师等社会人员，在合规考察期内负责监督、指导、评估企业的合规整改情况，协助刑事司法人员作出正确决策。在各试点检察院充分试验的基础上，在我国最高人民检察院的推动下，于 2021 年 6 月发布了《关于建立涉案企业合规第三方监督评估机制的指导意见（试行）》，正式建立了我国协同监管下的合规监管人制度，称为"第三方机制"。该规定由最高人民检察院、司法部、财政部、生态环境部、国务院国有资产监督管理委员会、国家税务总局、国家市场监督管理总局、中华全国工商业联合会、中国国际贸易促进委员会九个部门联合制定和发布，规定由这九个部门联合成立第三方机制管委会，负责联合管理我国的"第三方机制"。2022 年 4 月，该九个部门又发布《涉案企业合规建设、评估和审查办法（试行）》，明确有效合规基本标准、第三方组织履职考察标准等，为合规监管人的履职提供参考规范。

其次，我国的合规监管人是独立的第三方专家，既独立于检察机关，又独立于企业。《关于建立涉案企业合规第三方监督评估机制的指导意见（试行）》第 1 条将"第三方机制"规定为：人民检察院在办理涉企犯罪案件时，对符合企业合规改革试点适用条件的，交由第三方监督评估机制管理委员会（以下简称第三方机制管委会）选任组成的第三方监督评估组织（以下简称第三方组织），对涉案企业的合规承诺进行调查、评估、监督和考察。考察结果作为人民检察院依法处理案件的重要参考。可见，律师、会计师、审计师等社会人员在担任合规监管人、组成第三方组织时，是作为独立的第三方履职的。其既不是检察机关行为的代行者，因为办案检察院只将其专业评价结果作为决策时的"重要参考"，也不是企业的服务提供者，因为其只负责监督和指导企业落实有效合规整改，不深入企业"亲自"开展合规整改活动。这种职业类似于我国的"专家鉴定人"，仅依据专业合规知识作出中立判断意见，不以任何一方的意志为转移。

最后，我国的合规监管人受第三方机制管委会的选任和管理。我国合规监管人的选任和管理都由第三方机制管委会负责，与域外实践相比，这更符合我国企业管理组织多元化的基本国情，也能够提高合规监管人职业的中立性和规范性。《关于建立涉案企业合规第三方监督评估机制的指导意见（试行）》第10条对第三方组织的选任方式作出规范，确立了我国"候选、抽取、异议"三步走的合规监管人的选任程序。第一步，由第三方机制管委会建立本地"专业人员名录库"，以该名录库作为第三方组织的候选范围。第二步，经检察机关申请，由第三方机制管委会依据案情和企业类型，从名录库中分类"随机抽取"人员组成第三方组织，向社会公示，报办案检察机关备案。第三步，检察机关、企业、相关人员等都可以对第三方组织成员提出异议，由第三方机制管委会调查核实，决定是否需要作出调整。选任后合规监管人的履职、薪酬、评估、退出等一般都受第三方机制管委会管理，具体如《关于建立涉案企业合规第三方监督评估机制的指导意见（试行）》第8条第2款规定："试点地方第三方机制管委会履行下列职责：（一）建立本地区第三方机制专业人员名录库，并根据各方意见建议和工作实际进行动态管理；（二）负责本地区第三方组织及其成员的日常选任、培训、考核工作，确保其依法依规履行职责；（三）对选任组成的第三方组织及其成员开展日常监督和巡回检查；（四）对第三方组织的成员违反本指导意见的规定，或者实施其他违反社会公德、职业伦理的行为，严重损害第三方组织形象或公信力的，及时向有关主管机关、协会等提出惩戒建议，涉嫌违法犯罪的，及时向公安司法机关报案或者举报，并将其列入第三方机制专业人员名录库黑名单；

（五）统筹协调本地区第三方机制的其他工作。"目前，为便于第三方机制运行的职能化管理，我国还建立了"企业合规第三方监督评估平台"①，第三方机制管委会人员、第三方组织内的合规监管人、企业人员都可以线上登录该平台，查询相关规定、办理相关业务、提交相关文件等。

二、合规监管人的职责

作为企业合规师，成为合规监管人是国家对其个人专业能力的肯定，一般能够带来更好的商业信誉和职业前景。由于我国的企业合规行业刚刚兴起，尚无专业教育和执业资质的管理，导致合规服务市场处于混乱状态，有许多没有经验和能力的人员将"合规业务"作为新的宣传点。此时，律师、会计师、专家学者等能被当地的第三方机制管委会纳入专业人员名录库，就代表着其满足基本的任职需要，具备评估和指导企业落实有效合规整改的专业资质。因此，合规监管人是我国非常热门的职业之一。作为合规监管人，履行相关职责一般需要经过以下六个步骤。

第一，通过申报等程序，进入第三方机制管委会的"专业人员名录库"。《关于建立涉案企业合规第三方监督评估机制的指导意见（试行）》确立了从专业人员名录库中抽选产生合规监管人的基本原则，所以要想成为合规监管人，需先进入该专业人员名录库。但是，我国的第三方机制尚无全国化的统一管理，各地区都会成立独立的第三方机制管委会，出台单独的合规监管人选任规定，建立本地区的专业人员名录库。以上海地区的合规监管专业人员名录库规则为例，2021年12月，上海市工商联发布了《关于公开选任上海市涉案企业合规第三方监督评估机制专业人员（第一批）的公告》，其明确从"法律、财税、生态环境、市场监管、金融、知识产权等领域具有企业合规相关丰富经验的专业人员或者专家学者"中选出50名至100名人员，进入专业人员名录库。其基本任职条件要求包括："1. 拥护中国共产党的领导、拥护宪法；2. 遵守国家法律、社会公德，具有良好的政治素质、职业道德；3. 从事相关领域工作5年以上；4. 具有

---

① 企业合规第三方监督评估平台：http：//qyhgjg.acfic.org.cn。

较高的专业技术水平,熟悉相关领域或行业的发展动态,熟悉相关法律法规和政策规范;5. 所在行业或领域具有专业水平或职业等级评定机制的,一般应具备相应中级以上职称或职级;6. 身体健康,有能力完成评审、评估、咨询等工作。"禁止性任职条件包括:"1. 受到过刑事处罚;2. 近3年受过与执业行为有关的行政处罚或者行业惩戒;3. 被列入失信被执行人名单;4. 有其他可能影响专业人员名录库公信情形。"符合以上要求的企业合规师,可以在规定时间内通过填写报名表和提交有关材料的方式申请。由第三方机制管委会通过审查材料,并根据需要辅以走访了解、面谈测试等方式,对报名人员进行审核考察,综合考虑报名人员的执业(工作)时间、政治素质、工作业绩、研究成果、表彰奖励,以及所在单位的资质条件、行业影响力等情况,确定专业人员名录库拟入选名单。在确定名单后,公示7个工作日,正式决定人选,颁发聘书并向社会公布,其任职期限为3年,期满后经第三方机制管委会审核可以续任。其他地区的规定有所不同,需要符合条件的企业合规师具体考察规定细则,按要求申请。

第二,遵守第三方机制管委会的管理和规定,等待被办案检察院和管委会选为"第三方组织成员"。在选入名录库后,当检察院办理案件需要启动第三方机制时,就会根据案件的专业需要,抽选候选人组成第三方组织,负责具体的合规监管工作。依据案件情况、企业规模、涉罪领域等具体细节,第三方组织可以由一名或数名合规监管人组成,协同履职。对此,《关于建立涉案企业合规第三方监督评估机制的指导意见(试行)》第10条明确规定:"人民检察院在办理涉企犯罪案件时,应当注意审查是否符合企业合规试点以及第三方机制的适用条件,并及时征询涉案企业、个人的意见。涉案企业、个人及其辩护人、诉讼代理人或者其他相关单位、人员提出适用企业合规试点以及第三方机制申请的,人民检察院应当依法受理并进行审查。人民检察院经审查认为涉企犯罪案件符合第三方机制适用条件的,可以商请本地区第三方机制管委会启动第三方机制。第三方机制管委会应当根据案件具体情况以及涉案企业类型,从专业人员名录库中分类随机抽取人员组成第三方组织,并向社会公示。第三方组织组成人员名单应当报送负责办理案件的人民检察院备案。人民检察院或者涉案企业、个人、其他相关单位、人员对选任的第三方组织组成人员提出异议的,第三方机制管委会应当调查核实并视情况做出调整。"需强调的是，在履职过程中，合规监管人需要遵循法定义务："第三方组织及其组成人员应当履行下列义务：（一）遵纪守法，勤勉尽责，客观中立；（二）不得泄露履职过程中知悉的国家秘密、商业秘密和个人隐私；（三）不得利用履职便利，索取、收受贿赂或者非法侵占涉案企业、个人的财物；（四）不得利用履职便利，干扰涉案企业正常生产经营活动。"否则，合规监管人可能承担违法违规责任，面临被中止任职、纳入合规监管人黑名单、受行业协会处罚等结果。

第三，审查、监督、指导涉案企业的合规整改工作。在成为第三方组织成员以后，合规监管人需要按要求履行合规监管职责。一方面，合规监管人需要通过查阅案件卷宗、与检察院人员商谈等方式了解案情，掌握企业的基本情况，进而指导涉案企业确定合规整改的方案和期限。《关于建立涉案企业合规第三方监督评估机制的指导意见（试行）》第11条规定："第三方组织应当要求涉案企业提交专项或者多项合规计划，并明确合规计划的承诺完成时限。涉案企业提交的合规计划，主要围绕与企业涉嫌犯罪有密切联系的企业内部治理结构、规章制度、人员管理等方面存在的问题，制定可行的合规管理规范，构建有效的合规组织体系，健全合规风险防范报告机制，弥补企业制度建设和监督管理漏洞，防止再次发生相同或者类似的违法犯罪。"在此过程中，合规监管人可以查阅案件和企业的必要信息，包括企业提交的《合规自查报告》《合规整改申请书》《合规整改计划书》等，基于专业知识，提出具体的意见和建议，指导企业负责人、合规顾问、合规官等完善合规整改方案。另一方面，合规监管人需要指导企业落实合规整改方案，定期开展合规审查，听取企业的合规报告，适时地调整合规整改方案。《关于建立涉案企业合规第三方监督评估机制的指导意见（试行）》第12条第2款规定："在合规考察期内，第三方组织可以定期或者不定期对涉案企业合规计划履行情况进行检查和评估，可以要求涉案企业定期书面报告合规计划的执行情况，同时抄送负责办理案件的人民检察院。第三方组织发现涉案企业或其人员尚未被办案机关掌握的犯罪事实或者新实施的犯罪行为，应当中止第三方监督评估程序，并向负责办理案件的人民检察院报告。"在此过程中，合规监管人需要担任检察院与涉案企业间的专业联络人，既指导企业的合规整改，又将企业合规整改的情况报告给检察院。

第四，评估企业合规整改的有效性，向检察院提供专业结论。在合规考察期届满时，合规监管人需要就企业的合规整改有效性作出最终的专业评估结论，提交结论报告给办案检察院。《关于建立涉案企业合规第三方监督评估机制的指导意见（试行）》第 13 条规定："第三方组织在合规考察期届满后，应当对涉案企业的合规计划完成情况进行全面检查、评估和考核，并制作合规考察书面报告，报送负责选任第三方组织的第三方机制管委会和负责办理案件的人民检察院。"在该评估的过程中，合规监管人需要遵循有效合规的基本标准开展工作。《涉案企业合规建设、评估和审查办法（试行）》第 14 条规定："第三方组织对涉案企业专项合规整改计划和相关合规管理体系有效性的评估，重点包括以下内容：（一）对涉案合规风险的有效识别、控制；（二）对违规违法行为的及时处置；（三）合规管理机构或者管理人员的合理配置；（四）合规管理制度机制建立以及人力物力的充分保障；（五）监测、举报、调查、处理机制及合规绩效评价机制的正常运行；（六）持续整改机制和合规文化已经基本形成。"该规定第 15 条规定："第三方组织应当以涉案合规风险整改防控为重点，结合特定行业合规评估指标，制定符合涉案企业实际的评估指标体系。评估指标的权重可以根据涉案企业类型、规模、业务范围、行业特点以及涉罪行为等因素设置，并适当提高合规管理的重点领域、薄弱环节和重要岗位等方面指标的权重。"实践中，已经有许多地区的第三方机制管委会建立了合规验收的打分表格，供合规监管人参考和填写。

第五，出席合规验收听证会，发表专业意见。许多地区检察院在合规考察期届满时，会举行听证会，邀请当地的人大代表、政协委员、合规专家学者等参与，监督企业合规整改的有效性，一般会要求合规监管人在听证会上作出报告，就合规整改效果作出专业结论并说明理由。基本结论包括有效合规和无效合规两种，如果作出无效合规的结论，检察院将参考该结论，很可能作出继续追诉的决定；而如果作出有效合规的结论，检察院将参考该结论，很可能作出不起诉、从宽处理等决定。此时，检察院和第三方机制管委会也会审查合规监管人工作的效果。《涉案企业合规建设、评估和审查办法（试行）》第 16 条规定："第三方机制管委会和人民检察院收到第三方组织报送的合规考察书面报告后，应当及时进行审查，重点审查以下内容：（一）第三方组织制定和执行的评估方案是否适当；（二）评估材料是否全面、客观、专业，足以支持考察报告的结论；（三）第三方组织或其组成人员是否存在可能影响公正履职的不当行为或者涉嫌违法犯罪行为。经第三方机制管委会和人民检察院审查，认为第三方组织已经完成监督评估工作的，由第三方机制管委会宣告第三方组织解散。对于审查中发现的疑点和重点问题，人民检察院可以要求第三方组织或其组成人员说明情况，也可以直接进行调查核实。"

第六，遵守任职"冷却期"规定，合规考察期届满一年内，不承接涉案企业相关业务。为了避免合规监管人与企业发生利益来往，降低企业以未来的商业利益诱惑监管人作出"有效合规"结论的风险，我国为合规监管人规定了为期一年的任职"冷却期"。《关于建立涉案企业合规第三方监督评估机制的指导意见（试行）》第17条第3款规定："第三方组织组成人员系律师、注册会计师、税务师（注册税务师）等中介组织人员的，在履行第三方监督评估职责期间不得违反规定接受可能有利益关系的业务；在履行第三方监督评估职责结束后一年以内，上述人员及其所在中介组织不得接受涉案企业、个人或者其他有利益关系的单位、人员的业务。"需注意的是，受任职冷却期约束的不仅是合规监管人个人，还包括其所在组织。例如，A律所律师张某担任了B涉案公司的合规监管人，那么在其任职期届满后的一年内，A律所所有律师都不能承接B公司的业务。这在一定程度上降低了许多社会专业人员担任合规监管人的积极性。

目前，我国尚未明确合规监管人的薪酬支付方式和额度，各地区正在试验不同的模式，有法律援助性质的数万元费用标准，也有市场化性质的较高额费用标准。域外的合规监管人薪资由涉罪企业支付，有时可以高达数千万美元。虽然我国的绝大多数研究者认为该高薪模式不适合我国情况，但都认为，合规监管人的薪酬应该具有市场化的属性，以略高于市场的价格吸引人才流入。[①] 在试行阶段结束之后，我国会有新的规定，对合规监管人的薪酬问题予以明确。

---

① 参见马明亮：《论企业合规监管制度——以独立监管人为视角》，载《中国刑事法杂志》2021年第1期。

第三章 企业合规师的职业素养

依据职能范围的不同，企业合规师一般划分为企业合规官、企业合规顾问、企业合规监管人。不同类型的企业合规师，在工作内容、工作目标、工作立场方面存在区别，但在职业素养，或者说胜任力方面，具有很强的一致性。职业素养，抑或胜任力，是针对特定职位表现优异要求组合起来的胜任力结构，是一系列人力资源管理与开发实践（如工作分析、招聘、选拔、培训与开发、绩效管理等）的重要基础。企业合规师的学习目标是要胜任其岗位要求，实现合规管理工作的优异绩效。

不同的岗位，对于企业合规师的能力水平要求存在区别。比如，对企业内部而言，企业合规工作是一项新兴的工作，目前阶段应当鼓励初级合规师积极参加企业合规管理实践，实现自身能力水平与企业经营发展的共同进步。但对于大型企业而言，需要以高级企业合规师为核心，打造合规管理能力一流的合规团队，以帮助企业有效预防和应对合规风险。

作为外部企业合规师的企业合规顾问至少应当具备中级企业合规师的能力水平，要能够指导企业有效开展合规体系的搭建，并且帮助企业解决常见的合规问题。

第三方监管人作为面向涉案企业开展合规监督与评估的专家，应当具备高级企业合规师的能力水平，并且接受过涉案企业合规整改专项的教育训练，以帮助司法机关准确认定企业合规整改工作的实际成效。

第一节　企业合规师的职业道德标准

在企业合规师职业素养构建部分,应首先强调企业合规师应达到的职业道德标准。因为企业合规管理在本质上是诚实信用管理,甚至可以说,合规管理是企业价值观的管理。合规中的"规",不仅包括法律、法规、公司规章制度,还包括道德规范,对于企业而言还应注重强调商业道德规范。我国早在春秋战国时期就有"商贾敦悫无诈,则商旅安,货通财,而国求给矣"[①]的记载,强调诚信道德在商业中的重要作用。

企业合规不是外部强加的义务,而是企业的内在需求,需要企业自主执行,而企业作为个人之集合体,合规管理不能与员工割裂自主运行,需要每一位员工认真践行,充分认同合规文化,才能最大限度地发挥企业合规的优势和作用。企业合规师作为合规工作的推进者和执行者,是整个企业合规建设的表率,其工作内涵是管理企业的合规文化和诚信体系,监督每一位企业成员践行合规管理,影响企业管理者和员工的行为。

因此对于企业合规师的职业道德,最基本的要求是:保守秘密、公平正义、忠于职守、服务大局。

一、保守秘密

企业合规涉及企业经营的方方面面,包括企业主体资格、股东权利行使、企业治理结构、资金活动、合同管理、人力资源、财务税收、知识产权、合作伙伴、竞争对手等全部企业经营活动的信息。因此对企业合规师的保密品质要求,高于企业其他员工。

【案例】

2018年1月至7月,安某在某公司担任服务器运维管理人员期间,利用其负

---

① 出自《荀子·王霸》。

责维护该公司搜索服务器的工作便利，超越权限，以技术手段在公司服务器上部署"挖矿"程序，通过占用计算机信息系统硬件及网络资源获取比特币、门罗币等虚拟货币。

2018年6月初，公司内部发现大量服务器运行异常，调取后台操作日志后发现安某的行为。

该公司职业道德委员会第一时间聘请专业公司，对员工利用服务器"挖矿"的行为进行秘密调查，收集相关证据，形成完整的调查报告后，与员工面谈并报警。

（一）泄密引发的危机

企业合规师，作为企业的"守门员"，有权调查企业的全部合规信息，同时肩负处理内部员工投诉的职责。若企业合规师在工作中不能严格保密，有可能导致以下危机：

1. 利用合规审查机会，将企业商业秘密等传递给竞争对手，造成企业利益严重受损。

2. 把合规部正在调查的违规事件透露给被调查人，导致企业内违法、违规行为无法得到有效核实。

3. 将公司暂未对外发布的违规事件公布在公众网络上，引发企业舆论危机。

所以对企业合规师的保密要求，绝不限于法律规定的范围，而应提出更高的要求。作为企业合规师，一定要严守秘密，严格管理案件材料，而这种高度的保密义务，在内容上不限于国家秘密、企业商业秘密，还应包括合规审查中获得的企业暂时未对外披露的所有信息，包括企业员工的个人隐私等，比如合规调查中通过调查员工个人邮箱、即时通信工具等获得的个人信息。

在时间上，企业合规师的保密时间也不仅限于任职时间范围内，还应包括企业对外公开信息之前的所有时间。

（二）保密隔离措施

企业合规师在执业中要具备主动保密意识，同时要做好相应的隔离措施，防止信息泄露。隔离措施重点包括以下四项内容：

1. 团队内部保密，如在合规团队内部建立"信息隔离墙体系"，严格限制内部人员权限等级，数据获取全程留痕，防止信息泄露。

2. 对媒体保密。

3. 对家人、密友保密。

4. 对利益相关方保密，如被调查人、存在利益冲突或利益关联的股东、高管等。

以上是对企业合规师的保守秘密职业道德要求，但需注意企业合规师的保密义务存在特别豁免情形。即当企业合规师被遴选加入"第三方组织"履行第三方监督评估职责时，应将获取的合规信息根据《关于建立涉案企业合规第三方监督评估机制的指导意见（试行）》第12条、第13条规定[1]，报送检察院，而不应受到保守秘密义务的约束。

二、公平正义

公平正义是人类文明的重要标志，是衡量一个国家或社会文明发展的标准，同样也是衡量企业合规体系是否健康的重要标志。

（一）企业合规师公平正义职业道德的三层内涵

第一层内涵，若企业合规体系只规范员工行为，对企业高层的行为不进行规范，或者企业高层在合规与短期利益选择时存在冲突，经权衡、取舍后放弃合规要求，将严重破坏企业合规系统，让人对企业的整体合规价值观产生动摇，对决

---

[1] 第12条 第三方组织应当对涉案企业合规计划的可行性、有效性与全面性进行审查，提出修改完善的意见建议，并根据案件具体情况和涉案企业承诺履行的期限，确定合规考察期限。

在合规考察期内，第三方组织可以定期或者不定期对涉案企业合规计划履行情况进行检查和评估，可以要求涉案企业定期书面报告合规计划的执行情况，同时抄送负责办理案件的人民检察院。第三方组织发现涉案企业或其人员尚未被办案机关掌握的犯罪事实或者新实施的犯罪行为，应当中止第三方监督评估程序，并向负责办理案件的人民检察院报告。

第13条 第三方组织在合规考察期届满后，应当对涉案企业的合规计划完成情况进行全面检查、评估和考核，并制作合规考察书面报告，报送负责选任第三方组织的第三方机制管委会和负责办理案件的人民检察院。

策者的道德价值产生怀疑。

第二层内涵，企业合规机制运行中，将规范企业所有活动，改变企业以往"唯利是图"的运营行为，实行"横向到边、纵向到底"原则，某些方面势必影响特定员工、管理者的既得利益，如增加工作难度、减少灰色收入等，为合规运行带来阻力。

第三层内涵，企业合规师在工作中包括调查企业员工甚至高层的舞弊、欺诈、贿赂等行为，一旦曝光将对企业或相关当事人产生巨大的影响，相关当事人为避免不必要的损失，可能不惜贿赂、威逼企业合规师，让其保持沉默。

因此，企业合规师必须具备强大的公平正义观念，保持廉洁，具有强大的精神动力，以保障企业合规运营机制顺利运转并不断得到完善、提升。

（二）建立公平正义的执业环境

现代企业合规管理体系设计了汇报制度、调查制度、"吹哨人保护制度"等，以维护企业合规师公平正义的执业环境。

1. 树立企业全员合规文化意识

企业全体员工是构建企业良好合规文化的关键，变"要我合规"为"我要合规"，变被动为主动，合规理念应渗透到每个岗位、每位员工、每个业务操作环节中。

企业上下推行"合规人人有责""主动合规""合规创造价值"等合规理念，全体倡导诚实、守信、正直、善良的道德标准、行为准则，让合规成为一种习惯、一种信念。

2. 构建合理的企业合规组织架构

设立独立、强有力的合规部门，建立企业合规管理"三道防线"。

合规管理一般由一把手负责，明确合规部门在企业中的枢纽地位，确保合规部门上能触及领导层，下能深入底层，保证合规责任层层落实。

3. 完善的企业举报渠道

建立多样化举报方式，建立举报信息收集反馈制度，举报信息调查、落实责任人、举报信息备案登记制度等。

4. "吹哨人保护制度"

"吹哨人保护制度"是维护企业合规人员合法权益，使企业全体员工敢于说真话、说实话的制度保证。

三、忠于职守

忠于职守，是指忠诚地对待本职工作，一丝不苟。企业全体员工均须如此，对企业合规师来说，要做到忠于职守可能比普通员工面临更大的挑战、更多的诱惑和威胁，对其个人职业道德水平有着更高的要求。

（一）企业合规师可能面临的挑战

企业合规师是企业内部合规制度的制定者，且需要审核企业反贿赂、反舞弊、反垄断、反不正当竞争、知识产权等公司所有业务领域法律问题，同时拥有企业内部发起调查的权利，在执业中做到忠于职守需要面对以下三方面挑战：

1. 巨额利益诱惑

审核企业经营中存在的合规风险，是企业合规师工作的题中应有之义，不断螺旋上升完善合规管理，是合规体系不断进步的内在驱动力。

企业合规师若在巨大利益诱惑面前，将合规漏洞作为牟利手段，监守自盗，会严重侵害企业利益。

2. 掌握大量内幕信息

企业合规师作为企业内部的"守门员"，需监管全体员工的合规行为。以某公司"职业道德委员会"为例，企业合规师在合规调查方面的工作内容包括：接受来自不同途径的举报或报告，采取适宜的调查方案及手段来甄别事实，提取人证物证，并对涉案人员进行质询。依据调查过程中获取的事实，向管理层提供书面的结案报告，向公司职业道德委员会汇报案件情况。若企业合规师将利用工作便利收集的员工违法犯罪相关信息作为敲诈、谈判筹码，将严重侵害企业利益、影响企业合规的公信力、降低企业的核心品牌价值。

3. 合规工作与本人利益冲突

忠于职守，按照岗位职责履行自己的义务，最大限度地维护和增进用人企业利益，是企业合规师法定义务。但在某些企业中，特别是某些中小企业中，合规工作并非由专人担任，合规工作与本人负责的其他工作存在利益冲突的情况。如何平衡彼此的关系，对企业合规师来说是巨大的职业道德挑战。如法务部员工兼任合规管理岗位，其在合规审核中发现法务部出具的文件存在合规风险，但该文件系其本人或上司出具，发现该瑕疵会影响其在法务部内部的职业晋升。

（二）如何构建企业合规师忠于职守的执业环境

1. 落实合规定期评估制度

建立和落实合规经营的定期评估机制，对应报未报、迟报、谎报、漏报合规事件的行为，根据情节、不良影响等，按国家或企业相关规定严肃处理。

2. 合规问责制度

落实合规责任，保持敬畏之心，对工作认真、负责的企业合规师要给予奖励，对处理举报、调查违规行为有特别贡献的，要给予重大奖励，而且不限于物质奖励，还要让企业合规师获得价值感和收获感，让其对合规创造价值有更直观、更深入的认识，提高荣誉感和责任心。

3. 建立针对合规人员的监督制度

权力出现真空，极易产生权力寻租问题，企业合规也是如此。要建立针对合规人员的再监督制度，对各级合规管理人员、合规部门人员、监管人员在日常合规风险管理工作中该发现的问题未发现，该处罚的未处罚，该提出整改意见的未提出的行为，要追究连带责任，一并给予严肃处罚。

4. 利益冲突申报豁免机制

对于企业合规师可能存在利益冲突的内容，企业可以制定相应的申报、豁免机制，如企业合规师本人（或其关联人士，包括但不限于配偶、父母、子女等）从事与企业合规管理存在潜在或实际利益冲突的活动、业务或交易时，应事先填写相关的申报表格向指定主管部门进行申报，当员工未按照规定履行主动申报义务时，不论该利益冲突是否实际造成了不良后果或经济损失，也不论员工是否实际存在利益输送的事实，都将被视为严重违纪；对于主动上报自己交叉工作中出现的合规风险，可以给予相应豁免；等等。

四、服务大局

企业合规管理以企业的整体利益为重,企业员工是企业整体利益增加的受益者,同时也是企业利益受损的受害者。因此企业合规师在构建企业整体合规管理体系时,应以企业的整体利益和全体员工利益为重,充分了解企业的整体业务流程,深入理解企业面临的业务挑战和业务风险,尊重每位企业员工在企业运营中的付出,保证合规设计最大限度地保障整体利益,而不能将合规管理作为自己的"权力工具"或者"获益工具"。

证监会于 2016 年出台了《证券期货投资者适当性管理办法》,申明了风险揭示、录音录像的要求;2017 年,银监会发布《银行业金融机构销售专区录音录像管理暂行规定》,规定银行业金融机构在营业场所销售理财产品时,应建设销售专区并安装录音录像设备。所有产品销售均应在销售专区内进行,不得在销售专区外进行产品销售活动。

各金融机构按照法律规定,及时完善投资者适当性和实名制管理流程,通过 App(手机应用程序,下同)办理业务并"双录",本是企业合规的进步,但某些机构为降低自身风险,明确规定:高龄客户"双录"必须亲自到柜台办理。这导致客户抱怨"像我爸妈一年需要跑网点好多次。开通一个创业板,让我父亲跑了三趟"。有些小城市的客户,其签约券商并未在当地设置网点,还得赴外地办理。这种仅为合规管理便利,增加其他业务窗口业务难度,降低客户体验感的合规行为,就是仅考虑合规管理者的"片面工具",严重危害企业后续发展。因此,企业合规建立之初就要坚持以下原则,以保证合规管理服务大局。

1. 合规要具备可操作性

企业合规师设计企业合规管理体系,尤其是合规管理制度要具有易操作性,切忌好高骛远,使合规管理制度因没有实际操作性而成为鸡肋,甚至成为企业发展的障碍,严重影响企业员工的积极性和合规管理制度的有效性。

2. 合规要兼顾成本和效率

企业合规管理要根据企业的实际情况,在保障合规的基础上,节约成本,为客户提供便利,尽可能实现既合规又高效。

3. 合规要体现企业的价值观

企业合规不单单是合规部的工作，也不单单是某位员工的工作，而应该是企业价值观的体现，合规工作要以全面展示企业价值观为导向。

例如，某集团公司董事长就企业的《诚信合规准则》寄语（摘录），"加强合规管理，是贯彻落实全面依法治国重要战略部署的客观要求，是全面推进法治某某电气的重要举措，是国际化进程中提升国际竞争的必由之路。某某电气始终遵循以创新发展、客户增值、员工成长、环境友好为价值驱动力，坚持诚信公平、依法合规的价值观，将诚信合规理念融入各项经营管理和业务发展活动中，践行企业社会责任和使命"[1]。

第二节　企业合规师的能力模型

本书第二章讲述了企业合规师的岗位职能，要想胜任企业合规师工作，需要个人在知识涉猎、办事能力方面具有综合的储备。

另外，企业合规还是一个崭新的领域，尚未形成完善的理论和实践体系，国内也尚未开设专门的企业合规学科。但作为企业管理的一部分，它天然与企业风控、企业法律风险管理等具有较强的关联性。因此，从业人员除学习企业合规专业知识、专项技能外，还需储备大量相关知识和技能。

一、企业合规师的知识结构

合规管理关乎企业的生死存亡，是提高企业竞争力、促进企业健康持续发展的内在需要。企业合规师是合规体系的掌舵人，需要至少储备以下知识内容：

1. 法学

从企业合规师工作职责中可以看出，合规管理的理念与法务管理的理念有很多相通之处，部分工作职责就是传统法务的工作职责，如反不正当竞争、反垄

---

[1] 郭青红：《企业合规管理体系实务指南》，人民法院出版社2022年版，第69页。

断、反内部腐败、关联交易等。某公司的"职业道德建设部"就要求全体核心成员必须是从事过企业内审、检察官、警察等职业的专业人士，可直接展开调查，直接向最高管理层汇报工作。

因此一名合格的企业合规师，不仅需要了解我国法律的基本架构、掌握法律规则，更重要的是，需要对法学理念进行研究，理解法律规则背后的渊源、演变历史、公平正义精神、权利义务的平衡、程序性规则对结果的影响等。

在众多法律分支中，企业合规师需要了解的法律内容繁杂，重点包括民商法、刑法、行政法、环境法、劳动法、国际法等部门法，这些法律分支项下还有细分的金融法、竞争法、计量法等相关法律法规。但这些法规，不需要企业合规师全部掌握，而应根据工作岗位要求和企业规模、所处行业有所侧重。如作为专门从事对外贸易企业的合规师，更应专注国际法相关规范、贸易国国内的法律制度、国际上的商贸规定及海外的反商业贿赂调查等内容。而为互联网行业提供服务的合规师，则可能更需要关注反垄断、反不正当竞争、个人信息保护、知识产权保护、劳动法等相关内容。作为监察人选任的第三方组织成员，更需要掌握刑法、刑事诉讼法，关注单位犯罪、企业家法律责任承担、刑事措施变更等内容。

2. 会计学

企业管理的绝大部分问题会反映在财务结果上，企业合规师必须掌握基础的会计学知识，能够看懂财务报表是基础，通过财务报表发现其中存在的问题，是合规师的重要职责所在。

目前会计学有财务会计和管理会计两大分支。财务会计以提供定期的财务报表为手段，以公认的会计准则为核算依据，主要工作是完整地、客观地报告财务状况和经营成果。

而管理会计是管理知识与会计知识相结合的产物，采用灵活多样的方法和手段，对会计、统计等资料进行深加工和再利用，为进行最优决策和有效经营提供有用的信息，实现对企业整个经济活动过程的控制和对各个责任的考评。作为企业合规师，在会计学领域的知识可能更偏向管理会计领域，利用会计、统计资料，向公司各流程提供建议、进行监管。

3. 管理学

管理学是一门综合的交叉学科，简单地说就是怎么通过调配人力、财力、物力等资源，来提高生产力或实现其他既定目标。管理的四个核心环节是计划、组织、领导和控制。

作为企业合规师，工作范围涉及企业生产的全部流程，包括合规体系构建、合规培训、合规调查、危机应对等多项任务。每项任务不管在质还是量上都有很高要求，容不得任何闪失。

这就需要企业合规师能够成为领导者，有计划、有步骤地运行整个体系。举个最简单的例子，合规培训是合规师的日常工作，但如何组织人力、物力，才能更有效地达到培训目的呢？

某公司的案例就很好地体现了管理学在合规培训设计上的运用：该公司在刚刚开始搭建合规管理体系的时候，为了让员工尽快了解合规和相关的管控要求，推行全覆盖、无差别的合规通识培训。这种方式可以快速覆盖全员，提高全员的合规意识，但是无法满足对于关键岗位的合规管控要求。

因此第二阶段的合规培训，企业合规师和公司的人事部门把每一个岗位的职责和工作内容整理出来，识别关键岗位需要掌握的合规知识，进行有针对性的、差异化的培训。企业合规师把相关的合规知识点和管控要求制作成这个岗位的培训课程，成为岗位的认知和上岗的条件，并且按年度进行考核，考核结果将影响员工的升迁、评级、奖金的发放等。

4. 社会学

社会学是系统地研究社会行为与人类群体关系的科学，社会学的研究范围广泛，包括由微观层级的社会行为或人际互动至宏观层级的社会系统或结构。社会学中对伦理道德、价值观、种族歧视、社会暴力、刑事犯罪等问题的研究，对于合规人员设计企业合规体系、构建合规文化具有重大参考价值。如在全球性跨国企业中，如何避免种族歧视、如何尊重本土文化、如何保障女性权益等都是企业合规师需要考虑的内容。在国内，很多企业也曾因广告语中涉及性别歧视问题引发舆论危机，造成女性抵制该公司产品的后果。

可见企业合规师学习一定的社会学知识，对于企业管理及防范舆论危机具有很重要的作用。

5. 行为学

行为学是研究人类行为规律的科学，行为学通过实证研究揭示人类个体的认知、思想、情感、情绪等表面现象之下的规律，对个体与群体和组织的相互影响进行解释和预测。这些规律虽然对于个人来说，并不百分百准确，但是对于企业合规师在分析大样本人群的行为习惯、解决方案方面具有重大的作用。

如某顺风车乘客遇害事件之后，该网约车公司进行的"限时整改，全面合规"工作中，就体现出大量行为学的设计。该公司的整改措施包括：加强车辆和司机核查。强化网约车司机人脸识别验证，对全部司机每天首次接单进行人脸识别依据。根据人类在夜间更容易发生犯罪行为的统计，公司规定所有网约车司机在夜间（23：00 至次日 5：00）每次出车前须通过人脸识别，坚决堵住"冒名顶替"行为。

针对网约车司机最容易侵害的群体类型，如未成年人、女性、醉酒乘客、偏远长途乘客等，该公司特殊设计了重点安全教育，专门用于提升这类乘客的安全意识。

6. 信息化与大数据

万物互联时代，掌握数据信息知识对企业合规师至少有两方面要求：

一方面，企业合规管理已经进入信息化时代，企业合规需审核的内容庞杂，人工审核已经无法满足企业发展需求，企业合规需要电子化数据系统自动完成审核程序。而每个企业又有其独特的工作流程、内在风险、价值倾向，合规审核无法通过统一的操作系统完成，因此合规管理人员需根据企业的独特性，设置专属合规管理系统。信息化的基本规则，是线下标准化业务向线上迁移，从而提高工作效率、提升工作规范化水平、保障工作质量稳定。在合规管理工作中，商业合作伙伴合规风险尽调、流程审批、合规培训、合规知识库服务的标准化程度较高，很多企业也针对这些工作事项建立了信息化系统，如法律合规事务审批系统、商业合作伙伴扫描系统、合规案例及标准文件库、在线培训系统、员工合规档案系统等。2022 年《中央企业合规管理办法》第六章对合规信息化建设进行了明确规定，指出中央企业应当加强合规管理信息化建设，结合实际将合规制度、典型案例、合规培训、违规行为记录等纳入信息系统，要求中央企业运用信息化手段将合规要求和防控措施嵌入流程，强化过程管控，要求加强合规管理系统与财务、投资、采购等其他信息系统的互联互通，实现数据共享。同时，《中央企业合规管理办法》还要求中央企业应当利用大数据等技术，加强对重点领域、关键节点的实时动态监测，实现合规风险即时预警、快速处理。

另一方面，对于自媒体平台、即时通信软件等互联网相关企业，既要考虑用户的使用需求，还需从制度设计上保护用户的个人信息，这种情况下如何取舍和平衡，是企业合规建设必须进行的选择。如某新闻网站的整改过程，就体现了此类企业在合规过程中使用数据信息的价值选择。

某新闻 App 因传播色情低俗信息、违规提供互联网新闻信息服务等问题被某地网信办约谈，公司被迫全面整顿，清查已发布的信息。有报道指出，该 App 存在发布虚假广告等问题，严重侵害了消费者合法权益。随后，国家广播电视总局官方微信公众号发布消息称，为维护网络视听节目传播秩序，清朗互联网空间视听环境，依据相关法规的规定，责令某公司永久关停涉及相关问题的客户端软件及公众号，并要求该公司举一反三，全面清理类似视听节目产品。该公司负责人反思：要重新梳理公司愿景，重新阐释并切实践行公司的社会责任。此后，该公司加强内容审核，并宣布关闭涉及相关情况的 5 个频道。

二、企业合规师的通用能力

一家人才咨询公司的猎头对外采访时表示：高级别的合规岗位需要的是复合型专业人才，很难招到合适人选。企业对该岗位的沟通能力、把控能力要求很高。

综合调研招聘企业对企业合规师的能力要求，主要集中在逻辑思维能力、信息收集能力、沟通协调能力、统筹整合能力等方面。

（一）逻辑思维能力

作为企业合规师，必须学会运用逻辑思维透过现象看到本质，如果做不到这一点，将难以界定合规风险、分析风险成因和制定解决策略。

以企业合规调查最简单的证据收集工作举例，企业合规师面对投诉、举报线索可能一筹莫展、无从下手，这时候，就需要运用逻辑思维，对被调查事项按照统一的标准进行分类，做到无遗漏、无重复，进而捋清楚每条线索，有序推进。

(二) 信息收集能力

收集信息是开展后续工作的基础，在企业外部，市场环境、外部政策、法律规范繁杂且不断变化，需要企业合规师不断收集和研究最新的法律法规要求，并将这些新的规范转译成可以被公司直接执行的管理规范，并用易理解的语言传达到业务单位。

在企业内部，企业各流程、各部门的合规工作，也需在收集大量信息后，综合评估，为后续决策提供基础。如企业合规中的尽职调查，就需要集中发挥合规师的信息收集能力，如果信息收集无法保证准确、全面，则可能导致企业合规责任的巨大风险。

如：一家美国A公司全资收购了一家中国企业B公司。若收购之前A公司未对B公司进行尽职调查，收购后才发现B公司的业务模式很大程度上依赖员工的贿赂行为，此时A公司如果停止B公司员工的贿赂行为，业务就很难开展。若A公司继续让子公司B坚持原来的业务模式，A公司很可能会被FCPA[①]执法。收购前，A公司无须承担B公司贿赂行为的责任，但A公司投资后，若明知并允许B公司这种贿赂行为的责任，且与B公司合并财务报表，则A公司将被FCPA执法。

(三) 沟通协调能力

企业合规管理集事前防范、事中应对、事后处理于一体，不仅涉及企业内部所有部门、所有员工，还要与相关政府监管部门、第三方机构、合作伙伴、媒体等部门保持通畅沟通，因此对于企业合规师来说，良好的沟通协调能力是对其的基本要求。

---

① FCPA：美国《反海外腐败法》，也叫《反海外贿赂法》，简称 FCPA (Foreign Corrupt Practices Act)。

企业合规师的沟通协调能力，主要有以下五个层次：

1. 与主管部门沟通

公司合规部门应与监管机构保持良好沟通，及时把握监管部门动态、工作重心，以降低因缺乏了解行业动态而遭受处罚的风险。

如：为保护生态环境，国家给相关企业分配了碳配额，但随着各地碳配额违规清缴处罚信息的公布，很多企业仅需缴纳 2 万—3 万元罚款。一时间流言四起：完成碳配额清缴，企业需要缴纳成百上千万元；若没完成，只需要付出 2 万—3 万元罚款，完不成碳配额清缴，罚款完事。

主管部门出台的《碳排放权交易管理办法（试行）》中针对这一种可能进行了专门规定，对完不成碳配额清缴的企业设计了非常严重的处罚规定。比如，企业去年有 1 万吨的碳配额未能按时足额清缴，被生态环境部门处罚后仍无动作，那么今年省级生态环境主管部门在配发碳配额时，这家企业配额总量会相应减去 1 万吨。以 2021 年全国碳市场碳排放配额每吨 42.85 元的成交均价计算，这一变化意味着，企业若没完成 1 万吨碳配额清缴，不只是 2 万—3 万元罚款，还可能造成 40 多万元的资产损失。

2. 与行业内部其他企业沟通

具有行业龙头地位的大公司还需要与行业内部的其他企业积极沟通，参与行业立法，反映诉求，通过自己在相关行业的实践经验，将某些习惯性的有利做法通过法律规范、规章制度等固定下来，从源头上维护自己的合法权益，使得自己的业务行为受到法律保护。

3. 与企业内部其他部门沟通

企业合规涉及企业内部所有员工，企业合规师要将企业合规要求深入每位员工、每个岗位。

一方面要通过沟通识别企业每个业务板块存在的合规风险，另一方面也需要通过沟通明确企业内部各个岗位的合规需求，同时企业内部合规调查要做到与每个被调查人员进行面谈，以获得相应信息。

以合规调查中的访谈为例，企业合规师欲通过与访谈人直接沟通获得需要调查的信息，就需要比较多的沟通技巧。访谈前需要进行充分准备，如调查被访谈者的背景信息，设置良好的沟通环境，灵活运用提问、倾听、沉默、重复、追问等多种方式，不断扩大双方的已知范畴，激发对方对未知范畴的探索欲望，以便企业合规师获得更多有价值的信息。

4. 发生合规风险时，与监管部门沟通

在合规风险发生时，合规部门要和监管部门通力合作，与外部律师有效配合，及时提供公司内部相关信息与文件资料，在内部发挥主要作用，同时要协调与政府有关部门的关系，积极与执法机关沟通，充分了解执法机关所关注的事项；尽可能安抚监管部门，使其对公司合规经营产生信任，以减少更大规模的损失。

如：某外国公司为了在全球获得业务，通过授权第三方向政府官员行贿，从而触犯了美国FCPA。事件发生后，该公司积极与美国、德国两地主管机关达成庭外和解，并为此支付了16亿美元罚金，该公司以监事会主席（相当于我国企业董事长）为首的20余名高级管理人员被解除职务，有的还被追究刑事责任。该外国公司受罚后，由于事后持续实施有效的合规管控措施，包括展现坚决的领导层决心，投入资源加强合规组织与制度建设，开展有效的合规培训，从而成功摘去了"实质性内部控制缺陷"的标签，避免了其失去美国国内公共项目投标商的资格。

5. 紧急时刻，合规部门与其他机构沟通

当发生系统性紧急事件，或重大突发事件时，合规部门还需在紧急时刻与其他机构进行沟通。

（四）统筹整合能力

企业合规贯穿决策、执行、监督全流程，需要与法律风险防范、监察、审计、内控、风险管理等工作相统筹、相衔接，因此企业合规师需要具备强大的统筹整合能力。

统筹整合能力，要求将企业内部、外部全部资源完整并有序地协调组织在一起，从而达到最优化的效果。强大的统筹整合能力，不仅能对有形资源进行整合，还能对无形资源进行整合；不仅能对企业内部资源进行整合，还能在更大范

围内进行整合；不仅能优化配置，还能放大系统的能力。

作为企业合规师，除了具备对相关领域知识进行整合的能力外，还需要整合各种优势资源、人脉和渠道。

如：企业全球化进程中，要到上百个国家开展业务，第一步要考虑的就是如何设置分支机构，从早期的代理处、办事处发展到子公司再到在一国设立若干个子公司等。设立之后，每年的维护，比如开董事会、年审、年检等操作流程，企业合规师都需要综合考虑企业的运营成本、当地的法律环境、管理的便利程度等，与外部律师、会计师、审计师等通力合作，才能有效进行合规管理。

三、企业合规师的专项技能

合规管理工作包括一系列的专项工作内容，如企业反行贿合规、反组织舞弊、反垄断、反洗钱、反贿赂、反个人舞弊、出口管制、经济制裁、国家安全审查、个人数据保护、企业信息安全、职业健康、安全生产、环境保护等。

企业合规专业人员通盘掌握所有领域知识和专业技能存在难度，因此合规专业人员可以选择自己比较擅长的专项领域，有的放矢。

本部分内容，仅总结部分合规专项工作需要具备的典型能力，以供参考。

（一）反商业贿赂合规师的能力需求

反商业贿赂是企业合规的典型内容之一，要做好这项专项合规服务，最重要的能力是准确识别哪些商业手段属于商业贿赂，哪些商业手段属于正常的商业行为。

常见的商业贿赂包括收受供应商回扣、宴请、礼品等。比如，一些员工和供应商人员通过打麻将等形成彼此间的经济往来，掩盖商业贿赂。

（二）财税合规师的能力需求

财税合规师是企业各类风险合规师中比较重要的一类，甚至可以说财税合规师才是企业合规管理的核心抓手之一。作为财务方向的专业合规师，准确识别财务合规风险、制订专项合规计划、展开合规调查都是必不可少的工作内容。

财税合规师区别于其他专项合规的工作能力要求是，能快速且准确识别企业风险类型。

如某公司财务造假事件中，公司在内部合规审查中并未发现财务合规风险，但审计机构在审计中发现该公司部分管理人员在第二季度至第四季度通过虚假交易虚增了公司相关期间的收入、成本及费用。被审计机构曝光后，该公司股票大跌，证监会、财政部等着手调查，涉事高管及员工被停职。

这一事件直接反映出公司合规部在财税风险合规中若缺乏相应的识别能力，则很可能对企业造成巨大风险。

（三）出口企业合规师的能力需求

企业在对外贸易中，可能因不熟悉出口相关法律规定，或不了解贸易国当地法律规定或遭遇外国贸易壁垒，而产生经济或声誉损失。

因此对于从事此专项业务的合规师，需准确理解我国《出口管制法》规范、掌握国际主要出口国管制规定，如美国商务工业安全局出口管制条例、WTO[①] 相关规则等。

进出口企业的贸易流程，因经营范围不同，产品也会相应有不同的归类编码和不同的贸易方式，出口也会有不同的目的国，适用不同税收政策、监管条件及管制政策，这些纷繁复杂的贸易特征导致了贸易风险的多样性。因此，企业合规师需要全面深入分析本企业贸易特征，设计不同的程序，在此基础上归纳个性化风险类别，对症下药制定个性化合规机制。

另外，对于企业出口合规管理，企业合规师及时识别出口合规风险，查证、整改合规漏洞，对于当地执法机构在处罚时从轻、减轻企业责任同样具有重要意义。

如：J 公司主要从事石油管道的制造和销售。2011 年 6 月，J 公司合规部认识到维持 A 国业务可能对公司产生风险，于是便由公司主席在集团内部下发了关于要求 J 公司员工中止和避免参与 A 国交易的相关文件。随后，J 公司也对其公司的合同模板进行了调整，专门加入了禁止未经公司授权向 A 国出口产品的条

---

① WTO：世界贸易组织（World Trade Organization）。

款。但除此以外，J 公司并未作出任何其他内部贸易合规方面的制度建设和调整。

之后，J 公司继续利用之前销售人员开设的新公司与 A 国客户开展贸易往来，2016 年 3 月，J 公司和部分高级管理人员被 BIS[①] 列入实体清单。2018 年 12 月，J 公司以支付超过 337 万美元民事罚款为代价，和 OFAC[②] 与 BIS 达成和解，并承诺采取开除特定员工、建立内部合规体系等一系列整改措施。

（四）环境保护合规师的能力需求

《环境保护法》实施以来，确立的按日连续处罚、查封扣押、限产停产、信息公开、移送刑事侦查等配套措施，使得国内环境监管趋势进入了新阶段，企业对环境保护合规需求明显加大。

企业环境不合规，不仅会给企业带来直接的经济损失，还会直接导致主管人员和相关责任人员遭受刑事处罚。随着环境信用评价及环境违法联合惩戒等相关机制的推行，企业环境不合规还会对企业的品牌、商誉、上游供应商采购、供水供电价格、环境信用评价、企业评优、政府补贴及税收优惠享受、银行商业贷款等各个方面产生不良影响，直接阻碍企业的可持续性发展，损失不可估量。

另外，企业环境合规涵盖企业从项目的决策选址，到开工建设，再到日常生产运营，最后到场地关闭、搬迁，贯穿企业全生命周期。同时，它还包括绿色供应链的构建和环境信息公开规范等内容，相比其他合规，具有独特性，需要企业合规师具备专项服务能力，如对企业环境合规进行诊断。包括模拟"执法监察"合规审计、厂址搬迁及项目停运法律风险防范、环境信息披露及执行报告审计和供应商、承包商合规性审查。

环境尽职调查。包括区域环境规划及整治、大气及地表水环境、场地土壤及地下水环境、一般固体废弃物及危险废物、化学品管理及风险管控、突发事件防范及应急措施。

出具环境风险法律意见书、备忘录。具体包括环境规制与政策规划影响、环

---

① BIS：美国商务部产业安全局（Bureaus of Industry and Security）。
② OFAC：美国财政部海外资产管理办公室（Office of Foreign Assets Controls）。

境法律责任分析、环境信息披露及执行报告、土地交易中的环境责任及交易条款设计、环境工程及第三方服务合同审查。

第三节 高级企业合规师的技能要求

企业合规风险随着市场经营的变化而变化。近年来，一方面我们可以看到合规监管不断强化和企业合规管理需求不断提高的趋势；另一方面我们对合规管理工作的要求也在不断深化，对于合规师的工作要求也变得更为准确。譬如，过去经常提及的"反腐败合规"，现已经被"反商业贿赂合规"所代替（参见第七章），这是因为合规的核心目标在于保护公平的市场竞争，而非惩治内部腐败，后者实则是内部监察部门的专业范畴；许多过去被归入合规管理的业务，如"资质合规""审计合规"，通过业界开展的一系列正本清源的研究，也得到了合理的归类；一些存在认知局限的合规业务如"平台合规"，经过研究重述，内涵和外延都得到了更为清晰的界定。期望本书的研究和整理，能有效地帮助企业合规师厘清自身工作边界、明确与其他部门人员的协同方式，帮助企业实现"以合规促经营、以合规谋发展"的良好局面。

与此同时，高级企业合规师的能力要求也应当做到与时俱进。参考中国企业评价协会2021年发布的国内首个《企业合规师职业技能评价标准》（T/CEEAS 004—2021），结合合规监管与合规管理业务的发展趋势，高级企业合规师的职业技能要求，应当包括如下内容：

一、合规价值观、定位、架构

（一）合规价值观

（1）在形成价值观过程中，能够组织企业员工讨论并提出建议；
（2）能够参与企业价值观的形成过程。

（二）合规职能的定位与架构

（1）了解企业合规管理体系的治理结构；

（2）熟悉其他相关职能部门的工作方法；

（3）能够有效协调同其他职能部门的工作关系；

（4）能够制定跨部门的工作协调原则；

（5）参照 IIA[①] 对"三道防线"的最新定义，能够区分第一道防线和第二道防线之间的关系；[②]

（6）按照 PDCA[③] 管理循环的原理，不断地对企业合规管理体系及合规管理工作进行优化。

二、风险识别、评估

（一）风险识别

（1）全面了解风险管理相关知识；

（2）全面了解各类合规风险，包括反贪污贿赂、反欺诈、反垄断、贸易合规、数据及信息安全合规、安全环保合规；

（3）能够结合业务流程分析和违规事件分析，识别和预估业务流程中的各类风险点，并向管理层提交报告。

（二）风险评估

（1）全面了解风险评估知识，熟悉各种风险评估方法；

（2）能够选取合理可行的风险量化指标，制定风险分级方法；

（3）能够组织各相关业务部门和职能部门讨论，生成综合性的风险地图，

[①] IIA：国际内部审计师协会。

[②] 参见《IIA 对三道防线模型进行重大修订》，载中国内部审计协会网站，http：//www.ciia.com.cn/cndetail.html?id=78354，最后访问时间：2022 年 9 月 12 日。

[③] PDCA：策划（Planning）、实施（Do）、检查（Check）、处置或改进（Action）。

并且向管理层提交报告。

三、风险应对

（一）风险控制

（1）全面了解风险控制理论；

（2）全面监控业务部门中的风险管控措施实施情况；

（3）及时向管理层汇报风险控制情况并提出建议；

（4）协调各相关部门制定完整的风险控制流程；

（5）领导处理与外部监管机构和合作方相关的合规事务。

（二）控制流程优化

（1）深入了解企业内控基本理论和方法；

（2）能够全面归纳总结企业合规风险管理流程中的问题，组织各相关业务及职能部门形成改善措施并向管理层提交报告。

四、培训

（1）全面了解本企业合规管理体系、规章制度、业务模式、产品、战略、价值观和公司文化；

（2）全面了解与本企业有关的行业规定、法律法规、标准等；

（3）全面了解与本企业行业合规管理有关的案例及良好实践；

（4）设计/发展适合公司的合规培训方案（包括业务和合规团队）；

（5）开发并负责公司新的合规流程和工具的培训；

（6）代表公司与外部进行合规交流（如合规论坛，峰会等）；

（7）对管理层、部门领导、专门委员会进行培训；

（8）收集、反馈并跟进。

五、沟通/咨询

（1）全面了解本企业合规管理体系、规章制度、业务模式、产品、战略、价值观和公司文化；

（2）全面了解与本企业有关的行业规定、法律法规、标准等；

（3）全面了解与本企业行业合规管理有关的案例及良好实践；

（4）根据公司的合规政策，对风险和后果进行全面的评估；

（5）提出多种可行性方案；

（6）与资深的利益相关者探讨，并形成新的解决方案；

（7）凭借自身的经验、同理心和敏感度提供相应的建议。

六、举报

（1）全面了解举报在合规管理体系中的作用和重要性；

（2）全面了解公司举报制度及机制流程；

（3）全面了解保护举报人的原则和做法；

（4）全面了解如何辨别、处理举报信息；

（5）全面了解如何使用举报信息；

（6）制定并改进公司举报制度和流程；

（7）设立有效的举报机制，包括确立举报线、举报方式、举报流程；

（8）推动鼓励举报的氛围；

（9）制定并改进确保举报人不被打击报复的制度和流程。

七、调查

（1）全面了解调查在合规管理体系中的作用和重要性；

（2）全面了解公司调查制度及机制流程；

（3）全面了解如何与管理层和相关职能部门协作推进调查处理结果及改进意见；

（4）全面了解企业外部调查常规做法和发展趋势；

（5）制定调查流程；

（6）参与制定查处流程；

（7）批准调查启动和调查报告；

（8）组织参与高风险合规案件的处理和补救措施；

（9）与内部和/或外部利益相关者沟通关键问题。

八、文化建设

（一）制订方案

（1）全面了解公司内外合规文化建设通常做法；

（2）全面了解增强合规文化建设有效性的方法；

（3）全面了解合规文化与公司价值观的关系和在合规管理中的重要性；

（4）制订适合集团层面的合规宣传/诚信文化建设方案；

（5）与高层领导探讨方案的可行性；

（6）确保高层领导对合规的倡导和支持。

（二）执行

（1）全面了解公司内外合规文化建设通常做法；

（2）全面了解增强合规文化建设有效性的方法；

（3）全面了解合规文化与公司价值观的关系和在合规管理中的重要性；

（4）整体把控各项宣贯活动的形式、内容、节奏，确保发挥最佳的效果；

（5）与最高管理层沟通并获得支持；

（6）促使最高管理层积极参与到各种宣贯活动中；

（7）通过员工大会、视频、访谈、海报等多种形式，将高层领导对合规的态度和重视传递给员工和其他相关方；

（8）在资源上保障活动能够顺利进行；

（9）与管理层合力推动合规文化落地的具体措施。

（三）反馈及改进

（1）全面了解公司内外合规文化建设通常做法；

（2）全面了解增强合规文化建设有效性的方法；

（3）全面了解合规文化与公司价值观的关系和在合规管理中的重要性；

（4）获取高层领导的反馈；

（5）借鉴其他公司的做法和外部的趋势，与时俱进地调整公司的宣贯方案；

（6）根据反馈内容提出改进建议；

（7）促使管理层和相关方共同推进改进。

九、合规管理的监督改进

（一）合规管理审查/联席会议

（1）全面了解合规管理审查/联席会议在合规管理中的作用；

（2）全面了解行业内外建立、运营合规管理审查/联席会议的通常做法；

（3）全面了解常规的提高、落实会议结论的方法；

（4）组织最高层的合规管理审查会议；

（5）对全公司层面的重大合规事件（如合规案件）进行汇报和讨论；

（6）对新的合规政策、流程进行审议；

（7）对合规风险发展趋势进行分析、判断及提出应对建议。

（二）合规控制

（1）全面了解合规控制的基本要素；

（2）全面了解合规管理和内控、风控和其他合规职能部门的关系及运行；

（3）全面了解合规控制常用方法和工具；

（4）全面了解合规管控制度及流程；

（5）识别组织的合规义务，并在集团公司层面设计适用的合规控制程序；

（6）分析发现造成不合规事件的原因；

（7）对识别出来的复杂缺陷进行补救（如适用，重新评估）；

（8）为年度合规控制计划提出建议；

（9）评估和报告不合规的实例，并与高级管理层沟通潜在的合规风险趋势及建议；

（10）与管理层和相关部门负责人沟通并合力推进重大合规管理措施；

（11）评估并确保合规控制和流程正常运行；

（12）主动分析风险，及时增加或改进现有的控制措施。

（三）内外部审计

（1）全面了解合规审计作为第三道防线在合规管理中的地位和作用；

（2）全面了解合规审计的范围、要求和流程；

（3）制订全公司层面与合规相关的内审计划；

（4）对接外部审计，探讨重大的合规事件（如对财报有影响的合规案件）；

（5）就审计发现的问题进一步落实，持续改进和完善合规管理体系。

（四）有效性评估

（1）全面了解有效性评估在合规管理中的重要性；

（2）全面了解有效性评估在合规文化建设中的重要性；

（3）全面了解有效性评估的一般流程、方法、工具、范围。

十、风险领域的专项合规

（一）基本要求

（1）全面了解国际国内相关法律法规和准则并了解监管趋势；

（2）全面了解专项合规管理发展趋势及行业良好实践；

（3）全面了解企业潜在的风险领域及场景，制定合规管理的整体目标和框架，并推动相关管理制度和流程的有效落实；

（4）指导并推动专项风险事件的应对措施，为决策层提供有效建议；

（5）能够将专项合规管理措施有效地协调并融入企业整体合规管理体系；

（6）定期评估风险情况及反腐败合规措施的有效性；

（7）能够与相关部门及管理层有效协作，共同推动合规管理措施的落实；

（8）定期分析并向管理层/决策层报告专项合规管理情况及改进方案；

（9）推动专项合规培训和宣传计划的落实。

（二）专项合规领域

专项合规通常包括反不正当竞争合规、反商业贿赂合规、招投标及采购合规、劳动用工合规、安全生产合规、数据合规、反垄断合规、出口管制合规等；高级企业合规师应当根据企业需要，规划、设计和实施适当的合规管理方案，并且有针对性地不断提升个人及团队能力水平。

第四章 企业合规管理体系的基本要素

无论是大合规还是专项合规，企业合规管理制度都包括一些共性基本要素，主要包含以下八个：

- 合规风险识别和评估
- 合规章程
- 合规组织的定位和架构
- 合规培训与沟通
- 合规举报与调查
- 第三方（利益相关方）管理
- 合规审计
- 合规文化

虽然企业合规管理制度的建设是一个"因企而异"的实践过程，但基于企业管理制度和企业合规活动的相似性，能够形成一些共性的要素和方法论。

本章旨在对这些要素的基本内涵进行阐释，明确各项要素的价值和定位，总结实践中落实这些要素的常见方法。本书后续章节还将基于各类企业合规分类，就国企合规、中小企业合规、各类法律专项合规、一些业务专项合规等管理制度建设进行具体阐释。因此，本章仅采取较为宏观和宽泛的视角，总结各类合规管理制度的一些基础性通用概念和做法。

第一节　合规手册

合规手册作为合规体系建设中的核心文档，不但能够防止可能干扰日常业务的意外违规、减少发生违规行为时的处罚、降低为解决问题导致的企业时间损耗和对企业声誉造成的损失等，也可以体现管理层对于组织合规体系建设的重视，指导企业业务活动合规开展。同时监管机构也鼓励企业通过书面形式记录合规政策及程序。[①]

一、合规手册概述

（一）合规手册是什么

合规手册是一家企业关于遵守所适用的法律、法规等规范要求的总体性、纲领性、概括性的规范文件。其旨在向企业全体员工传达企业的合规遵从态度、合规原则，展示企业的合规组织架构、合规制度、合规工具、合规要素建设等内容。合规手册可为企业全体员工提供一个关于企业合规工作的全景图，使员工可以通过阅读合规手册对合规工作产生一个较为整体、全面、概括的认识。同时，员工能够依据合规手册中的内容及指引，掌握基本的合规知识，指导其合规工作的开展，确保业务开展的合法合规。

合规手册既是企业对外部合规法律的遵从，也是对内部合规工作的概括。一方面，合规手册是外部法律、法规的内化体现。合规手册将企业所适用的法律、法规、规范进行内化，转换为企业的内部合规原则和规范，将其嵌入企业自身业务流程之中，使其贴合企业内部业务运转的特点，确保企业及员工业务活动的开展符合外部法律、法规等的规定。另一方面，合规手册是内部合规工作的概括体现。

---

① U. S. Department of Commerce Bureau of Industry and Security, *Compliance Guidelines: How to Develop an Effective Export management and Compliance Program and Manual*, 2013, p. 49. 美国商务部工业与安全局：《合规指南：如何建立一个有效的合规管理、合规项目与手册》，2013 年，第 49 页。

合规手册中可以详细描述企业关于合规工作的组织架构、企业部署的合规工具、企业的风险管控原则，以及企业对于各种业务活动的特殊性合规要求等。其反映了企业在合规工作开展上的全貌，涵盖了企业合规工作的每一个方向性内容。员工通过阅读整个手册，即可掌握企业的整体性合规工作、了解基本合规要求。

（二）合规手册的体系

企业应该根据自身实际情况，如所处行业、组织架构、业务活动等来构建适合自身特点的合规手册体系。各企业可根据自身的具体情况，进行灵活性调整。对于组织架构简单、业务种类单一的企业可使用"一本通"式的手册，在一份文件中包含手册应包含的所有信息，以此指导并规范业务发展。对于大型企业集团，手册的构建则相对复杂。可以建立以手册为核心的手册族系，以更灵活、更有针对性地指导并规范业务发展。

（三）合规手册的地位

合规手册的"宪法"地位。在企业的规则体系中，自上而下分别是政策、手册、操作指引（含原则性指引及场景化指引）。政策以及手册在这个体系中，其效力处于最高位阶，类似于"宪法"的地位（图4.1）。其是企业开展业务的总则性指导，包含有关合规的原则性、一般性规定，体现了企业整体的合规取向。因此手册应该是稳定的，在一定时间内稳定地发挥其作用，修订、更新、发布都应该遵循严格的流程及手续，不应随业务流程变化而频繁修订。

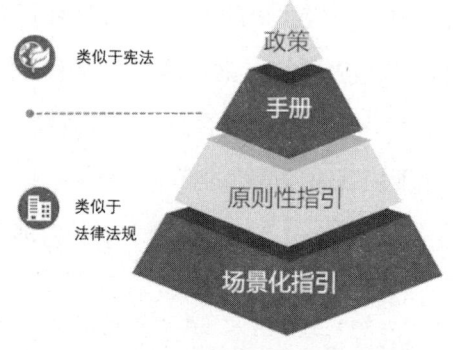

图 4.1　合规规则体系金字塔

合规手册的效力位阶。合规手册的总册、业务分册、子公司手册和指导性文件，其效力位阶原则是自上向下。手册应该简洁清晰，其中可以包含程序、流程和/或分步工作说明的链接或附录，以提供更详细的指导并帮助政策得到遵守。总册在修订之后，其下位阶的手册文件需要予以配合修订。下位阶的手册文件，不应该出现与总册规定相悖的内容。至于业务分册、子公司手册和指导性文件之间，如果在内容上出现了矛盾，需要根据业务的最新情况及时予以调整，确保其对外符合企业业务实际，对内满足手册体系的内容一致。

二、合规手册的内容

合规手册的内容应与组织的规模、业务情况相匹配，一般而言，从整体架构上看，合规手册应包括以下内容：概要、合规机制、合规要求、合规管理体系等。对于组织规模较大、业务较为复杂的企业，如需要，还可以根据业务线条制定业务合规分册，从而进一步细化、明确各业务线条下的相关合规风险以及管控要求。从呈现效果上看，合规手册内容的编排逻辑以及表达应易于员工理解和遵从。下文将进一步阐释合规手册各部分具体应包括哪些内容以及思考逻辑。

（一）概要

合规手册的概要部分主要起到导览介绍的作用，一般包括制定合规手册的目的、合规手册的适用范围、如何使用合规手册。适用范围，应明确手册的适用对象，如总册、分册、子公司手册分别适用的对象。合规手册的使用，可以简要介绍手册每章节的主要内容，以便读者对手册的整体内容有大致的了解。同时，也应介绍合规手册在组织内部的应用体现，如应将手册中的要求纳入组织各个层面的日常业务流程及流程的持续改进中、手册中的规定应作为组织内部审计的标准、每位员工均应了解并遵守手册中的基本要求以及适用于其工作的所有相关内容等。

（二）合规机制

合规机制一般用于向员工总体介绍企业的合规基本政策、合规规则体系、合规工作协同机制等。企业的合规基本政策通常体现了企业的价值观、对合规的态度，为便于员工理解记忆，也可总结提炼几条处于基本政策高度的合规红线，严格禁止员工违反。

合规规则体系由组织内部的所有合规规范组成，通常可以包括合规政策、手册、原则性规范以及场景化指引，同时这些规范之间应是具有层级关系的，各层级规范有自己明确的适用范围和场景，所有规范在组织内部有序发挥作用。

合规工作协同机制需要明确组织内部合规工作的分工和协同模式，明确各个合规责任单位的责任及义务、上升决策机制等，以使组织内部的合规工作能够有序开展。

（三）合规要求

明确告知员工有哪些合规要求是合规手册基本、主要的功能。由于不同合规领域具有不同的合规风险及风险呈现方式，因此具有不同的风险管控思维，此部分内容需要结合不同的合规领域特点进行具体分析：

● 出口管制领域，风险主要体现在物项、主体、国家、用途四个方面，不同业务领域或具体业务活动的出口管制风险均需从这四个方面进行评估、管控；

● 数据保护领域，一般要求数据处理活动符合一些基本要求，包括基本原则以及具体类型活动的相关要求，上述要求可以归纳为四个维度，即满足数据收集和处理的条件，履行应对数据主体承担的义务，具备隐私设计和隐私默认的要求，确保数据共享、披露与传输合规，不同业务领域或具体业务活动的数据保护风险均可以从这四个维度进行评估、管控；

● 反商业贿赂领域，相关合规风险主要集中于特定类型的活动或业务领域，如提供礼品及款待、外部差旅、雇佣等，一般可以从5W1H[①]角度分析业务活动是否具有真实性、必要性、合理性、合规性，从而评估、管控潜在的贿赂风险。

---

① 5W1H 即 When（业务场景）、To Whom（主体）、Why（意图）、What（价值物）、Where（国家）、How（方式）。

此外，此部分还可以介绍组织内部所具备的合规工具，并简要介绍合规工具的作用与使用方法。

（四）合规管理体系

企业的合规管理体系与企业的使命、愿景、战略、目标是一致的，加之由于不同企业的内外部环境不尽相同，企业的合规需求也不同，因此一般合规管理体系需要"个性化定制"，直接套用其他企业的模式很可能"水土不服"。企业可以基于自身情况，参考相关国际标准、监管机构发布的指引，借鉴业界实践，建立自己的合规管理体系。

《合规管理体系 要求及使用指南》（ISO 37301：2021）属于通用类型的国际标准，适用于任何类型、性质、行业、规模的组织，此外还有专门适用于特定合规领域的国际标准，如《反贿赂管理体系 要求及使用指南》（ISO 37001：2016）。企业可以在相关标准指引要求的基础上，结合自身情况，归纳提炼出构建合规管理体系的几大要素，以便更加清晰、有序地开展相关工作。

管理层承诺、风险评估、出口授权、记录保存、培训、审计、处理出口违规行为并采取纠正措施以及创建并维护出口管制合规手册，一般构成合规手册的主体内容，此外，如需另外制定业务合规分册，可以考虑按照如下逻辑进行编写：首先整体梳理特定业务领域具体包含哪些业务活动；其次根据风险评估要素/维度初步评估识别这些业务活动涉及哪些要素/维度风险，进行合规风险的全景展示；最后根据各业务活动下的合规风险制定风险管控措施。如无须单独制定分册，可将相关内容整合体现于前述合规要求或合规管理体系中的风险评估部分。

三、建立并维护合规手册

（一）编写前的准备工作

无论您是从头开始编写公司的合规手册，还是已经有了一个框架，又或者只需要进行修改和更新，制定和实施合规手册都是一项艰巨的任务。以下准备工作可以帮助您，使得后续的工作顺利开展。

首先，在正式开始创建合规手册前，需要获取组织高级管理层的同意和支持。管理层的支持可以体现为以身作则，以及向整个组织发布声明，强调组织高级管理层对于合规业务，包括对合规手册的认可和支持。

其次，合规手册作为组织合规建设的纲领性文件，涉及组织多种日常业务领域及流程，因此，在组织高级管理层的支持下组建一支跨业务领域的专家团队对于准确反馈组织业务特性具有关键作用。从组织的不同部门抽调的业务专家将有助于明晰特定的日常流程，并通过这些流程发现合规手册中可能涉及的任何业务合规漏洞。同时，他们还可以支持与各自部门业务相关的手册内容的编写和审阅，支持每年审阅手册时修订手册，以确保手册保持最新和相关性。

最后，合规手册作为外部法律法规与组织业务流程管控的体现，前期还需要做好信息收集准备工作。此类工作包括对外部法律法规涉及组织业务的内容进行充分解读，以了解法律层面的要求；另外，还需要对组织的业务进行分析，了解企业涉及的业务活动范围，确保手册与组织的相关性。

（二）编写中的关注点

根据组织规模或组织情况，手册的页数可以从十几页到上百页甚至更多，但是最重要的是使其与您的组织相关，与日常业务操作及流程相关，同时还要确保手册易于理解和遵循。

在编写手册时，首先，必须确保所编写的手册与您的组织相关。这个看起来好像很简单，但是许多公司在编写时容易忽略这点，他们编写的内容过于笼统，以至于手册中的内容跟公司的业务无法匹配，无法为合规专业人员或者其他内部相关方提供实际指导，也为后续的审计、检查工作带来困难。因此每个公司的手册都应该是独一无二的，是为企业量身定制的。这需要识别公司所处的行业，公司在采购、使用以及销售环节所涉及的产品，日常运营或者业务发生地等，进而选取与外部法规最相关的部分编写进手册中。

其次，既要确保手册的专业性，又要让它易于理解和遵循。合规手册是由合规专业人士编写的，他们了解并熟悉普通公司员工可能无法理解的法律术语、法律解释，专业人士编写的手册由于过于专业使员工无法很好地理解和遵循。因此建议在手册中增加"术语表/词汇表"对术语进行详细的定义及解释，以供员工参考，帮助其理解。这对于手册的落地执行尤为重要。至于政策或程序本身的整体结构和形式，也应该在编写前征求业务团队的意见及建议，以确保他们能够理解并遵循。为此，请和业务团队一起，了解需要设计的特定流程和程序是什么，或这些特定流程和程序应该是什么样子的。同时，在可能的情况下，创建带说明的流程图，以使员工更容易理解相关流程管控要求。

（三）编写后的工作

当起草好合规手册后，请先在专家团队内进行审阅，以确认没有出现管控遗漏的地方或者对相关管控流程表述进行优化。在可能的情况下，在手册最终定稿前，还需要邀请专家团队以外的组织成员来审阅手册草稿，并了解他们对手册的意见和建议。

合规手册需要经过高级管理层（如总裁或 CEO）审批后才能发布。在正式发布后，需要给所有员工发布通告，确保所有员工可以收到合规手册发布的信息，并在组织的内部电子文件中公布，以确保所有员工可以了解到合规手册的发布以及获取途径。此外，在通告中还需要包含相关联系人信息，以便员工对手册具体合规领域的问题有任何疑问或反馈时能够知晓提问或反馈渠道。

（四）手册的维护

手册的发布并不是终点，而是一个新的起点。合规手册需要定期维护和更新，以适应外部法律法规的变化以及内部业务流程的变化。

一般而言，影响手册维护更新的主要有以下要素，企业应当建立追踪机制、评估流程及标准，对这些要素对于手册的影响进行分析，并对手册进行定期的审查，以确保手册与时俱进。

- 影响本企业的法律法规发生变化；
- 本企业的合规政策发生变化；
- 业务流程发生变化；
- 内部检查、审计、调查时发现手册存在问题；

● 合规体系建设更新。

同时，还可以考虑建立内部反馈渠道，以收集组织成员对合规手册的修订建议，用于后续手册的维护和更新。

四、合规手册在企业内部的实施与应用

手册的生命力在于实施，手册编写完成后不能束之高阁，必须将其应用于企业日常业务运营过程中。为使手册有效发挥作用，需要通过广泛的培训使手册内容为企业全员所熟悉，在业务流程中必须嵌入手册中的规范要求，手册的要求必须与业务流程相结合，通过合规关键管控点设置、系统管控等方式防范合规风险，此外，手册的概括性要求可以用于指导规则体系的构建。

企业可以主要通过培训将合规手册的要求向企业全员传达，使企业全员都了解企业对合规的重视与基本的合规要求。一般而言，企业在员工的入职培训中就应该加入手册培训的内容。入职培训是使员工与企业文化、目标相契合的一个关键阶段，在这一阶段使员工了解企业合规手册内容，并知悉手册内容与企业流程的结合对于企业全员合规意识的提升具有重要的作用。除入职培训外，还应对重点岗位关键人员进行有针对性的培训，使其有效掌握合规手册的要求。此外，应定期对手册内容开展培训，尤其在手册内容发生变更的时候，便于手册规范要求的有效落地。有效的培训一方面有利于手册规范的落地执行，另一方面也有利于在企业内部形成良好的合规文化氛围，使合规管理意识深入人心。

除通过培训使合规手册中的基本要求等内容为企业全员所熟悉外，要使手册发挥作用，还需要将合规手册与企业的各项制度、机制、流程、业务操作指引相结合，构建覆盖全面、层次清晰、执行顺畅、管控有效的合规管理规则体系、业务流程体系。

除合规管理以外，现代企业管理一般还包括财务管理、内控管理、生产管理等方面的内容。合规手册规定的基本管理要求必须与这些管理活动有机结合。相关管理制度中有必要明确记载合规管理的基本要求。合规手册作为指导企业合规工作开展的基本文件，有必要与风险管理、内控管理、财务管理等企业管理的基本制度规范做合理的分工与衔接，融合转化，使企业所面临的风险都能得到有效

管理。

合规手册除发挥宏观指导作用外，还必须与企业的业务相结合。手册要求应该落实在日常业务操作中。在业务开展所依据的流程上，要嵌入合规手册中规定的合规管控点，将合规管理要求转换为流程中的要求，明确流程中各方的合规管理职责。对场景化的业务操作，需要结合业务实际，抽象概括，以合规手册为基础，编写具体明确的操作指引或业务操作指导书。合规管理流程制度与业务操作指导书是对合规手册原则性规定的细化，实用性更强。总之，合规手册在企业中的实施与应用是一个系统工程，企业只有真正自上而下地重视合规建设才能使合规手册发挥作用。

第二节　合规组织的定位和结构

在企业合规建设中，搭建合规管理系统是合规建设实施的首要任务。企业需要构建与其经营范围、组织结构、业务规模、行业特征相适应的合规管理体系，其中，对合规组织的定位和结构搭建尤为重要，决定了合规是否能够有效执行。

一、合规组织的定位

合规的生命在于有效，合规组织应该正确定位，打造合规软实力，合规组织定位的原则需要遵循独立性、专业性和适当性。

（一）职能定位及挑战

正确定位是合规部门得以有效运作的一个重要前提，涉及方方面面的关系，如责任界定、与其他部门的分工、工作目标以及相应的资源支撑等。统计数据显示[1]，超过80%的国有企业在建立合规管理体系时，一般不单独设立合规管理部门，而

---

[1] 参见《【国企改革观察台】国有企业合规管理中，组织职能升级的相关建议》，载普华永道中国网站，https://www.pwccn.com/zh/blog/state-owned-enterprise-soe/suggestions-upgrading-organisational-functions-compliance-management-nov2021.html，最后访问时间：2022年9月9日。

是在原法律部门的原职能基础上，纳入合规管理或风控职能，通常更改为"法律合规部"或"法律风控部"。其主要原因是，企业法务与企业合规管理具有较大共通性，对人员的专业要求也相对趋同。职能升级解决了合规管理"谁来管"的问题，但升格后的部门同时也面临着一系列的挑战。很多企业对法律合规部门的职能定位界定不清，认为一旦出现违规风险都由法律合规部门负责，合规的事情都应该由法律合规部门兜底，导致工作难以得到广泛的支持和配合，容易出现职能虚化甚至被架空的情况。

合规组织应正确定位，构筑合规管理牢固防线。参照全面风险管理体系"三道防线"组织架构，多地国资委合规管理指导意见相应提出"有效确立合规风险管理的三道防线：业务部门是防范合规风险的第一道防线，业务部门负责人及业务人员应当承担职责范围内的首要合规责任；合规管理牵头部门是防范合规风险的第二道防线，同时也是合规管理体系建设的责任单位；内部审计和纪检监察部门是防范合规风险的第三道防线，根据职责开展合规风险防控"[1]。

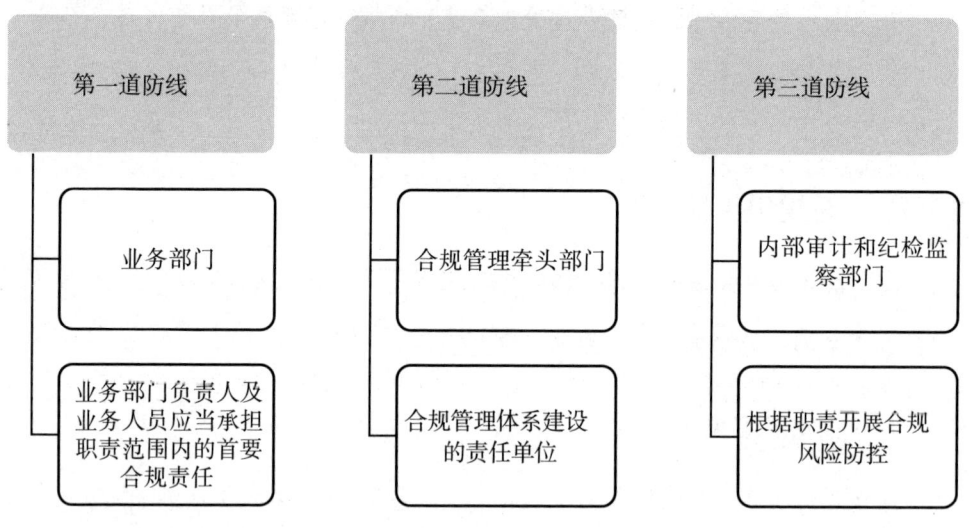

图 4.2 防范合规风险的"三道防线"

---

[1] 《中央企业合规管理办法（公开征求意见稿）》，载国务院国有资产监督管理委员会网站，http://xxgk.sasac.gov.cn:8080/gdnps/pc/content.jsp?id=23970418，最后访问时间：2022年9月9日。

（二）职能定位的原则

合规组织架构搭建的核心是解决合规管理工作的权力配置问题，其根本目的是保证股东和董事能够准确了解公司的合规情况，及时发现、纠正公司内部的合规风险和违规现象，保障公司价值观、目标、战略顺利实现。一般而言，公司内部设立合规管理机构应遵循以下三个原则：

1. 独立性原则

"独立"是合规管理机构的核心标准。独立的合规管理机构首先体现在汇报路径的独立上。合规管理机构的汇报线条通常是垂直的，即下级合规管理机构向上级合规管理机构负责，合规管理机构向合规管理委员会负责，合规管理委员会则直接向董事会负责，相关汇报垂直上报，不受其他部门的辖制。独立的管理机构还应具备充足的权力。从政策制定、流程执行到合规调查、执纪问责及整改，本质都是"管人""管事"，没有足够的权威性根本无法开展合规工作。因此，合规机构需要有充足的权力和较高的地位，使其能够影响公司内部管理、顺利完成内部调查任务、有效推进整改。合规管理机构还应配备或能够调动充足的资源，包括人员、经费、设备等硬件条件，保证其不会因此受制于其他部门，或工作无法保质保量完成。合规部门是支持、协助公司高级管理层做好合规风险管理的独立职能部门，一线业务部门对合规负有最终责任。切忌将合规部门的工作到位与否作为公司各业务部门和高级管理层推卸责任的借口，合规部门绝不能成为高级管理层和其他部门责任追究的替罪羊。合规部门能否发挥好作用，关键取决于高级管理层如何看待合规部门的工作，以及对合规部门工作的重视程度。

2. 专业性原则

合规的专业性主要体现在法律性上。首先，合规的主要义务来源就是法律、法规和行业规范要求，只有合规部门具备专业的法律能力才能准确把握法律法规要求、正确执行法律法规要求。其次，公司的合规体系建设也具有较强的法律性。公司的合规制度搭建相当于公司的"内部立法"，需要将外部制度要求内化成公司制度，需要一定的"立法经验"。同时，合规调查、执纪问责工作具有更强的法律性。特别是内部调查，涉及调查行为的合法性、证据收集的合法性，以及与后续民事、刑事、劳动争议解决程序的衔接和配合，这些都是对法律专业要求极高的事项。因此，企业的合规管理机构的设立应当具有专业性，特别是配备相当规模的法律背景人员。

3. 适当性原则

合规是公司内部的一项核心风险管理活动，是有效内部控制的基础、"抓手"或载体。合规部门、合规意识、合规文化和合规风险管理等使得公司内部控制不再是不可触摸的机制，而成为实实在在的日常工作。合规组织架构的搭建要与公司的实际需求成比例，过于繁杂会产生额外的经营成本，过于简单则可能无法防控风险。企业的合规管理架构要与公司的经营模式相一致。比如，全球化运营的企业，特别是业务可能涉及国际制裁及贸易出口管制的企业，应当考虑设置专门的制裁清单审查岗位；国有企业则可以依照国资委相关指引搭建合规体系；考虑加入国际行业组织的企业，则要尊重国际通行的要求。另外，企业的合规管理机构还要与其风险防控需求相适应。规模较大、合规风险较为复杂的公司，需要在决策层、管理层、执行层搭建完善的合规管理体系，同时要考虑在重点领域设立专职合规联络人员；而规模较小、合规风险较低的公司，则可以考虑由法务、审计、风险等相关部门履行合规管理职责。

公司需要界定合规部门与内审部门的职责分工和合作，避免出现职责混淆：合规部门是负责合规风险识别、量化、评估、监测、测试和报告的专职部门，但合规检查是内审部门的职责。合规部门应受到内审部门的定期复查。合规部门与内审部门之间应建立明确的合作机制，如合规部门的工作可以为内审部门的复查提供方向；内审部门的合规检查结果是合规部门识别、收集和跟踪合规风险信息和合规风险点的重要来源和依据。

公司需要界定合规部门与业务部门的关系，各个业务部门应主动寻求合规部门的支持和帮助，主动提供合规风险信息或风险点，并配合合规部门的风险监测和评估；合规部门要乐于为各业务部门和公司员工提供合规咨询和帮助，通过提供建设性意见，帮助业务部门管理好合规风险，为公司业务与产品创新提供合规支持。合规部门最重要的一项职能就是统一组织、统筹协调或参与公司业务政策、行为手册和操作程序的修订，有时甚至组织人员代为起草。

公司需要界定合规部门与其他风险管理部门的关系。它们都是管理公司风险的职能部门，分别侧重于某一特定风险的管理，但合规风险是产生公司其他风险的一个重要诱因，更是公司操作风险产生的最主要也是最直接的诱因。合规是公司一项核心的风险管理活动，公司风险管理的失控，原因无非在于两个方面：要么是公司没有好的制度，要么是公司员工因缺失诚信与正直的道德标准而不愿意执行制度。所以，倡导诚信和正直的价值观念与制定一套好的制度同等重要。

二、合规组织的架构

建立健全、独立、自主的企业合规管理组织体系是建设有效合规体系的重要基础，是保障合规体系落地的重要前提。一个合理、合适的合规组织架构能够充分协调资源配置和职能分工，加强组织领导和职责履行。

（一）搭建合规管理组织架构的总体思路

企业可结合发展需要建立权责清晰的合规治理结构，在决策、管理、执行三个层级上划分相应的合规管理责任。企业可根据业务性质、地域范围、监管要求等设置相应的合规管理机构。合规管理机构一般由合规委员会、合规负责人和合规管理部门组成。尚不具备条件设立专门合规管理机构的企业，可由相关部门（如法律事务部门、风险防控部门等）履行合规管理职责，同时明确合规负责人。

目前，国内企业设计合规管理机构可以参考的制度依据主要有国务院国资委出台的《中央企业合规管理办法》（以下又称国资委合规办法）、《中央企业合规管理指引（试行）》（以下又称国资委合规指引），发改委等七部门联合印发的《企业境外经营合规管理指引》（以下简称发改委合规指引），以及《合规管理体系 要求及使用指南》（GB/T 35770—2022）（以下又称标准委合规指南）。几个制度对合规管理机构的层级进行了不同的表述。其中，国资委合规指引明确了不同部门的合规管理职责；发改委合规指引将合规管理机构划分为决策层、管理层、执行层三个层级，并专门描述了合规管理机构的组成；标准委合规指南则采用组织决策的分析框架，将合规管理机构分为治理机构和最高管理者、合规团队、管理层、员工。

参照发改委的分类标准把企业的合规管理部门分成三个层级,即决策层、管理层、执行层。其中,决策层主要包括企业董事会、监事会、合规委员会;管理层主要包括总经理、合规负责人;执行层包括合规管理部门以及公司业务部门。[①]三个层级都在企业合规管理体系的建立和有效实施中扮演着重要角色,都应当着力推进合规文化的建立,都应当充分了解企业合规管理体系的内容和运行方式,也都应该以自己的言行,明确支持合规、践行合规。同时,各层级由于定位不同,在合规体系中发挥作用的方式也有所不同,具体可参考表4.1。

表4.1 三个层级的具体合规职责

	决策层	管理层	执行层
定位	企业的决策层主要包括企业董事会、监事会,以及董事会中设立的合规委员会。决策层作为企业合规管理体系的最高负责机构,应以保证企业合规经营为目的,通过原则性顶层设计解决合规管理工作中的权力配置问题并进行重大事项决策。	企业的管理层通常包括公司总经理、合规负责人。其中,合规负责人可以为首席合规官,或由总法律顾问兼任。根据企业对合规工作的重视程度,企业可能任命最高管理层中的一员为合规管理部门的总负责人。管理层应分配充足的资源,建立、制定、实施、评价、维护和改进合规管理体系。	合规管理部门负责具体执行事项,这些部门应及时识别归口管理领域的合规要求,改进合规管理措施,执行合规管理制度和程序,收集合规风险信息,落实相关工作要求。
主要职责	批准合规战略规划;批准合规基本制度;完善合规管理体系;决定合规人员任免;决定机构设置职能;提出监督罢免建议;决定违规人员处理。	搭配合规组织架构;制订合规战略规划;批准具体合规制度;明确合规管理流程;制止纠正违规行为;提出决策合规意见;领导牵头部门工作;汇报重大合规事项;起草合规年度报告。	起草具体计划制度;开展风险识别预警;重大项目合规审查;参与重大风险应对;组织开展检查考核;指导所属单位工作;受理违规举报调查;组织协助开展培训。

---

① 参见《企业境外经营合规管理指引》(2018年12月)。

（二）搭建合规管理组织架构的具体实践

决策层	管理层	执行层
• 董事会、监事会、合规委员会	• 经理层、合规负责人	• 合规管理部门、公司业务部门

1. 决策层：董事会、监事会、合规委员会

企业的决策层应当对企业的合规管理体系负最终责任。决策层应当充分了解企业合规体系的设立和运行，并对合规体系进行有效的监控。在有效的合规体系中，决策层应当发挥如下作用：

充分掌握企业的合规风险。了解风险是防范、化解风险的前提。企业的管理层必须保证能够及时获得有关企业合规风险的第一手信息。同时，还要对同行业对标企业的风险充分掌握。

审查、批准合规管理体系的关键内容。决策层负责对合规体系重要部分进行审批，如重大合规制度、风险管理措施、合规委员会的权责等。

领导、支持首席合规官。首席合规官需要从决策层获得充分的授权，以有效开展工作。同时，还要赋予首席合规官就企业合规问题直接向决策层进行汇报的路径。

对企业合规体系进行反馈。决策层应当对企业合规体系的有效性进行评估，对企业发现重大合规风险时的反应能力进行评估、对首席合规官的合规汇报进行反馈。

对管理层的合规管理工作进行监督问责。管理层对合规管理的有效性承担直接责任，其管理效果必须与决策层的预期相一致。[①]

依照国资委合规指引、发改委合规指引和标准委合规指南的相关内容，企业合规体系的决策层主要包括董事会、监事会、合规管理委员会。

---

① 参见《中央企业合规管理办法》第8—11条。

董事会是股东会的执行机关，对股东负有受托人义务。受托人义务可以分为忠实义务和注意义务两个方面：前者是指董事要以股东利益最大化为行动的出发点，努力避免利益冲突；后者主要指董事要审慎经营并进行良好的商业判断。落实到合规方面，董事会的受托人义务意味着其应当尽最大努力确保公司以合法、合规的方式运营。这也是董事会在合规管理中的责任来源。另外，合规管理的重要条件就是最高层的重视，英文通常表述为"Management Commitment"（"最高层的承诺"）。如果缺乏最高层的明确指引，企业和员工就会缺乏对合规的正确认识。因此，董事会作为公司的决策层，向下传递合规的指示尤为重要。①

依照国资委合规指引，董事会在合规管理中的职责主要体现在战略制定、人事任免和重大决策方面，承担的合规职能包括但不限于：批准企业合规管理战略规划、基本制度和年度报告；推动完善合规管理体系；决定合规管理负责人的任免；决定合规管理牵头部门的设置和职能；研究决定合规管理有关重大事项；按照权限决定有关违规人员的处理事项。

监事会是公司的内部监督机构，主要作用是防止董事会、管理层滥用职权损害公司和股东利益。监事会的合规管理职能并不突出，主要是监督董事会和高级管理层合规管理职责的履行情况。依照国资委合规指引，企业监事会的合规管理职能通常包括：监督董事会的决策与流程是否合规；监督董事和高级管理人员合规管理职责履行情况；对引发重大合规风险负有主要责任的董事、高级管理人员提出罢免建议；向董事会提出撤换公司合规管理负责人的建议。

合规委员会在国际实践中通常在董事会中设立，由具备法律、财务、人事管理背景的董事组成。考虑到中央企业的现有管理架构，国资委合规指引明确了中央企业合规管理委员会可以与企业法治建设领导小组或风险控制委员会等合署。实践中，企业的合规委员会还可能以审计与风险管理委员会、风险管理部、伦理委员会、职业操守委员会等形式出现。在不设董事会的公司中，合规管理委员会也可以由执行董事或公司总经理牵头，并由法律、财务、人事管理方面的最高管

---

① 参见《王华庆访谈：银行合规风险管理机制建设如何着力？》，载新华网，http://news.sina.com.cn/c/2005-06-28/12236289819s.shtml，最后访问时间：2022年9月30日。

理层人员组成。但无论何种形式，其性质都是企业合规管理体系的最高负责机构，负责公司合规管理的总体部署、体系建设及组织实施。

但是，作为公司合规管理的最高责任机构，合规管理委员会的职责在实践中要丰富得多，可以进一步包括如下内容：确保公司的内部制度和合规体系能够准确、有效地反映公司经营相关法律、法规的要求，并能够对相关的合规风险形成有效管控；公司的相关合规风险通常可能包括劳动用工、商业贿赂与腐败、数据保护、环境保护、安全生产等；管控公司的合规管理部门的组织架构、工作计划、财务预算、人员配置和权责履行情况，及其独立性、权威性、汇报路径；审查公司合规官的任命、替换、解雇；审查公司重大合规政策、合规工作内容、合规流程以及管理层的反馈；审查合规关于刑事风险或潜在刑事风险的报告；管控针对公司、公司董事、高管、雇员或公司雇用外部机构开展的重大内外部合规调查。

2. 管理层：经理层、合规负责人

管理层主要包括以 CEO/总经理为首的公司高级管理团队和首席合规官/合规负责人。管理层在合规管理体系架构中起到承上启下的作用：决策层主要负责重大事项决策，通过监督来控制合规管理体系；执行层则具体执行。中间环节的组织架构搭建、战略规划制订、合规制度批准、合规决策意见提出，以及领导牵头部门工作等责任均由管理层承担。同时，管理层还就合规工作向决策层负责，受决策层监督。

《中央企业合规管理办法》第 9 条对经理层的合规职责进行了概括。中央企业经理层发挥谋经营、抓落实、强管理作用，主要履行以下职责：（一）拟订合规管理体系建设方案，经董事会批准后组织实施。（二）拟订合规管理基本制度，批准年度计划等，组织制定合规管理具体制度。（三）组织应对重大合规风险事件。（四）指导监督各部门和所属单位合规管理工作。

根据合规领域的国际通行实践，建立了全面合规管理体系的企业通常会任命首席合规官。首席合规官是企业的合规负责人，负责企业合规管理工作的具体实施和日常监督。在实践中，最常见的首席合规官的任命方式有企业任命总法律顾问兼任首席合规官、任命独立的首席合规官但是向总法律顾问报告、任命独立的首席合规官但是直接向 CEO 和董事会报告。

《中央企业合规管理办法》第 12 条规定，中央企业应当结合实际设立首席合规官，而发改委合规指引则更加与国际接轨，明确了中央企业可以任命专职的首席合规官，也可以由法律事务负责人或者风险防控的负责人担任合规负责人。同时，国资委合规办法和发改委合规指引还对其职能进行了明确。事实上，企业是否任命专人担任合规负责人并无一定之规。

3. 执行层：合规管理部门、公司业务部门

合规管理部门属于执行层，负责合规制度和规范在企业中的落地。合规管理部门的职责根据企业性质、规模等不同会有所不同。国资委合规办法和发改委合规指引分别概述了中央企业合规管理部门的一般职责和海外经营企业的合规管理部门职责。国资委合规办法认为纪检监察机构和审计、巡视等部门应在职权范围内履行监督职能。

第三节 合规风险的评估

一般而言，企业的合规资源都是有限的，如何将企业有限的合规资源投入企业的合规体系建设中，需要对企业的合规风险展开风险评估，针对不同等级的合规风险，制定相应的风险应对策略，施加对应程度的管控措施，力求达成合规资源的最优配置和实现合规风险的分级治理。

一、合规风险的概念

近代以来，随着各国立法的出现和执法的加强，企业合规问题受到日益广泛的关注。以反贿赂合规领域为例，1977 年美国为遏制海外腐败行为制定出台了《反海外腐败法》，企业在海外对国家公职人员实施贿赂行为可能会遭到美国司法部或证监会的制裁，由此可能给企业带来极大的合规风险。随着国家间执法机构合作的日益加强，企业合规的概念也在全世界范围内逐步建立起来。在企业有可能面临的合规风险的驱动之下，越来越多的企业都在逐步建立企业合规体系，以保障企业的健康合规运营，并且有相当多的企业已经由"被动合规"转向

"主动合规"。合规在守护价值之余，还可以创造价值。

在了解什么是合规风险之前，首先我们应该厘清风险的概念。风险，在 ISO 37001 中的定义主要是指不确定性对目标的影响，风险常常表示为事件的后果（包括环境的变化）及其发生的"可能性"。那么，合规风险指的是什么呢？国资委出台的《中央企业合规管理办法》将合规风险定义为：企业及其员工在经营管理过程中因违规行为引发法律责任、造成经济或者声誉损失以及其他负面影响的可能性。由此，我们可以认为，企业合规风险指的是企业在经营过程中因违规行为导致企业承担不利后果的可能性。

二、合规风险评估的概念

企业风险评估在不同合规领域都是极其重要的，这在各种国际条约和国际标准中都可见一斑。如联合国全球契约组织（The UN Global Compact）发布的《反腐败风险评估指南》指出："广义上的反腐败风险评估涵盖了企业用来估算风险的各种机制，包括对企业内部和外部交往中特定形式的腐败的可能性以及这种腐败可能产生的影响。有效的风险评估意味着了解企业。它意味着广泛地提出问题，了解其运营环境，以及了解企业在公共和私营部门与谁打交道。它还意味着了解企业中各种反腐败计划和控制的工作方式，以及它们对风险的影响。只有这样，企业才能将合规资源引导到最佳状态。"[1] 再如美国司法部（DOJ）于 2020 年 6 月 1 日发布了《企业合规计划评估》（Evaluation of Corporate Compliance Programs）的更新版本，2023 年 3 月再次更新。时任刑事司助理总检察长本特科夫斯基（Brian A. Benczkowski）指出："修订后的指南，反映并补充了根据司法部的经验和来自企业界和合规界的重要反馈意见。"[2] 本次更新重点关注的焦点之一就是"风险导向"合规计划的重要性，强调合规计划应当拥有足够的资源和授权，以识别最可能发生不当行为的领域。

---

[1] 参见《反腐败风险评估指南》（A Guide for Anti-Corruption Risk Assessment），第 10 页。
[2] 参见 "Department of Justice's 2020 Update Moves the Needle on Guidance for Evaluation of Corporate Compliance Programs"，载 Lexology 网站，https://www.lexology.com/library/detail.aspx?g=366c3835-ff55-4a13-98fe-eaa484b0ba1b，最后访问时间：2022 年 9 月 9 日。

通过风险评估，决策者及其利益相关方可以更深刻地认识那些可能影响组织目标实现的风险以及现有风险控制措施的充分性和有效性，为确定最合适的风险应对方法奠定基础。风险评估的结果可作为组织决策过程的输入。风险评估并非一项独立的活动，需整合到风险管理过程中。

三、合规风险评估的主要步骤和基本方法

（一）合规风险评估的主要步骤

第一步，收集基本信息：为识别风险，评估人员需要根据具体合规领域的风险评估目的确定需收集的信息字段，使用适当的方式、模型对信息进行收集、管理。在了解被评估对象的基本信息时，需要验证相关信息的准确性，必要时应对评估对象的活动进行深入调查。

第二步，识别和分析潜在合规风险：对收集的基本信息进行识别和分析，挖掘数据背后的深层含义，梳理评估对象在内外部环境下存在的合规风险，即在没有施加控制措施下的固有风险。

第三步，评价已有合规管控措施：在分析固有风险后，需调查评估对象的现有合规管控措施是否覆盖完整、是否切实有效、是否被实际履行。未被覆盖的合规风险越多，原则上剩余风险等级越高，风险实际敞口也越大。

第四步，风险评估结果应用：风险评估结果是企业优化合规管控措施和把握管控程度的重要依据和抓手，也是开展后续稽查、检查的输入。风险评估能够帮助评估对象认识合规流程的薄弱点、风险点，指导各业务领域对风险进行分类管理和精准治理。

（二）合规风险评估的基本方法

合规风险评估的目标在于有效地识别被评估单位所面临的合规风险，并准确评价和排序风险级别、制定相应的风险应对措施。在执行合规风险评估时，评估人员应当运用最恰当的方法，以实现合规风险评估目标。通常而言，企业开展风险评估，主要运用访谈、问卷调查、文档审阅、穿行测试、数据分析等基本方

法。风险评估执行人员在开展风险评估工作时,应根据该次风险评估对象的范围、目的等,采取灵活的风评方式。

1. 访谈

访谈主要是指通过口头的形式,向评估对象获取与风险评估相关的信息。通过访谈,可以有效获取评估对象的组织架构、人员构成等基本信息。该种方式常被用于了解评估对象的合规管理现状、合规管控流程、业务流程现状、业务对合规的反馈信息等。在访谈前,风险评估人员应当根据设定的访谈目标,提前制作访谈问题清单,在访谈过程中应注意访谈技巧,在访谈后应输出访谈纪要。

2. 问卷调查

通过问卷问题的设置,书面获取评估对象的相关信息。此种方法一般用于在较大范围内进行信息收集,譬如面向公司全员的合规意识测试。此种风险评估方式有利于提升风险评估工作的效率,缩短风险评估进行的时间,在记录保存方面也相对较为完整;但缺点在于不够灵活,和访谈不同,不能根据被访谈人的答复情况对访谈问题进行实时调整。

3. 文档审阅

文档审阅贯穿整个风险评估的流程,是最为常见的风险评估方式。文档审阅的前提是获取较为全面的数据资料。在开展风险评估前,风险评估人员应对各类数据及系统进行了解,尽可能获取完整的数据。在进行文档审阅时,应结合风险评估目标,对关键文档进行重点审阅,审阅过程中应做好文档记录,并输出文档审阅的底稿。

4. 穿行测试

穿行测试在于检测合规管控流程的实际执行与合规政策规范的要求是否具有一致性。合规管理人员应当执行业务全流程的穿行测试,识别出业务流程合规管控点上可能存在的不足与疏漏,同时合规人员应确保合规政策在设计层面的有效性。

5. 数据分析

风险评估执行人员应使用数据分析工具对评估对象的业务数据、人事数据、财务数据等进行分析,识别数据呈现出的异常项,或潜在违规风险项。合规人员应熟练掌握各项数据分析工具，力求实现风险可视，提升数据量化和定性的能力。

四、合规风险评估的具体开展

（一）合规风险的识别

合规风险识别指的是风险评估人员在被评估单位的经营活动、业务流程、交易过程中，辨识潜在的合规风险，并对风险进行记录的过程。在执行风险评估之前，合规人员对评估对象的风险框架应当有初步的了解和认知，形成风险识别的记录清单。

以反贿赂合规风险为例，根据风险类别的不同，反贿赂合规风险一般而言主要分为不当有形给付、不当无形给付、不当会计处理和不充分合规治理四个领域的合规风险；涉及具体业务风险领域的，还可以从礼品款待、外部差旅、商业赞助、采购交易等具体领域进行拆分。在各自的风险框架下，可以梳理出各自的风险项及风险清单，在这些项下，可以将每项风险逐步根据各子项风险继续予以划分。在具体的风险评估过程中，风险评估执行人员应当参照该风险清单，逐项识别被评估对象可能存在的风险点。当然，在实践中，该风险识别清单也应当是不断进行增减优化的。另外，从理论上讲，较大概念上的风险评估应当包括风险识别、风险分析和风险评价的全流程，风险识别是整个风险评估工作开展的重要前提。

（二）合规风险评估的分析和评价

前述识别得出的合规风险，一般而言指的是企业可能面临的固有风险，在得知企业可能面临的固有风险之后，应当从固有风险的发生可能性与发生影响程度进行分析和评价，在此基础上对各项识别出来的风险类别进行风险高低的排序。除此之外，应当对企业现有的管控措施状况进行描述和梳理，结合固有风险，梳理出企业各项固有风险经管控措施管控之后的剩余风险，并制定与之相称的风险应对策略。针对特定类别的风险，还应当征求利益相关者的意见，了解相关决策者的风险偏好。

(三) 合规风险评估的应对策略

在有效识别所有的合规风险之后,应当针对不同类别的合规风险,施加相应的应对策略。一般而言,合规风险应对主要有四大策略,即风险降低、风险承受、风险转移和风险规避。

风险降低,指的是通过采取措施降低风险的可能性或影响,或者同时降低两者。风险降低涉及各种日常的经营决策。譬如引入高风险的第三方商业伙伴之前,对其开展独立第三方的尽职调查,并让其签署合规承诺书,就是将其风险进行降低的一种体现。

风险承受,不采取任何措施干预风险的可能性或影响,愿意承受该项风险。在对某项风险进行评估之后,利益相关方在综合考量各方面的因素之后,决定对该风险不施加额外的管控,并愿意承受该风险可能带来的不利后果,一般涉及的是较低等级的企业风险。

风险转移,通过转移来降低风险的可能性或影响,或者分担一部分风险。常见的技术包括购买保险产品、对冲交易或外包某项业务活动。

风险规避,指直接退出与该风险相关的业务活动。譬如经评估之后发现某项业务活动的实际经营合规风险较高,且难以降低或者转移,利益相关方经评估之后,采取直接退出相关市场的举措。

(四) 合规风险评估的其他具体要求

1. 风险评估原则上应当有明确的政策流程支撑

风险评估作为企业合规体系中的重要一环,从风评对象的选择到风评执行主体的确定,从各项里程碑的确立,到最终风评结果的应用,风险评估的各项工作环环相扣,各项工作的执行都应当有明确的指引可以遵循。企业在风险评估工作成熟之后,应当根据企业的自身情况,出具符合本企业需要的标准作业程序(Standard Operating Procedure,SOP),需要在指引中明确相关主体职责以及风险评估具体流程和步骤等内容。所有的风评工作原则上应当按照既定的流程进行,在每次风险评估工作之后应当定期复盘，结合实际执行情况，反向优化风险评估的政策流程。

2. 风险评估应根据实际场景进行灵活转换

风险评估人员正式开展合规风险评估时，可以先基于风险评估工作方案开展工作，但对于评估过程中发现的未预计到的高风险事件，合规风险评估人员可不局限于评估方案，而应在评估过程中作出及时的调整和应对。风险评估工作完成后，评估人员应当根据风险评估的结果以及风险项、观察项、利益相关者意见、合规管控评价、评估结果与控制改进措施和计划等分类撰写风险评估报告。报告的内容应该突出重点，避免事无巨细地阐述。报告主要包括执行概要、风险分析及评估结果、风险应对措施及改进建议等。

3. 风险评估应关注结果的应用

风险评估等级和报告是风险评估的结果输出物，需结合企业当前的风险偏好和治理实践，聚焦于风险分类管理及相应的治理规划，而非单纯的优先级划分。风险评估结果应当成为企业优化合规管控措施和把握管控程度的重要依据和抓手。针对风险评估报告中规定的提升和改进项以及公司管理层提出的风险管控意见和建议，评估人员应当及时与责任部门沟通以确保相应的风险控制改进措施被有效执行，并在规定的时间内对控制改进措施的执行情况进行验证。

4. 风险评估工作应定期复盘与持续进行

企业的风险评估工作应当定期进行复盘，既包括对各项风险评估工具的迭代更新，如风险评估模型的优化升级，也包括对具体风险评估工作内容的复盘。风险评估工作应该制订具体的年度规划，风险是时刻发生变化的，企业应根据自身情况，设置具体的风险评估周期，譬如每一年对高风险领域业务开展一次风险评估，每两年对中风险领域业务开展一次风险评估；或者设定一定周期对风险领域实施风险评估全覆盖。风险评估工作应根据内外部条件的变化持续进行。

第四节　合规培训与沟通

一、合规培训概述

合规管理是企业稳健经营运行的内在要求，也是防范违规风险的基本前提，是每一个企业都必须管理的内容，也是保障自身利益的有力武器。合规培训的目的在于向广大员工普及合规管理的相关条例，有利于员工自觉自律地避免违规化操作，建构科学的企业合规文化以及合规体系，有利于员工养成合规化的习惯，避免违规风险。

中国加入世界贸易组织后，中国企业的发展进入了一个新的阶段，但错综复杂的国际政治经济形势与全球化格局演变，对企业合规经营、合规管理提出了越来越高的要求。企业一旦因不合规行为出现问题，就可能遭受巨大经济损失并引发不良社会影响。但由于历史等多方面因素的影响，我国一些企业合规意识较为淡薄，合规经营、合规管理方面仍然存在诸多不足，以人情、经验和习惯代替制度的现象较为常见，给企业安全可持续的经营发展带来严峻挑战。出于企业风险管控的需要，企业应向其领导层、管理层和员工及其子公司、关联企业，以及企业拥有所有权或控制权的其他实体的领导层、管理层和员工，提供关于适用的合规要求的广泛培训。

随着投资者越来越关注公司的环境和治理状况，认真履行合规义务的公司对投资者而言更具吸引力。一家因存在合规问题而有负面声誉的企业可能难以吸引和留住最优秀的人才，而拥有合规文化的企业可能更容易吸引和留住最优秀的人才。通常，不合规可能对雇主或雇员的声誉造成损害，代价同样高昂。

合规培训也是预防合规风险的根本举措。人非生而知之者，企业中的广大干部、员工不会天然就懂合规，懂合规的规则和指引，比如合规红线、合规手册、流程规范、工作指引等，如果不向员工做合规培训，合规就永远停留在纸面上，员工无法真正理解，也就无从正确地执行，尤其在出口管制、反腐败和反洗钱等复杂主题方面。员工通过合规培训，可以了解合规对他们的直接影响，可以将他们学到的知识应用到日常工作中。通过合规培训，员工能够建立一种条件反射和肌肉记忆，以识别潜在的合规情况并采取正确的行动。

站在企业风险管理的角度，合规培训也意味着责任分担。通过合规培训，可以有效切割企业责任、员工责任和第三方责任，及时建立隔离带和防火墙，防止企业受到牵连。

二、合规培训的实施与管理

（一）合规培训的师资建设

合规培训讲师是培训体系中的重要组成部分，承担着将企业中涉及合规要求、合规培训的内容准确传递给员工的责任，讲师的专业度、授课质量至关重要。因此，企业应重视合规培训讲师的培养。

对合规培训讲师的培养，首先应当重视合规培训讲师的专业知识能力。合规定位于制定企业合规规章制度、进行合规审查、提出修正或纠偏意见，而不是"遵循企业规章、服从企业意愿"，作为能够在企业内部影响他人在合规方面做出改变的人，合规讲师更需要具备极其精深的专业能力。因此，合规培训讲师应由企业中的专业合规人员担任。

然而，培训、授课也是一种专业性很强的活动。授课技能在培训过程中也有至关重要的作用。培训讲师的语言、肢体动作、神态、文化底蕴、经验等一系列因素，都对培训、授课的效果有直接的影响。因此，在合规专业人员成为合规培训讲师之前，企业也有必要为他们提供关于培训、授课技能的培训。

（二）合规培训的学资建设

不同岗位涉及的合规风险各有不同，因此企业应建设精准化合规培训学资体系，为不同类别的人群开发不同类型的合规培训课程，做到培训与不同受众群体、业务场景与实际业务风险相结合，设立适应不同人群、不同岗位、不同业务场景的课程。例如，针对新入职员工，配置新员工合规课程，重点强调合规意识；针对管理干部，配置管理干部合规课程，重点强调干部的合规管理责任；针对其他员工，配置全员合规培训课程，重点强调不同业务场景下的合规管控要求。此外，还可以针对高风险的领域、岗位，配置关键领域合规课程或关键岗位合规课程，进行强化培训。

此外，合规培训教材也可以通过结构化的方式，保障教材内容和结构的科学性和合理性。一般而言，合规培训学资可以包含如下结构化的模块：

· 合规意识：合规概念的讲解是基本点，合规文化的认知则是重点。合规意识培训不是发一本文化手册学习完成就结束，还要反复在培训过程中强调，让员工持续认知公司的合规红线、合规文化理念。

· 业务领域合规规章制度：除了对企业合规政策、合规红线、合规手册、合规指引的讲解，还要将本业务领域所涉及的相关规章制度、作业流程分别讲解。比如，本领域会涉及的反贿赂合规的流程、反洗钱的规章制度、数据保护的规章制度、出口管制的规章制度等。

· 岗位相关合规指引：结合岗位相关合规指引，将对应岗位的合规要求完整描述出来。

合规培训中所涉及的一些合规流程、工具等，不能只有合规课堂讲解和理论说教，还要结合企业业务经营活动中所涉及合规要求有具体操作层面的指导，让员工有真实的操作体验。

企业还应结合内外部法律规则变化、业务场景变化、员工对培训学习反馈，定期对课程、学资更新优化。

（三）合规培训的规章制度建设

作为一项需要公司全员参与的活动，合规培训应该有明确的规则，构建一个"策划（Planning）→实施（Do）→检查（Check）→处置或改进（Action）"的PDCA闭环管理体系。通过有效的管理方法，让培训的过程管理构成闭环和回路，使培训活动维持在一个平衡点上，进而使矛盾和问题得到及时解决，在循环中不断提升培训的效率和效果。

合规培训的规章制度建设，也能为企业组织及员工提供培训活动上的指引和规范，为落实合规培训管理提供基础和依据。企业合规培训的规章制度不是一个孤立的文件，而是由不同层次的管理规范形成的一套制度体系。比如，可以通过制定和发布企业合规培训手册，为合规培训提供有具体约束力的标准，并基于合规培训手册，进一步制定与合规培训相关的制度规范、操作指引等规章制度。

（四）合规培训的工具及 IT 系统

IT 技术作为半个世纪以来的重大创新，加速了信息的高效流动和稳定记录，给企业、员工以及其他利益相关方提供多方面的价值，为各行各业的发展提供了不竭动力。传统的线下培训，在培训方式和手段上都存在很大的局限性。而线上培训可以有效解决培训时间、培训空间、培训管理等问题，大大提高合规培训的效率。

在企业数字化转型浪潮之下，线上学习平台应该成为企业合规培训不可或缺的基础设施，让员工的合规培训计划、合规培训课程、合规考试及效果检验，都可以通过 IT 学习平台及相关工具进行。IT 学习平台及相关工具不仅可以提升培训实施效率，还能方便地实现端到端的过程可视、合规培训记录的自动保存等。

（五）合规培训管理员

随着企业的高速成长和业务的快速扩张，企业结构往往错综复杂，出现越来越多的管理难点和信息数据不准确的问题。因为信息在从高层向下级、从国内向海外、从总部向分支传递的过程中存在一定程度的衰减，合规意识也存在强弱的差别，在合规培训过程中往往出现总部的意识强于分支机构、总部的效率高于分支机构的情况。为解决合规培训实施的一致性问题，有必要重视企业架构的复杂度和管理的有效性，考虑在各分支机构、各管理单位设置合规培训管理员，确保在 IT 化的培训场景下，培训是切实有效的。

在考察和选任合规培训管理员时，应充分考虑合规培训管理员对其所在分支机构或管理单位的架构和业务情况是否熟悉，合规培训管理员也要掌握基础的合规知识，并在 IT 化培训的基础上，有一定能力解答员工基本的合规问题。同时，也可以配置一定的考核奖惩和激励措施，提升合规培训管理员履职的积极性。

三、合规培训的效果评估及结果应用

合规培训的效果评估及结果应用是企业合规培训管理体系架构中重要的最后一环,是对整体合规培训工作实施的闭环。通过建立合规培训效果评估体系及结果应用指标,推动企业合规建设,强化员工合规意识,激发员工主动学习的积极性,同时也能检验员工合规培训知识的掌握情况。

(一)合规培训的效果评估

合规培训的效果评估是指在员工完成培训任务后,对培训达到的效果进行的评价、衡量。内容包括对培训设计、培训内容以及培训效果的评估。为后期合规培训学资建设提供有益的支撑。

合规培训的效果评估可以通过在线考试、合规访谈、合规稽核审计等多种方式,灵活开展。

(二)合规培训的结果应用

惩罚性结果应用是指通过呈现一个厌恶刺激或消除一个愉快刺激而使个体行为减少。作为一种直接而有效的手段,惩罚性结果应用能直接使人明白什么事是正确的。对于不按要求完成合规培训及合规考试不合格、在合规培训及合规培训效果验证中弄虚作假的现象,有必要规定相应的结果应用。

犯错的人应该受到惩罚,但是他们之所以受到惩罚,不是因为他们犯了错,而是希望他们日后不再犯错,起码不犯同样的错。惩罚的对象是其行为,非其人格。因此,企业在制定惩罚性结果应用措施时,应尊重被惩罚人的人格尊严。

在制定惩罚性结果应用措施的过程中,有必要预先在企业内部经过充分的讨论与民主评议,并充分考虑与法律规则冲突的可能性。

惩罚性结果应用措施,有必要依照公示公开的原则,向全体干部员工公开宣贯,这有利于教育违规者和其他员工,也便于接受监督。

四、合规培训的记录保存

合规培训记录的保存是合规培训体系中的重要一环。合规培训对企业而言也意味着责任分担，可以有效切割企业责任、员工责任和第三方责任，通过培训及时建立隔离带和防火墙，防止企业受到牵连。而完整、翔实的合规培训记录，则是隔离带和防火墙的重要基石。因此，企业在实施合规培训的同时，应注意合规培训相关记录的保存。常见的合规培训记录包括：合规培训讲师的培训记录；合规培训教材的开发记录、评审记录；合规培训教材学资档案；合规培训的启动通知；合规培训的签到记录；合规培训的考试抽查等效果验证的记录；对合规培训弄虚作假人员的处罚记录等。

第五节　合规举报与调查

合规举报与调查是合规管理的要素实施方法中重要的环节，其对于企业合规体系建设起着不可替代的作用。

一、合规举报

企业的发展与员工的业务活动息息相关，业务一线的员工最了解也最清楚每个合规政策或要求实际落实得好不好、执行得到不到位，是否存在偏离等情况，合规监管则对这类情况"触不可及"，也无法事事"了如指掌"。合规举报恰恰是借力于业务一线员工，提高公司合规风险管理水平。从这个角度而言，及时积极的举报可将后端合规风险管控升级为前端合规风险治理，贯彻以风险为导向的合规管理体系。合规举报也是合规治理中非常重要的一个环节，举报可以验证合规体系的有效性，发现合规治理的盲点，进而确保合规体系的闭环和合规治理的全面覆盖。因此，合规监管不是公司"唱独角戏"，必须重视员工的"群众"力量，形成合规共治、共同监管的格局。中国商务部发布的《两用物项出口管制内部合规指南》要素五"制定应急措施"指出：企业要确保举报途径安全，为员工、客户、第三方等举报人提供安全的、不受限制的举报途径。也可利用现有举报途径，如举报箱、电话、电子邮件、信访等。允许举报人匿名举报，并保证举报完全保密。对举报人的身份和举报事项严格保密，不得擅自对外泄露。因此，公司应创建多种举报途径，鼓励大家敢于发现问题，敢于讲完整的真话。其实，合规举报在某种程度上是合规管理的"天眼"系统，可以扩展对实际业务执行的"监控"范围，营造自下而上全员参与、全员监督的文化氛围，让员工不能、不敢违规。同时，应对积极举报的员工予以奖励，并通过反打击报复工作实现对举报人的保护，进而实现全体员工共建、共享合规。

（一）合规举报体系的建立

公司范围内合规举报机制的建立离不开公司管理层的支持，管理层的合规声音和合规指示可以自上而下地统一全公司范围的合规认知，推动合规资源投入和体系有效协同。比如，美国《出口管制合规指南》第七要素"处理出口违规行为并采取纠正措施"指出"管理层创造了一个安全的环境，员工相信对合规的真诚质疑或关切不会受到报复；管理层认同举报制度；管理层向所有员工宣贯举报的正确性；提供多种举报途径并向全员告知"。公司管理层应针对举报建设提供支持，并在公司范围内推动合规举报文化氛围的形成。

1. 建立公司内部的合规举报规范

公司应制定统领合规举报工作的管理办法，并将合规举报途径融入其他合规领域，比如出口管制、反商业贿赂、数据保护等相关的制度规范。管理办法应对举报定义、举报途径、举报的行为范围、举报处理流程、举报的保密保护和反打击报复，以及恶意举报等内容进行规定，并将合规举报人信息保护作为关键合规控制点，在具体的流程和系统设计上将举报人信息保护作为首要原则。在规则制定部分，可以参考《两用物项出口管制内部合规指南》，也可以根据国际上权威机构对举报建设的标准进行运作。同时，建立匿名举报机制，以保证员工可以在无后顾之忧的环境中进行举报。

2. 建立合规举报奖励机制

举报奖励是激励举报人对公司内发生的潜在违规行为进行积极举报的有效措

施。为了有效建立合规举报体系，提升举报文化在公司的认可度和员工的接受度，公司应建立完善的举报激励机制。对于无法用效益金额来衡量的合规举报，应根据所反馈问题的严重性，综合考虑各要素，确定等级和奖金额度。奖励内容可以是物质性的，也可以是精神性的，具体的方式可以参考美国《多德-弗兰克法案》的规定，在举报人帮助证券交易委员会成功执法时，可获得执法金额10%—30%的物质性奖励，或者是设置类似于印度尼西亚法律规定的向举报人授予"感谢奖牌"之类的精神性奖励。

3. 举报保护和反打击报复

举报人保护制度最重要的内容是保护举报人免予遭受打击报复等有形或无形的各种不公平行为。打击报复或不公平行为主要包括以下方面：停职、下岗或解雇；降级或丧失晋升机会；歧视或不公平的待遇；改变职责、变更工作地点；降低工资或更改工作时间；记录、训斥或其他惩戒行为；对举报人及其家属进行威胁、骚扰或报复；财产损害；伤害或其他刑事犯罪；列入黑名单（正式或非正式）；干扰举报人找到替代性工作；遭到诽谤或民事或刑事指控；等等。

对于举报人保护基本性的举措可包括：出台举报人保护规范；设立多种举报渠道；实现匿名举报及包括奖金发放在内的信息保密；提供人身安全保护；等等。

对于打击报复的补救措施应包括：恢复工作职责（含恢复被取消的合同）；变更主管或工作场所；临时或永久转移至同等职责和薪酬的职位上；对打击报复人采取调离岗位、制裁或其他措施；举报人善意推定（弱势地位）；可执行的报复补偿；等等。

4. 建立定期评估机制

合规建设是一个不断循环但呈螺旋式上升的状态，需要定期评估体系建设的成熟度，及时摸清不足和漏洞并进行整改完善。对于举报制度执行而言，需要不断进行查漏加固，运用大数据等进行定期评估和调整。具体而言，可以采用季度或年度问卷的形式向员工收集关于举报制度的建议和意见，在日常举报工作中针对员工反馈的问题或执行存在缺陷的部分，要及时进行记录和整改。针对举报途径、举报保护、举报奖励、举报宣贯等内容都可以向员工进行调研，对于获取的员工目前对举报途径的感知度和认知度后续可加强宣贯，对举报奖励额度的看法后续可以调整奖励方式等。通过这些真实的数据，分析员工对举报执行的建议，才能更好地评估举报制度实际执行情况，进而不断进行制度修正与完善。当然，除了员工的反馈外，内部合规举报建设也应考虑内部的稽核自查，通过对制定的合规举报的制度和流程的执行情况进行稽核，对在稽核中所发现的不足之处，及时进行自我调整和完善。

(二) 合规举报的执行

为实现合规举报的有效执行，应对举报线索筛选并进行分类管理，加强举报的日常宣贯和咨询，以及对举报人做好保护和反打击报复工作。

1. 举报线索筛选分类管理

当然，在匿名举报的情况下，不排除会产生一些无效、无聊或恶意的举报，甚至是掺杂着报复他人动机的举报。因此，企业应设置相应筛查机制。对此，公司可以设立举报人举报线索系统，对举报信息进行系统审查，根据举报信息内容进行分类，由相应稽查部门进行信息有效性审查评估，最后将那些具体、及时和可信的举报提示或转交相应执法部门。内部规范应对恶意举报筛查做出具体细致的规定，在实体上规范举报行为，在程序上规范举报人权利。对恶意举报的筛查应从举报人与被举报人之间的关系、举报人的目的和行为动机、举报的内容清晰程度和证据提供等方面制定具体的判定标准，这样才能既不挫伤举报人行使举报权利的热情，也能够维护被举报人的合法权益。

2. 举报宣传和日常咨询

现实中举报人的素养和理解能力各异，因此如何加强对举报人的指导和操作协助非常重要。这就需要公司建立举报宣传和日常咨询机制。举报宣传应采取多种形式，宣传的形式可以是视频、内部邮件、易拉宝等，宣传内容包括但不限于举报途径、举报提交的操作步骤、举报的奖励和反打击报复机制等，以全方位地建立和营造全公司范围内的合规举报文化，提升员工的合规意识。同时，由于员工在提交举报时不可避免地存在操作困难，因此除了需要在举报平台或网站上建立相应的举报提交操作步骤指引之外，也应建立相应的咨询协助机制，及时帮助举报人在便利的前提下，正确地提交举报内容。

3. 跟进与救济

一般而言，应由一个独立机构来受理和救济举报人遭受的打击报复。在公司层面，可以适当考虑设置一个独立的部门对打击报复案件进行处理，对举报人提供相应的救济。在处理过程中，需要对举报人反馈事实的真实性进行确认，对打击报复等行为与举报人所遭受的待遇之间的因果关系进行调查。根据公司的实际情况，也可考虑提供一些临时性的人道主义救济措施。

以上是企业在合规举报体系的建立及执行的过程中应当注意的事项。当然，企业应当根据自身的需求，进行量体裁衣式的体系建设与落地执行，这样更加有助于企业实现以风险为导向的合规管理体系建设。

二、合规调查

企业合规调查，是指违规行为发生后企业自行组织或委托第三方开展的专门调查活动，其发起可能来自合规举报、合规审计中发现的违规线索，也可能是来自外部监管等。企业合规调查具备预防、发现和控制风险等功能，通过常态的管理全环节合规嵌入，能够帮助企业对合规风险的查明、合规管控的完善等形成更全面、更深入的了解，避免完全事后惩处的缺陷。

企业自行组织的合规调查，一般主要在公司的合规法务部门主导下，在合规调查原则的范围内，通过运用公司合规架构下允许的合规调查手段，查明违规事实，并根据公司合规制度对违规行为作出处罚，或对其进行披露。因此，合规调查原则的明确度、合规调查方法的成熟度，都将影响合规调查的执行。

（一）合规调查的原则

1. 独立性原则

合规调查需要保持独立性，这点不难理解，因为合规调查从本质上来说属于内部调查，因此开展合规调查的人员通常会受到来自高层的压力，相关工作容易受到公司高层决定的影响。考虑到合规调查的这个特性，如何通过合规制度的设计来保证其独立性就显得尤为重要。

根据《企业境外经营合规管理指引》第 5 条中独立性原则的要求，企业合规管理应从制度设计、机构设置、岗位安排以及汇报路径等方面保证独立性。合规管理机构及人员承担的其他职责不应与合规职责产生利益冲突。《中央企业合规管理指引（试行）》第 4 条认为，应当严格依照法律法规等规定对企业和员工行为进行客观评价和处理。合规管理牵头部门独立履行职责，不受其他部门和人员的干涉。总体而言，企业可以考虑保持合规调查独立性的具体措施包括，成立专门的合规调查部门或雇用专门的合规调查人员，相关的人员直接向首席合规官进行汇报，适当的时候引入外部机构与内部人员共同开展调查等。

2. 保密性原则

鉴于合规调查针对的是违规行为，在调查人员与调查对象之间往往存在一定的对抗性。由于违规行为具有不同程度的隐蔽性，加上调查对象可能具备一定的反侦查能力，调查人员在开展合规调查的过程中，需要对案件进程、案件细节等进行保密，否则可能会影响调查的开展。公司应当建立相关的合规调查保密机制及相应的惩罚措施，调查人员应当在合规调查中强调保密的重要性，以及泄密可能招致的惩罚，以确保相关人员对合规案件进行保密。

同时，保密性原则还包含对合规调查人员的要求，即他们应当对调查案件过程中获取的国家秘密、商业秘密、个人信息等进行严格保密，避免因泄露类似秘密而可能给企业及个人造成新的法律风险。

3. 合法性原则

合规调查作为一种企业内部调查措施，其权力主要来源于企业合理的制度设计及员工对部分权利的事前自愿放弃。企业为了尽量免除自身刑事责任，可能会盲目追求合规调查要达到刑事侦查的效果。如果企业存在这种思维，则很有可能在实践中使合规调查出现异化，比如侵犯员工隐私权、盲目扩张合规调查范围等。

这种现象需要引起企业的足够重视。合规调查的方式、方法、范围等都需要在合法合理的前提下进行。如果在调查过程中不能实现自我克制，将会引起企业和员工之间不必要的对抗，不利于企业内部自治的优化，甚至可能给企业带来严重的声誉风险，进而演变为危机事件。合法性原则要求合规调查人员理性地进行调查计划的拟订，谨慎使用调查手段，通过程序设计充分考虑员工的利益诉求，在合法的基础上，有礼有节地推进合规调查。

（二）合规调查方法

通过较为灵活的调查方式，以及多种调查方法穿插使用，融合渗透以自律自管为核心的企业合规理念，可以控制、修正、消解合规调查过程中的对抗因素。当然，这对合规调查人员的综合能力提出了较高的要求。企业可以考虑为相关人员提供持续有效的培训，以帮助合规调查人员熟练掌握相关技巧并予以有效执行。

1. 文件审阅

文件审阅主要是指合规调查人员对与案件相关的书证、资料、电子证据、账目等进行收集并审阅，从中发现与违规行为相关事实的过程。文件审阅是调查人员查明违规事实行为及相关事实的基础，文件审阅的细致程度将决定合规调查的走向。值得注意的是，受企业管理手段多样化、电子化的特性以及监管要求细致化的趋势等多方面的影响，文件审阅领域也出现了新的挑战。合规调查人员在这种情况下应当更多地关注如何在不侵犯员工隐私的前提下善意运用固证技术，保证相关证据的获取、存储等流程符合《个人信息保护法》《网络安全法》等法律的要求。在进行被调查对象的个人设备搜查时则需要更加谨慎，如企业在合规调查中有必要对员工工作设备进行检查的，建议企业采取签署专门文件、提前告知等方式作为检查的前置程序。

2. 实地调查

根据合规调查的实践，在许多企业内部，很多调查案件发生在分公司、子公司、海外仓库等。在这种场景下，调查人员需要对分公司、子公司、海外仓库、案件关联外部主体等进行专门的走访调查，以还原案件事实。例如，案件涉及库房货物丢失，可能需要进行库房盘点、资产清查以查明货物丢失的情况，同时需要进行管控流程的观察，以查明是否存在合规管控关键点的缺失，造成货物出入库制度设计存在缺陷。在宴请款待类案件中，可能需要对高消费场所进行走访，了解高消费场所的消费水平，甚至包房的数量、每间包房的人数上限等，从而推断出一般情况下，在被调查的场景下进行宴请是否违反公司政策。出于合规调查的需要，合规调查人员需要根据实际情况，综合考虑财务成本，决定是否进行实地调查，以进行证据收集等工作。如果成本过高，或是通过远程搜证等可以达到合规调查目的，则应当选取可替代的手段。

3. 信息检索

信息检索能力对法律从业人员来说是一项基本要求，在合规调查中，这也是对调查人员的基本要求之一。熟练地运用搜索引擎进行工商信息查询、公开信息检索、人员背景调查、第三方调查，对外部供应商、客户、经销商等进行基本信息核实，都是很有必要的。另外，在信息检索中比较麻烦的是涉及海外的场景。在这种场景下，合规调查人员仅了解中国法律是不够的，必须对当地的法律规定、商业习惯等进行综合考量，否则可能会对违法行为的认定产生偏差。在进行海外法律查询的时候可能会遇到多种难题，包括语言问题、检索工具的权限等。在查明后，如何适用是一个更为复杂的体系性问题。建议企业针对自身业务所涉及司法管辖区的具体情况，对合规调查人员进行有针对性的培训，适当情况下可以考虑引进当地的律师协助完成信息检索，并由其对法律适用提出专业的法律意见。

4. 合规访谈

合规访谈是一种最常见的调查方法，合规调查人员通过获取言词证据来完善证据链条，从而确认违规行为。一般而言，合规访谈应当至少由两名合规调查人员开展，同时需结合被访谈人员的职位、与案件事实的相关性等综合设置访谈提纲。在合规访谈中，一般需要提前告知访谈开始及持续时间，合规调查人员应当合理地控制访谈时长。不同于侦查讯问，合规访谈不具备强制性，客观上也加大了调查难度。另外，合规访谈对合规调查人员提出的更大挑战在于甄别访谈内容的真实性。对此，调查人员可以在日常工作中有针对性地对心理学、微表情等相关领域进行基本的知识积累。

当然，对调查结论的闭环管理更为重要。如通过合规调查发现了违规行为，则相应处罚的应用、纠正措施的设定，以及整改方案的执行等一系列调查后程序将极大地帮助企业控制合规风险。总体而言，一个卓有成效的合规调查体系，能够帮助企业有效识别合规风险，避免违规事件再度发生，在提升企业治理能力的同时，也能够将企业的合规制度落到实处，避免"为合规而合规"。

第六节　合规审计

合规审计作为合规管理的要素实施方法中重要的一节，对企业合规体系建设也起着重要的作用。本节将从合规审计概述以及合规审计工作流程两个方面对合规审计的主要内容加以介绍。

一、合规审计概述

（一）合规审计的基本概念

合规审计是基于被审计主体所需要遵从的合规框架体系，对被审计主体合规制度与政策制定的合理性、合规流程的完整性、业务合规管控要求的落实情况等进行的一种独立监管活动。其主要目的在于发现合规审计对象存在的合规问题和违规行为，评价合规体系设计和执行的有效性，提供合规管控建议及指导。从本质上来说，合规审计是以系统方法从行为角度独立鉴证经管责任中的缺陷行为并将结果传递至利益相关者的制度安排。

（二）合规审计依据

从广义角度来说，企业作为经济运行活动中的主要载体，其所要遵从的合规框架体系包括三个层面：第一层是企业在生产经营过程中要遵守总部所在地及经营所在地的法律、法规、监管规定以及涉外事务需遵循的国际管理条约等；第二层是企业经营要遵循企业内部规章制度，包括企业商业行为准则；第三层是企业员工要遵守良好的职业操守和道德规范等。

（三）合规审计类型

合规审计按照不同的标准可分为不同的类型，以下列举了部分分类方式：
(1) 按照审计主体，即审计活动的执行者，可以分为内部审计和外部审计；

（2）按照审计实施的时间，可以分为事后审计、跟踪审计和事前审计；

（3）综合国务院国有资产监督管理委员会印发的《中央企业合规管理办法》《中央企业合规管理指引（试行）》以及业务实践中常见的合规领域，按照审计的主题或内容，可以分为以下类型，见表4.2。

表4.2 按照主题或内容划分的合规审计类型

审计主题	审计内容
出口管制	涉及对包括中国、美国等国在全球范围内的出口管制法律法规的遵循情况
数据保护	涉及对全球各个法域适用的数据保护法律的遵循情况
市场交易	涉及反商业贿赂、反垄断、反不正当竞争、规范资产交易、招投标等方面
安全环保	涉及国家安全生产和环境保护法律法规、企业生产规范和安全环保制度等
产品质量	涉及质量体系的建立及遵循情况
劳动用工	涉及劳动法律法规，劳动合同管理制度，劳动合同签订、履行、变更和解除等
财务税收	涉及财务内部控制体系、财务事项操作和审批流程、税收法律政策遵守等
知识产权	涉及知识产权注册、许可和转让，商业秘密和商标的保护等
商业伙伴	涉及重要商业伙伴的合规遵循情况

（四）合规审计的原则

合规审计应当遵守独立性原则、客观性原则和公正性原则。审计机构和审计人员不得负责被审计单位的业务活动、内部控制和风险管理的决策与执行；审计机构和审计人员应实事求是，不得由于偏见、利益冲突而影响职业判断；审计机构和审计人员与审计事项有利害关系的，应当回避。

（五）合规审计的基本思路

合规审计是一个系统工程，同时也应当采用风险导向的审计思路。狭义的合规审计风险就是合规审计失败风险，类似于财务信息审计的不当意见论，借鉴财务信息审计风险模型构建合规审计失败风险模型，即可接受合规审计失败风险模型＝行为偏差风险×检查风险×定性风险，因此对行为偏差风险、检查风险及定性风险的评估是风险导向合规审计的核心。

（六）合规审计的程序和方法

总体来说，风险导向合规审计的基本步骤分为五个阶段：审计准备、风险评估、进一步审计程序、审计报告、审计结果应用。其中风险评估和进一步审计程序这两个阶段合称为审计实施阶段，进一步审计程序是在风险评估的基础上进一步确定和实施的。审计实施阶段的主要目的是获取审计证据。

1. 审计准备

审计准备阶段一方面要在对审计客体进行初步了解的基础上，制定总体审计策略，包括审计范围的确定、审计资源的分配、审计报告目标及时间的确定等；另一方面也需要制订具体的审计计划，包括风险评估计划、应对评估的风险的措施以及审计程序的性质、时间安排和范围的确定等。需要说明的是，审计计划需要在审计过程中根据要求持续地进行更新和修正。

2. 风险评估

风险评估阶段主要有三个方面的工作：一是实施合规风险评估程序，主要是了解被审计单位及其相关情况；二是了解被审计单位基于合规管控要求建立的内部控制，包括评价控制的设计，并确定其是否得到执行；三是基于风险评估的结果，识别检查点，并确定进一步审计程序的方案。风险评估阶段常用的审计程序包括：

（1）询问

询问是指审计人员以书面或口头的方式，向被审计单位内部或外部的相关知情人员获取信息，并对答复进行评价的过程。作为其他审计程序的补充，询问广泛应用于整个审计过程中。

（2）观察

观察是指审计人员查看相关人员正在从事的活动或实施的程序。观察可以提供执行有关过程或程序的审计证据，但观察所提供的审计证据仅限于观察发生的时点，并且被观察人员的行为可能因被观察而受到影响，这也会使得观察提供的审计证据受到限制。

(3) 检查

检查是指审计人员对被审计单位内部或外部生成的，以纸质、电子或其他介质形式存在的记录和文件进行审查，或对资产进行实物审查。检查记录或文件可以提供可靠程度不同的审计证据，审计证据的可靠性取决于记录或文件的性质和来源，而在检查内部记录或文件时，其可靠性则取决于生成该记录或文件的内部控制的有效性。

(4) 穿行测试

穿行测试不是单独的一种程序，而是将多种程序按特定审计需要进行结合运用的方法。穿行测试是通过追踪业务活动在信息系统中的处理过程，来证实审计人员对控制的了解、评价控制设计的有效性以及确定控制是否得到执行。

3. 进一步审计程序

进一步审计程序是基于风险评估程序的结果实施的审计程序，主要有两项工作：一是根据进一步审计程序的具体方案，实施控制测试，以确定内部控制运行的有效性，但控制测试通常在信赖被审计单位内部控制的前提下实施；二是根据进一步审计程序的具体方案，实施实质性程序。

4. 审计报告

合规审计报告阶段的主要工作是对发现的问题予以定性并撰写审计报告，主要工作包括：一是总体复核，从总体上判断审计证据是否充足；二是对发现的缺陷行为予以定性，形成具体的审计问题；三是与被审计单位就审计问题进行沟通确认；四是以上述工作为基础，撰写审计报告及相关附件。

5. 审计结果应用

合规审计的特殊之处在于，仅发表审计意见是不够的，还需要对审计结果加以应用，应用可能涉及以下六个方面：一是审计过程中的审计结果应用，对于发现的特殊问题，以恰当的方式及时报告，形成审计结果的及时应用；二是公告审计结果；三是做出审计决定，对缺陷行为责任单位和责任人做出处理，并跟踪决定的实施过程和结果；四是做出审计移送决定，并跟踪相关部门的处理结果；五是提出审计建议，针对缺陷行为产生的原因，提出完善相关体制机制的建议，并跟踪审计建议的实施过程和结果；六是公告审计整改情况，将上述各方面的整改情况予以公告。但具体从哪几个方面对审计结果进行应用，需要结合具体的审计目的、审计主体等综合选择。

二、合规审计工作流程

（一）审计准备阶段

1. 审计立项

合规审计部门根据合规审计年度计划，在实施合规审计之前，事先对审计项目进行选择与确定，并做出规划与安排，在系统中进行审计立项。对于合规审计年度计划中的项目，在计划制订与审批时已对每个项目进行了综合评估，可直接立项。对于董事会或管理层、其他相关方临时指派的合规审计任务，以及公司职能部门或相关单位提出的合规审计需求，合规审计部门经过综合评估后在系统中进行立项。立项申请由合规审计部门领导审批，必要时提交相关管理层及合规管理委员会审批。

2. 审计团队组建

审计项目开展前，合规审计部门应组织成立审计组，并确定审计组组长。审计组实行组长负责制，由组长组织开展各项实施工作。审计组成员应具备与其从事的审计工作相适应的专业知识和业务能力，明确职责，互相配合。审计人员与合规审计对象或审计事项存在利害关系的，应当回避。

审计组认为有必要的，可外聘相关外部专家进行联合审计。

3. 审计通知书

合规审计通知书是在实施合规审计之前，告知合规审计对象接受审计的书面文件。审计组编制《合规审计通知书》，说明审计项目名称、审计范围与内容、审计时间、需提供的基本资料及必要协助等内容，于实施审计前（具体时间可根据业务实际确定）送达合规审计对象。紧急、临时检查等特殊审计项目的合规审计通知书可以在实施审计时送达。合规审计对象收到合规审计通知书后，应当根据要求做好接受审计的各项准备。

4. 审计工作方案

合规审计通知书送达后，审计组应通过相关资料收集情况，初步了解合规审计对象的基本信息，确定需特别注意的重点审计内容。审计组根据项目审计要求和合规审计对象具体情况，编制《合规审计工作方案》，对合规审计项目过程开展进行综合规划。审计工作方案包括合规审计对象、审计内容与重点、审计程序（包括控制测试程序和实质性测试程序）、预计工作进度、审计组人员组成与分工及其他相关内容。

（二）审计实施阶段

在合规审计实施阶段，合规审计人员应根据合规审计工作方案的要求，综合运用审计工作程序和方法开展现场合规审计工作。如遇特殊情况无法实施现场审计，应在确认具备必要的工作条件与资源后，实施非现场审计。

1. 召开项目启动会

实施控制测试程序及实质性测试程序前，审计组与合规审计对象应召开项目启动会。采取现场审计方式开展的审计项目，应在审计组到达现场后及时召开项目启动会；以远程审计方式开展的审计项目，应在审计工作准备完成且组内讨论完成后，以视频或电话会议等方式召开项目启动会。

项目启动会召开前，审计组组长需准备启动会材料，与合规审计对象就启动会参会人员、会议内容等达成一致。项目启动会会议目的为：（1）确认所有与会者对审核工作安排达成一致；（2）明确合规审计对象需配合事项；（3）其他相关事项。项目启动会内容及详略程度可视实际情况予以安排。

2. 收集并检查审计证据

项目启动会召开完毕后，项目即正式进入审计实施阶段。审计组成员根据所分配任务，参照合规审计抽样指引及合规审计方法与应用指引选择适用的审计程序及方法收集并检查审计证据，如访谈、观察、盘点、检查等。

在此期间，审计组内部应定期讨论以交换信息，评定审计进展情况，必要时可对审计组成员的分工进行调整。同时，审计组需与合规审计对象、合规审计部门领导保持充分的沟通，需沟通的内容可视具体情况确定，包括但不限于：

（1）定期向合规审计对象、合规审计部门领导通报审计进展、重要发现及相关情况；

（2）收集的证据显示存在紧急和重大的风险；

（3）超出审计范围，但需引起关注的问题；

（4）获得的审计证据表明不能达到审计目标；

（5）其他任何需变更审计计划的情况。

3. 形成合规审计问题清单

审计组成员根据审计依据及合规审计清单，对收集的证据进行检查后，整理"合规审计问题清单"，并出具相关改进/提升建议。审计组成员需确保每个审计问题均有足够的证据支撑，且在形成具体问题前与相关责任人就事实情况进行了确认。

4. 确定合规审计问题

当审计组所有成员均完成所负责内容的检查，并梳理完合规审计问题，出具改进/提升建议后，审计组组长需组织内部讨论会，对合规审计问题、改进/提升建议等进行集体讨论与评估，确保组内就上述事项达成一致。

待审计组内部对合规审计问题、改进/提升建议等达成一致后，审计组组长应组织合规审计对象相关人员召开离场前或审计实施阶段结束的末次会议。末次会议应由审计组组长主持，参会者需包括合规审计对象的相关管理者及其他接受审计人员、审计组成员、其他审计组或合规审计对象认为需参加的人员。末次会议需解决如下问题：

（1）参会人员就合规审计问题及改进/提升建议进行沟通，若存在意见不一的情况，应如实记录；

（2）告知合规审计对象未充分处理合规审计问题的可能后果；

（3）告知合规审计对象后续工作安排及需配合事项，包括审计报告反馈、审计整改方案制订、审计整改结果验收等；

（4）其他相关问题。

5. 离场

对于以现场审计方式开展的审计项目，待末次会议后，且与合规审计对象确认无须继续驻场的相关事项后，审计组组长可组织组内成员离场。

（三）审计报告阶段

1. 审计发现与意见

审计实施阶段完成后，合规审计人员对审计过程中出现的相关事实进行恰当说明，以支持作出合规审计结论。审计发现应与审计目标、审计范围相关，一般情况下从标准、情况、原因、影响等方面进行说明。合规审计人员应针对审计发现类型，提出具有针对性、可落地的整改意见。

2. 审计结论

审计组根据已查明的事实，对合规审计对象合规管理事项做出评价，在充分分析、解释和评价审计证据的基础上，基于专业判断形成合规审计结论。特定情况下，合规审计人员根据评价标准，对合规审计对象出具合规审计评级结论，并以评级结果为依据，落实问题跟踪整改，调整并持续优化后续审计策略与方式，促进合规管理体系不断完善。

3. 审计报告

审计组在实施审计工作程序后编制《合规审计报告》，报告包括标题、收件人、正文、附件、签章、报告日期及其他信息。其中，正文部分应详细说明审计概况、审计依据、审计发现、审计结论、审计意见等内容。

报告编制完成后，审计组编制并发送《合规审计报告征求意见函》，向合规审计对象征求意见。合规审计对象对审计报告有异议的，审计组组长及相关人员应当核实，必要时应当修改审计报告。

审计报告经过必要修改后，应当连同合规审计对象的反馈意见及时报送合规审计部门。合规审计部门复核后，将合规审计报告提交合规管理委员会审批。经审批后，合规审计部门将合规审计报告发送至合规审计对象，要求合规审计对象在规定的期限内落实纠正措施。

4. 审计档案

审计档案是合规审计人员在审计项目实施过程中形成的、具有保存价值的历史记录，分为立项类材料、证明类材料、结论类材料、备查类材料。合规审计人员在审计项目实施结束后15个工作日内，对整个流程中输出的规范性文件、过程文档、资料按照档案管理要求整理归档、妥善保存和保密管理。

（四）审计整改阶段

1. 审计整改

审计组将《合规审计报告（审定稿）》《合规审计问题跟踪表》及整改通知发送至合规审计对象时，需要求合规审计对象在收到相关文件及通知后 15 个工作日内完善《合规审计问题跟踪表》中的相关整改方案，交审计组评估后，发起审批。合规整改方案内容应包括整改目标、期限、拟采取的措施和责任人。同时，在向合规审计对象发送《合规审计报告（审定稿）》《合规审计问题跟踪表》及整改通知后，审计组组长需组织召开组内会议，确定各审计问题后续跟踪人员。

2. 整改跟踪与监督

审计组对问题整改情况进行跟踪与检查，建立合规审计问题跟踪页面，落实合规审计对象采纳审计意见的情况。合规审计对象未在规定期限内按照审计意见要求执行整改方案的，合规审计部门及相关部门应及时督促执行。

3. 整改验收

合规审计对象整改完成后，审计组对合规审计对象问题整改情况进行验收。合规审计对象在系统中发起整改任务验收与关闭流程，经相关人员审核后，由合规审计对象所在事业部合规总监、合规审计对象所在事业部领导、合规审计部门部长审批。必要时，合规专业部门参与审计问题的整改验收。

各审计组应及时根据《合规审计报告（审定稿）》汇总本组审计问题。合规审计部门领导需指定专人对各组合规审计问题进行汇总，形成以部门为单位的"合规审计问题统计台账"。

第七节　第三方管理

企业在日常经营管理过程中需要与众多第三方合作伙伴发生业务联系，通过将自身合规标准推广给第三方合作伙伴等形式开展第三方合规管理，以避免合作过程中的第三方合作伙伴不合规行为给企业带来遭受法律处罚、监管处罚、重大财务损失或者品牌、声誉损害的风险，这是企业防范合规风险的一个重要组成部分。所以，除了企业自身合规经营、内部员工坚守职业道德操守之外，对第三方的合规管理，也至关重要。

一、第三方相关概念

（一）第三方定义

根据 ISO 37301：2021《合规管理体系 要求与使用指南》定义，第三方是指独立于组织的人或团体，所有业务伙伴均为第三方，但并非所有第三方均为业务伙伴。对企业而言，第三方一定是独立的，比如会计师事务所；第三方可以是利益相关方，比如业务合作伙伴。[1] 相关法律及监管文件中对企业第三方合规管理对象范围划定有所差别。例如，美国《反海外腐败法》认为第三方包含合伙人和代理商等。《世界银行集团诚信合规指南》（2010）认为企业应当对代理人、顾问、咨询专家、承包商、经销商、分销商、供应商以及其他第三方开展合规管理。基于此，本书中关于企业开展第三方合规管理的对象将参照 ISO 37301：2021 中定义的更为广泛的范围。

（二）第三方合规风险

合规风险是指因未能遵循法律法规、监管要求以及合同约定条款等而可能遭受重大财务损失或者名誉损失的风险。第三方合规风险特指由于第三方合作伙伴的行为未能合规而给企业自身带来的风险。[2] 参考这一定义，本书认为第三方合规风险是指第三方合作伙伴的不合规行为使得企业承担法律责任、遭受财产损失或品牌、声誉损失等多种负面后果的风险。第三方的合规义务来源于两方面：一

---

[1] 参见李素鹏、叶一珺、李昕原编著：《合规管理体系标准解读及建设指南》，人民邮电出版社 2021 年版，第 50—51 页。

[2] 参见陈炜煜、张黎锦：《内部审计职能拓展研究：第三方风险管理》，载《会计之友》2017 年第 2 期。

是第三方所必须遵守的基础外部合规义务；二是第三方对于企业所做出的诚信与合规承诺。①

1. 第三方合规风险类型

考虑到目前无论是学术还是实践对于合规概念的理解都已进入"大合规"阶段，主要的第三方合规风险类型包括主体资格风险、出口管制合规风险、经济制裁风险、反垄断合规风险、反洗钱合规风险、知识产权合规风险、数据保护合规风险、生态环境保护合规风险、生产安全合规风险、劳动用工合规风险、腐败和商业贿赂合规风险等。

2. 第三方合规风险特征

企业的第三方合规风险，具有一些独特的风险特征，如隐蔽性、传递性和全过程性。

· 隐蔽性

由于企业业务复杂性、不同国家的法律法规差异性等原因，企业第三方不合规行为存在较强的隐蔽性。

· 传递性

第三方合规风险沿着交易路径可转移至企业自身，第三方不合规行为的部分责任也可能归咎于企业自身，表明企业的第三方合规风险具有传递性。

· 全过程性

企业在业务经营的各个阶段都可能需要与第三方进行合作，这决定了其所面临的第三方合规风险具有全过程性。如上游的供应商、下游的经销商、分销商、咨询机构等第三方的违规合规风险的发生，均会波及企业自身。

二、第三方合规管理思路

企业的第三方合规管理思路应从与第三方开展合作的全流程管理入手，可以分为第三方引入阶段的合规管理、第三方合作过程中的合规管理、第三方合作结束后的合规管理。

---

① 参见肖咏诗：《跨国企业的第三方合规风险管理研究》，西南政法大学硕士学位论文，第6页。

第三方引入阶段合规管理应当注重对第三方合规风险的风险源分析和风险的评估。对第三方进行风险源分析，收集合规风险源信息，有助于后续开展全面风险识别的工作。风险源信息可以是第三方企业的经营状况、历史不良记录、正在或者将要面临的诉讼指控等。同时应收集第三方企业所在地区的相关法律法规、经营要求等外部环境信息。对风险源分析中所收集的信息进行整理与总结，基于上述信息开展第三方合规风险的评估工作。合作过程是第三方合规风险发生概率较高和后果严重程度相对较高的时期，在这个阶段应当重点予以管理，但为了将企业有限的资源投入最有效率的管理之中，对各种类型的第三方并不需要采取完全相同水平的管控措施，通过对第三方合规风险的综合评估，企业有效掌握重点风险类型，据此对资源进行有效配置。合作结束后，企业应当对此次合作中所面临的第三方合规风险事件进行整理记录保存，并将第三方进行分级。通过建立第三方合规风险库，后续再次与第三方开展合作时就能利用类似案例推理的方法及时有效地应对第三方合规风险。而对第三方进行分级则是有效降低合规管理成本和提高第三方合规管理效率的方法。[①]

三、第三方合规管理要素

企业对第三方合规管理需要在企业整体合规管理的大框架之下，因此，许多企业都会在公司的合规战略中包含其对第三方管理的内容。在此基础上，企业也可进一步制定专门针对第三方的合规管理政策，从文化、组织及流程方面持续投入资源开展建设，由此构成了第三方合规管理最重要的要素。

（一）文化支撑

通常，企业文化关键词多数集中于"客户""质量""创新"等，如果希望做好对第三方的合规管理，企业高层对第三方合规管理的态度十分重要，适度地调整对企业文化的表述，并尽快将相应的变化体现在员工日常的工作之中，将达到很好的效果。董事会、最高管理层和其他的管理层需要了解第三方合规风险管

[①] 参见肖咏诗：《跨国企业的第三方合规风险管理研究》，西南政法大学硕士学位论文，第61页。

理的重要性，以及第三方合规对企业风险的影响，这对获得他们的支持和资源是非常重要的。为了体现高层对第三方合规的认真态度，应考虑由企业高管定期向第三方合作伙伴发送个性化信函，介绍企业合规文化和政策，此类信件强调了合规的重要性，并确保第三方合作伙伴清楚了解相关要求。

（二）组织保障

由于第三方的不当行为有可能是自身行为，也有可能是与内部员工关联的共同行为，不论第三方还是内部员工都有利益和业绩驱动导致不当行为的动机。同时考虑到第三方管理的复杂性和普遍性，企业应考虑建立一个具有跨部门协调能力的，独立于业绩考核单元的管理组织，该组织可以是企业整体合规管理部门的一个职能团队或项目团队。以此为平台，统一整合各个不同的合规风险类型，由于第三方管理是一项牵涉多个不同领域，会与多个业务部门发生联系的工作，该组织的设立必须有足够的高度并对所有涉及第三方合作的部门都有一定的合规监管权限，既可以确保其权威性也考虑到经济合理性，以此保证第三方合规管理工作顺利地开展。

（三）流程设计

对流程的管控，可以说是合规管理最主要的手段。而以第三方合规管理为目的的业务流程设计则牵涉了一个非常重要的问题，就是企业和第三方之间在业务流程上有哪些交点的问题，对于第三方的合规管控，这些业务交点就是最有效的，也是唯一的管控平台。所以，在考虑合规管理的业务流程设计或流程再造的时候，就必须考虑业务交点的合规管控。例如，对服务外包商而言，至少在三个层面上第三方与企业的业务流程会发生交点。首先，是服务外包商认证的流程交点；其次，是企业招标采购的流程交点；最后，是验收及支付过程中的流程交点。在这些交点上将第三方合规管控要求进行流程嵌入，即可形成业务流程的合规 KCP[①]。同样的合规管控思路也可以运用在对代理商、经销商的内部业务流程

---

① KCP：关键控制点，Key Control Point。

设计上。另外，对第三方的合规管理应秉承"端到端"原则，以完整的业务流程而非部门为单位进行流程设计和梳理，对各项业务流程的发起、授权、审批、执行、记录和报告等各环节进行完整记录。

四、第三方管理要求

企业对第三方的合规管理是企业防范和应对运营活动中涉及的第三方合规风险的一整套管理要求，并做适当的管理要求落地设计及推行实施落地，从而形成适应企业实际情况的第三方合规管理制度。第三方合规管理制度对于规范企业与第三方的合规经营、合作互利有着重要的作用。本小节将具体说明这些管理要求，相关的讨论按企业通常做法在第三方业务管理的各阶段展开，包括引入阶段、合作阶段、合作后阶段。

（一）第三方引入阶段

尽调与风评：在第三方的引入阶段，对新的第三方进行尽职调查，进而开展合规风险识别与风险评估，是必不可少的合规管理步骤，也是第三方合规风险控制的第一道防火墙。建立第三方准入管理制度，确定甄选第三方合作伙伴的标准和具体要求，按照标准引入合格的第三方进入数据系统，对各种类型的第三方合作伙伴进行合规风险评估，并对每个第三方合作伙伴进行风险评级。如果是低风险，则该第三方合作伙伴在后续不需要经常被审计；反之，则需要投入更多的精力进行后期更新尽职调查以及审计监督和培训。[1]

内部制度外延：在第三方引入阶段进行内部制度外延是非常重要的。通过适当的沟通，使得第三方合作伙伴在可以接受的范围内，尽量接受企业自身合规管理要求，例如签订第三方合规行为准则或合规承诺，当合作伙伴做出违反第三方行为准则或合规承诺的行为时，企业将视违规情况做出相应的处分。从建立长期的合作关系、控制第三方合规管理的成本和配合监管部门净化市场的角度看，这

---

[1] 参见郭凌晨：《中国企业强化商业合作伙伴合规管理的框架构建》，载《新产经》2018年第10期。

是一种理想的方法。在建立相应的合作关系前，建立良好的沟通和信息交流机制有助于合作过程中的合规管理。

（二）第三方合作阶段

对已经进入企业业务合作伙伴系统的第三方，应在后续具体合作过程中持续进行风险识别和监督，通过沟通培训等各种方式方法提高第三方的合规意识，并对发现的合规问题及时做出处理。

合规审查：与第三方合作开始前，企业应对具体合作事项进行必要的合规审查，审查的内容包括但不限于第三方合规风险评级，以及与评级对应的风险管控方案等。例如，企业可根据第三方风险评级综合其他因素确定是否开展具体的合作事项的尽职调查。具体而言，对于前期合规风险评级为高风险的第三方，通过具体合作事项的尽职调查有利于准确地把握合作中的具体合规风险点，进而制订具体合作事项的第三方合规风险管控方案，在合作过程中对合规风险进行更有效的管控，进而可以大大降低整个合作过程面临的合规风险。[1]

设立合规条款：在企业与第三方的合同中设立合规条款或签署单独的合规协议是必不可少的，合规条款或协议应至少包含以下几个部分：一是合规义务条款。该部分条款应约定双方在合规事项上的责任与义务，对相关责任进行明晰的界定。二是合规保障与解约条款，该部分条款是为了有效处理违规事件所确定的，部分条款在特定情形下可以强制执行。三是审计权条款。该部分条款赋予企业在业务合作过程中或事后，按照一定原则对第三方合作伙伴进行审计的权利。审计可以由企业进行或委托第三方机构进行，并允许企业对审计过程中发现的问题进行跟踪改进，有效保障企业的权益，降低第三方合规风险。[2]

监督管理：对于合作过程中对第三方合规风险的监控，应加强对第三方的日常监督管理，明确不合规事项的报告机制和应对方案等，建立第三方合规表现档案，并定期维护与更新。定期审核第三方表现档案，检查第三方合规尽职调查的

---

[1] 参见郭凌晨：《中国企业强化商业合作伙伴合规管理的框架构建》，载《新产经》2018年第10期。

[2] 参见肖咏诗：《跨国企业的第三方合规风险管理研究》，西南政法大学硕士学位论文，第62页。

有效性与可靠性。对于第三方违规行为应及时采取处罚措施，按严重程度依次可以列为警告、罚款、减少业务和终止合同。

沟通与培训：在合作过程中，应与第三方保持沟通和提供必要的培训。为提高第三方的合规意识，确保合规标准和风险管理的践行，应当定期对第三方进行合规政策的宣讲或培训。还可以针对特定地区开展第三方发展项目，以便为第三方提供更加适宜的、个性化的培训。第三方可以通过电话、邮件或者网站咨询合规问题，或者举报投诉潜在的违规行为。[1]

(三) 第三方合作后阶段

合规审计：对第三方合规管理需要引入事后审计，形成有效威慑。通过组织建设和业务流程设计建立"不能做"的制约；通过企业文化宣导和输出建立"不想做"的观念；通过事后审计和严格执法建立"不敢做"的威慑。审计可分为内部审计和外部机构审计，以现场或远程方式开展审计项目。审计完成后，需出具合规审计问题清单并输出合规审计报告。企业应持续跟踪审计对象对审计问题的整改情况，审计对象整改完成后，企业应组织验收，直至验收通过或确定由于某种原因导致审计问题不复存在，无须再进行整改。

分级管理：在合作结束后，企业可以对合作的第三方进行分级，例如，建立"白名单"与"黑名单"制度。根据第三方引入的合规风险评级，以合作过程中所面临的第三方合规风险发生次数和后果严重程度为依据进行分级。对于多次发生不合规事件和造成严重违规后果的第三方应当及时列入"黑名单"，并将第三方分级结果应用到与第三方下次合作中。例如，对"黑名单"中的第三方拒绝合作或在一定条件下继续合作；对"白名单"中的第三方可以减少合作前合规审查的步骤或减少合作过程中的第三方合规监督次数，以提高效率和降低企业的第三方合规风险管理的成本。[2] 另外，也可根据不同第三方所获得的不同分级来签订相应的合同，通过合同的条件来对低风险级别的第三方表达善意，保持和第

---

[1] 参见郭凌晨：《中国企业强化商业合作伙伴合规管理的框架构建》，载《新产经》2018年第10期。

[2] 参见肖咏诗：《跨国企业的第三方合规风险管理研究》，西南政法大学硕士学位论文，第64页。

三方的良好关系，从而更有效地进行第三方合规管理。

综上所述，不论是引入第三方的尽职调查、风险评估、制度外延，还是合作过程中的合规审查、监督管理、设立合规条款、沟通与培训以及合作后的审计、分级管理，都是在不同业务流程节点加强第三方合规管理的有效方法。

第八节　合规文化

企业形成的合规文化是该企业长期传承、沉淀出来的以规则为导向的行为规范、思维方式和价值观的综合。① 据不完全统计，大部分企业都没有意识到，或者不知道如何去推进合规文化建设。这些企业由于缺乏合规意识和方法论，对合规没有产生深度认同，缺乏足够的合规资源投入，导致其自身风险管控举措无法落地，难以抵御内外部合规风险。2022 年 9 月国务院国资委出台的《中央企业合规管理办法》专章明确规定了中央企业合规文化建设，从企业领导、培训机制、宣传教育和全员合规四个方面倡导建立合规文化。

一、合规文化对企业合规管理体系建设的重要意义

（一）确保企业稳健运行的内生需求

合规文化是企业文化的重要组成部分，是实施合规风险管理的基础和载体，决定了企业各部门面对合规风险的价值取向、行为规范和道德标准，对企业合规风险管控具有至关重要的作用。全球化时代企业遭遇的风险已经不限于传统的商业风险，也面临着地缘政治风险、社会责任风险、环境责任风险以及合规风险等大量非传统的风险，而合规风险是企业面临的一项核心风险。近年来，中国企业走向世界所面临的风险恰恰证明了这一点，遭遇传统商业风险使企业经营陷入困境，但是往往还可以拖延几年而不垮，甚至还有机会改善经营，使其转亏为盈。

---

① 参见王志乐主编：《企业合规管理操作指南》，中国法制出版社 2017 年版，第 2 页。

但是，一个企业如果涉及严重违规，往往会一朝覆亡。

合规文化建设是完善企业自身管理体系的内在要求，也是防范违规风险的基本前提，是每一个企业合规建设的必由之路，也是保障自身利益的有力武器。如果企业上下缺乏合规文化层面的认同，那么再完善的规章制度也仅仅是一纸空文，难以实现真正有效的合规风险管控。

（二）强化规则有效执行的核心所在

合规首先要有规，即制定规则，然后要按照规则行事，即"合规"。广义的合规涉及企业业务的方方面面和业务流程的各个环节。合规管理包括产品质量、生产安全、环境标准、社会责任标准等各个方面。企业需要从合规角度梳理业务各个方面和业务流程所有环节，考察相关规定是否健全和完善，特别是人们的行为是否符合这些规定，即这些规定是否得到执行。合规的核心或侧重点在于"规"是否"合"。通过这样的梳理和整合，事实上完成对企业管理体系的再造与提升。

而企业单纯通过制度规范，很难做到十全十美的合规。即使当时制度完善了，随着时间的迁移，企业经营环境的变化也会使原先的制度体系出现新的问题。拥有良好合规文化的企业，其员工不仅不会想尽办法钻企业制度的漏洞，反而还会帮助企业发现并治理漏洞，从而抵御严峻的合规风险。因此，持续不断地强化企业合规体系建设，必将使企业的文化得到重构，形成良好的合规文化。

（三）保障员工切身利益的有力武器

员工与企业之间不是狭隘的、简单的"雇佣与被雇佣"的关系，而是"风雨同舟、沧海共济"的关系，是"利益共享、风险同担"的双赢、共好的关系。在公司合规文化建设过程中更能体现这一点，公司如果无法做到合规经营或者做出违反商业规则或道德的行为，其经营就会潜藏巨大的法律风险和经济风险，一旦违法违规行为被发现，这种风险会立即转换成为现实的法律责任和经济损失，甚至被政府机关或者司法机关勒令关停。基于"水漾理论"，政府机关或者司法机关对企业追究刑事、民事或者行政责任一定会以这种或者那种形式被转嫁传导至员工本身，损害大量员工的利益，比如一个企业因为违法行为被吊销营业执照或者被关停,那么该企业的员工就可能面临降薪、停职乃至失业的风险和现实压力。

合规文化建设致力于促进员工自觉自愿地建设企业合规体系,建构科学的合规体系并培养合规的意识,有助于员工养成合规化的习惯,避免违规风险。同时在制度层面向广大员工普及合规管理的相关条例,有利于员工自觉自律地避免违规操作。企业自上而下的合规文化认同,还可以帮助企业对违法违规的行为进行预防或者及时纠正,形成群防群治、互相监督,防止因为短期利益或侥幸心理走向法律的对立面而遭受惩罚的情况发生,并殃及企业员工,从而间接地保护员工的根本利益。

(四) 捍卫企业价值观的关键保障

企业合规文化之所以重要,是因为遵从合规文化亦代表着守规则、有底线、讲诚信的企业外部形象。随着我国企业"走出去",遭遇合规风险的案例也越来越多。有的企业因涉及行贿而被调查,有的企业因违反出口管制规定而被罚款,有的企业因违反采购指南而被世界银行处罚。推进"一带一路"倡议,需要有大批中国企业参与。但是"一带一路"共建国家国家中不少法治环境不成熟,中国企业面临大量合规风险。在这种情况下,中国企业所呈现出来的合规文化是走向世界,与外部建立互信的基础。走向世界的中国企业不仅给世界带去资金、技术、产品和服务,也将给世界带去合规企业的新风貌和合规的竞争规则。

推进企业合规文化建设可以提高国际营商能力。发达国家的法治环境更为成熟透明,对违规行为零容忍,对企业合规有非常高的要求。合规不能仅仅停留在制度体系的完善上,更需要企业自上而下的深度文化认同。因此,合规是涉外企业参与国际市场竞争的必要条件和核心竞争力。一方面,守规则、有底线、讲诚信的合规文化可以帮助企业取得国内外政府的信任,从而享受全球运营的便利条件;另一方面,企业自上而下的合规文化认同能够减少贸易摩擦对企业造成的系统性风险,确保企业供应链的稳定安全。

二、合规文化建设的方法和思路

合规文化建设是一项兼具长期性和系统性的工程,具有降低合规风险、塑造良好企业形象、助力企业可持续发展等作用。合规文化是企业文化建设中不可或缺的重要组成部分，为了推进企业内部各项管理动作有序运行，实现安全前提下的商业可持续发展，需要企业围绕其经营范围、发展阶段、业务特点、运营模式、企业文化、员工构成、合作伙伴等方面因素因地制宜地建设与本企业基因相一致的合规文化，从而更好地推动企业防范风险、稳健运营。

谈到如何建设企业的合规文化，就需要先剖析一下企业文化的内涵。企业文化的三个层次理论最早由埃德加·沙因（Edgar H. Schein）在《企业文化生存与变革指南》中提出，我们在理解企业文化内涵时，可能面临的最大危险是将文化想得过于简单。比如提到企业文化，人们很容易想到的就是"我们企业中的做事方式""我们内部的工作氛围""奖酬体系"等内容。这些都是企业文化的人工饰物，但是就企业文化的实质来看，这些都称不上真正的企业文化。理解企业文化内涵的一种更好方式就是，我们要意识到企业文化存在于不同的层次上，还必须更好地理解和管理那些较深层次的文化内容，如图4.3所示。企业文化的层次逐渐由外在可视水平向内隐不可视水平过渡。①

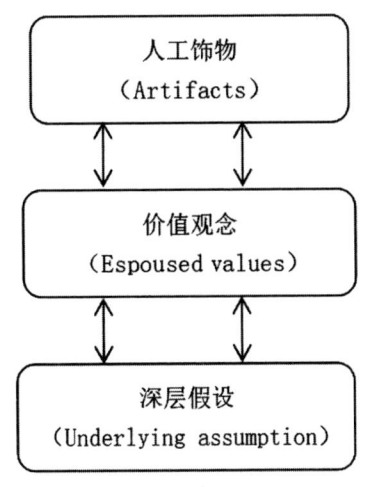

图 4.3　企业文化的三个层次

---

① 参见［美］埃德加·沙因：《企业文化生存与变革指南》，马红宇、唐汉瑛等译，浙江人民出版社2017年版，第25页。

在对上述三个文化层次的理解基础上，通过深入剖析企业文化洋葱模型中提到的理念层、制度层、行为层、物质层①的内涵和表现形式，企业合规文化建设如何有效融入合规管理体系建设中，笔者认为可以从如下五个层次展开。

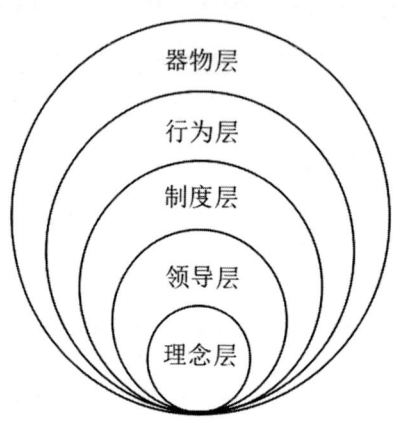

图 4.4　合规文化的五个层次

理念层：是指在企业经营管理长期发展中形成的共同信守的思想观念、价值标准、道德规范、行为方式等精神因素，很大一部分理念是隐藏在意识深处的，是不容易被察觉的，是在压力、激情、危机等某些特殊时刻才表现出来的。理念是指企业生产经营过程中，受一定的社会文化背景、经营者的意识形态和干部员工思维习惯影响而形成的一种精神追求和意识观念。理念是企业合规文化的核心，反映了企业组织的信仰和追求，是企业的灵魂，是形成制度文化、行为文化和物质文化的思想基础。

领导层：是指企业管理层在合规体系建设中传递出的坚定决心，并以身作则、言行一致为公司员工树立榜样，用自己的行动带动公司员工的合规意识提升。2021年4月28日，商务部公告2021年第10号《商务部关于两用物项出口经营者建立出口管制内部合规机制的指导意见》及其所附的《两用物项出口管制内部合规指南》要素一"拟定政策声明"中的实施要点之高层主导指出：企业主要负责人是出口管制合规第一责任人。企业的中高层管理人员应带头践行合

---

① 参见《杨杜说〈企业文化的洋葱模型〉》，载搜狐网，http：https://www.sohu.com/a/350258391_809226，最后访问时间：2022年9月13日。

规政策。由此可以看出，管理层作为企业运行的"大脑"，决定了合规"血液"是否可以真正根植和融入企业的各个"躯干"。管理层的合规声音和合规指示可以自上而下地统一全公司范围的合规认知，推动合规资源投入和体系有效协同，并持续通过合规规则阐释和合规政策理念传达减少合规执行的衰减，进而实现有效合规管理运作体系下的商业可持续。

制度层：是指企业对经营管理活动中出现的各种风险进行预防和控制的一整套制度安排，即企业用于规范合规风险管理的各类规章制度。企业合规文化就蕴含在其制度、标准作业程序（SOP）之中。企业内部可以搭建金字塔三级结构的合规规则体系，有效地将外部的法律法规结合公司经营的风险偏好转译成内部的合规管理规范，搭建从政策、手册到合规管控全景的规则体系，三者之间既层层递进又相互援引，保证了规则各位阶的一致性，从而确保规则的可实施、可执行、可落地。"立善法于天下，则天下治；立善法于一国，则一国治。"时代在进步，企业在发展，外部环境变化不断对规则体系建设提出新需求，企业规则体系必须与时俱进加以优化和完善。"法非从天下，非从地出，发于人间，合乎人心而已。"在企业规则体系建设中，需要增强规则的适用性和可操作性，并使用数字化工具提升合规管控效率。由此，将企业合规文化融入制度、规则、流程体系建设中，以适应企业的有质量发展。

行为层：天下之事，不难于立法，而难于法之必行。企业应通过规范标准行为、宣扬标杆行为和稽查违规违法行为等方式守护企业合规行为价值，推动"法之必行"。在规范标准行为方面，企业应当规范员工的合规行为，明确公司合规红线，为其所应为，不为其所不可为。对新员工进行合规理念、合规制度的赋能，令其对企业合规文化产生认同感、归属感，进而约束自身的行为。对在岗员工进行针对性的赋能，不断更新合规学习计划，进行学习效果验证，营造"说合规、学合规"的氛围。此外，抓企业合规，也就是抓企业管理，企业对管理层应有更高的要求，要全面压实干部的管理责任，做到"业务谁主管，合规谁负责"。在宣扬标杆行为方面，企业还要讲好榜样的故事，用好榜样的力量，借助专题文化活动倡导、传播榜样的示范行为。企业可通过合规文化大使选任、合规行为标兵评选、最佳合规实践案例评选、优秀合规工具开发大赛等活动，"人、事、物"三位一体不断激发员工的参与感和荣誉感，使每个人从"旁观者"转变为"参与者"，进而成为"引领者"。在稽查违规违法行为方面：首先，企业要进行合规举报文化建设，鼓励员工讲完整真话，形成全员参与、全员监督的氛围，通过合规举报吹响守护公司合规价值的"哨子"；其次，企业要加大合规稽查、执法的力度，发现合规问题与风险漏洞，验证合规规则体系有效性，确保合规闭环，动态螺旋上升。

器物层：合规文化建设不仅要"入眼、入脑"，更要"入手、入心"，实现"知、行、信"三段历程的进阶。从合规文化自上而下的宣扬、发声，转变为自下而上的自然自觉的共情与遵从，将"要我做"转变为"我要做"，让企业员工内驱地认同合规文化从而付诸行动，这就要企业在承载文化的器物上下些功夫：在内容方面，企业要用与实际业务贴合的常识去讲述合规，避免法言法语，令员工通过生动有趣的语言接触、理解合规，进而遵从合规。一份好的合规宣传材料应当能够提升员工体验感，要善于用最通俗、简洁的语言，讲富有逻辑、细节的故事和段子，制造合规文化的亮点。企业还应该树立"服务大于管理"的意识，在建立认知共识的基础上，做好洞察，解决员工的迫切问题，做专业、专项、专岗的宣导。在形式方面，企业也可以采用当下自媒体喜闻乐见的新方法来"玩合规"，例如：将合规场景化指引绘制成漫画，将合规规则要求拍摄成短视频，打造合规企业形象，甚至是歌曲、说唱改编。实践证明，视听信息比单纯的文字更令人记忆深刻，更易形成传播点，据此，企业可从流量思维出发，探索器物的新形式。在渠道方面，渠道作为合规文化的放大镜，发挥着至关重要的作用。企业要善用内部渠道，如邮件、内部即时通信工具，将合规文化宣导物料进行精准投放，在企业内部制造话题。此外，也可利用企业对外的窗口进行传导，如公众号、视频号，树立企业道德遵从形象。内外共振，形成长久回响。

第五章 企业合规管理体系的搭建要点

根据合规管理体系的国际标准、国家标准（ISO 37301、GB/T 35770），一个完整的合规管理体系应该包含以下内容：高层领导的承诺、合规方针、组织的角色、职责和权限、合规风险的应对措施、合规目标和实施策划、支持合规管理的资源、确认员工有合规能力的方案及实施记录、培训、员工对合规及不合规后果的认识、沟通、文件化信息、合规管理体系运行的策划和控制、内控流程、外包过程、绩效评价、管理评审、不合规事件发生的纠正措施、持续改进。在这样相对完整的体系结构下，合规管理学术及实践中有不同的解构方式，比如"一个引擎说"，即整个体系都是围绕合规目标，以此为引擎，建设合规管理体系；比如"双轮驱动说"，即合规价值观与合规制度同步运行，建设或优化合规管理体系；比如"三个关键说"，即认为构建合规管理体系的关键是人、财、物；比如"四根柱子说"，即把合规管理体系解构成组织架构、制度体系、运行机制、保障机制；比如"五要素说"，即认为合规管理体系包含领导力、组织环境、风险评估、举报与调查、培训与交流；比如"六个步骤说"，即把建设合规管理体系分为风险识别、组建团队、建立制度、运行流程、评审改进、培育文化；等等。对体系的解读可以是多角度的解构方式。企业合规师，应当根据所在企业的行业属性和自身情况，有针对性地搭建合规管理体系。

本章提供了国有企业、民营企业、跨境企业三种范式（其中初级教材不包括跨境企业部分内容），以资研习借鉴。

第一节　国有企业合规管理体系的构建

企业合规=战略+管理+法律技术。这个公式理论上来说适用于所有企业，无论资本来源、行业、规模等如何。国有企业[①]搭建合规管理体系当然也应遵循这个原则和逻辑，这一点国有企业和民营企业并无差别。但是"企业合规"这件舶来品进入我国后，确实发生了很明显的中国化现象，不同单位在推行企业合规这项工作时结合、融入了自身涉及的其他工作和考虑，国务院国资委和各地方国资委推动的国有企业合规管理建设就是其中的典型。这也决定了国有企业合规管理体系建设除了一般企业合规的共性逻辑和外观外，还有很强的国资监管的政策性，并有一套需要普遍遵循的框架和话语体系，这是本节要和各位介绍并探讨的主要内容。

一、国有企业开展合规管理建设的概况

（一）国有企业开展合规管理建设的背景

国有企业拉开合规管理建设的序幕其实有很重要的时代背景，有历史的必然性，主要体现在三个方面：

一是近年来越来越多的中国企业顺应经济全球化发展潮流，走出国门参与国际经济合作，以中央企业为代表的国有企业境外投资明显增长、涉外业务显著增多，随之而来面临的境外、涉外的法律合规风险也不断攀升，国有企业在复杂激烈的国际竞争及外部市场环境中能把控好重大风险、实现行稳致远就成了内在刚性需求。2018年习近平总书记在推进"一带一路"建设工作5周年座谈会上发表的重要讲话中，专门指出"要规范企业投资经营行为，合法合规

[①] 本章所称的国有企业，特指由国务院国资委和地方各级国资委履行出资人职责的国有企业及其下属子企业（不含国有参股企业），相关企业相应受同级国资委监管，而不包括由财政部门、文化部门等其他部门履行出资人职责的金融、文化类国有企业。

经营，注意保护环境，履行社会责任，成为共建'一带一路'的形象大使。要高度重视境外风险防范，完善安全风险防范体系，全面提高境外安全保障和应对风险能力"[1]。

二是作为履行政府出资人职责主要力量的代表，国资委按照《中共中央、国务院关于深化国有企业改革的指导意见》《国务院关于改革和完善国有资产管理体制的若干意见》，从深化国有企业改革、探索完善国有资产监管体制机制的角度，制定施行了《国务院国资委以管资本为主推进职能转变方案》[2]，从以往的"管人、管事、管资产"为主向"管资本"为主转变，其中一项核心内容是加强国有资产监督，防止国有资产流失。而从出资人的角度，通过指导、督促中央企业开展合规管理体系建设，防控重大法律合规风险是重要的可落地路径。

三是2019年党的十九届四中全会审议通过了《中共中央关于坚持和完善中国特色社会主义制度　推进国家治理体系和治理能力现代化若干重大问题的决定》，指出坚持和完善中国特色社会主义制度、推进国家治理体系和治理能力现代化，是全党的一项重大战略任务。从中央政策层面逐级落实到企业层面，推进国有企业治理体系和治理能力现代化就成了必然选择，而合规管理本身就是一种企业治理的重要方式，对于企业完善优化法人治理、防控重大风险具有重要价值，与推进企业治理体系和治理能力现代化完美契合。

正是在这样的大时代背景中，中央企业、地方国有企业在国务院国资委和地方国资委的推动下，陆续开始了具有明显中国国企特色的合规管理体系建设，至今已形成持续强化之势。可以预见，合规管理体系建设不仅在当下，在今后相当长一段时期内，都将成为国有企业实现自我完善、发展、成长的重要手段，逐步从"要我合规"走向"我要合规"。

---

[1] 《习近平出席推进"一带一路"建设工作5周年座谈会并发表重要讲话》，载中国政府网，http://www.gov.cn/xinwen/2018-08/27/content_5316913.htm，最后访问时间：2022年9月16日。

[2] 参见《国务院办公厅关于转发国务院国资委以管资本为主推进职能转变方案的通知》（国办发〔2017〕38号）。

(二) 推动国有企业开展合规管理建设的主要法律规定

1. 国务院国资委——《中央企业合规管理指引（试行）》

2018年11月2日，国务院国资委向各中央企业印发了《关于印发〈中央企业合规管理指引（试行）〉的通知》（国资发法规〔2018〕106号）。这是一个依法主动公开的文件，《中央企业合规管理指引（试行）》（以下简称《央企合规指引》）也得以同步正式向外界公布。结合国务院国资委在稍早前将五家中央企业列为首批合规管理试点企业，这部《央企合规指引》的制定、施行[①]，正式拉开了不仅是中央企业，也是整个国资委监管下的以中央企业为代表的国有企业系统开展合规管理体系建设的序幕，同时这部合规指引也毫无争议地成为国企合规管理领域的基石性文件。而即使是这部文件的"继任者"，于2022年10月1日起施行的《中央企业合规管理办法》也是在其基础上的优化、延展和提升。因此，置于国资国企改革的大时代背景、方向及重点工作下，只有准确读懂、理解这部《央企合规指引》，才能对目前我国国资监管体系下的国有企业合规管理工作有一个清晰的认识，同时很多看似充满争议和疑惑的问题也能得出相应的合理答案。

《央企合规指引》第2条明确指出了本指引适用的主体范围——中央企业，即国务院国有资产监督管理委员会履行出资人职责的国家出资企业。结合我国国资监管实际，这也就至少意味着三点：

第一，如中国工商银行股份有限公司、中国人民保险集团股份有限公司等由财政部、中国人民银行、国家金融监督管理总局等监管的中央金融企业，同时如中国出版集团公司、中国文化传媒集团有限公司等由财政部代表国务院履行出资人职责的中央文化企业，这两大类央/国字头的国有企业并不直接适用这部合规指引，无须按照这部指引对合规管理的理解和界定来开展企业的合规管理工作。

第二，地方国有企业系地方政府直接出资设立，由相对应级别的地方国资委

[①] 《中央企业合规管理指引（试行）》于2018年11月2日发布之日同步施行。

代为履行出资人职责，并不直接由国务院国资委监管。虽然国务院国资委与地方国资委之间并无隶属关系，但是有很强的工作指导关系。于是，我们能看到在国资委监管体系下，对国有企业监管的政策理念、导向及逻辑，各层级之间保持了比较高的一致性。所以《央企合规指引》在附则中明确"地方国有资产监督管理机构可以参照本指引，积极推进所出资企业合规管理工作"，这相当于一个重点提示，传递出国务院国资委在对引导、推动国有企业开展合规管理建设这个问题上，明确希望国资监管体系内能保持理念、行动和大框架上的一致。

第三，《央企合规指引》针对的是全部中央企业，但是各企业在主业、体量、管理架构等方面都存在诸多差别，故虽然对合规管理的基础性问题限定了方向，但依然给了各个中央企业比较大的自主权，所以这部指引从国有企业管理的角度切入，重点聚焦共性问题，并没有去追求精细化、颗粒度，这也和合规管理永远是定制化产品的逻辑一致。而作为中央企业下属的各级子企业，在企业合规建设的问题上无疑会有更大的自主权。

2. 国务院国资委——《中央企业合规管理办法》

在《央企合规指引》施行三年半之后，国务院国资委发布了《中央企业合规管理办法（公开征求意见稿）》［以下简称《央企合规办法（征求意见稿）》］，面向社会公开征求意见。经深入研究，结合各方反馈的意见建议，之后，国务院国资委正式颁布了《中央企业合规管理办法》（国资委令第42号）（以下简称《央企合规办法》）。根据规定，《央企合规办法》于2022年10月1日起施行，这无疑将使国资委系统监管下的国有企业合规管理体系建设进入一个新的时期。从宏观层面上来看这部《央企合规办法》，我们需要明确其基本定位和考虑的出发点：

（1）《央企合规办法》是《央企合规指引》的继承和发展

《央企合规办法》对《央企合规指引》的绝大多数条文都进行了修改，条款总数也从31条扩展为42条，随着《央企合规办法》的施行，《央企合规指引》将成为历史。但是国务院国资委指导中央企业开展合规管理建设的思路、逻辑和基本概念的认识并没有改变，《央企合规指引》的主体内容框架全部被吸收进了

《央企合规办法》，并在此基础上进行了增量，细节问题我们将在后面的具体问题中展开介绍，增量内容按照基本属性，主要体现为三个方面：

第一，国有企业坚持"两个一以贯之"的要求在国有企业合规管理这一主题下的贯彻落实，把企业党组织内嵌到公司治理结构中，充分发挥企业党组织在企业合规管理建设中"把方向、管大局、保落实"的作用，把党的领导贯穿合规管理全过程，通过合规管理体系的建设来促进中央企业建立现代企业制度。

第二，对包括中央企业在内的国有企业开展合规管理建设实践中碰到的共性问题给出了答案，比如企业党委（党组）、纪委在企业合规管理建设中所应起到的作用；同时也吸收了国企合规实践中的先进经验和好的做法，比如借鉴北京市国资委、上海市国资委推动监管地方国有企业开展合规管理体系建设的经验，由国资委对企业开展合规管理体系建设情况及其有效性进行考核评价。

第三，融合了国务院国资委近年来印发的如《关于进一步深化法治央企建设的意见》（国资发法规规〔2021〕80号）、《中央企业重大经营风险事件报告工作规则》（国资发监督规〔2021〕103号）、《关于加强中央企业内部控制体系建设与监督工作的实施意见》（国资发监督规〔2019〕101号）等重要文件中关于合规管理的主要精神和重点内容。

（2）《央企合规办法》坚持出资人的管理视角

《央企合规办法》共8章42条，聚焦中央企业构建合规管理体系的原则、制度、机制和必不可少的要素，明显是从管理视角切入，全文对合规管理在法律技术层面并没有直接的规定。如第二章"组织和职责"，明确了企业党委（党组）、董事会、经理层，以及业务部门、牵头部门、监督部门各自的合规管理职责；第五章"合规文化"，从组织开展合规专题学习、加强法治宣传教育、建立常态化合规培训机制等方面，对培育合规文化提出要求。体现的都是企业合规管理工作中如何通过管理制度安排和方式来保障合规体系落地和有效运行的问题。这主要还是由国务院国资委的职能定位和中央企业的特点决定的。

一方面，国务院国资委代表国家对中央企业履行出资人职责，核心是管资本，并不断强化对中央企业的监管，实现国有资本的保值增值，这就决定了国务

院国资委不适宜直接介入中央企业的具体经营管理事务中，在国务院国资委近年来开展的权责清单修订、制定对企业的授放权清单等工作中都体现了精简权力事项、释放企业活力的思路。所以对中央企业开展合规管理体系建设，国务院国资委一直就是以出资人视角，通过宏观管理加以引导，而对企业经营管理中诸如具体法律领域的合规计划的建立，法律风险的识别、评估和处理等具体事项，完全应当由中央企业及其所属子企业自行决定，这是由国务院国资委自身的职能定位所决定的。另一方面，截至 2022 年 8 月，由国务院国资委直接监管的中央企业一共有 98 家[①]，所处的行业遍布第一、二、三产业，不同中央企业经营主业、企业体量、境内外业务的布局、上下游供应链等企业的重要属性差别甚大，这就导致每个企业面临的核心合规风险，以及对同类合规风险的接受程度和应对的重点并不完全相同，要求国务院国资委直接从法律技术角度来指导中央企业及其子企业建立专项合规计划，也是不现实的，只可能通过制定特定法律领域的业务指南来对相关合规技术性的问题给出建议。国务院国资委也确实是这么做的，至今一共印发了 4 批 11 部合规管理专项指南，包括《反商业贿赂》《反垄断（经营者集中）》《商业秘密保护》《反垄断（垄断协议、滥用市场支配地位）》《PPP》《个人信息保护》《商业伙伴》《劳动用工》《出口管制》《法人人格否认视域下国有企业母子公司管控》《世界银行制裁应对》。[②] 前述这些从法律技术切入的专项合规指南有力地指导了中央企业及下属子企业在具体业务领域内做好依法合规经营。

3. 地方国资委——贯彻《中央企业合规管理指引（试行）》制定各自指导性规范文件

国务院国资委在拉开中央企业合规管理建设的大幕后，地方省级国资委也紧随其后，根据《央企合规指引》第 29 条第 2 款"地方国有资产监督管理机构可以参照本指引，积极推进所出资企业合规管理工作"之规定，纷纷出台地方性的

---

① 具体参见央企名录，载国务院国有资产监督管理委员会网站，http：//www.sasac.gov.cn/n4422011/n14158800/n14158998/index.html，最后访问时间：2022 年 7 月 25 日。

② 参见国资委对留言的答复，载国务院国有资产监督管理委员会网站，http：//www.sasac.gov.cn/n2588040/n2590387/n9854172/c22462228/content.html，最后访问时间：2022 年 9 月 16 日。

指导本级国有企业开展合规管理体系建设的文件。截至2022年年底，至少已有20家地方省级国资委先后出台了相应的文件，具体详见下表：

序号	地方省级国资委	推动地方国有企业开展合规管理体系建设的规范性文件
1	北京市	《市管企业合规管理工作实施方案》
		《市管企业合规管理指引（试行）》
2	上海市	《上海市国资委监管企业合规管理办法》
3	天津市	《天津市国资委监管企业合规管理指引（试行）》
4	重庆市	《重庆市市属国有企业合规管理指引（试行）》
		《重庆市市属国有企业境外经营合规管理指引（试行）》
5	江苏省	《省属企业合规管理指引（试行）》
6	浙江省	《浙江省省属企业合规管理指引（试行）》
7	广东省	《广东省省属企业合规管理指引（试行）》
8	山东省	《省属企业合规管理指引》
9	山西省	《山西省省属企业合规管理指引（试行）》
10	河北省	《省国资委监管企业合规管理指引（试行）》
11	河南省	《河南省省管企业合规管理指引》
12	湖北省	《省出资企业合规管理指引（试行）》
13	湖南省	《湖南省省属监管企业合规管理指引（试行）》
14	陕西省	《陕西省省属企业合规管理指引（试行）》
15	四川省	《四川省省属企业合规管理指引（试行）》
16	云南省	《云南省省属企业合规管理指引（试行）》
17	贵州省	《贵州省国资委监管企业合规经营管理指引》
18	安徽省	《安徽省省属企业合规管理指引（试行）》
19	内蒙古自治区	《内蒙古自治区人民政府国有资产监督管理委员会关于建立企业合规管理体系的指导意见》
20	宁夏回族自治区	《自治区属国有企业合规管理指引》

在这些省级国资委出台的指导地方国有企业合规管理建设的文件中，绝大多数都在文件中明确表述将国务院国资委的《央企合规指引》作为制定的参考依据，上海、天津等少数几个地方国资委虽然没有明确写入此类表述，但从制定的

相关合规管理指引的体例、原则逻辑、主要内容和重点问题等来看，其实和其他省级国资委类似，均是紧紧围绕、依靠《央企合规指引》的有关内容，并在此基础上有所调整以适应地方监管实际的需要和国有企业的地方性特点。不仅如此，由于国资委代表本级人民政府履行出资人职责，故在省级国资委之下的部分地市一级国资委也加入推动同级地方国有企业的合规管理体系建设中。

在这些地市一级的国资委出台的文件中，也都无一例外遵循着《央企合规指引》及各自上一级国资委省级文件的精神和基本原则。正是这样自上而下的结构，保证了从国务院国资委到地方国资委监管下的包括中央企业在内的国有企业，在推进合规管理体系建设的问题上保持了相对整齐划一的步伐，对在国有企业中企业合规是什么、干什么、该怎么建设、面临什么样的问题等形成了相对统一的认识，当然这也导致面临的问题呈现出明显的同质性。基于前述所言的两大理由，《央企合规办法》是《央企合规指引》的继承和发展，且坚持出资人的管理视角，故国有企业中目前已经形成的合规管理体系建设的基本思路和主要命题，在《央企合规办法》施行后将延续下去。因此，本节以下所要讨论的全部问题，适用于包括中央企业在内的国资委监管下的全部国有企业，是国企开展合规管理体系建设中现在以及未来都必然要面临的共性问题。

（三）国有企业合规管理建设中"合规风险"的特殊内涵

企业开展合规管理不是盲目的，应该是有的放矢的，而合规中的靶心是合规风险，这一点国有企业和民营企业、外资企业等并无差别。"在那些建立有效合规计划的企业中，在董事会领导之下，同时并存着业务经营、财务管理和监督、合规管理三大公司治理体系，三者分别防控相应的经营风险、财务管理风险以及合规风险。"①

但是，具体到什么样的风险属于国有企业合规管理建设中所指向的合规风险，这个问题确实和我们在市场上通常重点关注的企业合规风险不完全一样，一般认为企业合规要聚焦的风险包括三类：行政处罚风险、刑事犯罪风险和国际组

---

① 陈瑞华：《企业合规基本理论》（第二版），法律出版社2021年版，第23页。

织制裁风险。但因为受到前文所述的《央企合规指引》和《央企合规办法》的基本概念限定，国有企业合规管理所要覆盖的"合规风险"在合规市场上是个相对独立的命题，是合规中国化的典型表现之一。我们要准确理解这个问题，就必须回到《央企合规指引》和《央企合规办法》这两个文件中，结合国资监管的逻辑去研究。

1. 要合哪些"规"

按照《央企合规指引》第 2 条第 2 款之规定，企业要合的"规"包括法律法规、监管规定、行业准则和企业章程、规章制度以及国际条约、规则。综观新出的《央企合规办法》的全文，对这一问题做了两处调整：一是加入了党内法规制度；二是调整了表述顺序，将国际条约、规则提前，置于企业章程、规章制度之前。结合此处的变与不变，有以下四个关键点需要展开研究分析：

（1）明确应当严格遵守"党内法规制度"

加入党内法规制度作为中央企业要严格遵守的"规"，是《央企合规办法》引人关注的一处变化。《央企合规办法（征求意见稿）》直接将党内法规规定在第 3 条合规的概念中，到《央企合规办法》正式公布时，第 3 条合规的概念中删除了党内法规的表述。但这并非意味着中央企业合规不包括党内法规，而是将相关表述调整到了第 7 条，直接置于企业党委（党组）的职责之后的同条第 2 款，即"中央企业应当严格遵守党内法规制度，企业党建工作机构在党委（党组）领导下，按照有关规定履行相应职责，推动相关党内法规制度有效贯彻落实"。从《央企合规指引》到《央企合规办法（征求意见稿）》，再到现如今的《央企合规办法》，这处变化并非无源之水，而是坚持党对国有企业的领导的落实和体现。看上去只是加了一类要遵守的合规规范，但对于整个国有企业合规管理建设及运行都会产生重要的影响，需要逐一分析把握。

①要明确党内法规都包括哪些规范。党内法规不是一个生活用语，也不是一个弹性概念（有广义和狭义之分），而是一个法定概念。根据《中国共产党党内法规制定条例》第 3 条第 1 款之规定，党内法规是党的中央组织，中央纪律检查委员会以及党中央工作机关和省、自治区、直辖市党委制定的体现党的统一意志、规范党的领导和党的建设活动、依靠党的纪律保证实施的专门规章制度。所

以，省、自治区、直辖市党委制定的相关规章制度是党内法规，中央企业必须遵守。如果各地方国资委后续修改地方性的合规指引、办法，也沿用增加党内法规制度的表述，地方国有企业与中央企业应该是一致的。

②由谁来负责党内法规的合规义务识别与释义。企业一般在合规风险识别及合规基本制度建设时，需要将外规的主要规则转化为内规，这一方面需要对作为外规的法律规则进行解释，特别是对其中有争议、存在不同理解的部分研究分析；另一方面要将识别出的合规性义务与企业自身业务模式、产品或服务相融合。而这部分工作带有很强的法律技术属性，需要法务合规人员或者与聘请的第三方专业机构合作完成。但是党内法规的加入整体提高了合规风险的识别难度，只要一定之规以文字的形式记录并公开，必然会存在解释的空间，但实务中党内法规很少存在配套的"解释"，同时国有企业的内部架构中，法务合规部门和党建工作部门通常是两个独立的部门，对人员所要求的专业素养并不相同。于是将党内法规作为中央企业必须遵守之规，就出现了谁来负责对党内法规制度的合规义务进行识别与释义的问题，这也是由《央企合规办法（征求意见稿）》到《央企合规办法》出现调整的最重要原因。如果按照《央企合规办法（征求意见稿）》的表述，党内法规和法律法规等规范一样，谁来负责党内法规在企业内的遵守和执行可能产生分歧，与国有企业原有的内部治理体系会出现矛盾。而《央企合规办法》的规定则妥善地解决了这一问题，党内法规制度作为中央企业要遵守的特殊规范，继续由企业党建工作机构负责，除此之外的法律法规等其他规范，由合规管理牵头部门负责。

③合规风险的后果主要基于个人而非企业法人。虽然《央企合规办法》强调中央企业要遵守党内法规制度，但是党内法规直接规范的对象主要是党员，比如《中国共产党廉洁自律准则》适用于国有企业中的全体党员和各级党员领导干部。该准则简洁明了，导语之外的主体内容分为"党员廉洁自律规范"和"党员领导干部廉洁自律规范"两大部分，约束的行为对象即党员个人，并不直接针对国有企业法人。所以，党内法规制度的加入，再一次说明国有企业领域开展企业合规不仅仅是及于企业法人的，必然要关注到国有企业中的重点人群，尤其是作为主要负责人之一的党委书记以及党员领导干部。

（2）保持不变的"监管规定"

《央企合规办法》在企业要合的"规"中继续保留了《央企合规指引》中的"监管规定"，因为前后分别有广义的"法律法规"和"行业准则"的存在，所以我们认为，这里的所谓"监管规定"应当理解为国资监管规定，这是非国有企业在开展合规管理时所不涉及的，也属于合规中国化的典型特征之一。这里国有企业在开展对监管规定进行合规义务识别时要重点注意以下两点：

①监管规定既包括国资监管的法律规定，也包括国资监管的政策规定。通常而言，企业要合的"规"，无论是法律法规、行业准则等外规，还是企业章程等内规，都是反复适用的规范性文件，除非废止或者修订。但是国资监管规定不仅包括由国务院国资委制定的具有法律效力、可以反复适用的部门规章，也包括只在特定时间内有效或者只具有一次性效力的政策文件。如国务院国资委制发的《关于做好2022年服务业小微企业和个体工商户房租减免工作的通知》（国资厅财评〔2022〕29号），其核心内容是对某些承租中央企业房屋的服务业小微企业和个体工商户减免当年6个月租金，并明确了违规的后果，即对减租政策落实不到位、违规操作造成国有资产流失的企业和有关负责人进行严肃追责。这类通知文件无疑是中央企业必然要遵守的政策性的监管规定，所以对监管规定进行合规义务识别对国有企业而言是比较频繁的。

②对监管规定中有不同理解的规则要根据国资监管的原理和逻辑进行解读识别，为企业准确定义合规义务边界。国资监管规定中的合规义务识别、评估是一项法律技术+政策解读的工作，不能仅从文字解释入手。如果只从字面意思解读，可能会有两种以上的意思，而且容易拿捏不准合规义务的边界，导致企业丧失正当机会或失去合法利益，这并不是合规的本意，也和"做强、做优、做大"国有企业的宗旨相违背，所以需要准确理解国资监管规定中对国有企业设定的合规性义务。

案例1：某中央企业下属控股子企业A公司，通过依法招投标程序，中标了甲市的智慧城市项目。A公司履行了全部合同义务，但甲市政府因其连年财政资金紧张，无力支付A公司合同款项，欠付9000余万元。A公司多次催要未果，遂将甲市政府作为被告提起诉讼。甲市政府经向上级政府请示后，提出化债方案：分两年支付现金3000万元，剩余6000余万元通过位于甲市的部分商业办公楼和居民住宅进行偿抵，价值按照甲市政府经过调研得出的市场价计算。如果A公司接受，则撤诉。如果A公司不接受，则甲市政府将此化债方案让与其他愿意接受的企业执行，3000万元的化债资金作为方案的必要组成部分，A公司也无法获取，A公司面临胜诉后无法获得项目回款的后果，9000余万元只能长期挂账。从合规性的角度，A公司作为国有企业是否可以接受甲市政府的此类化债方案？如果不可以，那此类化债方案在什么情况下能接受？

第一，碰到类似化债方案问题，A公司作为主业非经营房地产业务的国有企业，如果接受以房抵债、后续再变现的行为是否违反国资监管规定？《国有企业参股管理暂行办法》明确规定："严格执行国有资产投资监督管理有关规定，坚持聚焦主责主业，符合企业发展战略规划，严控非主业投资，不得通过参股等方式开展投资项目负面清单规定的禁止类业务。"我们认为，上述文件不能理解为只要是主业不是地产业务的央企及下属控、参股公司就不能碰商业性地产，文件的核心是进一步引导中央企业及下属企业严把主业投资方向，避免不熟悉、不具备相关资金、技术、人才、供应链条件的国有企业贸然进入商业性地产这类风险较大、对资金要求较高的专业性领域，而脱离自身本来的主业，形成产业和企业自身定位脱节，进而导致国有资产损失。而接受带有商业性地产的化债方案并非为了主动经营商业地产业务，而是为了避免、降低该企业已经形成的国有资产损失的风险，且没有规避主业监管要求。所以，A公司接受带有商业性地产的化债方案本身并不违反相关国资监管规定。

第二，虽然接受带有商业性地产的化债方案本身不违规，但是在该案例中A公司却不能轻易接受该方案，因为该批商业性房产的价值是甲市政府按照其调研的市场价单方提出的。A公司内有人提出，根据国务院国资委第12号令《企业国有资产评估管理暂行办法》第6条之规定，接受非国有单位以非货币资产抵债的，才属于法定评估的事项，而本次化债提供房产的单位系政府，不属于非国有单位，因此即使不评估，只要市场价值公允，就可以接受。我们认为，不能认为只要是国有性质的单位，相应的国有资产就可以随便互换、偿抵，这不符合物权的基本精神，不同国有企业的出资人可能并不相同，如果可以随意价格交易必定会让一方主体权益受损。实务中第 12 号令的这条规则早就形成了扩张，国有企业未经第三方资产评估即擅自接受以非货币资产抵债的，很容易潜藏利益输送、职务犯罪，造成本企业国有资产的流失，这经常成为审计、巡视巡察关注的重点。

综上，从符合国资监管规定的角度而言，A 公司接受包括商业性房产以物抵债的化债方案并非不可以，但相关房产必须事先经过第三方的评估确定其价值。当然，满足合规性标准并非国有企业开展相关业务的充要条件，实际是否接受以物抵债的化债方案，企业还需要充分评估相应的经营性风险，避免出现以物抵债后既长期无法变现又不宜使用且资产逐年减值的情况。

（3）从征求意见稿中消失的"国际标准"

《央企合规办法（征求意见稿）》中，企业要合的"规"在国际条约、规则的基础上增加了国际标准，但是正式公布的《央企合规办法》里又删除了国际标准。我们认为，这主要是考虑到国际标准并不具有强制效力，和法律法规、国际条约、规则等相比，国际标准主要具备参考价值，而且某些特定领域的国际标准带有一定地域色彩，不一定完全适合中国企业。但这并非意味着合规领域的国际标准对我国国有企业不重要，恰恰相反，近年来，以中央企业为代表的国有企业"走出去"开展跨国经营的态势越发明显，但随着国际政治经济格局的复杂多变，多重不稳定因素的影响，中央企业在不断发展壮大过程中所面临的境外合规风险、涉外合规风险日益显著，如何有效防范这两类合规风险，维护国有资产安全成了中央企业当前乃至未来一定时期内开展合规管理建设最为重要的任务。而要做好这项工作，一方面要识别、遵守境外之规，如世界银行的制裁制度等，这是从法律技术层面而言的。另一方面要建立一套符合国际通行惯例、被国际市场所认可的企业合规管理体系，特别是以境外市场为主或者直接在境外投资经营的国有企业，建立的合规管理体系要和那些国际跨国公司在同一合规语境下实现同频共振，与企业合规管理的国际标准能大体上保持一致，其中最为典型和重要的就是国际标准化组织于 2021 年出台的 ISO 37301：2021《合规管理体系 要求及使用指南》（以下简称 ISO 37301）。这意味着在国务院国资委主导下的中央企业合规管理体系建设，虽然要适应、研究合规中国化的问题，但国际上关于企业合规管理已经形成比较一致的内容和规则也是不容轻易抛弃的。比如，根据 ISO 37301 之规定，企业的治理机构和最高管理者要履行对合规管理体系的领导作用，进行积极的合规承诺，要建立合规举报机制，要持续改进、优化合规管理体系，增强合规管理体系的有效性等。这些合规运行机制也都成为中央企业建立合规管理体系过程中的必答题而非选做题，即使建立企业全面合规管理体系的条件尚不成熟，先开展特定风险领域的专项合规计划，如反商业贿赂合规计划、数据安全合规计划等，也要将相关国际标准中形成统一认识的合规管理体系的必要要素设计进去，以避免和国际标准脱节。

（4）虽有顺序调整但继续保留"内规"

《央企合规办法》相较《央企合规指引》对企业要合的"规"在排序上做了一定调整，将国际条约、规则提前，将企业章程、规章制度后置。这样排列当然会显得更具逻辑性，即排在前面的属于企业要遵守的"外规"，位于最后两项的企业章程、企业规章制度属于"内规"，从外至内，层次分明。然而，我们认为意义不止于此。在总结《央企合规指引》、中央企业合规管理实践及地方国资委推动地方国有企业开展合规管理建设经验基础上，《央企合规办法》仍然保留了企业章程、规章制度等"内规"，说明国资委系统主导的国有企业合规管理工作并不仅仅针对"外规"。国有企业全面深化改革、做强做优做大的行动指南是"两个一以贯之"，其中就包括建立现代企业制度是国有企业改革的方向。而企业章程是现代企业制度的灵魂之一，完全的企业内部规章制度体系是保障企业科学治理体系的基石，因此企业和员工高度认同、自觉遵守企业内部制度体系，是国有企业建立健全现代企业制度的应有之义。国有企业开展合规管理建设必须紧紧围绕"两个一以贯之"，所以将企业章程、规章制度等"内规"依然通过列举的方式明确作为企业要合的"规"，也就理所当然。

2. 哪些是合规对应的"风险"

在厘清国有企业要合哪些"规"后，第二步要正确理解国有企业做合规所针对的"合规风险"，《央企合规办法》第 3 条第 2 款对此给出了明确的答案："本办法所称合规风险，是指企业及其员工在经营管理过程中因违规行为引发法律责任、造成经济或者声誉损失以及其他负面影响的可能性。"显然，这里的合规风险是一个相对广义的范畴，包括三个类别和一个属性说明。

（1）引发法律责任

①被概念性吸收的"受到相关处罚"

首先需要明确，和《央企合规指引》及《央企合规办法（征求意见稿）》相比，《央企合规办法》在合规风险的定义中删除了"受到相关处罚"的表述，但这显然不是因为"受到相关处罚"不再是合规风险，而是因为"受到相关处罚"包括行政处罚、刑事处罚及国际组织制裁，都属于企业及其员工承担法律责任的表现形式，因此从法律规范表述严谨性的角度来看，"受到相关处罚"从属于"引发法律责任"，是被吸收了而不是实质意义上的删除。而且，行政处罚、刑事处罚及国际组织制裁等法律责任仍然是国有企业合规风险防范的重中之重。

从公开渠道可查询的数据来看，除了领导干部及其员工因涉嫌职务犯罪被查处的案件外，国有企业因违规行为在国内被行政处罚、刑事处罚的案例并不常见。但是，近年来我国市场经济不断完善，法律法规体系逐步健全，执法司法越发公平，竞争中性开始被政府部门所倡导并成为趋势，国有企业因违规行为被行政处罚乃至刑事处罚的案例开始引起关注。

案例2：2017年11月，天津市市场监督管理委员会对天津市某集团有限公司滥用市场支配地位垄断行为予以立案调查。经查明，当事人作为天津市某区域内唯一的城市公共自来水供水企业，对申请新装自来水业务的房地产开发企业附加在二次供水设施建设中须使用当事人控股公司——天津市华某供水工程技术有限公司的智能变频控制柜和远程监控子站的不合理条件。该行为违反了案发当时有效的《反垄断法》第17条第1款第5项"没有正当理由搭售商品，或者在交易时附加其他不合理的交易条件"的规定。当事人在案件调查过程中积极配合，主动提交相关证据材料，使案件查处工作进展顺利、效果明显，且当事人上述违法行为于2017年7月停止。鉴于上述情节，认定予以从轻处罚。2019年5月，天津市市场监督管理委员会依据当时有效的《反垄断法》第47条"经营者违反本法规定，滥用市场支配地位的，由反垄断执法机构责令停止违法行为，没收违法所得，并处上一年度销售额百分之一以上百分之十以下的罚款"的规定，责令当事人天津市某集团有限公司停止违法行为，并对当事人给予以下行政处罚：处 2016 年度销售额百分之三的罚款 7438622.77 元。①

上述天津市某集团有限公司因违反《反垄断法》的不合规行为被罚近千万元的行政处罚案例充分说明国有企业，甚至是天然带有"垄断光环"行业的国有企业不是国内执法的法外之地。

至于国际组织制裁，对于中国国有企业而言也并不陌生。如在合规领域已较为熟知的世界银行制裁。大型国有企业某某建工集团有限公司（以下简称某某建工）因涉嫌在世界银行贷款项目投标中存在欺诈行为，被世界银行作出"附解除条件的取消资格"两年的制裁。但是某某建工化危机为机遇，建立了为世界银行认可的诚信合规体系，于 2017 年 6 月被世界银行正式解除制裁。如今，在企业合规市场，某某建工的案例已成为正确应对世行制裁、建立有效合规体系的典型。但是，个案的应对成功并不代表整体合规风险的解除和降低，相反，世界银行体系的制裁名单上仍然存在大量中国企业，其中不乏国有企业的身影。根据世界银行官网披露的制裁信息，截至 2021 年 7 月 8 日，有 142 个来自中国的主体被列入"除名制裁名单"。② 这既是由于包括国有企业在内的部分中国企业自身在招投标领域还有不合规的行为习惯，也是由于世界银行对"应制裁行为"的认定采用"More likely than not"（更多可能性）的证据标准，只要有"更多可能性"，世界银行就可以判定证据足够，这样的法律标准差异让部分中国企业未能及时适应。因此，以世界银行制裁体系为代表的国际组织制裁的合规风险，仍然是我国国有企业要重点关注并防范的涉外合规风险。

②其他民事法律责任

除上述行政法律责任、刑事法律责任以及国际组织制裁法律责任外，企业及其员工在经营管理过程中的违规行为还可能引发重大法律纠纷诉讼、商事仲裁，导致公司被揭开法人面纱承担民事责任等。而这方面，也一直是中央企业及地方国有企业法治建设所关注的重点内容之一，主要表现为：

---

① 参见天津市市场监督管理委员会行政处罚决定书（津市监稽罚字〔2019〕J 1 号）。
② 参见何园嫒、胡静：《世界银行制裁措施及制裁下的合规体系构建》，载《中国对外贸易》2020年第 1 期。

第一，企业因违规经营导致重大法律纠纷案件高发。国有企业违规经营不局限于违背外部法律的禁止性规定，也包括违反国资监管的规定开展高风险的业务，如融资性贸易、偏离主业开展商业地产投资等；违反公司治理逻辑，出现母公司与子公司人格混同，引发连带法律责任；违背市场经济规律或行业惯例，投资经营过程中未尽到审慎义务等，如应当尽调而未尽调、应当请第三方开展评估而未开展等。这些不合规行为虽然未必会引起处罚类的违规后果，但是却极易引起企业陷入重大法律纠纷的旋涡，使国有资产安全处于危险的状态。所以，从国务院国资委到部分地方国资委近年来把企业案件管理作为法治建设的重要抓手，同时更为直接地重点关注监管国有企业因违规经营引发的重大法律纠纷案件。如北京市国资委于2018年召开的市国资委系统2018年企业法治工作大会上首次明确提出企业案件管理的三个目标任务，其中遏制企业案件的新发数量和涉案金额的增长是首要目标。之后连续几年，北京市国资委在对北京市管企业的法治建设考核过程中，控制案件数量、金额的增长，特别是重大法律纠纷案件数量、金额的增长，成为核心占比指标，并且以此指标为参照，从企业法治的角度全面评价企业依法合规经营的能力和效果。事实证明，通过引发的重大法律纠纷案件来看企业合规经营的效果是一个合适的视角。如北京某企业原理事长高某犯受贿罪、贪污罪、巨额财产来源不明罪一案，高某利用职务便利为个人非法谋取利益，导致该企业在多项投资经营业务过程中违反国资监管的要求，规避企业党委会、不经过法律审核、违规决策，高某在被立案调查后，该企业因重大项目投资引发的案件集中爆发，案件数量、涉案金额激增。

第二，法人人格混同引发法律责任。公司法人人格混同也属于典型的不必然会导致出现处罚类违规责任，但是却容易引发其他类型法律责任的情形。

案例3：甲公司与乙公司、鹿场借款合同纠纷一案中，法院认定涉案的甲公司与鹿场虽登记为独立的企业法人，但甲公司与鹿场人员均存在一人同时或前后担任两家公司法人职务及其他管理人员交叉任职的情形，也存在两公司为共同的员工共同缴纳一份社保。某总公司、鹿场与甲公司在不同时期不同场合均出具证明说明鹿场与甲公司是某总公司下属国有企业，为"一套人马、两块牌子"。两家企业初始登记中设立的经营场所相同，该场所登记在甲公司名下，但该土地长期实际使用主体、缴税主体却是鹿场。该案历经的一审法院、二审法院及接受再审申请的最高人民法院均判定，甲公司与鹿场存在人员、业务和财产混同的情形，形成人格混同，甲公司应对鹿场的债务承担连带清偿责任。①

以上是平行的企业因公司治理不合规形成人格混同从而引发法律责任的案例，同时，国有企业母子公司之间因为治理不合规，被揭开法人面纱形成人格混同的情形并引发连带法律责任的问题也被国资监管重点关注。国务院国资委在2021年制定发布的《中央企业合规管理系列指南》（第四批）中，就专门有"法人人格否认视域下国有企业母子公司管控"篇，并明确指出因国有企业母子公司不当管控行为所引发的母公司对子公司债务责任等法人人格否认风险尤为值得关注，是国有企业治理亟待规制的重点。

（2）造成经济损失

国资委将造成经济损失列为合规风险之一，并不是要求所有国有企业在开展经营过程中不能有任何的经济损失可能性或者经济损失后果，所有在市场经济中开展的经营行为都必然有相应程度的风险。所以，这里合规风险中的经济损失不是指一般经营性风险形成的损失，仅仅指企业因为违规经营决策导致的经济损失，包括违反法律禁止性规定、违反企业决策程序以及违反国资监管要求开展高风险业务等。较为典型的是违规开展高风险业务造成国有资产损失一直被国资委作为重大合规风险事项，比如融资性贸易②。融资性贸易本身并不直接违法违规，甚至对于参与其中的民营企业而言，在有些交易案例中，还在一定程度上帮助解决了其在贸易过程中资金难的问题。但是，基于业务模式的特点，国有企业参与其中

---

① 具体详见海南省海口市中级人民法院（2017）琼01民初339号民事判决书、海南省高级人民法院（2017）琼民终346号民事判决书及最高人民法院（2018）最高法民申4702号再审审查与审判监督民事裁定书，载中国裁判文书网，https：//wenshu. court. gov. cn/website/wenshu/181107ANFZ0BXSK4/index. html？docId＝87d3b11cb0c5494bbdbea8a80183c5f0，https：//wenshu. court. gov. cn/website/wenshu/181107ANFZ0BXSK4/index. html？ docId ＝ 7ceeb00d4d7841f6a28da9bc0022c50a，https：//wenshu. court. gov. cn/website/wenshu/181107ANFZ0BXSK4/index. html？docId＝19536651b3ec484fa71ba9f10112abaf，最后访问时间：2022年9月16日。

② 融资性贸易通常是指参与交易的各方主体在商品及服务的价值交换过程中，依托应收账款、货权等财产权益，综合运用各类贸易手段、金融工具及担保工具，实现获取短期融资或增持信用目的，是一种贸易和融资相结合的业务类型。近年来，也发生了很多贸易标的物并不真实存在，只是借助融资性贸易的模式掩盖融资实质的交易案例，更有甚者，名为融资性贸易实为合同诈骗国有企业的经济犯罪模式。在实务中，也一般将前述情况归纳进参与融资性贸易引发的各类法律风险。

通常扮演出资方的角色，并不关注、把控贸易本身，甚至对交易标的货物自始至终不实际控制，集整体贸易过程中的核心风险于一身。基于此，近年来出现了不少国有企业因融资性贸易"爆雷"引发的重大法律纠纷，甚至直接被骗成为被害人的刑事犯罪案件，造成了巨额国有资产损失，这引起了国资监管的高度关注。

案例4：Z公司为国有公司，钱某系Z公司总经理、法定代表人，全面负责公司经营、管理。张某系Z公司总经济师，分管公司经济运行部。2016年5月，钱某、张某为虚增公司业绩，未经公司领导班子讨论，在无真实货物交易的情况下，代表Z公司与天津市A有限公司（以下简称A公司）签订货物采购合同，与浙江A股份有限公司（以下简称浙江A股份公司）签订电商购销合同，由Z公司向浙江A股份公司购买聚氯乙烯，并由Z公司将所购买的聚氯乙烯销售给A公司。同年5月、6月，Z公司从A公司收到货款人民币3000余万元，并向浙江A股份公司支付货款2996万余元，浙江A股份公司收到货款后，公司实际控制人王某逃匿。至案发，浙江A股份公司未向Z公司交付货物，也未退还货款。2016年6月，被告人钱某、张某在未了解浙江B股份有限公司（以下简称浙江B股份公司）财务状况的情况下，未经公司领导班子讨论，擅自决定以赊销的方式为浙江B股份公司垫资采购货物，钱某、张某代表Z公司分别与北京B有限公司（以下简称北京B公司）、浙江B股份公司签订产品销售合同，由Z公司向北京B公司采购聚氯乙烯再销售给浙江B股份公司。同年6月、7月，Z公司向北京B公司支付货款1200余万元。至案发，北京B公司未向Z公司交付货物，也未退还货款。2016年6月，钱某、张某在前述2笔业务尚未完成的情况下，未了解王某控制经营的浙江B股份公司、宁波市C有限公司（以下简称C公司）的真实经营状况，也未认真审核合同货物的真实性，未经公司领导班子讨论，擅自决定出资为王某控制的公司代购聚氯乙烯，在没有真实货物交易的情况下，代表某公司分别与C公司、浙江B股份公司签订电商购销合同，由Z公司向C公司购买聚氯乙烯再销售给浙江B股份公司。同年6月30日，Z公司向C公司支付货款3240万元，之后C公司控制人王某逃匿。2016年7月至2017年2月，Z公司收回款项182.5万元。至案发，C公司未向Z公司交付货物，也未退还余款，造成Z公司经济损失3057万余元。2016年9月，浙江A股份公司、浙江B股份公司、C公司实际控制人王某因涉嫌诈骗被内蒙古公安机关刑事拘留并上网追逃；2017年5月、11月，宁波市公安机关先后决定对王某合同诈骗、浙江A股份公司合同诈骗立案侦查。在该案件中，法院认定行为人既违反了央企禁止开展无商品实物、无货权流转或原地转库的融资性业务的规定，也未对大额度资金运作事项依规进行决策，在未查明对方的履约能力、未取得担保的情况下签订合同，将大笔资金交付对方，导致国有企业遭受重大经济损失。①

违规开展融资性贸易+国有企业领导干部失职渎职+重大国有资产损失，同时包含这三大要素的前述案件是此类案件的典型。正是因为国有企业参与融资性贸易的法律合规风险极高，加之这些实务中"血淋淋"案例的反复印证，近年来国资监管部门旗帜鲜明地强调，禁止国有企业开展融资性贸易。2018年，国务院国资委制定出台《中央企业违规经营投资责任追究实施办法（试行）》，明确将违反规定开展融资性贸易业务或"空转""走单"等虚假贸易业务作为企业购销管理方面应当追究责任的情形之一。② 2021年召开的中央企业负责人会议上，国资委进一步重点强调，对融资性贸易、"空转""走单"等三令五申禁止开展的业务，要零容忍、坚决整治。③

国资委作为专司国有资产监管、根据国务院授权依法履行出资人职责的特设机构，具有维护国有资本安全、防止国有资产流失的法定职责和使命，所以前述以融资性贸易为代表的高风险业务，一直作为国资监管高度关注的重点企业违规经营事项，违规行为造成的经济损失也当然地成了要予以高度关注和有效管控的合规风险。

（3）造成声誉损失以及其他负面影响

基于国有企业的特殊地位和市场影响力，国有企业所要防控的合规风险还包

---

① 参见上海市第一中级人民法院（2020）沪01刑终627号刑事裁定书，载中国裁判文书网，https：//wenshu.court.gov.cn/website/wenshu/181107ANFZ0BXSK4/index.html? docId=403928e07f044d8db09aacc200c25c0f，最后访问时间：2022年9月16日。

② 具体详见《中央企业违规经营投资责任追究实施办法（试行）》（国务院国有资产监督管理委员会令第37号）。

③ 参见《2022年国资央企工作划定重点 这些领域将有新动作》，载国务院国有资产监督管理委员会网站，http：//www.sasac.gov.cn/n2588025/n2588139/c22283322/content.html，最后访问时间：2022年9月14日。

括声誉损失以及其他负面影响，这一点在国有企业履行社会责任的问题上体现得尤为典型。如在国务院国资委印发的《关于中央企业助力中小企业纾困解难促进协同发展有关事项的通知》①中，要求中央企业"加强合规管理，清理霸王条款，不得设立不合理的付款条件、时限。严控'背靠背'付款条款，加强上游款项催收，上游付款后要及时对中小企业付款"。严格来说，对于利用民商事合同及甲方的主体优势地位，设置包括"背靠背"等明显有利于己方的付款条件，是正常的市场经营行为，这和企业性质并无必然的关联，从单纯商业利益和风险的角度看，国有企业按此执行也无可厚非。但是基于企业性质等特殊背景，如果国有企业过于利用自身优势在合同行为中挤压中小企业的利益，引发中小企业向政府有关部门的投诉、信访等行为，则会对国有企业的整体声誉、形象产生负面影响。更为重要的是，市场经济的繁荣离不开中小企业，国有经济、民营经济需要共同进步，这既是市场规律也是国家的政策导向，所以国有企业通过商业合同安排过分挤压中小企业利益的行为与其应当承担的社会责任是不相适应的。从这个角度而言，国有企业当然要注意自身在经营过程中，是否积极履行了社会责任，是否因为不合理的商业安排造成了自身的声誉损失以及其他负面影响。

除此之外，"造成声誉损失以及其他负面影响"又是"引发法律责任""造成经济损失"这些违规后果的常见伴随状态，后者一旦触发，往往都有前者的附加效果，而且有时声誉损失以及其他负面影响这样的附加效果更为国有企业所重视。如在2018年某集团"过期蜂蜜门"事件中，某集团及其下属企业面临了一系列的违规后果，包括产品召回、没收违法所得、行政罚款、纪委监委对集团相关领导问责等，但该违规事件对企业影响最大的是市场、品牌方面的声誉损失。基于此，2021年，某集团从商业诚信的高度开展企业诚信合规管理体系建设，制定了《诚信合规管理整体规划（2021—2025年）》《诚信合规行为准则》《诚信合规管理办法（试行）》等企业合规制度文件，提出了要把诚信合规建设作为企业提升经营管理水平、有效防范企业风险的重要抓手和企业文化建设的主要

---

① 具体详见国务院国资委《关于中央企业助力中小企业纾困解难促进协同发展有关事项的通知》（国资发财评〔2022〕40号）。

着力点，重塑企业品牌形象和市场声誉。①

3. 什么属性的行为会造成合规风险

目前市场上企业合规有明显扩张的趋势，极端表现之一是将一般公民道德也作为合规的内容，将员工的日常生活中违反道德的行为纳入企业合规治理的客体，这其实并不恰当。"公司是由法律拟制出来的主体，其拟制过程受到利益相关方之间博弈的影响，最终体现为书面的法律规定或者协议约定，一般不能以普遍接受的道德规范作为公司治理合规的依据，也很难按照道德规范推定模糊地带的做法是否合规。"② 合规的本质是要维护企业的核心利益，促使企业行稳致远，员工实施的非经营管理行为并不能代表企业主体，如果将员工违反一般道德且属于经营管理之外的生活行为主动和企业经营主体建立起对应的强关联，对具有市场独立法人人格的企业主体而言并不公平，也违背了企业合规的初衷。而即使是作为大合规管理体系建设代表的中央企业，国务院国资委也没有"强企所难"。在合规的行为对象这个问题上，《央企合规指引》的表述是"中央企业及其员工的经营管理行为"，《央企合规办法》则更进一步明确为"企业经营管理行为和员工履职行为"，这意味着企业员工实施的非履职性质的一般生活社交行为并不在企业合规的范畴之内，企业合规一定是聚焦员工的履职工作行为。当然，这里要注意两个问题：

一是一般道德虽然不是企业合规的内容，但是企业法人的商业诚信道德及其员工的职业道德却是企业合规的应有之义。企业经营管理行为和员工履职行为是在市场范畴内的，遵守职业道德、商业诚信本身就是市场中普遍性的行业惯例、准则，其中部分也被以法律的形式确认下来，即使没有明确、特定的法律规则，依据民法的诚实信用基本原则也会给予带有法律后果的评价。所以，某某建工集团有限公司在涉嫌参加世界银行有关项目中实施欺诈竞标行为被世界银行制裁后，建立和实施了诚信合规体系；某集团遭遇"过期蜂蜜门"事件后，着手建

---

① 参见《某集团召开诚信合规委员会 2021 年工作会》，载北京市人民政府国有资产监督管理委员会网站，http://gzw.beijing.gov.cn/yggq/gqfzjs/202112/t20211226_2572748.html，最后访问时间：2022 年 9 月 16 日。

② 周万里主编：《企业合规讲义》（第二版），中国法制出版社 2022 年版，第 397 页。

立企业诚信合规管理体系。

二是员工在企业履职行为之外的一般生活社交行为不在企业合规范围之内，并不代表企业鼓励、支持员工在日常生活中实施违反社会公认道德的不良行为，二者不是一个非此即彼的关系。特别是国有企业的大多数领导干部和相当数量的企业员工都是党员，从党员管理的角度有严格的党的纪律和道德标准，国有企业也要求党员干部在工作生活中起到表率作用，而国有企业员工如果出现职务、工作之外的违背道德的行为被企业所知悉，也必然在晋职晋级、党员管理中遭到负面评价。所以，国有企业其实完全有相应机制来提倡企业员工在工作之外做一个讲道德的好公民。

（四）国有企业开展合规管理建设的主要价值目标

合规是企业治理的一种方式，在国资国企话语体系下，这种方式被进一步扩充内容，形成了具有国有企业特色的价值目标。《央企合规指引》对此的表述是通过建立合规管理体系的全面覆盖基本原则，来实现合规覆盖全业务、全机构（包括部门、子公司和分支机构）及全体员工，并要建立全员合规责任制。《央企合规办法》对中央企业建立健全合规管理体系的基本原则做了比较大的变动，但是全面覆盖原则及主体内容的核心意思得以保留[1]，并在第31条、第32条表述了倡导实现全员合规的工作要求，即"中央企业应当加强合规宣传教育，及时发布合规手册，组织签订合规承诺，强化全员守法诚信、合规经营意识"和"中央企业应当引导全体员工自觉践行合规理念，遵守合规要求，接受合规培训，对自身行为合规性负责，培育具有企业特色的合规文化"。北京市国资委的态度更加明确，在引导市管企业开展全面合规建设的基础上，倡导营造"人人合规、事事合规、时时合规"的合规文化，并且之后成为北京地方国有企业开展合规管理体系建设中反复提及的目标。

树立这样的企业合规价值目标实际上非常符合我国国有企业特色，具有一定

---

[1] 《央企合规指引》的"坚持将合规要求覆盖各业务领域"在《央企合规办法》中变更为"将合规要求嵌入经营管理各领域各环节，贯穿决策、执行、监督全过程，落实到各部门、各单位和全体员工，实现多方联动、上下贯通"，并未有实质上的改变，仅是将合规管理的全面性表述得更为严谨。

必然性，这可以从理论和实务两个方面来说明。从理论层面而言，我国国有企业有三大责任，即政治责任、经济责任和社会责任。2007年12月国务院国资委制定发布的《关于中央企业履行社会责任的指导意见》总体要求部分明确提出："中央企业要增强社会责任意识，积极履行社会责任，成为依法经营、诚实守信的表率，节约资源、保护环境的表率，以人为本、构建和谐企业的表率，努力成为国家经济的栋梁和全社会企业的榜样。"这样的使命和职责决定了以中央企业为代表的国有企业与其员工，相比非国有企业的员工，在很多时候具有更浓的"黏合性"或者说"一体性"，这使得国有企业在开展合规管理体系建设时，必然会强调企业全体员工的合规义务和责任，与其说这是合规管理文化快速融入的具体表现，不如说是国有企业自身基因决定的开展企业合规的必然价值目标。

从实务层面而言，国企违规经营被问责的逻辑也决定了国有企业在开展自上而下的合规管理体系建设过程中，强调人人合规的重要性。

案例5： 据新华社报道①，根据国家有关法律法规和政策文件，近期审计署审计发现，某石油天然气集团有限公司下属燃料油公司（以下简称燃料油公司）存在倒卖进口原油问题。按照党中央、国务院部署，国务院联合调查组依法依规、客观公正、实事求是地开展了核查调查。2006年6月，燃料油公司将40万吨进口原油以"调和燃料油"名义销售给山东某集团，某石油天然气集团由此出现倒卖进口原油行为。多年来，该集团累计倒卖进口原油1.795亿吨，共销售给115家地炼企业，在此期间该集团主要领导严重失职失责。该集团倒卖进口原油违反《行政许可法》等法律法规和原油成品油管理相关规定，严重违反国家产业政策，严重扰乱了油品市场秩序，破坏了公平竞争的市场环境，间接造成了国家财政税收的流失，严重败坏了党风和社会风气。经中央纪委国家监委对有关党组织和党员领导干部失职失责问题认真调查，该集团党组负有主体责任，燃料油公司负有直接责任，该集团有关职能部门负有监管责任。集团有关领导干部、职能部门和燃料油公司有关负责同志未正确履职尽责，负有相应责任。按照党中

---

① 参见新华网，http://www.news.cn/politics/2022-01/19/c_1128279582.htm，最后访问时间：2022年9月14日。

央、国务院决定，有关部门对该集团倒卖进口原油问题依规依纪依法进行了严肃处理，对倒卖进口原油违法违规获利予以追缴。

此例官方通报的中央企业下属子企业违规经营被查处的案例，从问责的角度，已经超越了直接实施违规行为的责任主体燃料油公司，而向上延伸至其所在整个集团公司一级企业，即一级企业的党组负有主体责任，相关职能部门负有监管责任。这个案例充分体现出母公司对下属子企业的违规行为需要负领导、管理责任，这是国有企业体系内违规追责的正常逻辑，并不受公司法人人格独立性的制约。所以，国有企业自上而下开展合规管理体系建设时，从出现重大合规风险事件追责问责的角度考虑，也必然会将全面覆盖作为基本原则，将全员合规作为合规管理体系建设的价值目标。

（五）北京市国资委推动市管企业开展合规管理试点的主要做法

在国资监管机构推动国有企业开展合规管理体系建设的工作上，北京市国资委紧随国务院国资委步伐，在全国省级国资监管机构中率先开展市管企业合规管理试点工作，有力推动了北京市管企业扎实开展企业合规管理体系建设，促进国有企业依法合规经营。无论是开展合规管理试点的企业本身，还是作为推动者的国资监管机构，都在企业合规这个领域内积累了宝贵的实践经验，其中的一些工作做法值得拿来分析和研究。

1. 制订试点方案，引导试点企业构建"3-3-10"合规管理体系

北京市国资委在前期到知名跨国公司、央企首批合规试点企业、开展合规业务的专业外资律所、机构充分调研的基础上，于2018年12月制定下发了《关于印发〈市管企业合规管理工作实施方案〉的通知》（以下简称《实施方案》），正式拉开了北京市国资委推动市管企业开展合规管理体系建设工作的序幕。

在整体工作上，北京市国资委采取了试点先行、分批推动的思路，基于企业规模、行业特点、法治工作基础及海外投资情况等因素，选定北汽集团、北控集团、建工集团、首旅集团和北京电控下属控股京东方集团作为首批五家合规试点企业，于2019年率先按照《实施方案》的有关工作要求，因企施策，制订本企业的试点工作方案，开展合规管理体系建设。

在具体内容上，北京市国资委制订的《实施方案》一方面紧贴国务院国资委早期印发的《央企合规指引》的基本原则和主体框架，对强调法治建设第一责任人职责，确立合规管理应覆盖的重点领域、重点环节、重点人员，完善激励约束机制，开展合规人才队伍建设等内容进行了充分的吸纳；另一方面根据前期调研的学习经验和对企业合规的理解，明确提出试点企业要构建"3-3-10"合规管理体系[①]：第一个"3"，即建立"三位一体"的合规管理组织架构。市管企业应构建党委会、董事会、监事会、总经理办公会、合规管理负责人以及合规管理综合部门、专项部门、参与部门"三位一体"的合规管理组织架构，形成各司其职、各负其责、紧密配合、协同联动的工作机制，共同推进合规管理有效运行。第二个"3"，即确立较为有效的合规风险控制三道防线。合规管理参与部门是防范合规风险的第一道防线，合规管理综合部门是防范合规风险的第二道防线，内部审计和纪检监察部门是防范合规风险的第三道防线。最后一个"10"，即建立合规联席会议机制、合规风险识别和评估机制、合规审查和强制咨询机制、合规风险反馈机制、合规风险嵌入机制、合规举报和调查机制、合规考核评价机制、合规培训机制、合规管理信息化建设机制、合规风险报告和应对机制的合规管理十项运行机制。"3-3-10"合规管理体系的提出为北京首批试点企业指明了合规管理体系建设的方向和重点，保证了北京市管企业在开展合规试点工作时在大框架上保持相对一致性，也为后续北京市国资委作为国资监管机构围绕合规试点企业开展评审、考核、评价等工作奠定了基础。

2. 培育合规文化，提升企业合规工作影响力

北京市国资委在启动企业合规试点工作后，进一步采取了一系列有针对性的举措，在包含首批合规试点企业在内的全体市管企业着力培育、营造合规文化。

（1）深入开展合规管理理论与实务调研

北京市国资委前期为开展好企业合规试点工作，组建了市管企业合规管理体系建设研究课题组，先后赴多家单位开展了合规管理调研学习，并对国内外优秀

[①] 具体见北京市国资委《关于印发〈市管企业合规管理工作实施方案〉的通知》（京国资发〔2018〕28号）。

企业合规管理体系建设的现状和工作成果进行了深入研究，形成了专项研究报告。报告除系统论述了国资监管视角下企业合规试点该如何开展的问题，还谈及了合规管理的部分理论问题，以及合规管理与法务管理、合规管理与内控管理等放置在当下也依然充满讨论空间的争议问题。北京市国资委将有关研究成果以报告形式下发，使市管企业对什么是企业合规、如何着手开展企业合规以及未来可能会面临的问题形成了一个初步的基础印象。

（2）对试点企业上报方案组织合规专家评审

首批五家试点企业上报合规试点工作方案后，北京市国资委邀请了国务院国资委政策法规局领导，部分央企、知名跨国公司合规负责人，以及国内合规智库专家组成专家评审组，对试点企业实施方案进行了现场汇报答辩评审。评审的着力点主要在三个方面：一是是否落实了《实施方案》要求的"3-3-10"合规管理体系，二是是否结合了本企业的行业特点和治理结构，三是未来的合规工作计划是否合理、全面。五家试点企业按照专家评审组的意见对本企业的合规工作方案进一步修订，由市国资委批复后正式施行。此轮专家评审在提升各试点企业工作方案合理性的基础上，通过答辩和专家意见，再次使试点企业合规工作负责团队围绕合规管理的重点是什么、该怎么谋划和设计的主题加深了专业认知。

（3）举办合规高峰论坛和专项合规培训

为进一步提升合规试点工作的影响力，并在全体市管企业中宣贯、普及合规文化，北京市国资委以"打造有效合规管理体系，增强国企风险管控能力"为主题举办了法治高峰论坛，邀请业界知名合规专家、试点企业主要负责人及部分中央企业、国际知名企业首席合规官等就合规管理体系构建、合规管理运行机制等专题开展研讨。同时还就一些合规经典案例、强化合规管理对建设世界一流企业的意义等主题，面向全体市管企业开展合规专项培训。正是这些针对性的宣贯和培训，使企业合规氛围逐步形成。

3. 设置考核指标，综合评价试点企业合规工作

合规对于企业员工而言，如何形成刚性约束，让员工形成自觉、主动的合规意识，特别是企业在推行合规管理之初，尚未形成统一的合规文化之时，将合规

纳入考核形成强约束就成为一个重要举措。北京市国资委在推动市管企业合规试点工作时，也面临同样的问题，并且采取了对应的措施，即将试点企业的合规管理建设情况作为企业年度的法治建设考核评价的专项指标进行评分。而与之进一步相关联的是，企业法治建设考核的结果在市管企业主要负责人经营业绩考核内占有固定比例分值，这就保证了试点企业及其主要负责人有动力且有压力，积极开展企业合规管理建设并促使其落地。

考虑到是首批试点企业，无论是对于推动者的北京市国资委，还是对于合规管理体系建设者的企业来说，都处于探索阶段，所以在具体考核指标设定时，第一年度并未设置过高的要求，而是采取扣分制，并聚焦合规管理体系建设的三个基本支柱内容，即成立合规管理试点组织机构、按照试点方案要求建立相关合规管理制度以及建立人员、经费等合规管理保障机制。在具体评审时，北京市国资委会同第三方合规管理咨询机构成立了首批市管企业合规试点工作评审小组，采用资料审阅、现场审查、人员访谈、问卷调查等方式，立足三项合规考核指标核心，对五家试点企业合规管理体系建设整体情况进行了全面评审，形成了客观专业的评审报告，在总结试点企业经验的同时，重点指出了企业在开展合规管理体系建设中的问题和不足，如合规团队汇报线独立性问题、重点领域合规管控问题、合规管理人才相对缺乏问题等。评审结束后，北京市国资委将评审分数计入试点企业法治建设考评结果的同时，将评审报告反馈给五家试点企业，督促其完善合规管理工作，并将报告下发给全体尚未开展合规试点建设的市管企业，进一步在北京地方国企中宣扬合规文化，为其他企业后续开展合规管理试点工作打好基础。

4. 制定合规指引，推动企业合规全覆盖

在首批合规试点工作取得成效后，北京市国资委按照《实施方案》市管企业合规管理工作"三步走"的任务目标，于2020年将首钢集团、城建集团、首农食品集团等12家具有境外业务的市管企业作为第二批试点企业，推行合规管理体系建设试点工作，并在两批试点企业中建立"导师制"，安排首批试点企业对第二批试点企业开展专项工作指导和帮助。

2021年北京市国资委进一步在剩余全部市管企业中开展合规管理建设工

作，实现了北京市国资委监管下的市管企业合规全覆盖。与此同步，在总结前两批试点工作经验基础上，北京市国资委制定出台了《市管企业合规管理指引（试行）》[①]，从国资监管的角度提出了一些新的看法，如结合市管企业法治基础、面临合规风险的情况等，不同企业虽然都在开展合规管理体系建设，但是具体目标并不要求完全相同。对于合规风险高、合规管理基础薄弱的企业，应加快提升合规管理能力；对于已经具备合规管理基础、合规风险相对可控的企业，应不断深化重点领域的合规管理体系建设。这有助于引导市管企业将合规管理的理论与企业自身特点、管理现状以及不同客观外部风险相结合，力争建立一套可接受、能落地、会有效的合规管理体系。

二、国有企业开展合规管理建设的实践方法

(一) 如何设计合规组织架构

合规管理体系从设计到搭建，再到有效运行，与合规管理原理相符、与国企治理逻辑相符、与企业内部管理相符的组织架构是前提和基础，犹如一套精密仪器中从上到下的齿轮，如果组织架构无法理顺，合规管理体系的搭建就必然会在不同阶段、环节出现阻塞。因此，按照国有企业治理的特点和逻辑，设计好企业合规管理的组织架构，也就成为国企合规首要解决的问题。

1. 主要负责人

国有企业合规管理体系建设呈现明显的自上而下趋势，这一方面是因为作为出资人的国资委制定印发专门的规范性文件推动所监管的国有企业开展合规管理工作；另一方面也是因为作为法治建设第一责任人的企业主要负责人，要必然肩负起带领所在企业开展合规管理工作的职责，做好企业管理的顶层设计。

(1) 主要负责人在合规管理工作中的定位

在以中央企业为代表的国有企业中，主要负责人具有特定含义，是指国有企

[①] 见北京市国资委《关于印发〈市管企业合规管理指引（试行）〉的通知》(京国资发〔2021〕29号)。

业的党委（党组）书记、董事长、总经理（总裁、院长、局长、主任）。① 这是三个岗位，不同的国有企业任职情况也并不相同。基于《国务院办公厅关于进一步完善国有企业法人治理结构的指导意见》（国办发〔2017〕36号）的规定，"党组（党委）书记、董事长一般由一人担任"，实践中较为常见的模式是国有企业党委书记兼任董事长系一人，总经理系一人，但少数企业也有一人身兼三职，或者三职分别由三位领导担任的情况。国资委对于主要负责人在企业法治建设中的主要职责是有不同区分的，但是整体性的工作要求是一致的，如都要把法治建设纳入全局工作统筹谋划，对重要工作亲自部署、重大问题亲自过问、重点环节亲自协调、重要任务亲自督办，把各项工作纳入法治化轨道。② 合规管理作为企业法治建设的重要内容，国资委从履行出资人职责的角度对主要负责人提出了进一步明确的统一职责定位和工作要求，主要来源于《关于进一步深化法治央企建设的意见》（国资发法规〔2021〕80号）以及前文所述的《央企合规指引》《央企合规办法》，即企业的主要负责人要履行推进法治建设第一责任人职责，领导本企业合规管理体系建立健全，并应当切实履行依法合规经营重要组织者、推动者和实践者职责，积极推动合规管理各项工作。由此，国有企业的主要负责人是合规管理体系构建及运行中的顶层负责者，负有直接的全面领导义务。

（2）主要负责人在合规管理工作中的亲历性义务

国有企业的主要负责人是企业合规管理体系建设的领导者、推动者，但同时作为企业中的一员，又是企业合规管理的参与者、亲历者。结合其岗位特殊性，其在企业合规管理中的亲历性义务包括：一是依法合规履行岗位职责的义务，即作为企业主要负责人各司其职，依法合规地行使职务权力，带头遵守外部法律法规及企业内部制度，将合规性原则作为决策的重要依据；二是专项学习合规管理

---

① 参见国务院国资委党委制定印发的《中央企业主要负责人履行推进法治建设第一责任人职责规定》（国资党发法规〔2017〕8号）第2条之规定。虽然这是直接对中央企业的文件，但是基于国务院国资委对于各地方国资委的业务指导关系，各地国资委在推动此项工作以及中央企业要求下属子企业时，也都基本采取了此定义，故实务中这一问题在国有企业中普遍形成了一致认识。

② 参见国务院国资委党委制定印发的《中央企业主要负责人履行推进法治建设第一责任人职责规定》（国资党发法规〔2017〕8号）第3条至第10条之规定。

的义务，即作为国有企业的主要负责人要将合规管理纳入年度党委（党组）理论学习中心组的专项学习内容①，主动参加合规管理专题学习，提升领导人员合规意识；三是做出合规承诺的义务，即主要负责人要通过签订合规承诺书、进行合规宣誓等方式，对外开展合规承诺。这一行为既代表作为公司最高层领导的个人对合规的态度，也会被看作公司法人意志的体现，毕竟国有企业的主要负责人全部签署合规承诺文件，基于国企管理的特点，有利于带动企业的全部管理人员甚至全体员工签署相应的合规承诺文件。

（3）主要负责人在合规管理工作中的管理性义务

国有企业的主要负责人是国有企业最高层的管理者，所以除了自身坚持依法合规经营、决策、管理，履行亲历性义务外，还需要积极领导、推动本企业合规管理各项工作，也即管理性义务。究其内容，其实和合规管理各个环节都相扣、相关联，结合目前国有企业开展合规管理工作典型的共性痛点，主要负责人的管理性义务主要包括但不限于以下三个方面：一是配备合规管理人员。国有企业合规管理体系建设工作是一项系统工程，既要求具有很强的法律技术，也有浓厚的企业管理属性，还有无法回避的国资政策属性，而所有工作都要靠合适的人来落地、执行，这决定了国有企业需要配备与企业经营规模、业务范围、风险水平相适应的专业合规人员，而市场上目前适格的专业合规人才是比较稀缺的，同时国有企业又涉及人员编制以及市场薪酬和企业员工工资总额控制的问题。国企中专业合规人员的问题，必须由主要负责人统筹安排才能有积极的成果。二是必要的经费预算。企业开展合规管理是需要成本的，既包括管理成本，又包括经济成本。虽然国务院国资委从发布《央企合规指引》、引导中央企业开展合规管理体系建设至今已将近四年，但不同企业对合规管理怎么建设、有什么价值、是否值得，仍然存在不同程度的认识，这也决定了企业是否愿意投入经济成本，是否有满足合规管理实际工作需求的专项经费纳入企业年度预算支出，这需要企业主要

---

① 国企治理实务中，一般由党委书记兼任董事长，总经理也系党委副书记，是公司党委（党组）组成成员，都必须参加党委（党组）理论学习中心组的专项学习。即使出现董事长、总经理系民主党派人士或群众的情形，按照惯例，党委（党组）理论学习中心组的专题学习，也会形成扩大会议，董事长、总经理必定需要参加学习。所以，将合规管理作为理论学习中心组的学习内容，国有企业的主要负责人无论以何种情况设置，都应当参加学习。

负责人切实的支持。三是将合规纳入考核。要在企业中实现全员合规，当然终极手段及目标是营造高质量的企业合规文化，将合规作为企业价值观在全体员工中内化于心、外化于行，但这有一个相对漫长的过程。在此期间，将合规纳入员工考核，让合规的履行情况和每名员工的绩效考核实现正向关联是落实合规管理的有效途径，这本身也是判定企业合规有效性的标准之一。所以，《央企合规办法》第25条第2款明确提出建立所属单位经营管理和员工履职违规行为记录制度，将违规行为性质、发生次数、危害程度等作为考核评价、职级评定等工作的重要依据。而考核体系是公司内部管理的核心体系之一，职级体系是国企人事工作的重点内容，如果没有主要负责人亲自部署、亲自推动，《央企合规办法》的上述规定就是空中楼阁，是无法落地实现的。

2. 一委一会一层

根据《央企合规指引》的内容，当时国有企业合规管理体系的上层架构是董事会、监事会和经理层，即"两会一层"。部分地方国资委在推动有关工作时，提前谋划，将党委会纳入其中，如《天津市国资委监管企业合规管理指引（试行）》①，形成"三会一层"，即党委会、董事会、监事会和经理层。到国务院国资委《央企合规办法》时，演变为"一委一会一层"，即党委（党组）、董事会和经理层。核心变化在于两点：一是加入党委（党组），这是落实《中国共产党章程》要求，坚持并加强党对国有企业的领导的重要体现，发挥国有企业党委（党组）把方向、管大局、促落实的领导作用；二是删除监事会，这是基于符合国务院机构改革的工作安排考虑，国资委原本具有的监事会职责，机构、编制与人员一并划转至审计署。

（1）党委（党组）在国企合规管理中的职责

国有企业的党委（党组）在合规管理中并不是一个具体工作的决策机构，这一点在《央企合规办法》中体现得非常明确，党委（党组）的职责是发挥把方向、管大局、促落实的领导作用，推动合规要求在本企业得到严格遵循和落实，不断提升依法合规经营管理水平。所以，合规管理的一般具体事项无须提交

---

① 见《天津市国资委监管企业合规管理指引（试行）》（津国资〔2020〕12号）。

党委（党组）层面决定。但是要注意，如果中央企业相关合规管理的事项符合中共中央办公厅 2021 年印发的《关于中央企业在完善公司治理中加强党的领导的意见》，属于中央企业党委（党组）讨论和决定重大事项的职责范围的，应当按照法定的程序和企业章程中的相关规定，由党委（党组）进行前置研究。各地方国有企业在开展合规管理体系建设中设计上层结构时，定义企业党委（党组）的具体作用也要注意结合相应地方的规范性文件，比如北京的国有企业就要按照《关于印发国有企业党委前置研究讨论重大事项清单及程序示范文本（试行）的通知》来统筹考虑这个问题。

总体而言，国有企业的党委（党组）在合规管理中以把方向、管大局、促落实的领导作用为核心，以前置研究极少数的具体事项为特例。

（2）董事会在国企合规管理中的职责

按照《央企合规办法》，董事会在国有企业合规管理工作中主要履行定战略、作决策、防风险职责，这点和企业党委（党组）截然不同。董事会既有整体推动企业合规管理体系建设的宏观职责，也有具体决策重大合规事项、防范具体合规风险的微观职责。具体而言，我们以时间顺序划分，国有企业董事会在企业合规管理工作中的职责可以分为事前、事中和事后三个阶段。

①事前阶段职责。一是审议批准企业合规管理基本制度、体系建设方案和年度报告等。这里就包括国有企业在建立全面合规管理体系之后，根据自身主业，是否要建立专项合规计划以及建立哪些领域的专项合规计划，这实际是合规管理中的战略性问题，需要由董事会来决定。二是决定合规管理部门设置及职能。国有企业最为常见的是由原有的法务部门改组成法务合规部门作为合规管理的牵头部门，有的国有企业选择在原有法务部门内部成立一个相对独立的合规管理部。也有的国有企业从风险一体化防控等角度考虑，将法务合规职能与审计职能由一个部门负责，承担合规管理牵头部门职责。当然也有境外业务较多的国有企业将合规部门单独设置，与传统的法务部门分立。

②事中和事后阶段职责。一是研究决定合规管理重大事项。这一方面是基于董事会在公司治理结构中的地位，另一方面履行这些职责也是对经理层开展合规管理体系建设工作的监督和制衡，重大合规事项上升到董事会层面来决定，本身

也体现了企业法人对合规管理的重视。二是推动完善合规管理体系并对其有效性进行评价/评估。"合规管理评估的对象是企业合规管理的有效性，所谓合规管理的有效性是指企业建立与实施合规管理对实现管理目标提供合理保证的程度，包括合规管理体系设计、运行以及实践效果的有效性。……由于企业合规管理有效性评估是企业合规管理体系的重要组成部分，董事会作为企业合规管理责任的最终责任者，由董事会牵头组织开展合规管理有效性评价是恰当的。"[1] 既然董事会既是企业合规管理体系建设方案的批准者，又是合规管理体系有效性的评价/评估者，自然也会衍生出推动本企业合规管理体系不断完善的当然职责。

(3) 经理层在国企合规管理中的职责

按照《央企合规办法》，经理层在国有企业合规管理工作中主要履行谋经营、抓落实、强管理职责。和董事会的职责相比，经理层从实际经营管理的维度来推动、落地合规管理体系建设各项工作，职责相对更为具体，但主要仍然是领导属性的职责。具体包括以下三个方面：

①宏观层面职责。一是拟订合规管理体系建设方案，经董事会批准后组织实施。一个企业投入多大精力、资源来开展合规管理体系建设，按照什么标准来定义企业的合规管理工作，主要取决于经理层对建设方案的构建、拟订和组织实施，所以我们通常所说的企业合规管理体系是否能落地，主要依赖于公司经理层的履职情况。二是拟订合规管理基本制度，批准年度计划等，并组织制定合规管理具体制度。其中，合规管理基本制度包括合规管理办法、合规行为准则、合规员工手册等，合规管理具体制度包括重点领域的专项合规指引以及围绕绩效考核、合规培训等合规工作机制方面的专项合规制度等。

②中观层面职责。主要是指导监督各部门和所属单位的合规管理工作。经理层在合规管理中不能仅仅满足于独善其身，基于其领导、管理职责，不能放任下级管理者和员工为了达成业绩而实施违法违规行为。而除了公司本部的经营行为外，基于国有企业管理的逻辑，母公司需要对子公司有效管控，引导子公司依法

---

[1] 郭凌晨、丁继华、王志乐主编：《企业合规管理体系有效性评估》，企业管理出版社2021年版，第21—22页。

合规经营，否则，一旦发生重大违规经营事件，母公司的经理层也可能遭到问责。所以，经理层既有指导监督本单位各部门合规经营的义务，同时该义务也向下延伸至所属单位。

③微观层面职责。主要是组织应对重大合规风险事件。企业建立了成熟、有效的合规管理体系并不意味着就不会触发合规风险，一定不会发生违规事件，恰恰相反，能及时应对、处置发生的重大合规风险本身就是合规管理体系有效性的要素。作为企业经营管理的领导者、操盘者，经理层对合规风险的应对处置负有直接责任。而且合规与业务相互融合不仅体现在事前的合规风险防范和控制上，在重大合规风险事件的应对过程中，也需要法务合规部门和业务职能部门的配合，并通常会涉及多部门联动，这在企业内部特别是大企业集团中，需要强大的组织协调能力和调配内部资源的能力，必须由经理层来组织和领导。

值得注意的是，相比较《央企合规办法（征求意见稿）》，最终的《央企合规办法》在经理层职责一条中明显压缩了经理层的部分职责，最为典型的如"制定合规管理工作流程，确保合规要求融入业务领域"。首先要明确的是，这并不说明删减的工作不重要，相反，将合规嵌入业务流程是合规管理体系有效运行的重要标志之一。《央企合规办法》将相关工作要求规定在了第四章运行机制中的第21条，明确"应当将合规审查作为必经程序嵌入经营管理流程"，并把相关职责主体下放到由"业务及职能部门、合规管理部门依据职责权限完善审查标准、流程、重点等"，这主要也是出于更加贴合企业经营管理实际的考虑，毕竟经理层对于颗粒度过细的具体管理工作不宜亲力亲为。但是，基于这一事项对于合规管理体系运行的重要意义而言，国有企业经理层无论是从组织制定合规管理具体制度的职责，还是指导监督各部门合规管理工作的职责，都应当在工作中予以谋划和部署。

3. 合规委员会

2021年5月13日，在国务院国资委举行的"法治央企建设媒体通气会"上，国资委副主任表示，中央企业已全部成立合规委员会。① 可见，合规委员会已是中央企业开展合规管理体系建设的"标配"内容。《央企合规办法》延续《央企合规指引》的提法，继续明确了中央企业设立合规委员会。实务中存在疑问的有两点：一是合规委员会由哪些人组成？二是合规委员会和董事会、经理层在合规管理工作的职责如何划分？

（1）合规委员会的人员构成

合规委员会的主任/组长由企业主要负责人担任，副主任由分管法务合规工作的分管领导（如有）、总法律顾问/首席合规官担任，合规委员会下设的办公室一般在合规管理的牵头部门，办公室主任由总法律顾问/首席合规官兼任，或者由合规管理牵头部门单独的负责人担任。以上是实务中的共识，在国有企业合规管理体系建设中比较统一。出现不同的是，合规委员会应当由哪些成员构成，目前有几种模式：第一种是成员直接由企业党组（党委）成员组成；第二种是成员主要由企业经营班子成员组成；第三种是成员由合规管理各相关职能部门的主要负责人组成；第四种是根据企业自身合规管理工作特点，由不同职级的企业领导混合组成，如除董事长、总经理外，成员包括党委副书记、纪委书记、主管合规的副总经理、主管财务的副总经理、总法律顾问（首席合规官）、纪委副书记等。

这四种做法并没有优劣之分，各国有企业在开展合规管理体系建设时完全可以根据自身特点以及赋予合规委员会具体职能的需要来选择。但是，对于第三种模式，即成员由合规管理各相关职能部门的主要负责人组成，笔者认为企业内部管理的角度可能存在一个需要解决的问题，即管理层级上可能出现断层。其他三种模式一般都会在合规委员会下设办公室，办公室的成员由相关职能部门的主要负责人组成，这样合规委员会的组织架构就会显得比较完整。但是如果按第三种模式，即合规委员会成员直接由各相关职能部门主要负责人组成，主任由董事长、总裁担任，这就意味着各职能部门的分管领导这一层在合规委员会

---

① 参见新华网，http://www.xinhuanet.com/2021-05/13/c_1127442079.htm，最后访问时间：2022年9月30日。

内部是缺失的，从企业内部各职能部门汇报工作和工作决策程序的角度来考虑，如果以合规委员会的名义对重大事项形成一个对外统一意见，会存在一定内部管理上的疑问，此时可能就需要通过合规委员会扩大会议①或者其他工作机制来配套解决。

实践中，部分国有企业还有另一种设立合规委员会的思路，即在董事会层面下设专门委员会，承担合规委员会的职责。如某企业将审计与风险管理委员会变成审计与合规管理委员会，履行合规委员会职责，其委员会由外部董事组成并担任主任。此类将合规委员会设置为董事会所属专委会的模式在开展合规管理试点的北京市管企业中相对普遍，此时的合规委员会就不再是一个开展合规管理体系建设的领导机构，而是一个专业赋能的咨询、建议机构。但这并不意味着作为领导机构的合规委员会的缺失，而是以专项工作领导小组的形式出现，如某公司成立合规管理试点工作领导小组，主要负责人担任小组组长，由该领导小组全面负责集团合规管理体系建设工作。这类设置方法在北京国企中很有代表性，原因在于北京市国资委在《关于印发〈市管企业合规管理工作实施方案〉的通知》中明确，在合规管理体系建设初期，董事会可不单独设置合规委员会，遵循最密切联系原则，与战略与决策委员会、审计与风险管理委员会或企业法治建设领导小组等机构合署，履行合规委员会职责；与此同时，要求试点企业应成立合规管理试点工作领导小组，负责统一领导、组织协调和部署落实合规管理试点工作的各项任务。由此，虽然表现出来的组织形式可能不一样，但是其作用于合规管理工作中的逻辑和实质其实是一致的。

（2）合规委员会的职责定位

对于合规委员会在企业合规管理中的职责，实务中需要处理好的问题是和董事会、经理层在合规管理工作中的边界。此时，如果选择的是董事会下属专委会模式的合规委员会模式，相对比较容易解决这个问题。因为常常和审计委员会、风险控制委员会合署的专委会，不是一个合规管理工作的领导机构，而更多是一

---

① 如果合规委员会会议选择开成包含所有相关领导的扩大会议，就变相开成了党委会、董事会以及总裁办公会的扩大会议，如此合规委员会的设置就会略显鸡肋，并导致职责不清。因此，从企业科学治理和节约管理成本的角度来看，笔者并不提倡。

个决策建议机构、监督机构，工作职责清晰、明确。如某公司由战略与风险委员会发挥合规委员会的合规管理职能，职责主要包括：一是审查合规管理报告，二是评估合规管理体系，三是听取合规管理工作情况报告，并向董事会提出意见和建议。此时合规委员会和董事会、经理层在企业合规管理工作中的职责定位完全不同，不涉及职权的重叠。但是，如果企业选择的是在公司层面设立一个单独的合规委员会，职责定位就会完全不同，合规委员会就会作为企业合规管理体系建设的领导机构，如某集团有限公司，其合规委员会负责统一领导、组织协调和部署落实合规管理工作的各项任务，具体职能主要包括：一是制定集团合规管理工作中长期战略与规划，二是审议并批准集团年度合规工作计划与年度合规管理工作报告，三是制定集团合规管理制度，四是批准集团重大合规事件的处理方案与决定，五是监督集团业务及运营的合规状况及其他相关合规工作，六是其他应由集团合规委员会履行的职责。显然，该集团设立的合规委员会基于其职责定位和符合公司治理特点的人员构成，综合了前文提及的董事会、经理层在企业合规管理工作中的部分具体职权，明确由合规委员会统一行使，这也是实践中典型的有益尝试，利于权责明确，控制管理成本。

《央企合规办法（征求意见稿）》中给企业合规委员会的定位是"可以与企业法治建设领导小组或风险控制委员会等合署"，这与《央企合规指引》是一致的，但是按此表述，企业在对合规委员会职责定位时发生了疑惑，毕竟与法治建设领导小组合署，和与董事会所属风险控制委员会等合署，合规委员会的地位和职责完全不同。最终《央企合规办法》做出了选择，明确合规委员会"可以与法治建设领导机构等合署办公，统筹协调合规管理工作"，这表明在国务院国资委层面还是倡导中央企业设立的合规委员会应是一个企业层面的领导机构，因为以依法治企为目标任务的法治建设领导机构在国有企业中是领导机构而非专业咨询、建议机构。但是，实践中已将合规委员会定位为董事会所属专委会合署的国有企业，特别是地方国有企业，是按照此模式调整还是保持既定现状仍是一个未知数。

综上所述，笔者认为，如果一家国有企业选择将合规委员会设置为董事会下属的专委会，则合规委员会的定位是建议、咨询机构，对企业合规管理事项不具有领导、决策权，直接由董事会、经理层行使相关管理领导职权。如果选择在公司层面设立单独的合规委员会，且作为合规管理体系建设的领导机构，那么就要处理好合规委员会和董事会、经理层在合规管理工作中的职权边界问题。我们认为，可以考虑借鉴一些公司的经验做法，主要把握好三个原则：一是充分赋权。一般而言，无论人员如何构成，合规委员会会议的程序肯定会比董事会程序相对更为简化，会议召开、研究问题更为灵活，必要时可以聘请外部合规专家共同研究解决合规重大疑难专项问题，所以既然设定了公司层面的合规委员会，就应当充分发挥作用，避免设而不专。二是避免重叠。如果赋予了合规委员会具体的职权，就应当注意同一事项不要由董事会、经理层各自通过会议再行重复研究决策，否则会形成大量的职权重叠，产生不必要的管理成本，降低决策效率，这在应对重大合规风险事件等问题上是非常不可取的。三是遵守章程。合规管理重大事项会对企业的经营发展产生重大影响，其中有些事项和企业党委（党组）应当前置研究的事项是重合的，有时在非国有独资、全资类型的国有企业中是涉及董事会席位表决问题的，这些都早已写入企业章程，涉及这些事项时不宜将权利完全赋予合规委员会来行使，而应当遵守企业章程的规定，依然将这些重大事项的审批决定权交给董事会，这本身也是企业合规的应有之义。

4. 首席合规官

设立首席合规官是企业建立合规管理体系的规定性动作，既具有实体价值，发挥首席合规官的专业属性，操盘企业整体的合规管理工作，也具有形式意义，是企业已经建立合规管理体系/专项合规计划的重要标志。国务院国资委在制定《央企合规指引》时，还没有明确提出首席合规官的概念，只是要求中央企业中由相关负责人或总法律顾问来担任企业的合规管理负责人。经过几年探索，到《央企合规办法》时，正式提出了中央企业要设立首席合规官，并且明确由总法律顾问担任，对主要负责人负责。对此，要重点注意把握四个问题：

（1）首席合规官不是一个新设的独立领导岗位

《央企合规办法》相较于之前的《央企合规办法（征求意见稿）》，在首席合规官的问题上有一个引人关注的表述变化，即直接指明了设立首席合规官"不能新增领导岗位和职数"，由总法律顾问兼任。这一规定证明至少在中央企业中，首席合规官不是一个新设的独立领导岗位，要存在就一定和企业总法律顾问合二为一。与之相配套，《央企合规办法》还删除了《央企合规办法（征求意见稿）》中关于董事会决定聘任或解聘首席合规官、经理层提名首席合规官人选的规定。我们认为，这主要是为了避免中央企业在开展合规管理体系建设中与原有的企业领导职数、职级、人力相关体系及有关制度发生"错位"，给企业合规管理工作造成额外的阻力。

（2）首席合规官是否可以兼职

在国有企业中，特别是企业集团类型的公司（不限于央企或者地方国企的一级企业），集团的中层以上领导干部、高管在集团公司内部兼任多个职务，或者在下属子企业担任一定领导职务，是国企管理实践中非常普遍的现象。所以，不少国有企业在合规管理工作中都有一个困扰，甚至是首席合规官本人也很困惑，即首席合规官是否可以兼任本公司或者下属公司的其他职务。在政策规范层面，没有明文禁止首席合规官兼职，并且明确了首席合规官本身就是总法律顾问兼任的。但是，结合合规管理的原理分析，首席合规官不能任意兼职。

首先，首席合规官不应兼任具有经营属性的职务。虽然企业在合规管理工作中，会强调合规要赋能业务，但并不意味着合规等于业务，完全没有界限。首席合规官作为企业合规管理工作的直接负责人，核心职责之一是把控好企业经营管理过程中的合规风险，从客观履职的角度考虑，这时候就不应同时负责具体的经营工作。国务院国资委在《关于加强中央企业内部控制体系建设与监督工作的实施意见》（国资发监督规〔2019〕101号）中明确提出，按照不相容职务分离控制、授权审批控制等内控体系管控要求，严格规范重要岗位和关键人员在授权、审批、执行、报告等方面的权责，实现可行性研究与决策审批、决策审批与执行、执行与监督检查等岗位职责的分离。因此，首席合规官要避免"既当裁判员又当运动员"，不应兼任具有经营属性的职务，如销售部门的负责人、投资部门的负责人等。要特别注意的是，因为首席合规官对下属企业的合规管理工作是具有指导职责甚至握有一定绩效考核权限的，所以首席合规官不仅不应在本级公司兼任具有经营属性的职务，在下级子企业也不应当兼任具有经营属性的职务，如子企业的总经理。如果只是兼任个别下属公司的董事，在符合上下两级公司的章程且不影响首席合规官正常充分履职的情况下，一般被认为是允许且合理的。

其次，首席合规官不应兼任可能影响其充分履职的职务。除了考虑职务属性外，首席合规官的兼职还要充分考虑不能影响其充分履职的问题。实践中，有个别企业由本企业的首席合规官兼任下属子企业的董事长，甚至是多个外地子企业的董事长，我们认为这并不合适。虽然从权限划分的角度来看，子企业的具体经营工作由总经理/总裁负责，但是董事长作为国有企业的主要负责人之一，对企业的战略发展、内部治理、风险控制、审计等具有领导职责，很多工作是需要亲力亲为且占用大量时间和精力的。如本级企业的首席合规官兼任下级子企业的董事长等类似需要消耗大量时间和精力的职务，也势必影响到首席合规官本职工作的效能，此类兼职不应被提倡。有的企业总法律顾问/首席合规官是直接兼任法务合规部门负责人的，也有企业基于风险一体化防控的考虑，将审计职责并入，成立法务合规与审计部/中心，部门负责人由总法律顾问/首席合规官兼任，这类兼任属于职责范围内具有包含属性的兼职，是相应企业基于干部管理、职级薪酬管理等需要做出的人事安排，属于可接受的正常情况。

最后，首席合规官不应兼任纪委工作负责人。在合规管理实务工作中，有少数企业提出是否可以将首席合规官与企业纪委工作负责人合二为一，从而增加合规审查的约束力。笔者认为，无论是从企业纪检工作的角度，还是从合规管理逻辑的角度，都是不合适的。一方面，2021年《中国共产党纪律检查委员会工作条例》明确要求，党的各级纪律检查委员会要坚持聚焦主责主业，履行监督、执纪、问责职责，因此由国有企业纪委负责人兼任首席合规官，不符合党内法规关于纪检工作的要求。另一方面，企业的纪检监察机构在《央企合规办法》中正式被写入合规管理组织架构，并依据有关规定负有监督、调查及追责的职责。如果首席合规官兼任纪检工作负责人，不仅会使合规管理的组织架构出现紊乱，削弱其最为重要的监督职责，而且可能会对公司业务面临的合规风险的识别评估把控得过于严苛，容易导致具有可控经营风险的正常业务的萎缩，对企业反而产生负面效应。

（3）首席合规官与主要负责人之间是否还需要有分管法务合规工作的领导

在传统的国有企业管理中，除审计工作外，其他各项工作一般都由分管领导作为直接领导，在部门负责人和企业主要负责人之间形成一道管理层级。法务合规工作也不例外，不同的是，有的企业是由总法律顾问/首席合规官兼任法务合规部门负责人，向主管法务合规工作的领导直接负责并汇报工作；有的企业虽然在法务合规部门负责人之上设立了独立的总法律顾问/首席合规官，但在经理层中仍然设置了一位分管法务合规工作的副总经理。这两类设置在国有企业中至今还比较普遍，北京市国资委 2020 年对首批合规管理试点企业开展评审时发现，几家试点企业典型的共性问题之一，是合规团队汇报线独立性待增强，首席合规官在实际工作中是向分管副总裁/副总经理汇报工作，没有真正落实直接向企业主要负责人负责、汇报。我们认为，从合规管理工作的实际需求、国资委的政策文件以及企业治理权责边界的多维度考虑，国有企业在构建合规管理组织架构时，都不宜再在总法律顾问/首席合规官与企业主要负责人之间设置分管领导层级，而应当由总法律顾问/首席合规官向主要负责人负责并汇报合规工作。

首先，成熟有效的企业合规管理体系要求能建立通达的合规汇报线，即总法律顾问或首席合规官能够直接向公司最高层领导人汇报合规工作，这已成为那些知名跨国公司开展合规管理建设的必备要素。如德国西门子公司的合规组织由首席合规官担任负责人，向西门子公司总法律顾问报告工作，并可以直接向西门子公司管理委员会和监事会提交报告。而总法律顾问则直接向西门子公司总裁兼首席执行官汇报工作。[①] 可以说，首席合规官的意见能够顺畅、完整、及时地到达公司管理最高层，要求中间不应有复杂的审批过滤意见的程序和关卡。

其次，《央企合规办法》不仅指明中央企业设立首席合规官由总法律顾问担任，同时也明确首席合规官要对企业主要负责人负责。而国资委在《关于进一步深化法治央企建设的意见》中，要求落实总法律顾问列席党委（党组）会、董事会参与研究讨论或审议涉及法律合规相关议题，参加总经理办公会等重要决策会议制度，是把总法律顾问的地位提到了足够的高度和层级。此时如果再设置法务合规的分管领导来领导总法律顾问/首席合规官，与前述两个国资委文件的规定与精神并不相符。

---

① 参见陈瑞华：《企业合规基本理论》（第二版），法律出版社 2021 年版，第 165 页。

最后，总法律顾问/首席合规官负责牵头国有企业合规管理体系建设，合规管理是企业法治建设的一部分，党委书记、董事长、总经理/总裁作为主要负责人，作为法治建设第一责任人，在各自职权范围内履行对企业合规管理工作的领导职责和义务，两级管理结构是比较清晰的。如果在中间插入一个分管领导，容易导致权责边界的模糊，有可能致使总法律顾问/首席合规官无法独立发挥作用，需要请示审批的事项过多，无端增加管理成本。或者倒向另一端，会削弱主要负责人对合规管理工作的领导、支持义务，进而影响主要负责人对企业合规管理的重视程度。

（4）首席合规官的具体职责界定

《央企合规办法（征求意见稿）》对首席合规官的职责以逐项列举的方式做了系统规定，但《央企合规办法》删除了相关内容，只是相对笼统地表述为"领导合规管理部门组织开展相关工作，指导所属单位加强合规管理"。我们认为，这既有首席合规官身份从属于总法律顾问职位的考虑，也有规章条文颗粒度把握的原因，还有赋予企业根据实际和自身合规工作需要定制化首席合规官职权的自主权的目的。但是，《央企合规办法（征求意见稿）》概括的首席合规官职责，仍有很强的参考借鉴意义，结合国有企业合规管理实务，按照视线维度不同可概括为三个方面：①向上视角。包括对企业的重大经营决策，进行合规性审查，并独立提出合规意见；公司经营管理过程中涉及的合规管理重大事项，要及时向董事会、企业主要负责人汇报；发生重大合规风险事件时，按照国资监管的要求及时向国资委或者有关部门进行书面报告。②平行视角。直接领导合规管理牵头部门，负责推进合规管理体系建设，围绕公司主业打造专项合规计划；指导业务部门合规管理工作，充当好合规与业务发展的平衡器、调节器，对业务部门合规管理职责落实情况开展绩效考核、提出意见和建议，同时在工作中实际探索、推动合规赋能业务；牵头负责重大合规风险事件的应对及处置工作，最大限度化解风险、降低国有资产损失；建立健全合规举报工作机制，对外公布首席合规官及职责、举报电话、邮箱和信箱，接受重大违规举报并进行识别判断等。③向下视角。指导子企业合规管理工作，对子企业首席合规官的任免、合规管理体系建设情况提出意见，并组织开展对子企业的法治建设考评以及首席合规官绩效考核等。

目前，有不少国有企业采取总法律顾问/首席合规官与法务合规部门负责人分设的模式，此时在界定首席合规官职责时，可以把部分具体合规事项的职权授予法务合规部门负责人来行使。但要注意的是，按照国资监管相关要求，总法律顾问兼任首席合规官，要参加总经理/总裁办公会，列席党委（党组）会、董事会并独立发表法律合规意见，《央企合规办法》第21条更是新增企业"重大决策事项的合规审查意见应当由首席合规官签字，对决策事项的合规性提出明确意见"的规定，所以法务合规部门负责人的意见不能替代总法律顾问/首席合规官的意见，除非由同一人担任上述职务。

（二）如何建立风险管理三道防线

在2006年，国务院国资委制定印发《中央企业全面风险管理指引》（国资发改革〔2006〕108号）时，就提出了中央企业要建立风险管理"三道防线"。在《央企合规指引》中虽然没有明确用"三道防线"的文字表述，但是其第10条、第11条实质上也是按照"三道防线"的逻辑规定企业各相关部门在合规管理中的工作职责。《央企合规办法》延续了《央企合规指引》的思路，虽然没有在文字上直接用"三道防线"的表述，但是第13条规定了业务及职能部门在合规管理中的职责，第14条规定了合规管理部门牵头负责合规管理工作的职责，第15条规定了纪检监察机构等部门在职权范围内对合规工作的监督、调查及责任追究职责。在组织架构及内容逻辑上，合规管理的"三道防线"已经跃然纸上。① 但这并非国有企业合规的独创，各类大型企业在开展合规管理建设中按照业务部门、合规部门、监督部门的逻辑定位合规管理工作的基本防线架构，已经成为市场上的一种共识。如某银行（中国）有限公司为合规设置了"三道防线"：第一道防

---

① 在《央企合规办法（征求意见稿）》中曾经直接使用过"第一道防线""第二道防线""第三道防线"的表述，但最终在正式稿中没有保留。我们认为这主要出于立法技术和规范性的考虑：一方面，合规管理"三道防线"的理论虽然已形成基本共识，但并没有上位的法律规范性文件有此定义；另一方面，"三道防线"的表述属于打比方时使用的词语，而《央企合规办法》作为部门规章，法律术语方面应当尽量避免使用此类词语。所以，《央企合规办法》最终没有直接使用"三道防线"的表述，并不是对此提法和理论的否定。

线是业务及职能部门,对合规风险负责;第二道防线是独立设置的合规管理部门,直接向管理层和董事会汇报;第三道防线是内审部门,以风险评估为主导方法,执行合规政策和流程的独立测试。[①] 所以,本节仅分析,按照国资监管、相应规范性文件以及国有企业治理的要求,国有企业建立合规管理"三道防线"的特点和问题。

1. 第一道防线——业务及职能部门

(1) 公司本部的业务及职能部门

《央企合规指引》赋予业务部门的合规管理职责是比较基本的,如负责在本职领域内主动开展合规风险识别和隐患排查,做好本领域合规培训和商业伙伴合规调查等。但是《央企合规办法》明确业务及职能部门承担合规管理主体责任,对其合规管理职责有明显的加重,要承担更为直接、丰富、严格的合规义务,主要包括:

①自我预警义务。业务部门需要建立健全本部门业务方面的合规管理制度和流程,开展合规风险识别评估,编制风险清单和应对预案,并且要定期梳理重点岗位合规风险,将合规要求纳入岗位职责。其中,合规风险识别评估及编制风险清单本质上主要是一项法律合规的技术性工作,涉及外部法律法规及政策的解读问题,《央企合规办法》将其赋予业务及职能部门作为直接合规义务,实务中可能会给业务及职能部门造成比较大的压力,落实情况需要后续进一步观察。我们倾向于认为,合规风险识别评估及编制风险清单由有专业合规人员构成的合规管理部门来主导更为适宜,业务及职能部门具有配合义务,协助合规管理部门开展相关工作,防止出现脱离业务实际谈合规,形成合规与业务"两张皮"现象。

②自我审查义务。业务及职能部门需要负责本部门经营管理行为的合规审查,这是合规管理第一道防线应有之责任。法务合规人员对业务的合规性审查的最大痛点或者说最大的不可控因素,是"盲人摸象"式的被动审查,看不到业

[①] 参见刘震新、王智、刘薇:《某银行广州分行合规机制建设调查报告》,转引自叶小忠主编:《中国企业法务观察(第一辑)》,法律出版社2014年版,第152页。

务的全貌，不掌握业务的实质，这就导致对业务合规性的判断容易出现偏差，可能出现每个单一的环节、合同都合规或者合规风险很小，但组合在一起却是高合规风险的业务甚至触及融资性贸易这样的合规红线。"解铃还须系铃人"，业务及职能部门自身最清楚每单业务或经营管理事项背后的逻辑、意图及相关完整信息。通过"我要合规"的意识，自我开展合规性审查，筛选出潜在的合规高风险点，包括部分按照公司流程无须经过法务合规部门审核的工作中的合规性风险，是使企业提高合规经营效率及效果的重要途径。但是，也必须承认业务和合规的矛盾关系在很多时候是无法回避的，让业务人员做自己拟开展业务的"法官"，甚至自我否定，这需要企业形成强有力的合规文化做支撑，并配套一系列的绩效考核和奖惩机制，否则很难实现预期。为此，《央企合规办法》第25条专门规定合规管理运行机制中要有违规追责问责机制，并首次提出建立员工履职违规行为记录制度，将违规行为性质、发生次数、危害程度等作为考核评价、职级评定等工作的重要依据。

③自我报告义务。这是指在开展业务过程中遇到显性的合规事件或者不确定性的合规风险时，要及时向合规管理部门如实报告有关情况。这里其实包含了通常说的内部合规咨询事项，即当业务及职能部门不确定按照预想的模式、合同、方式、内容开展业务是否合规时，应报告给具有合规管理专业属性的部门，寻求专业的合规判断。实践中容易忽略的是，业务及职能部门具体经营过程中的合规报告、合规咨询应当留痕，特别是在没有建设合规管理信息化系统时，这个问题显得更为普遍。

④自我管理义务。要求在合规管理工作中强化自我管理，这是《央企合规办法》较之前的《央企合规指引》给业务及职能部门提出的新的高要求。首先，业务及职能部门应当设置本部门的合规管理员，并由业务骨干担任，接受合规管理部门业务指导和培训。我们可以理解为，一个业务部门内部要形成一个合规的小生态圈，由确定的业务骨干来负责这一特定圈内与合规相关的工作，部门的主要负责人类比企业主要负责人，按照"管业务必须管合规"的逻辑，部门负责人是业务及职能部门合规的第一责任人，业务骨干作为部门合规管理员对部门负责人负责。其次，要组织或配合开展合规风险事件应对处置。重大合规风险事件

一旦发生，如何及时、有效、合理应对是一项非常复杂的工作甚至是工程，不可能仅由合规管理部门单一应对，需要包括有关业务及职能部门在内的多部门联合处置。最后，要组织或配合开展违规问题调查和整改。和其他配合性工作不太一样，业务部门此时需要配合的更多是审计部门、纪检监察机构及巡视巡察工作，即配合合规管理的第三道防线。

（2）下属子公司

按照企业合规的逻辑，"母公司应实施专项合规政策，制定与子公司关系的合规文件。对子公司，母公司无论是通过持有股权实施控制，还是通过协议来实施控制，都应建立针对子公司的合规政策，将母公司的合规管理纳入对子公司的实际控制体系之中"[①]。中央企业和地方国有企业的一级企业大多数是集团公司、管理型平台，不少大型国有企业集团的下属二级企业也是集团公司或者大型上市公司，这些国有企业在开展合规管理体系建设时都不仅面临本级公司层面内部的问题，也涉及要将合规管理工作贯穿到下一级子公司的问题。实际上国有企业发生的具体违规行为往往也集中在三、四级以下企业，所以如何将合规管理工作从本级公司贯彻到下级子公司，建立起第一道合规防线，就成了必然要面对的问题。实务中，有的国有企业为此做了很有益的探索，基于一体化整个公司系统（含公司本部及下属子公司）的合规管理工作，加强合规建设的体系性、有效性，将下属子公司也列入本级公司的合规管理第一道防线，参照业务部门的职责对下属子公司提出具体的合规工作要求。如北京某某食品股份有限公司（以下简称某某股份）作为北京市管企业北京甲食品集团有限公司下属的国有控股上市公司，其下属也有多家境内外国有全资、控股的子公司，故某某股份在其制定的本级公司《合规管理办法》中，就对下属各单位要在各自业务范围内承担合规管理事项的主体责任提出了明确的具体要求，下属各单位作为一个独立整体，同样扮演某某股份合规管理工作中第一道防线的角色，基本和某某股份业务部门所承担的合规职责相仿。同时，某某股份在合规工作流程中明确，所属各单位负责人在特定情况下要组织启动合规风险自查并向公司总部法律合规部反馈，从而建立

---

① 陈瑞华：《企业合规基本理论》，法律出版社2021年版，第258页。

起下级企业向母公司汇报合规管理工作的工作机制。

2. 第二道防线——合规管理部门

合规管理部门是国有企业合规管理工作中的中枢性部门，如前文所述，虽然在实务中国有企业的合规管理部门有不同的设立方法，但是由法务合规部门来作为合规管理部门是最为常见的配置。部门的负责人有的企业是独立设置，有的企业由总法律顾问/首席合规官兼任。

（1）审计职能是否可以并入法务合规部门

实务中有一定争议的是，将审计职能并入法务合规部门，从合规管理"三道防线"的角度看是否合适，是否会导致第二、三道防线混同？笔者认为，将法务、合规、审计职能由一个部门统一行使，作为合规管理部门牵头负责本企业合规管理工作，也并非不可，理由在于：

首先，审计并非单一的事后监督机制，内部审计工作实际上分为事前审计、事中审计和事后审计三部分，而且从国有企业内部形成有效监督制衡机制的角度来看，越来越强调事前审计和事中审计，企业经营决策合法合规性本身也是审计监督的重要内容，所以审计职能与法务合规职能合并由一个部门统一履行，并非不兼容，相反在一定程度上有助于对企业经营管理行为合规性判断的标准统一。

其次，根据国务院国资委《关于深化中央企业内部审计监督工作的实施意见》（国资发监督规〔2020〕60号）之规定，国有企业的内部审计工作应当由董事长具体分管，而国有企业合规管理工作的一大痛点是合规汇报线的问题，如果合规管理牵头部门是职责合一的法务合规与审计部，其部门负责人是总法律顾问兼首席合规官，那就应当直接由企业董事长分管，意味着中间不应再设置其他分管领导，这无疑有助于国有企业合规管理工作借力解决常见的困扰。

再次，企业的内控工作职责大多在审计部门，合规管理工作需要内控工作特别是在工作流程程序方面的支持，形成工作合力是国务院国资委一直所强调的，《关于加强中央企业内部控制体系建设与监督工作的实施意见》（国资发监督规〔2019〕101号）提出，要将风险管理和合规管理要求嵌入业务流程，促使企业依法合规开展各项经营活动，实现"强内控、防风险、促合规"的管控目标，形成全面、全员、全过程、全体系的风险防控机制，切实全面提升内控体系有效性。而现实是，在实现此目标的过程中，如何处理好内控与合规工作的关系，两者的权责边界究竟怎么划定，这样的问题普遍困扰着开展合规管理体系建设的国有企业。如果将审计职能并入法务合规部门，无疑在一定程度上有助于实现内控合规联动的目标，同时也能比较容易地解决合规与内控工作之间的一部分争议问题。

最后，国有企业合规管理的第三道防线不仅有审计，还有纪检监察机构、巡视巡察和监督追责等部门，所以即使抽出审计职能，并入法务合规部门，共同组成第二道防线，也不会导致第三道防线的消失，依然能保持合规管理三道防线的架构。

这里必须说明的是，虽然笔者认为将审计职能并入合规部门，组建诸如法务合规与审计部来作为合规管理部门具有一定可行性，也有一些可供合规工作借力的明显优势，但并非不存在问题，如在内部设置上还是要将审计部门列为一个单独的二级部门，不能和法务合规工作完全混同，仍无法回避内控与合规工作的边界问题，而且对于部门负责人的职业素质和专业技能要求过高，权力也相对集中等。如果是一级企业，还存在可能要同时面对国资委法规部门、监督部门两个职能监管部门，内部管理成本比较大的问题。所以，这个问题还是要因企而异，没有必然的最优模式，要把适合具体国有企业的内部治理和管理结构放在首位来考虑。

（2）合规管理部门的具体职责

分析合规管理部门的具体职责时，我们还是按照《央企合规办法》规定的常见情形，将审计部门及相应职责设置在第三道防线。如前所述，《央企合规办法》明显有加重业务及职能部门合规职责的倾向，但并未对第二道防线的合规管理部门的职责和义务进行削弱。根据合规工作的特点，从合规风险全流程管控的视角，合规管理部门的具体职责可以进行如下分类：

①事前阶段。这一阶段主要任务是做好合规管理建设，筑牢合规基本制度体系，培育合规文化。具体职责包括：一是组织起草合规管理基本制度、具体制度、年度计划及工作报告等。虽然这属于合规管理体系建设的重大事项，法务合规部门没有决定权，但作为牵头部门、专业部门，这些制度、工作计划的质量却

是基本由首席合规官领导下的合规管理部门所决定的。二是指导其他业务及职能部门和子企业合规管理工作。合规管理部门不能仅仅"独善其身"，还应当发挥专业属性，做好指导、引导第一道防线相关部门开展合规工作，将合规与业务相融合。三是开展合规培训，营造合规文化。合规培训是提高企业依法合规经营意识的必要手段，有效的合规培训强调客体针对性，法务合规部门既要独立开展专业性强的法律合规技术性培训，也要配合业务部门、人力资源部门开设普及合规知识的岗位管理性培训；既要提高不同层级员工合规开展业务的意识和能力，也要通过持续不断的合规理念、案例、价值观的灌输，在企业内部形成符合企业特点的合规文化，把合规的功利性转化为自觉性。

②事中阶段。这一阶段的主要任务是重大合规风险的有效防控，提升合规管理的约束力和有效性。具体职责包括：一是负责规章制度、经济合同、重大决策合规审查，组织开展合规风险识别和预警，并受理合规咨询，给出合规意见。这是法务合规部门在这个阶段最核心的职责，和业务部门识别管控本领域内的合规风险不同，第二道防线工作涉及法律法规的解释、政策及案例的解读、法律合规风险的合法规避等，是一项专业的法律合规技术性工作，必须由具备法学教育背景、法律职业资质，具有法务合规实务经验的人员来从事。如果一个国有企业的合规管理体系从管理层面构建得非常完善，但是第二道防线队伍素养不够，合规风险识别评估能力不足，看不清、把不准合规红线，审查不出业务端、合同内的重大合规风险，误将重大合规风险认为是中低风险，甚至没有发现合规风险的问题，给出了错误意见，那对企业而言是灾难性的，再好的合规管理体系架构也会在实务中坍塌。在这个层面上，也说明拥有相应的法务合规人才队伍是所有企业合规管理建设的关键性要素。二是根据董事会授权开展合规管理体系有效性评价。组织对企业合规管理体系有效性进行评价是企业董事会的职责，一般模式是授权给经理层或者合规管理部门来具体开展，《央企合规办法》选择了后者。合规管理体系有效性评价是一个动态的工作，不可能一劳永逸，由牵头合规管理工作的合规管理部门来负责有助于持续优化合规管理体系。但是，合规管理运行的中枢本身就是合规管理部门，自我评价难免陷入"灯下黑"的困境，所以合规管理部门在开展此项工作时可以借助外部第三方机构，提高评价工作的公信力和

科学性。三是受理职责范围内的违规举报,提出分类处置意见,组织或者参与对违规行为的调查。合规举报机制是公认的企业合规管理体系中的必要工作机制之一,对于企业自我发现合规管理漏洞,尽早发现违规苗头,避免发生重大违规风险事件都有重要价值。一般而言,合规举报与调查的主要职责在法务合规部门,有的大型民营企业可能设有专业的反舞弊部门专司此项工作。国有企业的特殊性就在于违规举报线索的受理、调查以及对违规人员的处理会有一定的层级区别,同一企业内部的领导及员工可能因为职级、政治面貌的不同,相关工作程序上有所差异。正因如此,《央企合规办法》对合规管理部门的此项职权做了一定的限缩,强调的是在部门受理职责范围内的违规举报,组织或参与对违规事件的调查,并且在对违规人员的处理上,具有的是提出处置意见的权利,而无直接处理决定权。

③事后阶段。在这一阶段,企业已经发生了重大合规风险事件,法务合规部门作为合规管理部门的主要职责是做好风险应对,最大限度减少企业利益的损失,完善合规管理体系,重塑企业形象。具体职责包括:一是组织做好重大合规风险应对。合规风险事件的应对具有高度的专业性,法务合规部门应当第一时间介入,全面分析违规行为可能导致的各类后果,在此基础上应对工作包括应急处置、事件报告、对外公告和配合调查四个方面,核心要义是最大限度减少企业损失和负面影响,尽可能避免出现被剥夺行业资质或者被司法机关认定构成法人犯罪等类似的严重后果。对于国有企业而言,需特别注意的是,发生合规风险事件除了要向有关行业主管部门报告外,还应当按照国资监管的有关要求向国资委进行报告。二是做好合规整改,重塑企业形象,完善合规管理体系。从合规市场上被奉为经典的案例中可以总结出当企业发生重大合规风险事件时,如果能够及时应对,按照有关部门的要求做好合规整改,建立、完善企业合规管理体系,是能够转危为机,重塑企业市场形象和品牌的。成熟的企业合规管理体系本身就包括了合规整改机制,合规不可能一劳永逸,一个企业建立了合规管理体系并非就能完全杜绝发生重大合规风险事件。相反,我们在市场上看到的那些合规整改案例,时常发生在行业内的领军企业、跨国公司身上。因此,法务合规部门作为合规管理部门,平时要关注、收集市场上有较大影响力、被业界认可的企业合规整

改案例，从中总结经验，提前做好应对的策略储备。

（3）境外合规防线的组建

"人员要素是合规组织的基础要素，合规组织以人为中心，合理配置人、财、物资源，并保持其相对稳定运行。"① 近几年中央企业在境外投资经营过程中，面临的投资并购、数据安全、环境保护、反商业贿赂等监管环境日趋严格，但是不少央企境外子企业缺乏涉外的法务合规人才，公司本部法务合规部门对境外子企业的风险防控难以形成指导和监督，境外业务的法律合规风险防控大多交给属地国家或地区的境外律师处理，境外国有资产安全面临严峻挑战。

案例6②：国有企业F集团所属重要二级子企业W公司先后支付5亿美元，从某国并购光伏新能源项目。受国际金融危机和光伏产业技术革新双重影响，项目还未投产就破产清算，项目资产作为废铁拍卖，价值仅800万美元。复盘时发现，在开展并购时，W公司聘请知名国际律师事务所和会计师事务所担任顾问，两家中介机构根本未进行尽职调查和工程造价预测，既不具备行业执业资格，又未去生产现场调查工程进度。

在如此巨大金额的境外投资并购过程中，企业没有自身的法务合规人员，未主导带有关键性风险防控意义的尽职调查，将风险的识别评估等全部工作交由境外的第三方处理，给项目埋下巨大隐患，最终导致国有资产损失重大。正是为了避免此类案例反复出现，而将企业境外经营的重大法律合规风险防控的主导权掌握在自己手中，切实维护境外国有资产的安全，2021年12月3日，国务院国资委在中央企业"合规管理强化年"工作部署会上明确提出"着力抓好境外合规，突出重点领域管理，全面保障国际化经营"的工作要求。③ 国有企业在落实过程中，应当注重有效性和点面结合，要在境外重要子企业或区域设置合规管理机构，配备法律合规人员，完善重大项目全程参与机制，强化法律合规审查，有效防范风险，即国有企业应当把合规管理的触角延伸到境外的企业和项目中，在境

---

① 周万里主编：《企业合规讲义》，中国法制出版社2022年版，第219页。
② 参见社国功：《加强合规管理 推动法治央企建设》，载《经济参考报》2020年3月30日。
③ 具体参见国务院国有资产监督管理委员会网站，http：//www.sasac.gov.cn/n2588020/n2588072/n2590860/n2590862/c22053695/content.html，最后访问时间：2022年9月30日。

外组建起合规管理防线，全程发挥实质性作用，强化境外合规风险的识别、评估和有效防控。

3. 第三道防线——监督部门

如前文所述，《央企合规办法》着力加强了合规管理第三道防线的力量，纪检监察和巡视巡察等机构部门加入，和审计部门一起在职权范围内履行相关监督职责。党内监督力量的增援明显提升了合规管理第三道防线的监督手段和威慑力，但也形成了合规中国化特有的问题之一，即在违规举报与调查、合规检查与整改、违规追责等合规管理工作机制中该如何分配相关权力与职责。

《央企合规办法（征求意见稿）》关于监督部门的职责也通过逐项列举方式进行了详细阐释，但《央企合规办法》最终采用了概括的表述方式，将第三道防线相关部门的职责定位为"依据有关规定，在职权范围内对合规要求落实情况进行监督，对违规行为进行调查，按照规定开展责任追究"。我们认为，这主要因为无论是审计，还是纪检监察抑或是巡视巡察等，在相关的法律法规以及党内法规中都已有明确的关于工作职责、重点、程序的规定。有关部门在企业合规管理履职过程中，不可能跳出已有规则，《央企合规办法》作为部门规章也不可能就党内监督力量创设新的履职规则，而且相应各机构、部门具体开展监督、调查和追责工作时，职权和程序也不一样，因此规定职责过细反而与工作实际不相符。但具有国企特色的第三道防线的有关监督力量在开展合规管理工作时，要注意以下三个问题：

（1）关于审计部门的内控职责

在以企业合规管理工作本身为监督客体时，主要是以有效性为视角，以内控工作为抓手，在第三道防线中主要是审计部门的工作职责。按照《关于加强中央企业内部控制体系建设与监督工作的实施意见》（国资发监督规〔2019〕101号）的相关内容，中央企业健全内控体系要实现"强内控、防风险、促合规"的管控目标，统筹推进内控、风险和合规管理的监督评价工作，将风险、合规管理制度建设及实施情况纳入内控体系监督评价范畴。因此，审计部门作为合规管理第三道防线中的一员，应充分通过其内控工作职责，对企业建立的合规管理体系的运行状况进行全方位的扫描，特别是将合规管理嵌入工作流程、合规基本制度的执行、绩效考核指标的完善、违规举报机制的落实等重点涉及合规管理有效性的环节进行监督，形成合规管理体系内部自我监督、自我完善的机制。

（2）关于违规举报线索的受理与调查

合规管理部门有在其职责范围内接受违规举报、组织或参与对违规行为调查的职责。在实务工作中，很多非国有企业的违规举报及调查职能是在专门设立的反舞弊部门。但是在国有企业中，因为纪检监察部门的存在，接受违规举报本身就是纪检监察工作职责之一，此时就存在一个职能交叉的问题。我们认为，法务合规部门和纪检监察部门应当依然按照各自的职责范围公开接受举报的违规行为的类型和渠道，双方在有限范围内，以纪检监察部门为主，"不均衡"地实现违规举报线索的共享，即法务合规部门接受的违规举报线索不涉及纪检监察部门范围内的，独立处理无须共享；涉及纪检监察部门的，应当将相关违规举报线索转交；纪检监察部门接受的违规举报线索属于职能范围内的，严格遵守自身工作纪律和程序，无须共享给法务合规部门，必要时可以要求法务合规部门配合开展相关工作；违规线索不属于纪检监察职能范围内的，转交法务合规部门。对违规线索的调查权，应当附随于接受举报线索的部门职责范围，即谁最终接受该违规线索的举报，谁负责调查。当然有些违规举报线索的基本情况非常不清晰，不确定是应当本部门调查还是转交其他部门，此时最先接到线索的部门为了解基本情况需要开展线索初查。

（3）关于追责的行为范围

根据国有企业合规管理的基础理论，结合最新《央企合规办法》的规定，国有企业对违规行为追责的范围不仅包括企业及其员工在经营管理中的违规行为，《央企合规办法》第38条直接规定："中央企业应当对在履职过程中因故意或者重大过失应当发现而未发现违规问题，或者发现违规问题存在失职渎职行为，给企业造成损失或者不良影响的单位和人员开展责任追究。"这是在以合规为主体内容的法律规范性文件中，第一次正式提出对应当发现而未发现违规问题等失职渎职行为进行追责的规定，有利于国有企业合规管理体系运行过程中压实各部门的合规主体责任，进一步严密违规追责围栏，强化合规管理在企业内部的刚性约束。

（三）如何落实国有企业合规管理建设中的特殊要求

1. 重大合规风险报告机制

国有企业面临的国际经济秩序日益复杂，一些客观因素更是加剧了企业境外经营的不确定性风险，而本身合规管理体系作为自我治理的一种手段，也不可能消弭、阻挡企业所有的外部合规风险。因此，为积极妥善应对重大合规风险，从维护国有资产安全的角度，国资监管机构对国有企业发生重大合规风险事件，规定了非常严格的报告义务，国有企业在建立健全合规管理体系时也必须设有面向国资监管机构的重大合规风险报告机制。下文我们仅以中央企业为例，各地方国有企业的重大合规风险报告机制的具体规定可能略有差异，但是逻辑和原则都是一致的，在此不再赘述。

（1）报告的时限性要求

按照《央企合规办法（征求意见稿）》，重大合规风险事件应当在7个工作日内向国资委报告。但是，《央企合规办法》进行了修改，较为笼统地规定"中央企业发生重大合规风险事件，应当按照相关规定及时向国资委报告"。这主要是因为2021年国务院国资委制定出台的《中央企业重大经营风险事件报告工作规则》（国资发监督规〔2021〕103号）对重大经营风险事件进行了一个相对宽泛的解释，包括因涉嫌严重违法违规被司法机关或者省级以上监管机构立案调查，或者受到重大刑事处罚、行政处罚，以及受到其他国家、地区或者国际组织机构管制、制裁等，对企业或者国家形象产生重大负面影响等一系列情形，显然前述后果同时属于企业重大合规风险事件。按照《中央企业重大经营风险事件报告工作规则》，这类风险事件首报应当在事件发生后2个工作日内进行，续报应当在事件发生后5个工作日内进行，终报应当在事件处置或整改工作结束后10个工作日内进行。对于特别紧急的重大经营风险事件，应当在第一时间以适当便捷的方式报告国资委。我们认为，《央企合规办法》上述规定中的"相关规定"目前指《中央企业重大经营风险事件报告工作规则》，中央企业如果发生重大合规风险事件需要在2个工作日内甚至第一时间就报告国资委，并且要履行后续的继续报告义务。

在实际执行中，这一规定对企业无疑提出了很高的工作要求。按照国资监管的逻辑，中央企业的下属子企业（参股企业除外）发生重大合规风险事件，也属于该中央企业系统发生了重大合规风险事件，同样需要由该中央企业向国务院国资委在前述时限内履行相关报告义务。特别是对于层级较多、投资链条较长的中央企业而言，如果三级以下子企业直接发生重大合规风险事件，要在2个工作日内完成逐级上报至国资委的工作，有很现实的难度。这需要中央企业平时加强对重大合规风险事件上报工作的预案演练，有条件的通过信息化手段提升整个企业系统审批和报告的效率，并且要提前制定好首报和续报的工作模板。同时，这一规定对中央企业以合规管理为抓手来强化对下属子企业的管控也提出了严格的要求，相关合规义务需要在中央企业及下属子企业的合规管理基本制度中双向予以明确。

（2）报告的相关配套工作

国有企业发生重大合规风险事件需要向国资委履行报告义务，但报告不代表其他工作什么都不做。根据国资监管的相关要求，企业实际上在报告前或者在报告的同时还要开展一系列的工作，部分工作本身也是报告的重要事项：一是应急处置。发生重大合规风险事件，企业不应等着逐级报告请示后再进行处置，而应立即采取措施妥善应对，最大限度化解风险、降低国有资产损失，配合有关部门开展调查和执法，相关应急处置措施和效果是向国资委报告的必要组成部分。正因为应对合规风险事件的紧迫性，《央企合规办法》要求中央企业编制风险清单和应对预案，发生合规风险应当及时采取应对措施。二是内部决策。向国资委报告重大合规风险事件是以中央企业的名义，代表法人意志，因此国有企业内部要按照既定的合规管理体系的相关权限职责划分，进行决策，形成一致意见。通常应由合规委员会或者合规管理工作领导小组统筹领导，总法律顾问/首席合规官牵头，正式报国资委的报告应当由企业主要负责人签批。三是对外公告。国有企业如果发生重大合规风险事件必然会引起官方媒体、自媒体甚至境外媒体的高度关注，及时、客观、合规地对外公告相关信息，是正确应对舆论的关键，也是国有企业在向国资委报告的同时必然要做好的附随义务。

(3) 报告的内容

国有企业发生重大合规风险事件向国资委报告应当采取书面形式,并在企业主要负责人签批后加盖企业公章。根据国资监管工作实际,报告必须包括以下内容:一是所在企业及发生的重大合规风险事件基本情况,已经发生或即将面临的法律后果,是否涉及重大国有资产损失或造成重大社会影响。如果已经查明初步原因的,应当说明违规事件的原因。二是已经采取的应急处置措施和效果,包括防止风险、损失进一步扩大的应对处置方案,是否对外发布公告,有关执法主管部门沟通的情况,是否请外部法律合规团队介入等。三是下一步拟开展的工作,以及应对该风险事件所面临的困难及需要国资委给予帮助和协调的事项等。当然,重大合规风险报告包括首报和续报工作,首报基于时效的紧迫性,报告的内容可以适当精简,以符合工作实际。

2. 合规联席会议机制

国有企业开展合规管理体系建设强调全员合规,从最初的《央企合规指引》就已经明确中央企业要建立全员合规责任制,到目前的《央企合规办法》进一步明确强化全员守法诚信、合规经营意识,遵守合规要求,接受合规培训,对自身行为合规性负责等,加重合规管理三道防线中业务及职能部门作为第一道防线的合规义务等,都在传递合规不是一件单纯的法律技术性事务,也不是法务合规部门单一部门的职责,而是要建立一套全员参与、全员执行的合规管理体系。要实现这个目标,除企业主要负责人要重视,经营管理层要示范,合规的汇报线要通畅外,国有企业内部各部门之间还需要建立一套能随时沟通、共同研究、联通信息以形成部门间一致意见或者初步意见的工作机制,这种工作机制我们可以称为合规联席会议机制。北京市国资委在制定发布的《市管企业合规管理工作实施方案》中就将其作为十大企业合规运行机制之一。

合规联席会议的主要功能包括但不限于:一是就企业经营管理中碰到的具体合规问题进行研究,职能部门从各自专业领域发表意见,共同研判有关业务或事项的合规性,必要时可以聘请第三方合规专家或者相关外部董事参与,形成部门间的一致意见报公司经营管理层决策。二是利用联席会议开展合规访谈、合规培训、合规咨询、合规调查、合规考核、信息通报等一系列合规专项工作,特别是企业尚未完全建立合规信息化系统的阶段，通过联席会议的形式能做好前述一系列合规专项工作的留痕。三是讨论修订合规基本制度，完善合规政策，将各部门一定时期内发现、总结的管理制度漏洞、冗余或者已经滞后于外部法律法规、行业政策、市场导向的问题汇总，及时推动公司相关合规制度的优化更新。四是听取下属子公司对合规管理专项工作的汇报，如某一合规风险事件的应对处理工作，并从母公司的角度给予指导性意见和建议，作为母子公司合规管理工作定期沟通的抓手。

要注意的是，合规联席会议机制应当是围绕企业合规管理的具体、专业的事项和问题的沟通、协调机制，而不应当变异成各部门负责人甚至主管领导的会议任务，关于企业合规的重大事项决策应当在合规管理体系中另有明确、成熟的工作程序来运转执行，否则合规联席会议机制就失去了其存在的主要意义。

3. 全面合规管理体系和专项合规建设的关系

根据国务院国资委出台的推动中央企业开展合规管理体系建设的文件，无论是《央企合规指引》还是《央企合规办法》，展现的都是一个"大合规"的理念，引导中央企业建立全面合规管理体系。各地方国资委也纷纷效仿，所以"全面合规"成为国有企业合规领域的一个共性特征。但是，这一特征在实务中在拟开展或者正在开展合规管理工作的国有企业中引发了一系列疑问甚至困惑，如全面合规建设和专项合规建设之间到底是什么关系，全面合规管理建设和市场上讨论的反商业贿赂合规、数据合规、出口管制合规等为什么外观不一样，做了全面合规是否可以不做专项合规，不做全面合规只做专项合规建设是否会违背国资监管的要求等？我们认为，这些问题根据《央企合规指引》和《央企合规办法》这两个文件以及合规的基本逻辑，是完全有解的，而且是国有企业在开展合规管理建设前必须弄清楚的基本问题。

（1）全面合规管理体系建设与专项合规建设不矛盾

中央企业以及地方省属/直辖市属一级国有企业大部分是管理型平台公司，其经营业务主要集中在下属的二级、三级及以下子企业，这就决定了国有企业一级企业在开展合规管理体系时更多从管理的视角切入，注重管理环节的全面性、人员覆盖的全面性、制度机制的全面性。但这种全面覆盖过程中，依然是要对应具体的法律合规风险领域的。《央企合规指引》第 13 条要求中央企业加强市场交易、安全环保、产品质量、劳动用工、财务税收、知识产权、商业伙伴等领域的合规管理。这些领域有很多是从公司管理环节的视角进行的提炼，比如市场交易、商业伙伴管理；有些管理领域和法律技术领域正好重叠，比如知识产权。这其实和我们在市场上看到的反商业贿赂、数据安全、出口管制、反垄断、反洗钱等专项合规并不矛盾，只是角度不同，以反商业贿赂合规为例，如下图所示：

反商业贿赂
市场交易
招投标
商业伙伴
财务税收
……

开展反商业贿赂的合规建设，根据贿赂可能发生的环节、对象、手段，企业应当着重从市场交易环节、招投标环节、商业伙伴管理、财务税收管理等谋划，建立制度、规范、流程，划定合规红线。同理，按照国有企业全面合规的话语体系，所说的市场交易领域合规，如下图所示：

市场交易						
反商业贿赂	数据安全	出口管制	反垄断	反洗钱	……

在市场交易过程中的合规建设，根据可能发生的不合规行为的法律属性，就是应当着重做好反商业贿赂、数据安全、出口管制、反垄断、反洗钱等常见领域的技术性合规。《央企合规办法》关于这一问题为了避免实务中再产生不必要的理解分歧，第 18 条第 1 款直接规定："中央企业应当针对反垄断、反商业贿赂、生态环保、安全生产、劳动用工、税务管理、数据保护等重点领域，以及合规风险较高的业务，制定合规管理具体制度或者专项指南。"但这并不是对《央企合规指引》有关内容的否定，而是切入角度不同的表述。国有企业在开展专项合规

建设时，依然要注意覆盖企业关键性的管理环节并结合具体的业务对象和特点，不能变成单一法律技术性的审查判断。

综上，开展全面合规管理体系建设与专项的合规建设不矛盾，更多是从管理视角切入，当然也对应更丰富、全面的法律合规领域，我们可以将全面合规管理体系描述为国有企业开展合规管理建设的总纲。制定好总纲，再做专项合规建设，类似一个演绎推理的模式。而先做专项合规建设，再不断丰富专项，最后汇成总纲，类似一个归纳推理的模式。无论选择哪个模式，全面合规管理体系建设与专项合规建设都不存在矛盾。

（2）国有企业应当根据主业开展专项合规建设

实践中，有的国有企业提出，如果按照国资委的文件建立了全面合规管理体系，是否就可以不再继续做专项合规建设？我们认为，二者之间不能形成替代关系，国有企业应当根据企业自身的主业和经营特点开展专项法律领域的合规建设。理由在于：

首先，国有企业直接根据国资委文件建立起的全面合规管理体系大多是管理属性大于法律技术属性，如本章开篇所述，主要解决的是战略+管理（一大部分）的问题，而企业经营管理行为是否合规，最直接、微观的是要体现在具体行为的合规性问题上的，所以底层是法律技术性问题，以及围绕如何解决法律问题的管理措施设计（另一部分管理问题），这都需要更为具体、接地气的法律专项合规建设来解决。其次，企业合规管理对标的是合规风险，外部的法律法规、监管规则、行业准则和国际条约纷繁复杂，在具体识别、与业务相结合之前，对企业而言都是抽象的合规风险，只有和自身业务相结合来分析评估，才会形成具体的合规风险，企业如果不通过法律专项合规建设将抽象合规风险转化为具体合规风险，很容易导致合规体系空转。再次，即使是全面合规管理体系，也不可能穷尽所有法律法规，合规是有成本的，要精细地识别、评估、管控全部法律合规风险对企业而言是不现实的，国有企业应当聚焦主业发展，因此必须有针对性地围绕本企业的主业、可能面临的主要风险来选择专项领域开展合规建设，以保障本企业国有资产安全，实现高质量发展。最后，大型国有企业要想在全球市场积极参与国际竞争，需要和众多跨国公司保持同频的话语体系，适应境外各类法律合规风险。如果不开展专项合规建设，就很难和国际市场上的合规规则接轨，如欧盟《通用数据保护条例》（General Data Protection Regulation）下的个人数据保护合规，以及应对世界银行制裁等；也不利于适应、解决外部规则之间相互冲突时如何选择的问题。

正是基于上述原因，《央企合规办法》第18条第1款旗帜鲜明地要求企业对"重点领域，以及合规风险较高的业务，制定合规管理具体制度或者专项指南"。

4. 是否建立国资监管专项合规计划

针对要合的"规"而言，国有企业与民营企业的合规管理最大的不同在于要严格遵守国资监管的有关规定。国资委基于"管资本"的要求，对国有企业的经营发展提出了严格的管理要求，有的经营行为并不违反法律法规的禁止性规定，其法律风险在外部是一个不确定的状态，却是国资委所明令禁止的违规行为，比如开展融资性贸易，偏离主业开展商业性房地产业务、明股实债、股权代持，将字号提供给参股企业使用等。然而面对众多且严格的国资监管规定，市场上并未见到有国有企业开展国资监管专项合规建设，这也导致部分国有企业在规划开展专项合规建设时产生了疑惑，既然国资监管合规性对国有企业如此重要，且监管规则涉及国有企业经营管理的方方面面，那么是否要建立一个针对国资监管规则的专项合规计划？

要明确的是，国资监管规则对于国有企业而言，确实是经营管理过程中必须遵守的重要底线，特别是新近出台的国资监管规则越来越明显地在围绕"管资本"促进国有资产保值增值，防止国有资产流失设计，一旦违反，往往意味着严重后果或者导致严重后果的现实风险。不过根据企业合规的原理，我们认为国有企业虽然要严格遵从国资监管，但未必有必要建立专项的国资监管合规计划，理由在于：首先，合规的对立面违规，所产生的直接惩罚首先是以企业法人为对象的，比如吊销营业执照的行政处罚，单位犯罪产生罚金以及间接导致的丧失资格（无法投标），违反世行规则被制裁后企业无法参与世行资金的项目，"夺权"类处罚也是企业最不愿意面对的违规后果。但是单纯违反国资监管规则所产生的直接后果是作用于具体国企领导干部和人员的，国资监管部门对此并不具有行政执法权，不归责于企业法人，不处罚国有企业。当违规行为从量变达到质变，成了国有企业人员渎职类犯罪时，如《刑法》第167条的签订、履行合同失职被骗罪，也是处罚个人而不是单位。所以，从直接违规后果而言，违反国资监管规则和违反其他法律法规的禁止性规定，两者不太一致。其次，国资监管规则覆盖了国有企业经营管理的方方面面，所有的部门都是第一道防线，各自工作职责内的线条一般已有成熟的管理制度和监督方式，往往是业务部门比法务合规部门更熟悉本工作线条上的国资监管要求，并且各部门逐级接受母公司相关职能部门的业务指导，相关工作信息逐级向上传导，直至一级企业向相应级别国资委的局/处室汇报。即使没有专项的合规计划，国资监管的手段也是比较齐备的，从企业主要负责人自上而下的传导压力来看，绝大部分国有企业在具体经营管理中会注重国资方面的合规性并保持高度敏感性。

当然，合规管理体系中的部分工作机制对于国有企业经营管理实现国资监管合规性同样具有重要价值，可直接拿来套用。如合规绩效考核机制、合规审查与评估机制、合规咨询机制、合规联席会议机制、合规培训机制、合规举报与追责机制等。不同的国有企业可以根据自身内部管理需要，围绕国资监管规则，适配相应的工作机制。而从合规技术层面来说，准确理解、解读国资监管部门制发的规则，仍然是做到合规的重要基础和关键要素。

5. 如何处理好合规与内控的关系

合规与内控的区别在哪里，如何处理好两者之间的关系，这已经成为国有企业开展合规管理体系建设过程中经常被提及的一个重点问题。国务院国资委在《关于加强中央企业内部控制体系建设与监督工作的实施意见》（以下简称《央企内控实施意见》）中开宗明义地阐释了目的，即充分发挥内部控制体系对中央企业强基固本的作用，进一步提升中央企业防范化解重大风险能力，并在文件第一部分明确提出实现优化内控体系的目标是"强内控、防风险、促合规"。国有企业作为市场主体，需要以最经济的成本应用好合规管理、内控、风险管理等这些管理工具实现企业预期管理目标。前文已提及有的企业选择将内控工作并入法务合规部门来搭建大合规管理体系，也有的企业将合规工作纳入内控来改组大内控体系，但更为常见的是合规管理体系和内控体系分立，以风险防控为一致目标。我们认为，在此情形下，处理好合规与内控的关系应注意以下三个方面：

(1) 合规主导实体，内控主导程序

"从理论上讲，内部控制是解决公司内部不同层级之间代理问题的一种制度安排，内部控制的完善有助于改善管理环境，控制公司的经营和发展风险，提高公司的会计信息质量等。"[1] 在国有企业内部，内控工作职责多在审计部门。而关于引导、规范中国企业建立内控体系，加强内控工作，此前一直由财政部、审计署等部门主导、牵头建立，如其中最为重要的文件之一是 2008 年发布、2009 年实施的《企业内部控制基本规范》。根据该文第 4 条，企业建立与实施内部控制应当遵循五大原则：一是全面性原则。内部控制应当贯穿决策、执行和监督全过程，覆盖企业及其所属单位的各种业务和事项。二是重要性原则。内部控制应当在全面控制的基础上，关注重要业务事项和高风险领域。三是制衡性原则。内部控制应当在治理结构、机构设置及权责分配、业务流程等方面形成相互制约、相互监督，兼顾运营效率。四是适应性原则。内部控制应当与企业经营规模、业务范围、竞争状况和风险水平等相适应，并随着情况的变化及时加以调整。五是成本效益原则。内部控制应当权衡实施成本与预期效益，以适当的成本实现有效控制。[2] 结合前述定义、原则、主导机构及企业内部具体职责部门，可以看出，内控体系主要面向企业内部，更为关注决策规范、权责分配、财务审计、内部监督、成本效益等，在法律技术层面虽有涉及，但明显侧重点不在此。

而企业合规从美国 FCPA 起源，由反商业贿赂开始，一直重点关注企业所面临的外部实体法律合规风险，并围绕具体合规风险组建企业内部的管理机制，形成体系，从而保障企业能实现经营管理行为的合规性。在国际市场上日益丰富的合规领域，已从单一的反商业贿赂领域开始，扩展到数据安全、环境保护、出口管制、反垄断、反洗钱等多合规领域，但也是对应的具体法律合规风险，形成法律技术层面的"大合规"态势。相应配套的合规工作机制和原理却是一致的，具体制度和措施会随着不同合规风险而千差万别。由此，合规的历史脉络和发展

---

[1] 刘启亮等：《高管集权、内部控制与会计信息质量》，载《南开管理评论》2013 年第 1 期。
[2] 参见财政部、证监会、审计署、银监会、保监会联合印发的《企业内部控制基本规范》（财会〔2008〕7 号）。

轨迹都在征表其重要的本质特征——关注外部法律合规风险的审查判断和防控，强调实体性合规。所以，国有企业开展合规管理体系建设，当目光穿梭于具体的业务与具体的法律合规风险之间时，审查、评估和判断要以法务合规部门的意见为主导，这是一个合规实体的判断。对于流程性或者程序性的合规判断，可以更多以牵头内控工作的部门为主导，各自发挥职责部门的专业优势，合力从不同角度做好公司内外部风险的防控。

（2）合规与内控在有限范围内不可避免地存在工作交叉

内控体系主要是从程序价值的角度优化公司治理，但这并不意味着完全不会有实体方面的内容。虽然从公司管理部门权责明确、控制成本的角度来看，不应在内控与合规管理的设定过程中主动将二者工作内容混同，但是基于两类治理工具的基本特性，二者还是会不可避免地在个别模块上出现重叠，即内控体系运行过程中必然会包含部分实体价值的内容，主要包括但不限于以下三个方面的内容：

①外部监管规则的内部转化。《央企内控实施意见》要求企业应及时将法律法规等外部监管要求转化为企业内部规章制度，持续完善企业内部管理制度体系。完善管理制度本身就是对外部监管规则的识别、甄选、吸收，最终将基础的、重要的、适合本企业行业特点的外部规则转化为企业内部规定，这个过程当然不可能将实体性规则排除在外，所以必然与合规管理相关工作形成交叉。如《企业国有资产法》第45条之规定，未经履行出资人职责的机构同意，国有独资公司不得向董事、监事、高级管理人员或者其近亲属所有或者实际控制的企业投资，这显然是具有实体意义的法律规则。国有企业在制定企业内部投资管理专项制度时，往往会吸收这一重要禁止性规定，这既是内控体系完善管理制度的工作，也是合规管理的硬性要求，如果违反，相关主体要承担法律责任。

②执行兼具实体和程序意义的监管规则。一旦某些程序性的规则被赋予了实体意义的效果，企业按照内控要求实施相应行为时，就具有了外部实体效力，类似兼具实体和程序意义的监管规则无疑也要求企业遵守合规义务，故在这类规则上内控与合规管理存在交叉重合。如《证券法》第80条规定，发生可能对上市

公司、股票在国务院批准的其他全国性证券交易场所交易的公司的股票交易价格产生较大影响的重大事件，投资者尚未得知时，公司应当立即将有关该重大事件的情况向国务院证券监督管理机构和证券交易场所报送临时报告，并予公告，说明事件的起因、目前的状态和可能产生的法律后果。上市公司按照此法律规定对外履行信息披露义务，既是内控工作的要求，亦是企业应承担的合规义务。

③对经营行为的规范性约束。内控体系的核心价值之一是对企业经营管理行为的规范，财政部等部门2010年制发的《企业内部控制配套指引》（财会〔2010〕11号）中的《企业内部控制应用指引》，包括组织架构、发展战略、人力资源、社会责任、企业文化、资金活动、采购业务、资产管理、销售业务、研究与开发、工程项目、担保业务、业务外包、财务报告、全面预算、合同管理、内部信息传递、信息系统等18个方面的模块。由此，内控对企业经营管理的规范是非常全面的，部分旨在提高企业效率，如内部信息传递、信息系统；部分旨在促进企业发展战略，如全面预算；部分旨在促进企业创新，如研究与开发等。其中有一部分规范性约束是与合规管理紧密相关的，如《企业内部控制应用指引第12号——担保业务》，为防范担保业务风险，就规定了禁止性担保规则，如担保申请人与其他企业存在较大经济纠纷，面临法律诉讼且可能承担较大赔偿责任的，就不能向其提供担保。这当然是从内控风险的角度对担保行为作出的约束，但同时也是国资监管规则的要求，如《合肥市市属国有企业担保管理暂行办法》第13条、《郑州市市属国有企业担保管理暂行办法》第6条、《兰州市市属国有企业担保管理办法（试行）》第8条等，都规定了类似的禁止担保规则。因此从这个层面而言，内控要求与合规管理也会存在一定重合。

（3）内控保障合规的"刚性约束"，合规促进内控的"实质正确"

《央企合规办法》第26条强调，中央企业应当结合实际建立健全合规管理与法务管理、内部控制、风险管理等协同运作机制。对于合规与内控而言，如前所述虽然既有各自侧重、区别，也必不可少有部分交叉、重叠，但是核心关系一定是相辅相成，共同提高管理效能。

合规虽然能为企业赋能并创造价值，但首先是为企业划定不可为的红线，确定经营管理的边界和底线。无法否认，这在一定范围内会给业务行为带来天然的束缚感。在合规管理尚未实现全流程信息化，且合规文化还未在企业中形成，员工"要我合规"未进化到"我要合规"的阶段，受业绩和利益的诱惑，通常出现的问题是合规业务明面化，违规事项暗箱化。有的国有企业违规为民营企业提供担保，直至公司重要资产被冻结，法务合规部门才知悉有此担保事项，前面所有的审批决策都跳过了合规审查环节。只有依托规范的内控体系，确保公司每项制度能如实执行，才有可能实现规章制度、经济合同、重要决策三项法律合规审核100%。由此，"内控管理体系所包含的成熟的业务流程控制体系、制度、文档和信息化，使得合规管理要求的具体落地具备了现实条件"[①]。而在设计完善相关内控制度时，也会强调把合规性审查作为决策前不可逾越的必经前置程序，国有企业"三重一大"事项上会审议前应当有总法律顾问/首席合规官出具的意见等合规管理方面的关键点。同时，要发挥内控体系对合规管理监督的作用，将确定的合规工作机制是否实际运行、合规管理体系是否有效作为内控监督的重点。只有内控体系充分发挥其效能，在事前事中事后实现全方面覆盖和监督，才能保障合规成为"刚性约束"，无法被架空或者跳过。

通过内控主导企业决策、管理、审批程序，容易出现的问题是审核节点只对流程负责，片面关注程序性的内部合规性，对业务或决定实体是否违规消极审查。近年来，在实践中不乏国有企业开展以煤炭、钢铁等为交易标的的融资性贸易，最后因合作方资金链断裂或者故意诈骗，导致巨额国有资产损失的案件。回溯这些案例，当时绝大多数企业都有符合内部决策制度的程序审批文件，甚至有风险评估和应对预案（签订、履行合同之时相关行业的前景很好），但最终还是出现了严重后果。因此，有时企业在决策、经营过程中虽然遵守了内控的要求，"很多决策事项从流程和程序上是看不出太大问题的，但还需要能够从商业实质性、交易真实性和风险可控性等方面入手，看到违规的内容与实质"[②]。基于该问题，合规管理从主导实体的角度，可以制定岗位合规义务清单，并通过配套的合规绩效考核机制、举报与追责机制等，压实每个流程审查节点面向外部法律法

[①] 郭凌晨、丁继华、王志乐主编：《企业合规管理体系有效性评估》，企业管理出版社2021年版，第23页。

[②] 杜国功：《加强合规管理　推动法治央企建设》，载《经济参考报》2020年3月30日。

规等外规的合规性判断责任,落实合规管理三道防线特别是前两道防线具体的合规识别、审查、评估、防控义务,促进内控流程性合规基础上的实体合规,保障企业经营管理行为的"实质正确",不越红线。

第二节 民营企业合规管理体系的构建

一、民营企业开展合规管理建设的背景

党的十八大以来,党中央、国务院继续毫不动摇鼓励、支持、引导非公有制经济发展,极大激发了民营企业发展活力。2022年3月,《人民日报》记者从国家市场监督管理总局获悉:2012—2021年,我国民营企业数量从1085.7万户增长到4457.5万户,10年间翻了两番,民营企业在企业总量中的占比由79.4%提高到92.1%[1],在稳定增长、促进创新、增加就业、改善民生等方面发挥了重要作用,成为推动经济社会发展的重要力量。

民营企业面对当下变幻莫测的市场,更应该重视并加强合规管理,才能立于不败之地,为企业行稳致远保驾护航。

(一)外部环境:民营企业加强合规管理是大势所趋

1. 国家越来越重视合规管理

(1)启动:金融领域的合规实践

在中国历史上,最早受国际社会影响引入合规管理理念并形成相对系统的指导性文件的当数金融领域。

随着银行业金融机构的经营活动日益综合化和国际化,业务和产品越来越复杂,合规风险事件不断暴露,以风险为本的合规管理系当时银行业金融机构的一

---

[1] 具体参见中国政府网,http://www.gov.cn/xinwen/2022-03/23/content_5680738.htm,最后访问时间:2022年10月1日。

项核心的风险管理活动。2006年10月20日，原中国银行业监督管理委员会颁布了《商业银行合规风险管理指引》。

该阶段合规管理的特点：一是合规管理涉及的领域单一；二是合规管理与风险管理挂钩，合规管理是风险管理的一项核心活动；三是合规义务来源于法律、行政法规、部门规章及其他规范性文件、经营规则、自律性组织的行业准则、行为守则和职业操守。

（2）拓展：多元化的合规实践

不到一年时间，原中国保险监督管理委员会紧随其后，于2007年9月7日出台《保险公司合规管理指引》（现已失效），将合规管理作为企业开展全面风险管理、内部控制的基础工作。

在之后将近十年的时间里，中国证券监督管理委员会发布了《证券公司合规管理试行规定》（现已失效），商务部颁发了《贸易政策合规工作实施办法（试行）》，国家税务总局颁布了《税收政策合规工作实施办法（试行）》。

该阶段合规管理的特点：一是合规管理的领域趋向多元化，逐步由金融行业拓展到保险、证券、贸易等其他各个行业和领域；二是合规管理成为企业开展全面风险管理、内部控制的基础工作；三是合规义务的外延扩大，明确了公司内部管理制度、道德准则、世贸组织规则等相关协定也是合规义务来源。

（3）提升：合规管理体系化探索

随着国际合作与监管的加强，某些企业因合规问题面临处罚，迫使中国企业在加快"走出去"进程的同时亟待增强企业合规管理能力。2014年，国际标准化组织（ISO）推出企业合规管理体系建设的国际标准《合规管理体系指南》（ISO 19600：2014），同年12月，国务院国资委正式将"加强企业合规管理体系建设"列入中央企业新五年规划当中。

在中央企业新五年规划中，国务院国资委于2016年4月颁布了《关于在部分中央企业开展合规管理体系建设试点工作的通知》，选定招商局集团、中国石油、中国移动、东方电气集团和中国中铁五家中央企业作为首批合规管理试点企业，探索开展合规管理体系建设工作。

同步开展的还有对标国际提升管理工作。2016年12月，中国标准化研究院牵头组建了《合规管理体系指南》国家标准工作组,使用翻译法等同采用国际标准《合规管理体系指南》(ISO 19600：2014),在合规管理体系建设的方法和基本要求方面与国际社会保持统一。2018 年 8 月 1 日,国家标准《合规管理体系指南》(GB/T 35770—2017)正式实施。2022 年 10 月 12 日,《合规管理体系要求及使用指南》(GB/T 35770—2022)代替原标准成为新的国家标准。

在该国家标准中,合规风险的范围扩大为"不确定性对于合规目标的影响",而这种不确定性是基于企业未遵守相关合规义务而产生的。在国家标准中,将企业需要遵守的合规义务归纳为合规要求(被动,企业有义务遵守的要求)和合规承诺(主动,企业选择遵守的要求)。

到 2018 年年底,国务院国资委等部委在吸取首批合规管理试点央企经验教训后相继发布了《中央企业合规管理指引(试行)》与《企业境外经营合规管理指引》。

该阶段合规管理的特点:一是明确提出合规管理的体系化建设要求;二是将合规义务采用列举加兜底方式进一步释明,包括有关法律法规、国际条约、监管规定、行业准则、商业惯例、道德规范和企业依法制定的章程及规章制度等要求以及合规承诺;三是将合规管理要求从金融领域扩大到国有企业乃至一般企业。因此,2018 年也被誉为"中国合规元年"。在此之后,全国各地陆续发布当地的合规管理文件,以指导规范当地企业合规管理。合规管理指引等规范性文件的出台,促使企业合规管理从模糊的轮廓逐步发展形成较为清晰的脉络与框架,进一步推动了企业合规管理的体系化建设。

2021 年 3 月,"引导企业加强合规管理"正式写入《中华人民共和国国民经济和社会发展第十四个五年规划和二〇三五年远景目标纲要》,并进一步提出"推动民营企业守法合规经营,鼓励民营企业积极履行社会责任、参与社会公益和慈善事业。弘扬企业家精神,实施年轻一代民营企业家健康成长促进计划"。这一举措,更是将合规管理上升至国家战略布局的高度。

(4)促进:涉案企业合规改革激励

为进一步深入贯彻落实党中央重大决策部署,及时有效惩治、预防企业违法犯罪,推动营造法治化营商环境,2020 年 3 月,最高人民检察院在上海浦东、金山，江苏张家港，山东郯城，广东深圳南山、宝安等 6 家基层检察院开展企业合规改革第一期试点工作。试点检察院对民营企业负责人涉经营类犯罪，依法能不捕的不捕、能不诉的不诉、能不判实刑的提出适用缓刑的量刑建议，同时探索督促涉案企业合规管理，促进"严管"制度化，不让"厚爱"被滥用。

为进一步充分发挥检察职能作用，加大对民营经济的平等保护，做好对涉案企业负责人依法不捕、不诉、不判实刑的"后半篇文章"，2021 年 3 月，最高人民检察院印发《最高人民检察院关于开展企业合规改革试点工作方案》，依法有序推进企业合规改革试点向纵深发展，将试点范围扩大至北京、辽宁、上海、江苏、浙江、福建、山东、湖北、湖南、广东等十个省（直辖市）人民检察院。2022 年 4 月 2 日，最高人民检察院会同全国工商联专门召开会议正式"官宣"——涉案企业合规改革试点在全国检察机关全面推开。

全面推开涉案企业合规改革试点，是从刑事角度对企业加强合规管理的正向激励，是在企业涉案后给予涉案企业及其负责人一次改过自新的机会，是推动企业依法守规经营，服务经济社会高质量发展的一项重要制度创新。

2. 行业越来越重视合规管理

自 2018 年国务院国资委印发《中央企业合规管理指引（试行）》以来，各行各业陆续在政府监管部门的主导下出台相关合规指导性文件，见下表：

序号	颁布时间	颁布单位	文件名称
1	2019 年 12 月 11 日	中国证券业协会	关于发布《证券公司合规管理人员胜任能力测试大纲（2020）》的通知
2	2020 年 9 月 11 日	国务院反垄断委员会	《经营者反垄断合规指南》
3	2021 年 4 月 28 日	商务部	《关于两用物项出口经营者建立出口管制内部合规机制的指导意见》
4	2021 年 5 月 28 日	中国证券业协会	《证券公司合规管理有效性评估指引（2021 修订）》
5	2021 年 10 月 11 日	国家发展改革委办公厅	关于印发《价格指数行为评估和合规性审查操作指南（试行）》的通知
6	2021 年 11 月 15 日	国家市场监督管理总局	《企业境外反垄断合规指引》

续表

序号	颁布时间	颁布单位	文件名称
7	2021年8月24日	浙江省市场监督管理局	《浙江省平台企业竞争合规指引》
8	2021年11月17日	江苏省律师协会	《律师从事合规法律服务业务指引》
9	2021年12月27日	上海市浦东新区检察院、中国信息通信研究院知识产权与创新发展中心	《企业知识产权合规标准指引（试行）》
10	2022年1月20日	上海市市场监管局	《商业广告代言活动合规指引》

以上各项指导性文件的出台表明，政府监管部门、行业协会等正在积极发挥指导、监督、促进企业加强合规管理的作用。

3. 国有企业越来越重视合规管理

市场主体越多元、竞争态势越复杂，对企业竞争行为规范性的要求也就越高。近年来，在全球市场竞争中持续强化企业合规已成为一项新趋势，我国中央企业的合规管理也在探索中不断强化。

总体上看，国资委推动中央企业加强合规管理经历了由浅入深、由点到面、步步深化的过程，大体上可以分为三个阶段。

（1）学习探索阶段。早在2014年，国资委就明确提出中央企业要探索开展合规管理的要求，并组织有关企业多次赴国际大公司深入学习交流。

（2）试点积累阶段。2016年，国资委在中国石油、中国移动、东方电气集团、招商局集团、中国中铁等5家企业，正式启动合规管理体系建设试点工作，不断深化认识、积累经验。

（3）全面推开阶段。2018年，在试点基础上及时印发《中央企业合规管理指引（试行）》，针对反垄断、反商业贿赂、出口管制等高风险领域，先后印发一系列合规指南，指导企业全面推进合规管理工作，明确将合规要求覆盖各业务领域、各职能部门、各级子企业和全体员工，贯穿业务开展全过程。北京、上海、江苏等地国资委结合实际，陆续出台相关制度，积极推动所出资企业强化合规管理，取得较好成效。

2021年5月13日，国资委副主任于"法治央企建设媒体通气会"上表示中央企业已全部成立合规委员会。2021年10月17日，国资委印发《关于进一步深化法治央企建设的意见》，提出要"着力健全合规管理体系"，并要"推动合规要求向各级子企业延伸，加大基层单位特别是涉外机构合规管理力度，到2025年中央企业基本建立全面覆盖、有效运行的合规管理体系"。2021年12月3日，国务院国资委召开中央企业"合规管理强化年"工作部署会，强调中央企业必须把强化合规放到贯彻习近平法治思想的高度来认识，放到落实全面依法治国战略的全局来部署，放到保障企业高质量发展的层面来推动，力争通过一年时间推动企业合规管理工作再上新台阶。

与全面风险管理、内部控制有所区别的是，企业可以通过对重要商业伙伴开展合规调查，签订合规协议，要求作出合规承诺等方式促进商业伙伴行为合规，也即企业可将其合规管理要求向上下游产业链进行延伸。作为国民经济主导力量的国有经济已经全面铺开并逐年加强合规管理、防控合规风险，若民营企业迟迟未加强合规管理，未来将失去更多与国有企业合作的机会。

（二）内生动力：民营企业加强合规管理助力行稳致远

1. 增强风险防控能力，减少违规损失

在改革开放中，中国民营企业经历快速成长，出现了一批非常优秀的大企业。但发展迅速的民企面临两个问题：第一，缺少对管理体系的整体考虑，"重业务，轻管理"的问题比较普遍；第二，企业的有效发展，不能只追求快速增长，当企业成长到一定规模，更应考虑"可持续"的盈利和增长。

曾几何时，许多大型民营企业风光无限，多次入选中国民营企业500强，却都因为缺少系统的合规管理体系或违规问题逐渐走向破产、退市。

例如：甲集团于2015年上市时，曾创下上市短短40天，就收获了36个涨停板的纪录，股价也从7.14元一路飙升到了327.01元，涨幅高达4479%。然而甲集团为始终占据市场主导地位，开始了大量盲目的收购计划。其联合多方以52亿元收购了英国乙公司65%的股份，却未设置相关竞业协议，乙公司三大创始人套现后另立门户，继续干起同一桩买卖，促使乙公司接连丢掉数个关键赛事转播版权，最终乙公司因经营不善等被英国法院进行破产清算。甲集团投资失利，也因此没有完成对投资方的回购承诺，导致投资方向其索要7.51亿元的赔款。

此时甲集团经济危机已初见端倪，为留住投资人，甲集团进行了违规披露，主要涉及"未披露乙公司股权收购项目中的《回购协议》等事项""未计提子公司商誉减值准备"。最终，证监会对甲集团给予警告，并处以60万元罚款；对董事长兼法人丙给予警告，并处以30万元的罚款。由于甲集团信息披露违法行为所涉金额巨大，丙作为直接负责的主管人员，违法行为情节严重，证监会对其采取终身市场禁入措施。

此后，甲集团的债务问题不但没有解决，在2019年9月，丙更是被公安机关以涉嫌行贿、职务侵占等罪名抓捕入狱，而一年后甲集团也面临了退市处理，退市前市值仅为9000万元，短短五年市值就缩水了400亿元，不由得令人扼腕。

2. 搭建合规管理体系，实现责任切割

建立健全合规管理体系，不仅能协助企业防控风险，而且能协助企业全流程实现责任切割。例如：某公司员工侵犯公民个人信息案中，2011年至2013年9月，担任某公司西北区婴儿营养部事务经理、兰州分公司婴儿营养部甘肃区域经理郑某违规开拓医务渠道，为了抢占市场份额，推销某公司奶粉，授意该公司兰州分公司婴儿营养部员工通过拉关系、支付好处费等手段，从兰州市多家医院医务人员处非法获取公民个人信息，共计获取孕产妇姓名、手机号等信息12万余条。2016年10月31日，兰州市城关区人民法院一审宣判，以侵犯公民个人信息罪分别判处郑某等人拘役4个月至有期徒刑1年6个月不等的刑罚。之后，郑某等人以涉案行为属于单位犯罪等理由提出上诉。2017年5月31日，兰州市中级人民法院作出二审终审裁定：驳回上诉，维持原判。

上述某公司员工因侵犯公民个人信息案中，兰州法院只判罚了某公司员工，并没有认定某公司犯罪。此案中，某公司与员工的违法行为进行了有效的分割，在公司内部建立了较为完善的合规制度，避免了公司因员工个人行为而陷入"单位犯罪"的不利境地。终审裁定中提到，某公司员工培训教材中的指示、某公司情况说明证实，某公司不允许员工以推销0—12个月月龄健康婴儿食用的婴儿配方奶粉为目的，直接或间接地与孕妇、哺乳妈妈或公众接触。不允许员工未经正当程序或经公司批准而主动收集公民个人信息。

终审法院认可了某公司所制定和实施的含有个人信息保护合规内容的公司政策和员工行为规范，认为这些政策和规范证明了"某公司禁止员工从事侵犯公民个人信息的违法犯罪行为，员工违反公司管理规定，为提升个人业绩而实施犯罪为个人行为"。

本案表明，企业制定并实施合规管理体系对于避免和降低在员工违法的情况下企业被认定为单位犯罪的风险具有重要的实践价值。

3. 提升企业合规形象，增加商业机会

在当下全面推开涉案企业合规改革试点的政策激励下，民营企业及民营企业家即使一朝踏错，也可能通过合规整改挽回商业信誉，提升企业合规形象，进而增加商业合作机会。

例如：深圳X公司走私普通货物案中，X公司系国内水果行业的龙头企业。从2018年开始，X公司从其收购的T公司进口榴梿销售给国内客户。张某某为T公司总经理，负责在泰国采购榴梿并包装、报关运输至香港；曲某某为X公司副总裁，分管公司进口业务；李某、程某分别为X公司业务经理，负责具体对接榴梿进口报关、财务记账、货款支付等。

X公司进口榴梿海运主要委托深圳、珠海两地的S公司（另案处理）代理报关。在报关过程中，由S公司每月发布虚假"指导价"，X公司根据指导价制作虚假采购合同及发票用于报关，报关价格低于实际成本价格。2018年至2019年，X公司多次要求以实际成本价报关，均被S公司以统一报价容易快速通关等行业惯例为由拒绝。2019年4月后，经双方商议最终决定以实际成本价报关。

2019年12月12日，张某某、曲某某、李某、程某被抓获归案。经深圳海关计核，2018年3月至2019年4月，X公司通过S公司低报价格进口榴梿415柜，偷逃税款合计397万余元。案发后，X公司规范了报关行为，主动补缴了税款。2020年1月17日，深圳市检察院以走私普通货物罪对张某某、曲某某批准逮捕，以无新的社会危险性为由对程某、李某作出不批准逮捕决定。2020年3月3日，为支持企业复工复产，根据深圳市检察院建议，对张某某、曲某某变更强制措施为取保候审。2020年6月17日，深圳海关缉私局以X公司、张某某、曲某某、李某、程某涉嫌走私普通货物罪移送深圳市检察院审查起诉。

2020年3月，在深圳市检察院的建议下，X公司开始启动为期一年的进口业务合规整改工作。X公司制订的合规计划主要针对与走私犯罪有密切联系的企业内部治理结构、规章制度、人员管理等方面存在的问题，制定可行的合规管理规范，构建有效的合规组织体系，完善相关业务管理流程，健全合规风险防范报告机制，弥补企业制度建设和监督管理漏洞，防止再次发生类似违法犯罪。经过前期合规整改，X公司在集团层面设立了合规管理委员会，合规部、内控部与审计部形成合规风险管理的三道防线。加强代理报关公司合规管理，明确在合同履行时的责任划分。聘请进口合规领域的律师事务所、会计师事务所为重点法律风险及其防范措施提供专业意见，完善业务流程和内控制度。建立合规风险识别、合规培训、合规举报调查、合规绩效考核等合规体系运行机制，积极开展合规文化建设。X公司还制定专项预算，为企业合规体系建设和维护提供持续的人力和资金保障。合规建设期间，X公司被宝安区促进企业合规建设委员会列为首批合规建设示范企业。鉴于该公司积极开展企业合规整改，建立了较为完善的合规管理体系，实现合规管理对所有业务及流程的全覆盖，取得阶段性良好效果，为进一步支持民营企业复工复产，深圳市检察院于2020年9月9日对X公司及涉案人员作出相对不起诉处理，X公司被不起诉后继续进行合规整改。

自开展合规整改以来，X公司在合法合规的基础上，实现了年营业收入25%、年进口额60%的逆势同比增长。2021年8月10日X公司被评为深圳市宝安区"3A"信用企业（3A：海关认证、纳税信用、公共信用），同年9月9日被评为诚信合规示范企业。

可见，推动民营企业依法经营合规管理，不仅能助力民营企业"走出去"，妥善应对和防范域外国家及国际组织的制裁，还能帮助民营企业矫正经营和管理中存在的风险隐患问题，逐步健全现代化、市场化、国际化、法治化营商环境，进而构建具有中国特色的民营企业合规管理体系，形成良好的企业合规管理文化氛围，进一步推动民营企业可持续发展。

二、民营企业开展合规管理建设的目标和原则

对于民营企业而言，加强合规管理迫在眉睫，且没有相关政策法规进行指

导，也即目前我国尚无针对民营企业特点出台相关合规管理指引。基于此，民营企业一方面可以借鉴国际最新合规标准 ISO 37301：2021《合规管理体系 要求及使用指南》，另一方面可参照《中央企业合规管理办法》《中央企业合规管理指引（试行）》，并结合自身经营管理特点搭建契合业务流程与管理发展的合规管理体系。

结合 ISO 37301：2021《合规管理体系 要求及使用指南》与《中央企业合规管理办法》《中央企业合规管理指引（试行）》的规定，对民营企业加强合规管理的目标和原则总结如下：

（一）民营企业合规管理的目标

1. 民营企业加强合规管理的目标与合规管理目标（方针）的区别

民营企业加强合规管理的目标与合规管理目标（方针）是两组表述相近但意思迥然不同的词语。

民营企业加强合规管理的目标，系指民营企业开展合规管理的目的，常表现为有效防控合规风险、提升依法合规经营管理水平等；而合规管理目标（方针）代表的是特定阶段内企业拟实现的结果，可以是战略的、战术的或运作层面的，也可能涉及不同主题或存在于不同层面，合规管理目标（方针）往往与企业最高管理者制定的企业宗旨和发展方向保持一致。

2. 合规管理目标（方针）

根据 ISO 37301：2021《合规管理体系 要求及使用指南》的规定，合规管理目标（方针）确立了企业实现合规的首要原则和行动承诺，它设定了所需的职责和绩效水平，并设定了对行动进行评估的期望。一般情况下，合规管理目标（方针）包括以下内容：

（1）使命宣言（或合规宣言、合规价值观）；

（2）总体方针声明；

（3）管理战略以及责任、资源的分配；

（4）标准合规程序；

（5）审计、尽职调查等合规流程；等等。

（二）民营企业合规管理的原则

民营企业虽不同于国有企业，但其合规管理体系建设仍需遵循以下原则：

1. 全面覆盖（或完整性）。坚持将合规要求覆盖各业务领域、各部门、各级子企业和分支机构、全体员工，贯穿决策、执行、监督全流程。

2. 强化责任。强调企业治理结构和最高管理者应积极承诺，发挥其领导作用。建立全员合规责任制，明确管理人员和各岗位员工的合规责任并督促有效落实。

3. 协同联动。推动合规管理与法律风险防范、审计、内控、风险管理等工作相统筹、相衔接，确保合规管理体系有效运行。

4. 客观独立。合规管理牵头部门独立履行职责，不受其他部门和人员的干涉。严格依照法律法规和企业内部规定等对企业和员工行为进行客观评价，坚持统一标准对违规行为进行处理。

5. 持续改进。企业应持续改进合规管理体系的适宜性、充分性和有效性。发生违反合规义务或违规行为时，应及时采取控制和纠正措施、完善相关规章制度或流程，以避免违规事件再次发生。

三、民营企业开展合规管理建设的实践方法

民营企业在规模上大多属于中小型企业，人员构成上往往以家族、同学、同乡为基础关系纽带，企业文化、管理制度一方面呈现出"一言堂"特点，另一方面又呈现出"纪律涣散"特点。所以，民营企业组织管理不健全、内部制约机制缺失成为普遍现象。尽管民营企业合规可以明显强化民营企业的合法权益保障，但依然有大量民营企业，对建立内部合规体系缺乏足够的重视和动力。因此，民营企业合规组织机构、合规制度建设的不足，也在所有的企业类型中表现最为突出，其加强合规管理的重心也需放在这两大板块上。

（一）合规管理组织体系的构建要点

根据《中央企业合规管理办法》的相关规定，国企一般是在原有组织架构

的基础上进一步明确各层级的合规管理职责，形成合规管理三道防线，同时设立合规委员会、合规管理负责人、合规管理牵头部门，形成三层级的合规管理线条。民营企业亦可参照指引规定搭建合规管理组织体系。

但对于大多数民营企业而言，受人力、物力、财力的限制，其原有的组织架构往往不如国有企业的健全，常常呈现出"一言堂"、各部门未健全的情况。基于此，笔者根据以往实践经验列述以下民营企业可能面临的合规管理组织体系搭建过程中的疑点及建议。

1. 法定代表人是否为推进合规管理体系建设的第一责任人

对于国有企业而言，其主要负责人作为履行推进合规体系建设的第一责任人，往往是该企业的董事长或执行董事，也即该企业的最高管理者。对于民营企业而言，同样需要判断法定代表人在企业中是否为最高管理者，若是，则其为推进合规管理体系建设的第一责任人；若否，则企业中最高管理者方为推进合规管理体系建设的第一责任人。

这是因为推进合规管理体系建设并切实执行离不开最高管理者的领导作用和积极承诺，也离不开最高管理者为合规管理工作配备充足的人、财、物等资源支持，与其是否为企业法定代表人无必然关系。

2. 合规委员会是否必设

合规委员会的作用在于承担合规管理的组织领导和统筹协调工作，研究合规管理重大事项，指导、监督和评价合规管理工作。国有企业往往于董事会层面设立合规委员会，并承担相应合规管理职责。

对于民营企业而言，合规委员会的设立需根据企业自身人员规模及组织架构的设计情况而定。对于大型民营企业或拟上市的民营企业而言，其组织架构往往具备规模化的特点，其董事会的成员能够承载合规委员会的职责，可以参照国有企业的做法于董事会层面设立合规委员会，或由审计委员会、风险管理委员会等类似机构承担相关合规管理职责。

对于中小微民营企业而言，其议事与决策机制往往更加灵活简便，且董事会人数较少或无董事会，在此种情况下可以不设合规委员会，由经理层承担相应合规管理职责。

3. 合规管理负责人的任职条件有哪些

对于国有企业而言，往往任命总法律顾问或相关负责人担任合规管理负责人，实务中相关负责人可以是分管法务或风控工作的经理，也可以是法务部门或风控部门负责人。民营企业亦可参照国有企业的做法任命企业的合规管理负责人。

但对于中小微民营企业而言，往往会出现无法务或风控部门的情况，更有甚者还有无法务或风控岗位的情况，这种情况常见于项目公司或小微企业。在这种情况下，我们需根据合规管理负责人所承担的职责来倒推其任职条件。

根据《中央企业合规管理指引（试行）》第9条的规定，中央企业相关负责人或总法律顾问担任合规管理负责人，主要职责包括：（一）组织制订合规管理战略规划；（二）参与企业重大决策并提出合规意见；（三）领导合规管理牵头部门开展工作；（四）向董事会和总经理汇报合规管理重大事项；（五）组织起草合规管理年度报告。

根据上述规定，我们可以总结出合规管理负责人的任职条件为：需充分了解企业的规划、目标、发展方向，既能参与企业重大决策，又能管理下属部门开展工作。对于中小微民营企业而言，若在总经理之下无相应匹配的人选，可由总经理承担合规管理负责人的相应职责。

4. 合规管理牵头部门是否必须单设

对于一般的民营企业而言，其可以单独设立合规管理牵头部门，也可以明确由法律事务部门或其他相关职能部门为合规管理牵头部门，组织、协调和监督合规管理工作，为其他部门提供合规支持。

对于规模较小的小微企业而言，可以设立合规团队或合规专员岗位，也可以将相应合规管理职责归入法律事务部门或相关职能部门，或者委托外部律师提供合规管理服务，并非必须单设合规管理牵头部门。

5. 现有组织架构不足以形成合规管理三道防线怎么处理

对于中小微民营企业而言，往往内部未设立审计部门进行相应的监督。在此种情况下，搭建合规管理组织体系时将会出现第三道防线的空缺。基于此，笔者根据以往实务经验提出以下两点建议以供参考：

一是充分发挥监事的监督管理职责。但由监事承担第三道防线职责时需注意监事的人选不能为第一道防线中的业务人员，以免出现第一道防线与第三道防线竞合的情况。

二是充分发挥外聘第三方中介机构的作用。如每年聘请会计师事务所、审计师事务所进行独立审计，聘请律师事务所进行合规评估等。

（二）合规管理制度体系的设计思路

对于国有企业而言，合规管理制度体系至少分为三个层级，分别是基本制度、重点领域合规指南以及操作手册（或岗位职责清单）。基本制度应包含合规管理总体目标、机构职责、管理流程、考核监督、奖惩问责等。重点领域合规指南则是在合规管理基本制度的基础上，针对合规风险较高的业务领域制定专项合规管理指南，强化重点领域合规风险防范。岗位职责清单需全面梳理各部门岗位合规风险，依据风险水平等进行分级管理，将合规要求纳入岗位职责。

对于民营企业而言，其需根据搭建目的、时间要求、任务要求等实际情况而定。尤其是涉案企业在开展合规整改过程中，时间紧任务重，其合规管理制度体系需紧紧围绕预防同类犯罪再次发生的目的进行设计，多为重点领域的合规指南。

由于大多数民营企业并非强监管企业，其自身合规制度不宜像国有企业那样设计许多流程，笔者根据以往实务经验提出以下两点建议以供参考：

一是民营企业制定合规管理基本制度的重心应在于考核监督与奖惩问责部分，只有将员工的经营管理行为与其绩效考核相挂钩才能切实引起员工的重视。

二是民营企业在制定重点领域合规指南及岗位职责清单时可优先从禁止性合规义务入手，通过制度形式明确法律及企业的禁止性红线。除此之外，法无禁止即可为，也不会过分约束或限制民营企业的灵活性。

（三）合规风险识别、评估与防控方法

根据 ISO 37301：2021《合规管理体系 要求及使用指南》的规定，合规风险是指因不符合企业合规义务而发生不合规的可能性及其后果。也即合规风险是伴随着合规义务诞生的。

因此，要进行合规风险的识别与评估，首先需进行合规义务的识别与评估，合规义务是确立、制定、实施、评价、维护和改进企业合规管理体系的基础。而合规义务是指企业强制性地遵守的要求，以及自愿选择遵守的要求。

企业强制性地遵守的要求包括：法律法规；许可、执照或其他形式的授权；监管机构发布的命令、条例或指南；法院判决或行政决定；条约、公约和协议。企业自愿选择遵守的要求包括：与社会团体或非政府组织签订的协议；与公共权力机构和客户签订的协议；企业的要求，如方针和程序；自愿的原则或规程；自愿性标志或环境承诺；与企业签署合同产生的义务；相关企业和产业的标准。

民营企业宜按部门、职能和不同类型的企业活动来识别合规义务，以便确定谁受到这些合规义务的影响。

获取关于法律和其他合规义务变更信息的途径包括：列入相关监管部门收件人名单；成为专业团体的会员；订阅相关信息服务；参加行业论坛和研讨会；监视监管部门网站；与监管部门会晤；与法律顾问洽商；监视合规义务来源（如监管声明和法院判决）。

此外，民营企业还可借鉴全面风险管理中关于风险评估评级的方法，首先识别出与业务相关的最重要的合规义务，然后关注所有其他合规义务（帕累托原则）。

（四）合规运行与保障机制的实施逻辑

合规运行与保障机制的实施逻辑在于促进合规管理有效自行运转，逐步形成企业的合规文化。

因此，民营企业在运行合规管理体系过程中应建立起制度化、常态化的合规培训机制，制订年度合规培训计划，加大对企业员工的培训力度，将合规管理作为管理岗位初任、重点合规风险岗位人员业务培训、新员工入职必修内容，进一步提升全体员工的合规意识。

此外，合规管理体系的有效性的特点是它具有持续改进和发展的能力。企业的内部、外部环境以及业务随着时间的推移而变化，其活动性质和适用的合规义务也随之变化。合规管理体系的充分性和有效性宜通过多种方法进行持续和定期的评估，例如评审或内部审核。企业宜制定措施以评审其合规管理体系，并确保其保持最新状态且适合于其目标。在确定支持持续改进的行动的程度和时间尺度时，企业宜考虑其环境、经济因素和其他相关情况。

（五）"专精特新"企业的特殊性与合规建议

所谓"专精特新"企业是指具备专业化、精细化、特色化、新颖化特征的中小企业。其中获得重点支持的国家级"专精特新"企业又被称为"小巨人"企业（不含已在上交所主板、科创板和深交所主板、中小板、创业板，以及境外公开发行股票的企业）。目前，我国"专精特新"企业超过4万家，其中"小巨人"企业达4762家，平均拥有50项以上专利，超六成集中在工业基础领域，超七成深耕细分行业10年以上。[1]"专精特新"企业将为推动经济高质量发展注入源源不绝的动力。

"专精特新"成为网络热词离不开特定的时代背景，在2021年7月召开的中共中央政治局会议上提出：要强化科技创新和产业链、供应链韧性，加强基础研究，推动应用研究，开展"补链强链"专项行动，加快解决"卡脖子"难题，发展"专精特新"中小企业。[2] 首次将"专精特新"和"补链强链""卡脖子"联系在一起。

进一步剖析，在工信部公布的4762家"专精特新""小巨人"企业名单中，90%以上集中在"四基"领域，即核心基础零部件、关键基础材料、先进基础工艺、产业技术基础，在整个产业中有着不可或缺的作用。

一家典型的"专精特新"企业是日本"某某素"味精厂，它卡住了全球芯片企业的脖子，原因是某某素在制造味精时产生的副产品ABF，是一种制造具有极高绝缘性能薄膜的合成树脂材料，目前全球芯片在制造过程中都使用ABF。ABF材料市场不大，但技术门槛非常高，某某素味精厂占据了绝大多数的市场，

---

[1] 参见苏莉娜、李慧：《专精特新成长记》，载《科技与金融》2022年第8期，第43页。
[2] 参见《提升产业链供应链韧性要强化科技创新》，载中国共产党新闻网，http：//theory.people.com.cn/n1/2021/1018/c40531-32256412.html，最后访问时间：2022年10月1日。

几乎没有替代产品，这就是"专精特新"的威力。

在国内，"专精特新"与打破垄断结合在一起。例如，某公司联合研究院，攻关高性能超高分子量聚乙烯系列专用树脂原材料的催化聚合技术以及先进纺丝工艺，打破了许多国际大公司的垄断。

由此可见，"专精特新"企业虽然规模不大，但拥有各自的"独门绝技"，在产业链上具备一定的话语权，这有点类似于"隐形冠军"——它们大都是中间制造商，瞄准"缝隙市场"，在细分领域建立了竞争优势，甚至在一定意义上具备了垄断话语权。也就是说，"专精特新"的灵魂是创新。我国经济发展到当前这个阶段，科技创新是发展问题，更是生存问题。

我国虽然是全球工业门类最齐全的国家，但产业基础能力建设不足的问题仍然比较突出。这既有基础装备和核心技术能力不足的问题，也有产业链上"断点""堵点"较多，缺少具有国际竞争力的"撒手锏"技术的问题。

比如，一些产业核心零部件、材料、工艺的产业基础能力不能适应产业发展和需求侧变化，数字化基础技术体系薄弱，自动控制与感知、核心软硬件、工业云与智能服务平台、工业互联网等基础科学存在短板、底层基础能力不足；对于集成电路、生物医药等产业链关键环节的控制力与主导权较弱，从"科技"到"产业"的创新内循环机制不畅等。

"专精特新"企业体量虽然不大，但依靠创新却能大有作为。这样的例子有不少，如湖南一家公司自主研发的操作系统，帮助神舟十二号载人飞船成功发射；安徽一家公司成功攻克汽车尾气排放治理难题，填补了国内此项技术空白；上海的集成电路企业致力于攻克"卡脖子"关键技术……

"专精特新"企业"小而尖""小而专"，长期专注于某些细分领域，在技术工艺、产品质量上深耕细作，具有专业程度高、创新能力强、发展潜力大等特点，有些企业因为突破关键核心技术，一跃成为行业中的"小巨人"。

这类企业，创新是其发展的动力。除常规的合规要求外，"专精特新"企业更应着重搭建知识产权领域合规管理，及时申报企业的知识产权，将自有创新技术通过法律手段进行确权，从而进一步推动和激发企业的创新活力。

第三节　跨境企业合规管理体系的构建

随着"经济全球化"的浪潮和国际贸易的蓬勃发展，有越来越多的中国企业选择"走出去"以寻求更广阔的市场以及"更上一层楼"的企业发展阶段。中国在2013年提出的"一带一路"国家级顶层合作倡议更是将区域经济合作和中资企业海外运营推上新的高潮。其中不容忽视的是，境外尤其是西方国家成熟健全的法律体系和较高的市场准入门槛曾一度让中国企业早期的市场开拓先锋们吃尽苦头甚至折戟沉沙，各家拥有跨境业务的企业也都或多或少经历了"摸索"阶段才在企业治理完善的基础上走上发展的快车道，因此了解跨境企业所面临的环境和合规体系搭建的特殊性显得尤为重要。

跨境企业与传统企业最为显著的差异在于业务经营地的域外性，不论是拥有全球业务的跨国集团还是专注特定国家和地区的跨境贸易商家，摸透所处商业环境并有针对性地调整自身策略和行为逻辑的"入乡随俗"才能确保商业上的"生意兴隆"。跨境企业尤其需要在充分了解所面临的合规环境的基础上谋定而后动，才能避免无谓的"交学费"甚至发展挫折。因此，跨境企业的合规体系搭建相对于国有企业或中小微企业也是有其特殊性的，需要企业经营管理人员和合规从业人员多加注意。本节将从跨境企业所面临的合规环境的特征出发，阐释企业有针对性地部署合规体系的注意要点。

一、跨境企业所面临的合规环境的特征

相对于传统企业，跨境企业面临的合规环境更为复杂。跨境企业域外经营要直面业务区域的政治、经济、文化、法律风险，迎接国际格局和国际体系的重大变化，遵从政策法律法规的多重要求，应对频繁针对的执法活动，避免国际经贸摩擦裹挟。在复杂的经营背景、动荡的国际政治环境下，结合企业自身业务实际，搭建合规管理体系。

（一）跨境经营合规挑战

跨境企业直接面向国际市场，参与国际分工和国际竞争，相比境内经营企业，跨境企业面临的经营环境更为复杂，面临的风险形式也更为多样，最为直接地表现为东道国经营风险，具体包括东道国的政治、经济、文化、法律风险。此外，跨境企业还面临世界经贸秩序迭代重构的风险。随着经济全球化和政治多极化及新的科技革命不断演进，国际格局和国际体系发生重大变化，世界呈现"百年未有之大变局"。旧秩序的瓦解和新秩序的建立，伴随着激烈的矛盾和冲突，世界经济格局极度动荡，"逆全球化"思潮甚嚣尘上，单边主义、国家主义理念兴起，贸易壁垒、移民限制等反全球化措施屡见不鲜[1]，使跨境企业面临着重大战略风险。

复杂的经营环境和多样的风险给企业合规带来了巨大的挑战，跨境企业合规的范畴从纯粹的制定内外部制度、道德遵从，拓展到国际政治动态追踪与战略选择。跨境企业一方面需要研究东道国本地法律及国际法规，避免违法受到行政监管部门调查、处罚；另一方面需要对国际形势进行动态追踪，提前制定风险预防性策略机制，及时依据国际形势变化调整合规管控措施。

（二）政策法规多重要求

跨境企业的业务经营横跨多个国家（地区），面临多重法律管辖。跨境企业境外经营行为，不仅要受本国法律的天然约束，还需要符合境外业务区域当地的法律法规、行业监管要求，遵守相关国际法律法规。同时，在"域外管辖""长臂管辖"盛行的司法环境下，在境外开展业务经营，极可能还需要满足第三国政策法律的要求。

多法域遵从给跨境企业合规管理体系的搭建带来巨大难度。一是适用多重法律，企业难以建构统一的合规管理体系。二是适用多重法律，往往面临法律间的冲突和矛盾，这些冲突和矛盾可能属于同一法律部门，也可能属于不同法律部

---

[1] 参见匡列辉：《"全球化"下"逆全球化"思潮兴起的症候及原因》，载《城市学刊》2022年第2期，第95页。

门，致使企业在具体案例中无法制订合理的冲突解决方案。三是适用多重法律，需要全面研究业务区域法律，域外政策法规数量繁多、日新月异，对合规资源投入和合规团队建设要求较高，增加企业利润消耗。

境外处理个人数据，不仅要立足中国个人信息保护法规，遵从业务国本地数据保护立法，还可能由于数据处理涉及欧盟境内的数据主体而落入欧盟《通用数据保护条例》等具有域外适用效力的法律管辖范围。在数量繁多，立法目标、立法内容存在差异的多重法律适用下，跨境企业很难构建符合各国要求、统一的数据保护合规管理体系。甚至在系统服务器部署等高危数据跨境场景中，服务器部署地、数据处理地、数据中转地、数据主体所在地可能都不同，时常面对不同数据保护立法间的冲突和矛盾。譬如，中国公司将美国子公司收集的个人数据，通过部署在新加坡的服务器传输至国内研发中心处理，美国子公司为欧洲公司提供服务，处理的个人数据涉及欧洲境内的数据主体。欧盟、美国、新加坡、中国的数据保护立法，对数据跨境和处理的要求可能不同甚至完全相反。欧盟严格限制个人数据向第三国转移，主张通过充分性认定或严格的数据跨境协议实施跨境，而美国为维护产业优势鼓励数据跨境流动，法律冲突下给企业跨境合规管控规则的制定带来巨大难度。

更为困难的是，跨境企业往往还不止面对一个领域合规要求，满足数据保护合规要求时可能会违背其他合规领域的要求。例如，根据欧盟数据保护的最小化原则，应缩减个人数据的采集范围、采集频率、存储时长，但如若严格按此操作，可能违背美国出口管制法规主体扫描、合规记录保存等要求，致使跨境企业在法律冲突中难以制订合理的解决方案。

（三）频繁遭受针对性执法

随着中国综合国力和国际影响力的提高，跨境企业在高新技术领域的蓬勃发展，中国企业在国际竞争中逐渐占领一席之地，"中国威胁论"不时出现。中国企业在"走出去"的过程中，面临执法活动的频繁针对。

在反商业贿赂领域，分析《反海外腐败法》1977—2021 年的执法案例，中国以 68 件执法案件排在非美国企业/个人执法名单榜首，执法案件数量是第二名巴西的两倍以上，执法集中于石油、天然气、医疗保健、工业品、科技、航空航天行业。

频繁的针对性执法活动，给跨境企业合规管理建设带来极大压力。企业一方面需要构建完备的合规组织架构，准确识别、评估、治理合规风险，防止合规事件发生；另一方面需要建立合规事件应对响应流程，保存合规证明记录，及时配合执法。

（四）经贸摩擦裹挟升级

受全球经济衰退、政治社会危机等因素影响，近年来全球经贸摩擦频繁。2021 年全球贸易摩擦指数半数月份处于高位，其中美国、欧盟、印度为贸易摩擦高发地区。[①] 经贸摩擦之下，大国之间战略博弈加剧，以国家安全为名的贸易管制呈现抬头之势，许多国家使用管控、制裁手段以维护自己的国家利益，确保经济、技术的优势地位。

除此之外，由于数据资源成为互联网数字经济最核心的战略资源，数据流动管控也成为国际博弈的有力武器，"数据主权""数据本地化"战略迅速推广。尽管自由流动是数据的本质特征，网络信息技术的飞跃建立在全球各地互通互联的基础上，但基于维护国家安全和社会公共秩序、保护个人数据、促进本地产业发展等考量，世界各国并没有放弃地域维度的管控思路，反而积极推动数据跨境监管的规则制定，掀起数据本地化的立法浪潮。

全球经贸摩擦频繁，不仅直接增加跨境企业的经营风险，还为企业制定内部合规机制增加难度，对企业合规应对能力和风险化解能力提出较高要求，不可避免地增加合规成本。

二、跨境企业进行合规管理体系搭建时的关注点

基于跨境企业所面临的独特的合规环境特征，企业主或合规管理人员一旦决

[①] 参见《2021 年度全球经贸摩擦指数报告》，载中国国际贸易促进委员会官网，https://www.ccpit.org/a/20220331/20220331r35e.html，最后访问时间：2022 年 3 月 31 日。

定开始合规体系搭建,则必然面临选择哪些合规治理领域、组建怎样的合规组织、采取怎样的政策制定逻辑和侧重自建还是外包的合规管理团队建设,这些关注点都将决定企业合规管理体系搭建成功与否或是否能够行之有效。而上述关注点实际上也并没有统一的标准答案,各家跨境企业需要结合自身业务实际情况、发展阶段和组织的资源投入去选取一套符合自身发展的合规管理体系方法论。接下来我们会从数个业界领先的跨国企业身上汲取经验,看看它们是如何进行合规管理体系搭建的。

(一) 大而全还是小而美的合规领域选择

随着合规概念的普及和公司治理理念的升级,各家企业都开始逐步关注合规的体系性建设。而跨国企业以其所处环境的特殊性和东道国市场准入要求,往往对于合规体系性建设有着较之一般企业更为迫切的需求。任何企业在成立法律或合规管理团队后都将面临合规治理领域的选择,从以下几个例子可以看出,无论大而全还是小而美,在企业资源支持有限的情况下,只有聚焦资源解决企业痛点问题才是最务实的做法。

1. 西某某公司

西某某公司是位于德国的跨国电子公司,其在全球拥有385000名员工,业务遍布190个国家,是跨国企业中的先驱和模范。其在仅75年的全球业务拓展中也并不总是一帆风顺,2006年11月西某某公司因为涉嫌商业贿赂而受到德国慕尼黑检察机关、美国司法部和证券交易委员会的调查,揭露了这家跨国公司在全球多个国家面向外国官员的贿赂行为,其后西某某公司与上述机构分别达成和解并向两地的监管部门支付了3.95亿欧元和4.49亿美元的罚款,此事件直接导致了公司首席执行官的下台,但同时也促成了西某某公司重建合规团队并搭建了日后引以为傲的西某某公司合规体系。①

西某某公司合规工作目前集中在四大领域:反腐败合规、反垄断合规、数据

---

① 参见《8.5亿美元重罚之下,西某某公司建立世界上最完善的合规体系》,载腾讯网,https://new.qq.com/omn/20210820/20210820A0AWMX00.html,最后访问时间:2022年9月30日。

保护合规、反洗钱合规。这与集团在数个商业领域的业务选择和企业的监管历史直接相关。2007年的反商业贿赂调查促成了西某某公司把反商业贿赂和反洗钱作为合规重心，而集团在全球扩张过程中不断的投资并购活动也增加了垄断风险，2019年西某某公司收购法国某公司铁路业务的计划就因潜在构成垄断而遭欧盟委员会否决，集团的并购业务催生了反垄断合规的需求。而西某某公司在能源、医疗、工业、基础设施和城市业务中不可避免地要与数据打交道，数据保护合规也顺理成章地成为该公司在21世纪的又一个关注重点。

2. 沃某某公司

沃某某公司因其零售行业和业务遍及全球的业务复杂性，设计了体系健全的"公司治理项目"，其延伸到公司治理的方方面面，确保了沃某某公司的全球成功。沃某某公司在合规领域选择上采取"大合规"的概念，领域细分多达15类，包括反腐败、反垄断、消费者保护、数据和技术使用、环境合规、商业道德、金融服务合规、食品安全、健康安全、医疗保健合规、劳动与雇佣合规、执照与许可、产品安全、负责任采购、贸易合规。①

沃某某公司的合规领域选择反映了集团对于公司治理结构的思考和不同发展阶段合规组织架构的变化。在业务开展早期，沃某某公司在全球的业务开展国维持着独立的合规管理团队，这导致了合规项目的完善程度良莠不齐。2012年该公司下定决心大力发展合规与道德项目，合规组织也重构为单一的、综合的全球集团，以提高运作透明度、专业水平和健全问责机制。在对企业面临的独特风险进行分析和研究后，沃某某公司合规团队定义了15个不同主题领域的合规风险，并将之作为合规治理的对象，体现了该公司全球业务的复杂性。

3. 空中某某公司

空中某某公司作为航空航天领域的跨国巨头业务遍及全球各个角落，其对于合规领域的选取也同样反映了该公司业务关联领域：反腐败合规、出口合规、数

---

① "Ethics & Compliance"，载沃某某公司官方网站，https://corporate.walmart.com/esgreport/esg-issues/ethics-compliance，最后访问时间：2022年9月30日。

据保护合规、采购合规。①

反腐败合规几乎成为跨境企业的"标配",空中某某公司曾在反腐败领域支付了创纪录的罚款②,也因此建立了专职的反贿赂合规团队以管理全球范围内的腐败风险。另外,在其有业务运营的多个国家都有旨在保护国家安全和外交政策利益的管制货物或技术出口和转移的相关法律,空中某某公司以其飞机、航天器制造的全球产业链协同属性需要遵守这些法律法规的要求,由此设立了独立的出口合规领域进行相关管理。而随着《通用数据保护条例》引发的全球数据保护立法浪潮,航空业也以其需要处理个人数据的属性需要遵守相关的规定,空中某某公司设立了专门的数据保护合规领域,同时将其并入《企业约束规则》(Binding Corporate Rules)。航天器制造常被视为"全球化"的典范,仅就飞行部件的采购空中某某公司在全球就有超过 1500 家供应商,每年公司的 600 亿美元预算中有 350 亿美元用于民用飞机部件的采购。③ 这也使得采购合规在空中某某公司变得相比其他公司更为迫切。

4. 华某公司

华某公司作为国内"走出去"企业的典范之一,在多年的跨境业务中也摸索出一套符合自身业务需求的合规领域选择。其目前在专项领域合规方面主要开展反商业贿赂、贸易合规、金融合规、网络安全与隐私保护、知识产权与商业秘密保护等领域④的合规管理。

同时,其合规管理还创新式地在西方两层管理逻辑⑤的基础上设计出更符合该公司业务的三层管理逻辑,也即基于关务管理、劳动用工管理、税务管理、产

---

① "Ethics and Compliance",载空中某某公司官方网站,https://www.airwei.com/en/sustainability/ethics-and-compliance,最后访问时间:2022 年 9 月 13 日。

② 2020 年 1 月 31 日,法国、英国和美国的法院分别批准了空中某某公司与各国检察官达成的《延迟起诉协议》(DPA),空中某某公司为此需要承担合计金额达 39.6 亿美元的天价罚款,历经四年的动荡调查,也因此成为备受关注、规模巨大的反腐败执法行动。

③ 参见《一款××民用飞机背后蕴含着多长的生产链》,载中国民航网,http://www.caacnews.com.cn/1/6/201810/t20181011_1257604.html,最后访问时间:2022 年 9 月 13 日。

④ "合规与诚信",载华某公司官方网站,https://www.huawei.com/cn/compliance,最后访问时间:2022 年 9 月 13 日。

⑤ 指基于业务责任的合规监管和集中合规监管两层管理逻辑。

品质量管理等业务责任的辅导形式的合规监管，基于贸易合规、反商业贿赂合规等对集团经营呈现重大风险的专项管理形式的合规监管，对于其他集团重大风险（如商业秘密）进行关注的集中监管。

5. 某某建工集团

某某建工集团[①]是一家位列中国五百强的大型国有房屋建筑工程总承包特级资质企业，公司业务遍布全球 30 多个国家和地区。该公司在 2013 年 10 月被世界银行作出了"附解除条件的取消资格"两年的制裁决定，根据世界银行的要求，某某建工集团于 2014 年开始建设并推行诚信合规程序体系，经过三年的努力，该公司在 2017 年 6 月正式结束世界银行制裁。其"诚信合规计划"也因为是针对企业参与国际银行招投标中的欺诈、腐败等问题所建立的专项合规计划，而被视为有针对性的、成功的合规计划。

从以上各家跨国企业的实践情况来看，大多数跨国企业都选择与资金流向、数据流向和货物流向密切相关的合规领域进行对应治理，这符合商业世界运行的数个基本要素，也体现了合规管控根植于业务流程的本质。无论是传统的反商业贿赂合规，还是近些年因立法活动而兴起的数据保护合规，抑或是因为重大执法案例频频登上头条的出口管制和经济制裁合规，它们都体现出了企业对于监管热点的回应和自身风险偏好的选择。大的跨国企业往往会选择对自身经营有着最直接影响的合规领域，这些领域也势必与其所从事的商业领域保持强关联性。比如跨国金融机构对于反洗钱的关注，跨国商业巨头对于反垄断的关注，互联网平台类型企业对于数据保护的关注，跨境贸易型企业对于税务合规的关注，它们都是认真选择的结果。

需要指出的是，企业对于合规领域的选择反映了其面临监管环境、市场准入要求和自身业务需要时的资源配置方案，在大多数拥有固定合规管理团队或兼职人员的企业，专项领域合规是聚焦资源、发挥效果的便捷方式，但这并不意味着企业无须满足转向合规领域以外的泛合规管理要求，而是可能采取不同业务部门

[①] "诚信合规"，载某某建工集团官方网站，http://www.chceg.com/channel/27066.html，最后访问时间：2022 年 9 月 13 日。

分管特定事项的模式。比如在特定公司贸易合规以其与关务或供应链更为紧密的要求，相关法律合规遵从工作可能由供应链部门而非企业单独配置的合规团队负责。

（二）中心式还是去中心式的组织管理形式

跨国公司的全球业务运营需要组织支撑，在合规领域也需要对应的人力资源和组织建设相配以确保合规项目的顺利推进和合规风险的妥善管理。跨境企业因其经营地点的多样性往往具有集团或多法人特征，如何在组织间进行顺畅的信息和指令的沟通变得十分重要。目前跨境企业在合规组织的结构设置上，往往还是尽量与业务组织结构保持一致。但因为不同的跨境企业在业务组织方式上的差异，还是催生了"中心式"和"去中心式"的分野。对于强调全球化运营属性的公司，它们或多或少经历了业务管理重心调整的阶段，在东道国的经营也会被赋予更大的业务自由度，而在合规管理组织上也会建设契合当地发展需要的独立组织。但这种倾向性上的选择并非一成不变，例如沃某某公司在 2012 年前后从去中心式的合规管理组织结构变回了集团一体式的组织管理结构。再来审视合规领域有代表性的几家跨国公司，它们也用自身实践诠释了"与业务需求相契合的组织管理模式"是最合适的管理形式。

1. 爱某某公司

爱某某公司是蜚声全球的瑞典电信设备制造商，业务遍布全球 180 个国家和地区。其因海外业务构成串谋违反《反海外腐败法》中关于反贿赂、账簿和记录以及内部控制的要求而被指控，2019 年 12 月 6 日，爱某某公司与美国司法部签订了延期起诉协议（DPA）。2022 年 3 月 1 日，美国司法部通知爱某某公司，该公司在 DPA 之前就 2011 年至 2019 年期间在伊拉克的行为进行的内部调查所做的披露是不够的。此外，它还认定，该公司违反了 DPA，未能随后披露与 DPA 调查相关的信息。公司正在与司法部就违约裁定的事实和情况进行沟通，并承诺与司法部合作解决该问题。①

---

① Report of foreign issuer [Rules 13a-16 and 15d-16]，爱某某公司关于 DPA 和伊拉克事件的公告，http: // guba. eastmoney. com/news, useric, 1148095646. html, 最后访问时间：2022 年 10 月 2 日。

爱某某公司在董事会项下建立了审计与合规委员会，首席合规官直接向合规管理委员会和管理层双重汇报，合规管理团队归属集团职能。而除此之外的组织结构则是根据业务领域划分为网络、数字服务、管理服务和技术及新业务，根据市场领域分别划分了北美区、欧洲和拉丁美洲区、中东非洲区、东南亚大洋洲和印度区及东北亚区。这种中心式的合规组织架构确保了集团资源的集中和管理效率的提升。

2. 西某某公司

西某某公司除了在集团层面设置直接向总裁和首席执行官汇报的总法律顾问，同时为了达到合规管理目的设置了既可以向总法律顾问汇报又可以直接向总裁和首席执行官汇报的首席合规官。而考虑到西某某公司在全球范围内拥有的数量庞大的子公司和运营实体，自2014年起其集团层面按业务领域划分为10个业务集团，而各业务集团在各个运营区域又进行职能整合。也是因此，西某某在中国公司，有着职能相对独立的合规团队，并下辖出口管制、数据保护和隐私保护等合规管理职能。

3. 华某公司

华某公司在合规组织管理上采用了一种类似于融合模式的方式，一方面，其在集团层面有着"法务"职能平台，集团首席合规官直接向董事会汇报，而分散在各个业务集团（BG）和业务单位（BU）的合规官和区域合规官则整体对集团首席合规官负责，法律合规管控部亦直接对集团首席合规官负责，同时指导地区法务合规COE（Center of Expertise，专家中心）的工作。

另一方面，在子公司层面，地区和子公司两个层级分别有着合规官和法务合规COE的建制，这些合规管理职能指导子公司和区域的公司治理活动，与销售、采购等其他职能一道为公司业务保驾护航。集团、子公司分别建设不同层级、不同侧重的合规组织，有助于协调集团的整体和局部，集团整体政策和区域个性政策为华某公司的业务发展助力良多。

（三）统一式还是个性式的政策制定逻辑

跨境企业经营遵从多法域合规要求，按照不同业务区域制定个性化、差异化的合规政策，可以最大限度满足各业务区域的合规要求。但个性化合规政策存在以下问题：一是跨境企业经营横跨多个国家（地区），逐一制定个性化的合规政策势必造成管控规则冗杂，给企业员工附加过多流程义务，降低规则的易懂性和易操作性，不利于规则落地执行；二是未能区分合规风险，无法高效将有限资源配置给最需要应对的高危风险；三是合规管理过于细致，而管理制度的有效运行依赖于专业人员和技术支持，将增加企业合规管理成本。

统一式的合规政策管控规则明确，显著降低人员理解成本和管理成本，便于实现高效管控，可有效避免上述问题。但统一式的合规政策也存在以下痛点：一是未依据业务区域制定个性化管控规则，所有业务国均面对统一的合规要求，容易造成管控措施的不匹配。二是统一式的合规政策难以化解法律冲突和矛盾，缺乏应对实际复杂问题的灵活性。

合规政策的建立是合规管理体系建设的重中之重。在合规政策建立过程中要考虑国家、地区、行业、企业自身等层面上的风险偏好、要求及现实情况，制定出一套既能符合相关合规要求、保障企业履行合规义务，又能帮助企业用正确的方式运营、发展、实现企业目标的合规管理原则及政策。因此，跨境企业搭建合规管理体系时，必须以风险为导向，将外部的法律法规与公司经营的风险偏好相结合，转化成内部的合规管理规范。目前，许多跨国公司都建立了企业内部的统一行为准则，这些行为准则建立在外部高风险法律的基本遵从上，依据企业实际实现特殊地区的个性化适配。

1. 依据外部风险制定统一合规政策

跨境企业统一合规管理规范的制定，首先需要在选定的合规领域中，识别高风险的外部法律法规，基于外部政策法律法规遵从的要求，确定内部合规政策制定的统一基准。

高风险外部法律法规的识别，通常需要考虑以下几个因素：（1）该法规的执行会对跨境企业合规管理造成巨大风险，影响企业核心业务的运转，如美国《出口管制条例》；（2）该法规罚则极高并配套有效监管，受到处罚极可能对企业造成巨大的经济损失，如美国《反海外腐败法》；（3）该法律拥有极强的国际影响力与规则话语权，影响世界各国相关立法乃至国际规则的制定，如欧盟《通用数据保护条例》。需要说明的是，高风险外部法律法规不限于单一法律，可能是多部法律。跨境企业往往存在诸多重点业务区域，面临不同国家的法规要求，为实现多法域遵从，化解各国立法差异和冲突，制定合规政策时往往要参照本国法、高风险法规、重点业务大国立法等多种法律。

以构建数据保护合规管理体系为例，中国跨境企业制定内部数据保护合规政策时，必须遵守《个人信息保护法》《数据安全法》等本国数据保护立法。同时，由于欧盟在隐私保护领域的绝对国际话语权，不仅成功将《通用数据保护条例》的内容内化为成员国数据保护法的具体规定，许多非欧盟国家也按照欧盟数据保护标准提升国内个人信息保护水平，借鉴该条例制定本国数据保护法律。因此，在制定内部合规管理规范时，也需要综合考量《通用数据保护条例》的合规要求。除此之外，还需符合跨境企业重点业务所在国的隐私保护法律法规。在多部法律合规义务之上，确定内部统一合规政策制定的基准，形成内部的商业行为准则。

2. 依据业务实际进行个性化适配

由于统一合规政策存在管控措施不匹配、难以化解法律冲突和矛盾等痛点和弊端，跨境企业应在深刻了解经营活动、明确经营风险偏好的基础上，依据业务实际对统一的内部合规政策进行个性化适配。一方面，企业内部应及时制订个性化的合规管控方案，以应对部分国家政策法规的特殊要求。另一方面，应避免对风险等级低、风险治理并不紧迫的业务实施严格管控，防止增加业务负担。

如跨境企业以中国、欧盟的高风险法律要求搭建统一的合规管控政策，但由于许多国家（如澳大利亚、土耳其、俄罗斯、印度尼西亚、马来西亚等）存在数据本地化要求，因此企业必须做出不同于统一政策要求的个性化管控措施，以应对特殊的法律要求。又如跨境企业搭建了完备的合规规则体系，但在根本没有合规要求的国家开展业务，使用公司统一的合规政策则只会徒增合规负担，影响业务正常开展。总之，在统一的合规管控政策下，需依据业务实际进行个性化适配，以应对特殊管控风险，减轻企业合规负担。

（四）自建还是外包合规专业团队

跨境企业的业务范围横跨多个国家，面临经营环境复杂、政策法规多重要求、频繁针对性执法、经贸摩擦战略风险等多种难题，对合规组织架构和团队建设提出较高要求。选择专业的合规团队，可以确保合规管控政策有效落地，构筑合规管理牢固防线。当前，企业合规团队建设主要包括两种形式：内部合规团队及外包合规团队。内部合规团队即以企业内部员工为主体搭建的合规管理组织架构，外包合规团队即外部独立第三方合规团队，包括外部律所、会计师事务所、咨询机构、认证机构等。

内部合规团队的优势在于：（1）明确公司经营的风险偏好、了解公司经营活动与业务情况，可结合公司实际情况制定合规管控规范，将外部法规要求融入产品设计、服务交付和管理活动中，推动业务与合规的高度融合。（2）为企业合规建立系统性的合规组织架构，团队内部发挥优势、相互配合，兼顾法律法规风控要求和政策可落地性，形成管理合力。

外部合规团队的优势在于：（1）具备专业合规知识和技能，具有丰富的合规建设实践经验和十分成熟的合规产品，短期内可以帮助企业快速搭建合规管理体系框架；（2）掌握合规领域建设前沿信息，为企业传递业内合规建设优秀实践；（3）作为独立的第三方，可通过审计、检查、认证多种方式，对内出具独立意见推动业务单位合规治理与整改，对外为企业合规建设能力背书，实现信任共建与品牌塑造。

当前，跨境企业大多拥有自己的内部合规团队，同时也会聘请外部团队辅助建设合规体系。如西某某公司在集团和 80 多个地区公司任命了集团合规官和区域合规官，深入业务区域部署本地合规联系人员。[1] 此外，西某某公司还聘请了会计师事务所和律师事务所等外部专业机构，开展内部独立调查。沃某某公司内部建立了合规专家中心，负责制订和维护公司合规计划，开展合规培训和建设合规文化。在外部雇用外部专家负责审查流程有效性，优化和完善合规机制。[2]

跨国企业合规团队建设应以自建团队为主、外包团队为辅。跨国企业从事全

---

[1] 参见《8.5 亿美元重罚之下，西某某公司建立世界上最完善的合规体系》，载腾讯网，https://new.qq.com/omn/20210820/20210820A0AWMX00.html，最后访问时间：2022 年 5 月 8 日。

[2] 参见沃某某公司官方网站，https://corporate.walmart.com/esgreport/esg-issues/ethics-compliance，最后访问时间：2022 年 5 月 8 日。

球性生产经营活动、分支机构与员工数量较多，只有建设系统性的合规组织架构，形成纵向贯穿、横向协同的合规运行机制，才能将企业合规理念和政策传递到一线业务单位，保障合规工作能够有效运行落地及持续改进。同时，跨国企业也需在制度、流程、机制、管理、技术、工具上持续投入资源，广泛吸纳外部成熟的合规实践，借助外部律所、咨询机构等独立第三方意见，提升合规信任，塑造合规品牌。

三、ZT 公司的企业合规体系搭建经验

ZT 公司作为通信设备制造领域的杰出代表，自 1996 年初探国际业务以来，截至目前已经在全球设立了 107 个海外代表处，与全球 160 多个国家和地区的 500 多家运营商建立业务关系，是"走出去"企业当中的先驱和模范。该公司在海外业务肇始的同年成立了法务团队，旨在为企业的跨国业务运营保驾护航，其后从自身业务需求出发形成了出口管制合规、反商业贿赂合规、数据保护合规的合规治理局面和规模超 400 人的法律合规专职团队。ZT 公司通过这些年的国际化探索在企业法务管理和合规体系搭建方面已经积累了成熟的经验，该企业长期的国际化探索也为国内跨国企业的合规体系搭建提供了宝贵的样本案例和借鉴意义。

（一）与企业业务实践契合的合规领域选择

从 ZT 公司所处行业特征来看，电信设备制造归属通用设备制造领域，具有较高的行业技术门槛。而通信领域在各国的民生经济中又多占据基础设施的战略地位，因此对于行业准入有着较多的要求。政府公开招标项目对于反商业贿赂有着着重的强调和全球范围内的普适性。不论是《联合国反腐败公约》、经济合作与发展组织的《禁止在国际商业交易中贿赂外国公职人员公约》还是中国的《刑法》、美国的《反海外腐败法》和英国的《反贿赂法案》，都将商业贿赂行为列为重大罪行。对于从事多地区业务运营的跨国企业而言，稍有不慎可能就会落入相关法律的规制范围而被处以严苛刑罚。从全球范围来看，电信依然是一个投资密集且贿赂高发的领域，许多电信企业都曾因为贿赂遭受监管机构的重罚。因此，反商业贿赂合规作为 ZT 公司最早的专项合规领域得到了公司大力支持，近

些年也获得了国际标准组织和权威机构的积极评价。

ZT 公司作为从事国际贸易的跨国企业，同时对关务和出口管制合规提出严苛要求。自 2017 年正式成立出口管制合规团队以来，至今已经形成近 70 人的出口合规专职团队、超过 200 人的从业人员队伍和分布于公司内各业务单位（BU）的出口合规联络员（ECPOC）群体。ZT 公司在建设自有合规团队的基础上，与外部律所和审计机构密切合作，在出口合规体系建设方面取得重大进步，集团按照美国商务部工业与安全局（BIS）的出口合规指引（ECP）的要求，建设起了完整覆盖"ECP 八要素"的 ECP 系统化建设项目群。同时在子公司合规领域长期深耕，确保其在全球范围内的超过 300 个子公司和分支机构满足出口合规的要求。

同时，通信行业承担沟通你我的链路作用，本质即承载数据流动的作用，ZT 公司在不同场景下分别担任数据控制者和数据处理者的角色。2018 年 5 月 25 日欧盟《通用数据保护条例》正式颁布之前，ZT 公司的法律事务部就开展了对于个人数据保护和通用数据保护法律草案的相关研究，积极应对数据保护立法对集团业务的潜在影响。自 2018 年后，新成立的数据保护合规部作为三大合规领域之一的合规专家中心（COE）司职数据保护合规体系的搭建。在组织、规则、协议、培训和商事体系方面进行了系统性的体系，将数据主体、数据控制者、数据处理者的权利义务贯穿到产品设计、管理内控、服务交付的运行执行中，实现数据保护在 ZT 公司的场景穿透和实质运用，促进合规在公司治理体系中的深度吸纳、轮转和融合。①

（二）总分结构的合规组织管理模式

ZT 公司结合集团业务的运作情况，探索出一种总部和子公司联动的合规组织管理模式。在总部层面，合规管理委员会作为集团合规事务的最高决策机构直接向董事会汇报；而在专家中心建设方面，依据三大合规领域分别建设有出口管

---

① 参见《数据保护合规体系》，载 ZT 公司官方网站，https://www.zte.com.cn/china/about/trust-center/Legal-and-Compliance/201901230922/202004031552，最后访问时间：2022 年 9 月 13 日。

制合规部、反商业贿赂合规部和数据保护合规部。独立的合规稽查部作为独立稽查单位确保"第三道防线"作用得到体现，而全球法律政策研究院作为企业内部智库则充当法律研究和政策建议角色。在专家中心与业务单位之间，ZT 公司创新性地设计了"BU 合规"概念，专门为此目的成立的合规组织管理部网罗对公司业务流程高度熟悉的业务人员，组建了一支既懂业务又懂合规的 BU 合规团队，同时遍布全球子公司的法律事务部法务经理也充当兼职 BU 合规经理以确保集团合规政策在海外营销单位的落地。

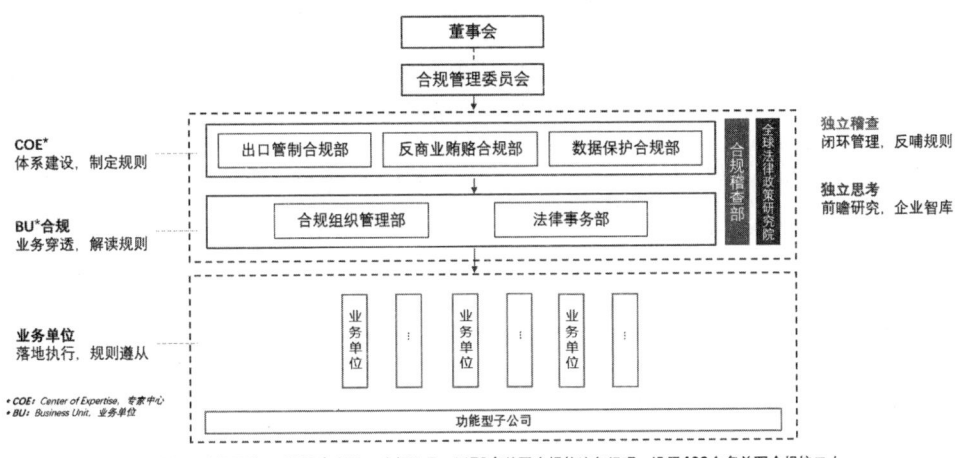

图 5.1　ZT 公司的合规管理组织架构

在执行落地层面，为了业务与合规的深度融合，除了集团层面的专职合规从业人员，ZT 公司还定义了兼职合规接口人（CPOC）这一组织结构创新，通过超过 400 名兼职合规接口人实现集团到子公司的政策和风险信号的上传下达。

（三）与不同发展阶段契合的规则制定逻辑调整

ZT 公司当前的合规政策规则体系至今已经过近 4 年的演进，合规管理团队也在不断对规则制定逻辑进行迭代升级，找到业务机会拓展与合规风险防控之间的平衡点，通过制定与业务高度契合的规则来降低管理成本，真正实现"合规守护价值"到"合规创造价值"的转变和升级。

以出口管制合规为例，实际上 ZT 公司早在 2016 年就已经开始出口管制合规体系的建设,通过与外部律师一道起草《ZT 公司全球出口管制与经济制裁合规手册》以及在纷繁复杂的 HPPD[①]、LTC[②]、P2P[③] 等业务流程中嵌入出口合规管控点,形成了"ZT 公司出口合规管控全景"。

自 2020 年以来,频繁变动的区域国别政策调整,对集团范围内个性化管控也提出了新的需求。出口管制合规部在此背景下一方面加大规则研究,及时吸纳外部要求转变为公司内部政策。

不同发展时期 ZT 公司所采取的政策制定逻辑都有其合理性,也符合不同阶段的利益相关方期待和合规从业人员的认知水平:在体系建设初期和规则尚未明确的阶段,采取集团统一的合规政策虽然不能照顾到不同地区和领域的个性化政策要求,但是"一刀切"的方式能够显著降低人员理解成本和管理成本,实现高效管控,统一式的政策制定帮助企业在短期内即实现了合规规则体系的完整性;而当合规体系建设到达一定阶段,合规规则与业务之间的碰撞和摩擦凸显,业务单位对合规团队的规则理解程度也提出了新的要求,已经健全的合规规则体系和相对完整的合规管理团队也让"规则优化"成为可能,在此阶段重新对规则进行审视和修订,让规则从"有"变成"好"也是顺理成章而有必要的管理升级举措。

(四)内建为主、外包为辅的从业人员群体建设

作为最了解企业的法律工作者,公司法务具有"商人"和"律师"的双重角色属性,需要在法律允许的情况下尽量为公司换取最大的腾挪空间。企业主从信任关系、沟通成本、长期发展角度考虑往往也倾向于使用公司法务处理公司法律和合规事务,但是在特定情况下外部律师和咨询机构也有着其独立身份和行业公信力,成为大型跨国企业的座上宾。

ZT 公司一方面从专项合规领域发展角度组建了对应的合规管理团队,并招募了大量拥有复合知识背景的领域合规专家、体系标准专家、风评专家、尽职调

---

① High Performance Product Development,高效产品开发,是研发流程中的管理方法。
② Lead to Cash,从线索到回款,是销售流程中的管理方法。
③ Procure to Pay,从采购到付款,是供应链流程中的管理方法。

查专家、内审专家、律师和法学专业人才,人员来自全球知名的世界500强跨国企业、"四大"会计师事务所和全国首屈一指的高等学府。合规专家团队为整个集团的体系建设贡献良多,他们了解企业痛点、肯花时间钻研,发挥了不可替代的脊梁作用。

另一方面,ZT公司目前在合规领域与超过30家业界领先律师事务所、会计师事务所和咨询机构保持紧密合作,外部团队的第三方独立视角对企业合规团队的工作是个有益补充,同时咨询机构横向比较、归纳形成的业界先进实践经验和专业领域成熟的方法论模型也能够帮助公司合规体系建设少走弯路、快速推进。

第六章 我国检察机关开展的涉案企业合规改革

本章将结合《关于建立涉案企业合规第三方监督评估机制的指导意见（试行）》以及最高人民检察院等发布的涉案企业合规相关规范性文件、典型案例，对检察机关开展的涉案企业合规改革情况进行解读，并针对具体应用场景提供相应工作表单、报告示例。

第一节 涉案企业合规概述

当前,企业法人犯罪问题日益凸显。传统的以追究自然人刑事责任为主体的犯罪治理模式显然无法适应和满足企业法人犯罪治理的需要。涉案企业合规改革是目前企业合规制度在司法实践中的一项重点工作,为有效避免"案子办了、企业垮了"的问题,自 2020 年 3 月起,最高人民检察院先后部署两期涉案企业合规改革试点工作。

一、涉案企业合规的内涵

涉案企业合规,不同于企业合规,是指检察机关对于办理的涉企刑事案件,在依法作出不批准逮捕、不起诉决定或者根据认罪认罚从宽制度提出轻缓量刑建议等的同时,针对企业涉嫌具体犯罪,结合办案实际,督促涉案企业作出合规承诺并积极整改落实,促进企业合规守法经营,减少和预防企业犯罪,实现司法办案政治效果、法律效果、社会效果的有机统一。

涉案企业合规改革的目的在于努力让企业"活下来""留得住""经营得好",更好落实依法不捕不诉等司法政策,既给涉案企业以深刻警醒和教育,防范今后可能再发生违法犯罪,也给相关行业企业合规经营提供样板和借鉴。在此基础上,为服务"六稳""六保",促进市场主体健康发展,营造良好法治化营商环境,推动形成新发展格局,促进经济社会高质量发展,助推国家治理体系和治理能力现代化提供新的检察产品,贡献更大检察力量。

二、涉案企业合规的现状分析

企业合规已经成为一个热词,多次被国家政策性文件提及,甚至写入"十四五"规划。我国社会发展的现状,也决定了企业合规具有相当的现实意义。

（一）规模化与分散化并存的企业发展现状

从上市公司数量来看，截至 2022 年 10 月 1 日，上海、深圳、北京三市证券交易所的上市公司数量已经超过 5000 家，上市公司总市值超过人民币 70 万亿元。[1]

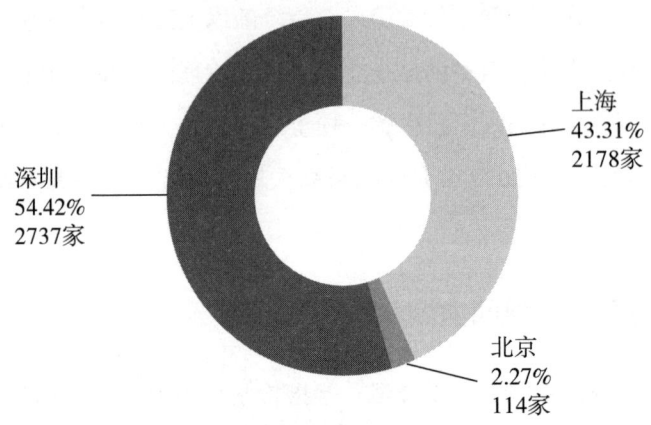

图 6.1　上市公司数量概况（截至 2022 年 10 月 1 日）

与之对应，中国现存市场主体超 1.25 亿户，其中企业类超过 4100 万家，但规模以上企业只有 36.81 万家，只占企业总量的 8.9‰，99%以上的企业均是营收规模在 5000 万元以下的中小企业，还有 8000 万以上个体工商户。[2]

这种规模化和分散化并存的企业发展现状也决定了不同企业的不同发展阶段会面临不同的问题。

（二）"走出去"和双循环的经济大背景

"走出去"作为改革开放后的长期战略，经历了从分散自发的 1.0 时代，到以国企出海为代表的 2.0 时代，以及民营制造崛起的 3.0 时代，发展到目前全球

---

[1] 载上海证券交易所网站，http：//www.sse.com.cn/market/view/，最后访问时间：2022 年 10 月 1 日；深圳证券交易所网站，http：//www.szse.cn/market/overview/index.html，最后访问时间：2022 年 10 月 1 日；北京证券交易所网站，http：//www.bse.cn/static/statisticdata.html，最后访问时间：2022 年 10 月 1 日。

[2] 参见《国家市场监督管理总局副局长在 2020 年 3 月 23 日国务院新闻办公室召开新闻发布会中介绍深化"放管服"改革、推进"互联网+"行动、促进"双创"支持扩大就业有关情况》，载中国政府网，http：//www.gov.cn/xinwen/gwylflkjz66/index.htm，最后访问时间：2021 年 8 月 1 日。

资产配置的 4.0 时代。根据商务部统计数据，2019 年年末，我国对外直接投资仅次于美国、荷兰，占全球 6.4%（存量），当年新增对外投资额已经居世界第二位，仅次于日本，投资范围覆盖 188 个国家和地区。[1]

2020 年 5 月 14 日，中共中央政治局常委会会议指出"要深化供给侧结构性改革，充分发挥我国超大规模市场优势和内需潜力，构建国内国际双循环相互促进的新发展格局"[2]，之后新发展格局在多次重要会议中被提及。

一方面，大量企业出海，"十四五"规划中针对"走出去"的企业，提出了"加强合规管理"的要求："引导企业加强合规管理，防范化解境外政治、经济、安全等各类风险"；另一方面，深化供给侧结构性改革之下的国内经济潜力被进一步挖掘和提升，其中民营企业是合规要求的重点，如"十四五"规划中也将民营企业的合规管理提升到国家战略层面："推动民营企业守法合规经营，鼓励民营企业积极履行社会责任、参与社会公益和慈善事业。"

（三）企业涉案罪名呈现类型化趋势

从 1997 年《刑法》到 2021 年 3 月 1 日实施的《刑法修正案（十一）》，《刑法》的 483 个罪名中，包含 164 个单位犯罪，11 个修正案增加或修订了 127 个与企业有关的罪名。11 个刑法修正案的大量篇幅都集中在经济犯罪，《刑法》分则第三章破坏社会主义市场经济秩序罪中的罪名增加、罪状变化尤为突出。从现实来看，无论是民营企业家还是国有企业家，涉嫌罪名类型长期趋同。

2013 年，笔者对企业家犯罪现象进行了深入的调查，从当年公布的各类新闻线索、裁判文书中筛选出 200 多件企业家犯罪案例。[3] 该项研究的新近成果是 2021 年发布的《企业家刑事风险分析报告（2020）》。[4] 从数据对比来看，非法吸收公众存款罪一直高居企业家犯罪榜首。

---

[1] 参见商务部等部门联合发布的《2019 年度中国对外直接投资统计公报》，载中华人民共和国商务部网站，http://hzs.mofcom.gov.cn/article/date/202009/20200903001523.shtml，最后访问时间：2022 年 9 月 30 日。

[2] 载《人民日报》2020 年 5 月 15 日，第 1 版。

[3] 参见李斌：《2013 中国企业家犯罪（媒体样本）研究报告》，载《法人》2014 年第 2 期。

[4] 参见张远煌：《企业家刑事风险分析报告（2020）》，载《河南警察学院学报》2021 年第 4 期。

表 6.1　2020 年国有企业家涉嫌五大罪名[1]

罪名	数量（件）	比例
受贿罪	61	26.18%
贪污罪	30	12.88%
虚开增值税专用发票罪	25	10.73%
行贿罪	16	6.87%
挪用公款罪	16	6.87%

表 6.2　民营企业家涉嫌五大罪名（2013 年/2020 年对比）[2][3]

2013 年	案件数量（件）	所占比例	2020 年	案件数量（件）	所占比例
非法吸收公众存款罪	28	10.77%	非法吸收公众存款罪	647	27.72%
集资诈骗罪	27	10.38%	职务侵占罪	373	15.98%
非法经营罪	20	7.69%	拒不支付劳动报酬罪	215	9.21%
合同诈骗罪	20	7.69%	虚开增值税专用发票罪	167	7.16%
组织领导传销罪	19	7.31%	合同诈骗罪	166	7.11%

三、涉案企业合规与企业合规的关系

随着最高人民检察院涉案企业合规改革的试点推广，企业合规日益成为热词。究竟什么是企业合规，企业合规的目标、适用范围、构建方案是否具有通用性，作为企业合规业务的服务提供者——中介组织成员如何应对企业合规的需求之潮，都是需要厘清的问题。

企业合规要达到的终极目的是一致的，而在具体应用层面可以分为三个层次。

（一）"强身健体"型日常合规

第一层次的企业合规主要是企业治理层面，强调通过合规管理、守法经营获

---

[1] 参见张远煌：《企业家刑事风险分析报告（2020）》，载《河南警察学院学报》2021 年第 4 期。
[2] 参见李斌：《2013 中国企业家犯罪（媒体样本）研究报告》，载《法人》2014 年第 2 期。
[3] 参见张远煌：《企业家刑事风险分析报告（2020）》，载《河南警察学院学报》2021 年第 4 期。

得企业经营的健康可持续发展。这有点儿类似于健身，通过一系列的健身课程、健身动作、健身训练，让企业机体保持健康和活力，在健康的前提下，企业就能更好更快地发展，更好地创造经济和社会价值。也可以称之为"强身健体"型日常合规，其目标在于保证企业经营的安全底线。

(二)"头痛医头"型涉案合规

第二层次的涉案企业合规，则是企业发生刑事犯罪之后，针对企业犯罪行为提出的合规管理需求，类似于治病，主要是头痛医头、脚痛医脚，对症下药。也可以称之为"头痛医头"型涉案合规，主要针对涉案企业及企业家实施的与企业经营活动有关的行为进行矫治，避免再犯。

(三)"打疫苗"型终极合规

第三层次则是企业合规的终极目标，即通过日常合规与涉案企业合规的有效结合，将涉案企业合规治理过程中形成的有效经验反哺到企业合规管理中，类似于通过打疫苗的方式，让正常的企业具备抗体，有效对抗犯罪侵蚀。也可以称之为"打疫苗"型终极合规。

需要说明的是，上述合规服务，都不能停留在制度建设的层面，要通过有效的监督、风险点更新、履行情况考核等方式对效果进行评价，甚至通过负面清单的方式，出现扣分项就认为没有达到合规标准，最终将合规风险植入业务各个流程环节，在作业过程中同步发现合规风险，及时予以改进，避免风险变为实害，由结果整改变为风险预防。

第二节 涉案企业合规的具体操作

一、涉案企业合规的适用

（一）涉案企业合规的适用对象

我国涉案企业合规的主要对象是民营企业（虽然适用上不区分国有、民营，但民营企业涉嫌犯罪的情况要远远高于国有企业），而民营企业多为家族式管理，经营权和所有权高度集中在创始人一人，一旦发生违规风险，很难区分是企业责任还是经营者责任。经营者涉案后，企业命运也会受到严重影响，甚至就此终结，因此涉案企业合规既要解决企业的问题，更要解决企业家的问题。

我国《刑法》第30条规定了单位犯罪，单位犯罪是指公司、企业、事业单位、机关、团体为单位谋取非法利益，以单位名义，经单位集体研究决定或者由负责人员决定，故意或者过失实施的犯罪。单位犯罪与个人犯罪的区别主要在于是否由单位集体决定以及是否为单位谋取利益，而在我国企业组织模式下，企业的直接负责人往往也就代表了企业集体意志，其所谋取的利益，也与企业的利益有很大程度上的竞合。企业一把手作出的对企业有利的行为，如果属于犯罪行为，大概率会被认定为单位犯罪。甚至单位实施刑法未规定为单位犯罪的行为，有追究必要的，可以不追究单位的刑事责任，直接以个人犯罪追究直接责任人的刑事责任。[1] 也就是说，在我国刑法语境下，单位犯罪与其代表人的犯罪行为很难区分，只要利益归属于单位的，都可以以此追究单位刑事责任，哪怕刑法未规定

---

[1] 2014年4月24日，第十二届全国人大常委会第八次会议通过了《全国人民代表大会常务委员会关于〈中华人民共和国刑法〉第三十条的解释》。该解释明确规定："公司、企业、事业单位、机关、团体等单位实施刑法规定的危害社会的行为，刑法分则和其他法律未规定追究单位的刑事责任的，对组织、策划、实施该危害社会行为的人依法追究刑事责任。"

为单位犯罪的，也要追究直接责任人的刑事责任，单位责任与管理者责任在归责标准上高度一致。

随着企业经营规模的不断扩大，这种替代责任理论已经很难适用于大规模企业。这类企业管理者责任分散、决策流程繁多，将刑事行为倒推到具体责任人的过程会非常困难，从而导致无法追责，而且也有违责任自负原则。如果认为企业也有超出管理者之外的独立人格，其不能仅因管理者的行为就承担刑事责任，还要评估上述行为的发生是否有企业自身意志的体现或者约束的不足，这也是企业合规制度最核心的部分，要求企业构建合理的经营管理体系并进行有效监督，避免出现违法违规行为。"企业犯罪，本质上讲，是企业的组织制度、目标宗旨以及企业代表机构成员的业务素质等综合影响而成的结果。"[①]合理的企业制度下，企业员工和企业之间会呈现向犯罪趋近、排斥的互动关系。

因此，在企业合规制度建设尤其是激励措施方面，应该给予涉案企业通过企业合规方式举证无罪过、无责任的机会，从而得以免责。

（二）涉案企业合规的适用范围

《刑法》中单位可以构成的罪名高达180余个，约占整个刑事罪名的1/3，但并非每个罪名都可能被纳入合规试点。从公布的典型案例来看，常见、高发的单位犯罪才是涉案企业合规试点的重点。

目前尚无司法解释对涉案企业合规制度的适用范围进行明确，但结合《关于建立涉案企业合规第三方监督评估机制的指导意见（试行）》（以下简称《指导意见》）对第三方监督评估机制适用范围的规定，涉案企业合规制度的适用范围包括：

1. 适用主体

《指导意见》第3条规定，第三方机制适用于公司、企业等市场主体在生产经营活动中涉及的经济犯罪、职务犯罪等案件，既包括公司、企业等实施的单位犯罪案件，也包括公司、企业实际控制人、经营管理人员、关键技术人员等实施

[①] 黎宏：《企业合规不起诉：误解及纠正》，载《中国法律评论》2021年第3期。

的与生产经营活动密切相关的犯罪案件。需要注意的是，《指导意见》对单位的性质并未作限定，国有公司、民营公司、合伙组织、民办非企业等均可以适用。

最高人民检察院截至 2022 年 9 月发布的共计 15 个企业合规典型案例[①]中均提及了涉案企业的经营情况，全部为民营企业，第二批、第三批典型案例更是对涉案企业的纳税、职工人数、专利数量等具体经营指标进行了描述。除 2 个案例（张家港 S 公司、睢某某销售假冒注册商标的商品案；江苏 F 公司、严某某、王某某提供虚假证明文件案）涉及小微企业，其他 13 个案例中的企业均为有一定经营实力的企业，如纳税数百万元甚至上亿元，解决就业上百人甚至上千人，很多是当地龙头企业，部分企业甚至在进行上市筹备。

第二批、第三批典型案例中均提及了对企业经营情况进行评估的维度：社会公信度、企业发展前景、社会综合评价、企业家的一贯表现。从典型案例中企业所处行业来看，科技类技术服务公司、制造业以及销售类企业更为常见，建筑业企业由于涉及招投标、发票等业务，也容易成为单位犯罪主体。对部分有救治空间的企业，也会适用合规制度。

需要注意的是，典型案例中也有涉及小微企业的情形，意味着并非只有规模企业才有合规免处的机会。但如果深究案件的事实和处理方式，与其他案件也有较大不同：其他案件均为事实清楚，可以作出准确事实认定的情形，但张家港 S 公司涉嫌销售假冒注册商标的证据不足，检察机关为解决长期挂案的问题，花费大量的时间和财力，启动合规评估和整改，最终要求公安机关撤案处理。另一起

---

① 第一批共 4 个案例（张家港市 L 公司、张某甲等人污染环境案；上海市 A 公司、B 公司、关某某虚开增值税专用发票案；王某某、林某某、刘某乙对非国家工作人员行贿案；新泰市 J 公司等建筑企业串通投标系列案件），参见《最高检发布企业合规改革试点典型案例》，载最高人民检察院网站，https://www.spp.gov.cn/spp/xwfbh/wsfbh/202106/t20210603_520232.shtml；第二批共 6 个案例（上海 J 公司、朱某某假冒注册商标案；张家港 S 公司、睢某某销售假冒注册商标的商品案；山东沂南县 Y 公司、姚某明等人串通投标案；随州市 Z 公司康某某等人重大责任事故案；深圳 X 公司走私普通货物案；海南文昌市 S 公司、翁某某掩饰、隐瞒犯罪所得案），参见《最高检发布第二批企业合规典型案例》，载最高人民检察院网站，https://www.spp.gov.cn/spp/xwfbh/wsfbt/202112/t20211215_538815.shtml#2；第三批共 5 个案例（上海 Z 公司、陈某某等人非法获取计算机信息系统数据案；王某某泄露内幕信息、金某某内幕交易案；江苏 F 公司、严某某、王某某提供虚假证明文件案；广西陆川县 23 家矿山企业非法采矿案；福建省三明市 X 公司、杨某某、王某某串通投标案），参见《最高检发布第三批涉案企业合规典型案例》，载最高人民检察院网站，https://www.spp.gov.cn/xwfbh/wsfbt/202208/t20220810_570413.shtml#2。以上网址最后访问时间：2022 年 9 月 8 日。该 15 个典型案例以下不再标注来源。

评估公司涉嫌提供虚假证明文件案中，评估公司自身是否构成犯罪，也有一定的讨论空间。

总体而言，对涉案企业的经营状况进行评估，原则上适用于规模、体量、发展前景都在中等线以上，甚至是头部企业，这既是检察机关评估是否适用合规制度的关键，也是该制度适用的初衷：惩前毖后、治病救人，对还有救治空间和救治必要的企业，给予非刑罚的替代性解决方案。

2. 适用案件范围

涉案企业合规改革适用于在生产经营活动中涉及的经济犯罪、职务犯罪等案件。

需要注意的是，这里的经济犯罪并不仅限于《刑法》分则第三章的破坏社会主义市场经济秩序罪，其他跟企业经营相关的非暴力性犯罪，也可以适用。

职务犯罪也不仅限于贪污贿赂、渎职类犯罪，还包括职务侵占罪、挪用资金罪、挪用特定款物罪等，前提是与企业生产经营活动相关。

从适用企业合规试点的典型案例来看，罪名更为分散，15个典型案例中涉及13个罪名，除3个典型案例均涉及串通投标罪，其余12个案例罪名各有不同，分别为：虚开增值税专用发票罪，污染环境罪，假冒注册商标罪，销售假冒注册商标的商品罪，对非国家工作人员行贿罪，重大责任事故罪，走私普通货物罪，掩饰、隐瞒犯罪所得罪，内幕交易、泄露内幕信息罪，非法采矿罪，非法获取计算机信息系统数据罪，提供虚假证明文件罪。总体而言，涉案企业所涉罪名比较广泛，既涉及故意犯罪，也涉及过失犯罪，除涉众类或者对社会公共秩序有严重危害的犯罪外，均有适用合规试点的机会。

从典型案例中披露的涉案事实来看，15个典型案例中，7个案件适用3年以下法定刑幅度，涉及串通投标罪、污染环境罪、对非国家工作人员行贿罪、非法获取计算机信息系统数据罪、非法采矿罪，其余8个案件从事实来看均可能适用3年以上刑罚；且个别案件的法定刑档次为10年以上，如上海市A公司、B公司、关某某虚开增值税专用发票案，涉及税款金额特别巨大，但因为具备自首、立功、认罪认罚、主动赔偿等法定、酌定情节，且基于对企业经营状况、具备合规整改条件的综合考量，纳入合规试点。

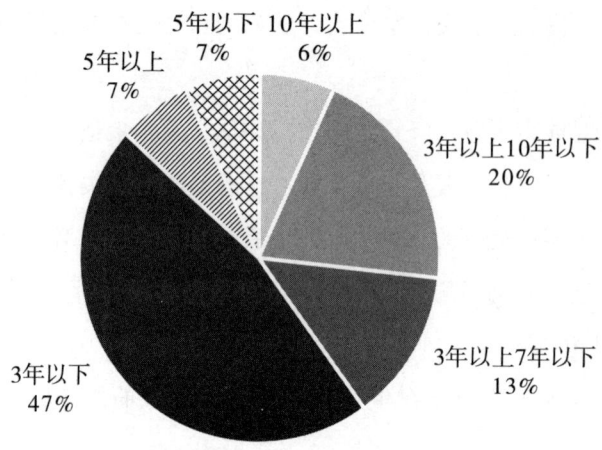

图 6.2　法定刑幅度

总体而言，合规试点对本身可能被判重罪的企业更有制度奖赏的激励效应，尤其是在数额犯为定罪量刑主流模式的情况下，合规试点为唯数额论的判罚机制架设了一条后路。

3. 适用地域范围

当前，涉案企业合规改革试点已在全国检察机关全面推开。涉案企业合规制度在适用地域范围上不再限于原先的试点地区。① 最高人民检察院公布的 15 个典型案例涉及江苏、上海、广东、山东、北京、福建、广西、海南、湖北、江苏、上海的试点情况效果更为突出，3 批典型案例均有涉及。

---

① 《涉案企业合规改革试点全面推开！这次部署会释放哪些重要信号？》，载最高人民检察院网站，https://www.spp.gov.cn/spp/zdgz/202204/t20220402_553256.shtml，最后访问时间：2022 年 9 月 19 日。

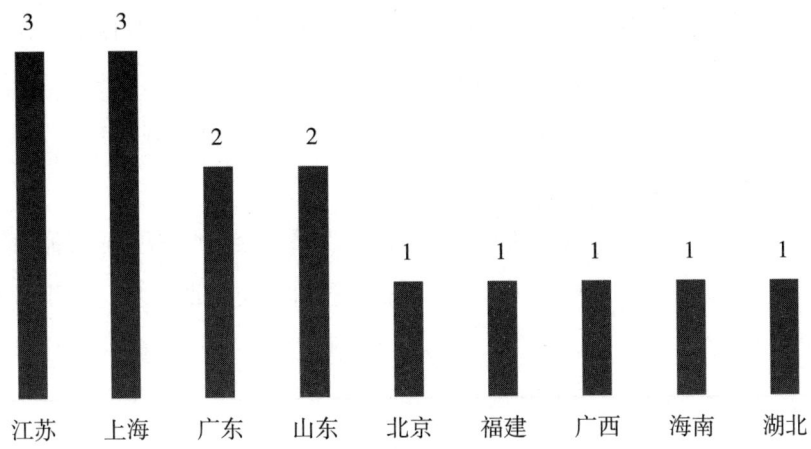

图 6.3 涉案企业合规典型案例地域分布

4. 适用条件

（1）必要条件

根据《指导意见》，符合适用主体及适用案件范围的，还需要同时符合以下条件：

①涉案企业、个人认罪认罚

参考标准：

A. 犯罪事实是否已经查清，涉案企业、个人是否存在其他违法犯罪事实；B. 涉案企业、个人是否如实供述犯罪事实，对指控的犯罪事实有没有异议；C. 涉案企业、个人是否真诚悔罪、愿意接受处罚；D. 涉案企业、个人是否自愿认罪认罚，是否清楚认罪认罚可能导致的法律后果；E. 涉案企业、个人是否能够积极配合侦查取证工作。

另外，如果涉案企业、个人对案件事实、证据及法律适用尚存争议，检察机关一般暂不启动合规必要性审查，经过补充证据后，涉案企业、个人自愿认罪认罚、符合上述标准的，可以启动合规必要性审查。

②涉案企业能够正常生产经营，承诺建立或者完善企业合规制度，具备启动第三方机制的基本条件

参考标准：

A. 是否具有合法稳定的经营业务；B. 在除去违法所得之外，是否有较为稳

定的营业收入；C. 纳税情况是否良好，是否存在偷逃税款或其他危害税收征管的行为；D. 是否能够提供一定数量的较为稳定的就业机会；E. 是否按规定为员工缴纳社会保险、是否能够正常发放员工工资；F. 是否具有一定的发展前景，是否在所经营的行业内占有一定市场。

除上述条件外，检察机关还会关注与企业经济社会贡献相关的其他内容，如公司类型、经营范围、股权结构、员工规模、挂牌上市情况、参与科研情况、项目运行情况、资产负债情况等，从而对涉案企业能否正常生产经营、是否有整改必要，进行综合判断。

③涉案企业因管理制度漏洞导致犯罪发生，需要建立完善规章制度

参考标准：

A. 是否存在决策管理漏洞；B. 是否存在财务、税务管理漏洞；C. 是否存在员工管理漏洞；D. 是否存在生产经营管理漏洞；E. 是否存在其他管理漏洞。

④涉案企业自愿适用第三方机制

参考标准：

A. 是否向检察机关提交建立或者完善企业合规制度的书面承诺，明确表示自愿接受检查、监管，初步形成切实可行的合规整改计划；B. 是否及时、真实、全面地向检察机关提供与企业经营情况相关的材料，包括企业年报、项目合同、纳税证明、员工社保材料、专利证明等；C. 是否主动停止涉嫌违法犯罪的经营行为；D. 是否主动足额退缴违法所得、足额弥补因犯罪行为所造成的财产损失；E. 是否主动修复受损的社会关系、消除犯罪所造成的影响；F. 存在被害人的案件，是否积极争取获得被害人的谅解。

对于确有困难暂时无法达到上述标准，但能够证实正在积极完成的，应提供切实可行的计划及相关保障。

（2）禁止适用情形

根据《指导意见》，以下情形不适用企业合规试点以及第三方机制：

①个人为进行违法犯罪活动而设立公司、企业的；

②公司、企业设立后以实施犯罪为主要活动的；

③公司、企业人员盗用单位名义实施犯罪的；

④涉嫌危害国家安全犯罪、恐怖活动犯罪的；
⑤其他不宜适用的情形。

二、涉案企业合规的操作流程

（一）涉案企业合规的通用流程

1. 涉案企业合规的启动主体

（1）检察机关自行决定。即检察机关在办理涉企犯罪案件时，审查是否符合企业合规试点以及第三方机制的适用条件，并及时征询涉案企业、个人的意见。人民检察院经审查认为涉企犯罪案件符合第三方机制适用条件的，可以商请本地区第三方机制管委会启动第三方机制。

（2）涉案企业、个人及其辩护人、诉讼代理人或者其他相关单位、人员申请适用。除检察机关自行启动外，涉案企业、个人及其辩护人、诉讼代理人或者其他相关单位、人员也可以申请适用企业合规试点以及第三方机制，检察机关应当依法受理并进行审查。

2. 涉案企业开展企业合规的操作步骤

（1）符合第三方监督机制的，向检察机关提出适用申请；

（2）审核检察机关提供的第三方组织，确认组成人员是否合适、是否存在利益冲突等，对不适合担任第三方组织成员的，提出异议；

（3）配合第三方组织及其组成人员在合规考察期内的各类检查、评估；

（4）应当按照时限要求认真履行合规计划，不得拒绝履行或者变相不履行合规计划、拒不配合第三方组织合规考察或者实施其他严重违反合规计划的行为；

（5）在第三方组织履职期间，不得向其成员提供利益或者业务机会；

（6）在第三方组织职责结束后一年以内，不得向其成员及该成员所在中介组织提供业务机会；

（7）在第三方机制运行期间，第三方组织或其组成人员存在行为不当或者涉嫌违法犯罪的，可以向负责选任第三方组织的第三方机制管委会反映或者提出异议，或者向负责办理案件的人民检察院提出申诉、控告。

3. 检察机关对涉案企业合规情况的不同处理

（1）作出宽缓处理：认为符合合规要求、达到合规承诺的，可以依法作出不批捕、不起诉、缓刑量刑建议等决定，必要时可以采用听证会的方式，邀请第三方组织参与并发表意见。

（2）向涉案企业提出检察建议：涉案企业在预防违法犯罪方面制度不健全、不落实，管理不完善，存在违法犯罪隐患，需要及时消除的，可以结合合规材料，向涉案企业提出检察建议。

（3）建议有关机关予以处罚：检察机关对涉案企业作出不起诉决定，认为需要给予行政处罚、处分或者没收其违法所得的，应当结合合规材料，依法向有关主管机关提出检察意见。

（4）发现新的违法犯罪线索的予以移送：通过第三方机制，发现涉案企业或其人员存在其他违法违规情形的，应当依法将案件线索移送有关主管机关、公安机关或者纪检监察机关处理。

（二）涉案企业合规的实践操作

1. 检察机关启动合规整改

从最高人民检察院截至 2022 年 9 月发布的共计 15 个企业合规典型案例来看，全部为检察机关主动启动合规程序，没有企业申请启动的情形。具体模式：检察机关经过案情评估、主体评估，认为可以启动合规程序，向涉案企业进行告知，发送《企业刑事合规告知书》，企业基本上都予以配合，愿意进入合规整改程序。

2. 检察机关/第三方组织对涉案企业进行社会调查

（1）社会调查的启动主体

为更有针对性地做好合规整改，除案件事实外，检察机关通常还要对涉案企业进行社会调查，以了解企业的发展前景、经营现状及社会评价等。部分案件中的社会调查工作由第三方组织承担，如上海 J 公司、朱某某假冒注册商标案中，检察机关协调区市场监管、人社、税务、科技、工商联及行业协会，对涉案公司及个人开展全面调查。

(2) 社会调查的内容

社会调查的方式，可以由企业主动提供相关资料（包括行业地位、科研力量、纳税贡献、承担社会责任等证明材料），大部分检察机关还采取了与监管/主管部门访谈、现场走访涉案企业等方式，以更客观、更全面地了解企业现状。如张家港 S 公司、眭某某销售假冒注册商标的商品案中，承办检察官走访企业和市场监督管理局、税务局等行政部门，实地查看公司经营现状、指导填写合规承诺、撰写调查报告。

社会调查及所形成的调查报告是拟定合规计划的基础，也是正式启动合规考察的决策依据。总体来看，企业的主管部门及与涉案领域相关的专业人员参与调查并提供专业的调查意见越来越受到检察机关的重视。

社会调查清单示例：

社会调查清单①

1. 公司背景调查

调查目标和调查程序
一、调查目标 了解贵公司历史上的重大事件，检查其对贵公司的发展演变和企业文化形成的重大影响，判断贵公司商誉对其持续经营的影响 二、调查程序 1. 获取贵公司行业管理体制历次改革的有关资料，调查行业管理体制的变化对贵公司产生的影响 2. 调阅贵公司历次重大资产变化、技术改造、重大销售政策变动的有关会议记录或其他资料，就其对公司经营、发展的影响与管理层进行讨论，并形成会议纪要 3. 获取贵公司历次产品、管理能力等方面获奖情况的有关资料，判断公司核心竞争力在行业内的地位 4. 调查贵公司历史上有重大影响的人事变动，判断作为公司重大"无形资产"的核心管理者的去留已经和可能对公司产生的重大影响 5. 审查贵公司历史上是否存在重大的违反法规行为，以及受到重大处罚的情况，判断其影响是否已经消除

---

① 该清单系笔者在工作中常用的办案文件范本，仅供参考。

2. 财务调查

调查目标和调查程序	适用与否	工作底稿索引
一、调查目标 1. 了解并核实各期主营业务收入、主营业务成本、主营业务利润的真实性 2. 了解并核实各期期末因销售活动产生债权债务余额 二、调查程序 1. 主营业务收入、主营业务成本、主营业务利润调查 1.1 收入确认会计政策调查 1.1.1 向公司财务人员了解主要采用的结算方式、各结算方式适用的条件 1.1.2 了解各种结算方式下收入确认的会计政策 1.2 取得前三年及最近一个会计期间《主营业务收入、成本和毛利明细表》，与前三年及最近一个会计期间损益表中"主营业务收入""主营业务成本""主营业务利润"核对是否相符 1.3 价格调查 1.3.1 取得产品价格目录，了解主要产品目前价格及其前三年价格变动趋势 1.3.2 收集市场上相同或相似产品价格信息，并与本企业进行比较 1.4 单位成本调查 1.4.1 比较各期之间主要产品单位成本变化幅度，对较大幅度的变动（>10%），应询问原因并证实 1.4.2 与"采购与生产循环财务调查"了解到的主要产品单位成本核对是否相符 1.5 销售数量调查 1.5.1 比较各期之间主要产品销售数量的变动比率，对较大幅度的变动（>10%），应询问原因并证实 1.5.2 将各年主要产品销售数量与"采购与生产循环财务调查"了解到的期初库存量、产量、期末库存量进行核对是否存在钩稽关系：本期销售数量=期初产成品库存量+本期产量－期末产成品库存量 ……		

3. 资产调查

调查目标和调查程序	适用与否	工作底稿索引
一、调查目标 1. 了解并核实固定资产 2. 了解并核实在建工程 3. 了解并核实无形资产 二、调查程序 1. 了解固定资产规模、类别，并核实期末价值 1.1 取得前三年及最近一个会计期末"固定资产""累计折旧"及"固定资产减值准备"明细表，并与会计报表核对是否相符 1.2 调查房屋建筑物的成新度、产权归属 1.3 调查机器设备成新度、技术先进性、产权归属 1.4 对大额的固定资产增减变动应询问原因，抽查购买和处理的凭证 1.5 了解有无设置抵押的固定资产，并与"融资循环财务调查"了解到的借款抵押进行核对 1.6 了解并描述计提折旧的方法，并将本期计提折旧额与《制造费用明细表》中的"折旧"明细项核对是否相符 1.7 了解并描述固定资产减值准备计提方法，结合生产特点及设备状况，并向会计师询问，判断减值准备计提是否充分 2. 了解在建工程规模，若规模较大，进一步调查在建工程价值、完工程度，判断完工投产后对生产经营的影响 2.1 取得该期末"在建工程""在建工程减值准备""工程物资"明细表，并与会计报表核对是否相符 2.2 取得工程建设可行性报告及政府批文，了解计划投资额、计划建设周期、建设资金来源、工程投产后的预计效益 2.3 现场观察工程进度，并根据工程可行性报告和正常的工程建设周期，判断工程进度是否正常、有无长期停工在建工程 2.4 了解利息资本化的依据是否符合规定，长期停工在建工程是否停止利息计算		

4. 法律调查

调查目标和调查程序	适用与否	工作底稿索引
一、调查目标 贵公司与具有实际控制权的法人或其他组织及其关联企业是否做到人员、财务、机构、业务独立以及资产完整 二、调查程序 1. 贵公司的业务是否独立于股东单位及其他关联方 获取股东单位及其他关联方的营业执照、贵公司与关联方签订		

续表

调查目标和调查程序	适用与否	工作底稿索引
的所有业务协议，检查贵公司与关联方的业务是否存在上下游关系 2. 贵公司是否具有独立完整的供应、生产、销售系统 　　调查贵公司的部门设置，检查原材料的采购部门、生产部门、销售部门是否与关联方分开，检查发起人与关联方的采购人员、生产人员、销售人员是否相互独立，有无兼职现象 　　检查所有采购、销售或委托加工协议，确认是否存在委托关联方采购、销售或委托加工的情况 　　获取贵公司的采购、销售账户，检查原材料的采购、货物销售是否与关联方账务分离 3. 如供应、生产、销售环节以及商标权等在短期内难以独立，贵公司与控股股东或其他关联方是否以合同形式明确双方的权利义务关系 　　获取贵公司与控股股东或其他关联方签订的如下协议： 综合服务协议 委托加工协议 委托销售协议 商标许可协议 其他业务合作或许可协议		

5. 经营调查

调查目标和调查程序	适用与否	工作底稿索引
一、调查目标 　　调查贵公司所处行业的现状及发展前景；调查贵公司提供的产品（服务）在同行业类似公司中的竞争地位；调查贵公司主要经营活动的合法性 二、调查程序 1. 查阅权威机构的统计资料和研究报告，与行业分析师沟通，调查贵公司所处行业国内外的发展现状与前景，分析其影响；调查贵公司所处行业内企业是否受到国家宏观控制，如果是，其产品定价是否受到限制、是否享受优惠政策 2. 了解贵公司所处行业的进入壁垒，包括规模经济、资本投入、技术水平、环境保护或行业管理机构授予的特许经营权等方面，分析其对贵公司核心竞争力的影响 3. 了解贵公司所处行业的整体特征；了解该行业对技术（或对资金、劳动力等要素）的依赖程度、技术的成熟度；了解该行业公司是否需要大量的研究开发支出、巨额的广告营销费用；应收账款周转情况；产品价格的变动特征；出口占总销售的		

调查目标和调查程序	适用与否	工作底稿索引
比例等方面 4. 调查贵公司近三年内销售产品所处的生命周期阶段，即处于导入期、成长期、成熟期、衰退期中的哪个阶段；调查贵公司产品的寿命 5. 查阅国家的产业结构调整政策、贵公司相关财务资料和发展规划文件，获取或编制贵公司最近几个会计年度主要产品产销量明细表，了解贵公司产品结构构成；了解贵公司未来产品结构调整的方向		

3. 涉案企业进行合规承诺并拟定合规计划

（1）合规计划的拟定主体

正式启动合规程序后，涉案企业通常要进行合规承诺，一般是签署书面文件，配以相应的合规计划。从典型案例看，企业拟定合规计划主要有两种方式：一种是直接聘请律师拟定合规计划；另一种是检察机关/第三方组织根据社会调查及案件事实发现的涉案企业存在的风险点，指导企业作出相应的合规整改方案。

对于合规计划的科学性、可执行性，检察机关可以委托专业部门进行评估。如张家港市 L 公司、张某甲等人污染环境案中，检察机关委托税务、生态环境、应急管理等部门对合规计划进行专业评估。

（2）合规计划的范围

合规计划的范围也不仅限于涉案领域，还有可能超出涉案事实，而且可能经过多轮沟通，提交—修改—再提交—确认，甚至是在第一期合规整改完成后，回访时针对发现的新问题再进行合规整改。如王某某、林某某、刘某乙对非国家工作人员行贿案中，涉及的商业贿赂犯罪是企业合规整改的重点，检察机关在回访中发现企业可能涉及知识产权等合规问题，也提出了指导意见，推动企业全面合规。

合规计划中一般应当包括如下内容：

①构建全流程合规风险监控体系。落实企业内部监督检查制度，对人、财、物和基建、采购、销售等重点部门、重点环节、重点人员，实施财务审核、检

查、审计，及时发现和预防管理漏洞和法律风险。加强事前控制，在业务洽谈、产品销售、资金回笼等环节建立制度规范，将合规体系建设与业务流程紧密挂钩。加强事中控制，设立必要的合规管理岗位或聘请专业人员，对生产经营中可能存在的法律风险进行全面掌控。针对企业重大交易、大额费用支出以及可能存在的违规决策风险等事项，坚持集体决策制度，防止"一言堂"。加强事后监督，畅通员工举报渠道，及时调查和纠正不当行为，并对合规体系进行动态调整，强化企业风险防控能力。

②加强对企业人员的法治宣传教育。坚持法律法规、风险防控能力培训与业务培训相结合，教育企业员工树立守法合规意识，推动企业依法规范经营。加强对董事、监事、高管、大股东等"关键少数"的教育警示力度，促进恪守底线意识，提高法治观念，培养法律思维。加强企业合规文化建设，将依法、合规、廉洁、诚信等理念融入企业文化。

③积极融入行业治理。企业在生产经营过程中，不同领域的合规风险不尽相同，应有针对性地健全合规制度，重点加强市场交易、安全生产、知识产权、数据保护、财务税收、环境保护、反商业贿赂和涉外贸易等领域的合规管理。企业要关注行业系统性风险，加强与检察机关、行政监管机关、行业协会等的沟通协作，依托类型化行业合规指引，认真检视自身潜在风险，不断完善合规体系建设。同时，各地应加强行业廉政建设监督并持续推进行业自律，在开展重点行业犯罪问题专项整治行动的同时，督促重点行业领域加强资源分配环节的信息公开、企业规范方面的财务监督和项目实施阶段的过程督查。

（3）完整合规方案的设计

①对自身需求的准确评估

合规计划要从企业的实际需求出发，既要考虑企业的实际经营情况、所在行业的发展现状、未来发展趋势，也要考虑相关合规领域中涉及的法律法规政策以及国家层面的监管要求，要把这些监管要求转化成内部的管理动作，转化成管理的机制和政策、流程，并且进行监控，从而降低刑事和行政风险。例如，针对互联网公司，重点关注数据合规问题；矿机、矿场行业还要密切关注国家关于能源问题、数字货币问题的监管趋势，合理预判未来1~3年内商业模式特点，并在此基础上进行合规性评估。又如，重大安全事故类案件中，需要结合造成生产安全责任事故的重要因素，如未认真核验承包方作业人员劳动防护用品、应急救援物资配备等情况，未及时发现承包方劳动防护用品配备不到位等问题，指导涉案企业及其相关人员结合履行合规计划，认真落实安全生产职责，细致排查消除安全生产隐患，确保合规整改取得实效。

表 6.3 重点领域刑事风险隐患整治任务清单

序号	行业领域	问题内容	整改措施	联系领导	责任单位	协办单位	整改期限

②合规文化的培养

合规文化是企业合规软实力的体现。在构建制度的同时，要将培养合规文化、营造良好的合规氛围作为合规建设的重要基础。通过合规宣传、培训、模范榜样与失范教育等多种方式，将合规的观念和意识渗透到每个员工的血液中，形成大众性的合规文化。比如，深入业务一线，通过长效性的文化宣讲、专题性活动、知识竞赛、案例学习等多种方式，使一线员工了解依法合规的重要性，消除抵触心理，开展各项业务合规建议绩效考核、排名，通过与业绩挂钩的方式，让大家切实关注、重视合规问题。

③合规组织的搭建

制度的关键在于执行，执行的关键在于人。合规组织的搭建，合规责任人、合规执行者的确立，合规与审计、风险、内控、法律、纪检、党建等其他相关部门之间的关系，都是合规制度能否落地的关键。

涉案企业合规典型案例也反映出，在合规整改计划中，合规组织能否有效搭建也是合规计划可执行性的一个重要考核指标。如深圳 X 公司走私普通货物案中（最高人民检察院第二批企业合规典型案例），X 公司制定的合规计划主要针对与走私犯罪有密切联系的企业内部治理结构、规章制度、人员管理等方面存在的问题，制定可行的合规管理规范，构建有效的合规组织体系，完善相关业务管理流程，健全合规风险防范报告机制，弥补企业制度建设和监督管理漏洞，防止再次发生类似违法犯罪。经过前期合规整改，X 公司在集团层面设立了合规管理委员会，合规部、内控部与审计部形成合规风险管理的三道防线。加强代理报关公司合规管理，明确在合同履行时的责任划分。聘请进口合规领域的律师事务所、会计师事务所对重点法律风险及其防范措施提供专业意见，完善业务流程和内控制度。

④合规风险的识别、监控、应对

合规建设的作用在于：一是有效防范合规风险，二是有效识别违规犯罪行为，三是发生违规行为后，能够有效地应对、有效地补救、有效地整改。如针对员工的违规行为，企业能否第一时间进行识别，或者收到关于违规行为的报告后，对其进行相应的调查、处理手段是否充分、流程是否妥当，能否通过调查程序确认违规行为的根本原因、管理漏洞以及领导责任缺失，对于不当行为是否进行了及时处理，是否需要基于此次违规行为发生原因对企业制度进行相应矫正，是否由此杜绝了后续类似违规事件的发生。

如上海 J 公司、朱某某假冒注册商标案中，检察机关结合办案中发现的经营管理不善情况，向 J 公司制发《合规风险告知书》，从合规风险排查、合规制度建设、合规运行体系及合规文化养成等方面提出整改建议，引导 J 公司作出合规承诺。第三方组织结合风险告知内容指导企业制定合规计划，明确合规计划的政策性和程序性规定，从责任分配、培训方案到奖惩制度，确保合规计划的针对性和实效性。同时，督促企业对合规计划涉及的组织体系、政策体系、程序体系和风险防控体系等主题进行分解，保证计划的可行性和有效性。J 公司制定合规章程、健全基层党组织、建立合规组织体系、制定知识产权专项合规政策体系、打造合规程序体系、提升企业合规意识等方面的递进式合规计划，并严格按照时间表扎实推进。在监督考察期间，第三方组织通过问询谈话、走访调查，深入了解案件背景，帮助企业梳理合规、风控方面的管理漏洞，督促制定专项整改措施。根据第三方组织建议，J 公司成立合规工作领导小组，修改公司章程，强化管理职责，先后制定知识产权管理、合同审批、保密管理、员工培训、风险控制等多项合规专项制度，设立合规专岗，实行管理、销售分离，建立合规举报途径，连续开展刑事合规、民事合规及知识产权保护专项培训，外聘合规专业团队定期对企业进行法律风险全面体检，并且每半个月提交一次阶段性书面报告。第三方组织通过书面审查、实地走访、听取汇报等形式，对合规阶段性成效进行监督检查。同时，浦东新区检察院为确保异地合规监管的有效性，制作了《企业合规监督考察反馈意见表》，实时动态跟进监督评估进度，对第三方组织成员组成、合规计划执行、企业定期书面报告、申诉控告处理等提出意见建议。

⑤合规有效性评估

上述构建过程不能停留在纸面，还要进行定期、不定期的考核，评估是否达到了有效合规的程度。比如，根据针对第三方商业伙伴的合规管理问题，既要考核第三方管理过程是否遵循了合规管理的要求，又要考核针对新旧商业伙伴是否进行了动态的尽职调查、合规培训、名单管理等，防止合规仅停留在纸面。合规有效性评估主体、评估流程、评价标准等，都是与合规制度体系建设同等重要的问题，缺乏有效性评估的制度建设，都将流于形式。有效性评估的方法也很关键，是人工定期/不定期评估还是通过系统化、自动化的方式按需评估，既要结合需求，又要结合目前技术成熟情况。在有成熟技术解决方案的情况下，可以考虑技术评估方式，但后续的整改方案，还需要专业人员参与。

如上海J公司、朱某某假冒注册商标案中，检察机关成立了由律师、区市场监督管理局、区科技局熟悉知识产权工作的专业人员组成的第三方监督评估组织，并邀请人大代表、政协委员对涉案企业同步开展监督考察，考察期限届满，第三方组织评估认为，经过合规管理，J公司提升合规意识，完善组织架构，设立合规专岗，开展专项检查，建立制度指引，强化流程管理，健全风控机制，加强学习培训，完成了从合规组织体系建立到合规政策制定，从合规程序完善到合规文化建设等一系列整改，评定J公司合规整改合格。浦东新区检察院联合嘉兴市检察院、秀洲区检察院通过听取汇报、现场验收、公开评议等方式对监督考察结果的客观性充分论证，并邀请人民监督员、侦查机关、异地检察机关代表等进行公开听证。经评议，参与听证各方一致同意对涉案企业及个人作出不起诉决定。

合规方案评估表示例：

表 6.4　合规方案评估表

序号	评价要素	权重	得分	评分备注
1	合规方针和承诺	5		
2	合规组织与组织的合规管理职责	15		
3	合规管理制度	10		
4	合规风险管理	15		
5	合规审查	10		
6	合规管理评估与评审	5		
7	合规审计	5		
8	违规管理与问责	7		
9	合规宣传与培训	8		
10	合规考核与评价	7		
11	合规管理计划与合规报告	5		
12	合规管理信息系统	5		
13	合规文化	3		

（4）不同类型企业如何选择合规计划

①涉案企业

在进行合规整改的过程中，应该建立一套专门性的合规计划/合规报告，如税收征管合规计划/合规报告、数据保护合规计划/合规报告等。

该类计划/报告的作用，一方面是阻断责任，如将公司合规章程作为书证提交给法院，作为证明已建立合规管理体系的证据，以实现责任的切割，免除单位犯罪责任；另一方面是作为宽缓处理的依据和承诺，如申请进行涉案企业合规不起诉审查，企业提交相应合规计划，后续按照计划履行，最终如能被检察机关认为达到了合规整改的目的，可以享受不起诉或者宽缓量刑的刑事激励。

②常规企业

对非涉案的常规企业而言，合规问题虽不紧急，但仍很重要。合规是企业经营的底线问题，需要满足法律法规、行业规范的相关要求，涉外企业还要遵守所在国、国际组织的相关合规要求，合规计划既要兼顾专项合规，又要顾及全面、有效合规。专项合规是为了避免行政、刑事、制裁等方面的风险，如针对世界银行所要求的反欺诈、反商业贿赂要求，不能在招投标领域进行串标行为，如果没有对招标行为、采购行为进行专项合规，一旦触发世界银行制裁，将面临数年禁止贷款以及罚款处罚。无论是专项合规还是全面合规，终极目标都是获得合规势能，即通过业务流程的合规运营，不仅没有降低运营效率、提升财务成本，反而在对外竞争、人才引进等方面取得更多优势。比如，在国有土地出让过程中，无行贿记录的房地产企业才具备相应投标资质，这就体现了合规对于企业经营的正向势能。

4. 涉案企业履行合规计划，检察机关/第三方组织进行监督考核

（1）考察期的确定以及调整

合规程序启动后往往会设置一定的考察期限，部分案件为 3~6 个月，也有个别案件考察期为 1 年，考察期结束之后，还会有回访期，有 2 个月内回访的，也有 1 年内回访的。考察期内一般每月、每半个月要求涉案企业进行书面报告。考察期也可以根据合规考核情况进行延长或者缩短，如张家港 S 公司、睢某某销售假冒注册商标的商品案中，检察机关开始确定的考察期为 6 个月，后在考察过程中，发现该公司员工数少、业务单一、合规建设相对简易，第三方监督评估小组提出缩短合规监督考察期限的建议。检察机关听取市场监督管理部门、税务部门意见后，决定将合规监督考察期限缩短至 3 个月。

（2）具体的考察方式

考察期内，检察机关/第三方组织以及检察机关邀请的人大代表、政协委员，为确保企业合规建设和第三方组织公正规范履职，切实防止和避免诸如"虚假整改""合规腐败"等问题，会采取多种方式对企业履行合规计划的情况进行考察，包括现场检查、听取汇报、调查问卷、座谈会、查阅公司资料和台账、电话访谈、随机抽查等方式。如山东沂南县 Y 公司、姚某明等人串通投标案中，第三方机制管委会选取 6 名熟悉企业经营和法律知识的人大代表、政协委员、人民监督员组成巡回检查小组，探索建立"飞行监管"机制，巡回检查小组和办案检察官通过不预先告知的方式，深入两个企业进行实地座谈，现场抽查涉案企业近期中标的招标项目，对第三方组织履职情况以及企业合规整改情况进行"飞行监管"。

第三方机制管委会可以牵头组建巡回检查小组，邀请人大代表、政协委员、

人民监督员、退休法官、检察官以及会计、审计、法律、合规等相关领域的专家学者担任巡回检查小组成员开展巡回检查，对第三方组织及其组成人员的履职情况开展不预先告知的现场抽查和跟踪监督，并将检查情况及时报告第三方机制管委会及其联席会议，提出改进工作的意见建议。

（3）合规考察所处阶段

绝大部分案件都是在审查起诉阶段启动，也有个别案件在审查起诉阶段以及宣判后/不起诉后都进行了相应的合规整改，将合规考察的时间向后延伸。

如上海市 A 公司、B 公司、关某某虚开增值税专用发票案中，检察机关在审查起诉阶段督促企业作出合规承诺并开展合规建设，结合企业合规考核情况，在审判阶段提出缓刑量刑建议，最终企业负责人被判处缓刑。判后，检察机关联合税务机关上门回访，发现仍有不完善之处，于是制发检察建议，并对企业的回复进行复盘，组织企业"回头看"，最终促进涉案企业逐步建立合规审计、内部调查、合规举报等有效合规制度，聘请专业人士进行税收筹划，大幅节约生产经营成本，提高市场占有份额。

第三方组织合规考察评估台账示例：

第三方监管人关于涉案企业××风险复核检查台账

编号：

企业+案由：

自主合规团队：

第三方监管人：

文件涵盖期间：　　　年　　月　　日至　　　年　　月　　日

填写人：　　　　　　　　填写时间：　　年　　月　　日

文件名称	文件收集状况	份数	备注
企业生产经营和拟投资项目的××风险			
企业作出的××可能对其生产经营产生影响及应对措施的说明	有 □　无 □ 不适用 □		

续表

文件名称	文件收集状况	份数	备注
企业既有项目投产前的××批复	有 □ 无 □ 不适用 □		
企业拟实施项目的××批复	有 □ 无 □ 不适用 □		
企业既有项目及拟实施项目相关的核查报告	有 □ 无 □ 不适用 □		
××认证证书	有 □ 无 □ 不适用 □		
企业委托外部机构进行××治理的协议	有 □ 无 □ 不适用 □		
受企业委托进行××治理的外部机构的资质证书	有 □ 无 □ 不适用 □		
××许可证	有 □ 无 □ 不适用 □		
××费用的缴纳凭证	有 □ 无 □ 不适用 □		
主要××设施、设备	有 □ 无 □ 不适用 □		
现场勘查	有 □ 无 □ 不适用 □		
企业报告期内××合规性证明	有 □ 无 □ 不适用 □		
企业近三年未发生过因违反××方面的法律、法规和规范性文件而受到处罚的事件			
无须另行收集文件汇总			
企业产品是否符合有关产品质量和技术监督标准,企业近三年未发生过因违反产品质量和技术监督方面的法律、法规和规范性文件而受到处罚的事件			
企业对产品适用标准的说明	有 □ 无 □ 不适用 □		

续表

文件名称	文件收集状况	份数	备注
企业产品所适用的国家标准、行业标准、企业标准	有 □ 无 □ 不适用 □		
质量证书、质量认证	有 □ 无 □ 不适用 □		
质量监督部门的证明	有 □ 无 □ 不适用 □		
其他			
	有 □ 无 □ 不适用 □		
	有 □ 无 □ 不适用 □		

注意事项：
对于医药、化工、矿产等特殊行业，应走访相关部门，确认是否存在质量和安全事故

5. 第三方组织进行合规评估，检察机关对达标者召开公开听证会

考察期满后，涉案企业一般应出具总结报告，第三方组织对整体整改情况进行评估，认为达到整改要求、完成合规计划的，检察机关会以听证的方式召集相关部门一同听取意见。如张家港市 L 公司、张某甲等人污染环境案中，以生态环境部门专业人员为组长的评估小组对 L 公司整改情况及合规建设情况进行评估，评估合格后，检察机关邀请人民监督员、相关行政主管部门、工商联等各界代表，召开公开听证会，参会人员一致建议对 L 公司作不起诉处理。检察机关经审查认为，符合刑事诉讼法相关规定，当场公开宣告不起诉决定，并依法向生态环境部门提出对该公司给予行政处罚的检察意见。

参加听证的人员范围比较广，主管部门、工商联、第三方组织、人民监督员、人大代表、政协委员等都是常见的受邀对象。

听证会汇报资料示例：

涉案企业合规整改情况汇报

尊敬的检察官、各来会人士：

本人××，系××建设工程有限公司、××土石方有限公司的法定代表人和实际控制人。因涉嫌虚开增值税专用发票罪，贵院决定对本人和上述二公司实施企业刑事合规整改，并委托××团队为刑事合规的第三方监管人。企业合规工作自2021年1月开始，至9月结束，历时9个月。现本人将企业整改情况，向检察官作如下汇报。

一、涉案企业情况

××建设工程有限公司于2010年××月××日，经××区市场监督管理局核准设立，实缴注册资本2000万元。主要从事土地整治服务，建筑装饰材料销售，货运，承接市政工程、园林绿化工程、建筑工程、土石方开挖等，自有运输车辆4辆。2018年至2020年，公司实现销售收入3000余万元。

××土石方有限公司于2008年××月××日，经××区市场监督管理局核准设立，实缴注册资本50万元，主要从事普通货物运输，土石方挖填。现有固定资产800余万元，2016年至2020年，公司实现销售收入5000余万元。

二、成立合规机构

收到贵院对本人和二公司实施刑事合规的决定后，为更好地开展合规工作及加强对企业今后的经营行为监督，根据合规规定和要求，在第三方监管人的指导下，二公司联合成立了合规部，合规部由公司副经理、财务部、法务组成，并聘请了本人的辩护律师担任自主合规员。合规团队一是对企业生产经营的各种行为进行合规性审查，二是积极配合第三方监管人实施合规监管。

三、梳理违规风险点及分析原因

合规部针对此次虚开增值税专用发票犯罪过程中暴露出来的问题，结合企业的生产经营特点，找出了如下主要风险点：

1. 企业账务核算不规范，未严格按照国家的财务会计制度及税收制度规定进行财务会计核算。此次虚开增值税专用发票，是因为公司业务繁忙且时间紧迫时，公司自有车辆无法满足运输业务，便委托社会个人车辆运输，支付给个人车辆的支出不能提供发票，导致这些支出无法按会计制度和税法规定核算。为解决这部分无票支出，才经他人介绍，虚开了增值税专用发票。

2. 企业各项资金列支不规范，存在随意支出（借贷）资金的情况。公司管理人员，主要还是本人对公司的资金随意借支，也没有一个规范的审批流程。

3. 对公司高级管理人员的行为缺乏监督，未严格按照公司法的要求建立现代企业制度。

存在上述问题的主要原因，一是缺乏风险意识，二是两家公司实质为家族企业，没有严格区分公司和控制人的行为。

四、积极整改

合规整改开始后，本人和公司第三方监管人提供了公司的所有经营、财务、管理方面的材料，详细介绍了公司的经营管理、财务核算等方面的情况，并在合规监管员的指导下，做了如下整改工作。

（一）设立合规部，切实发挥合规职能

二公司先前没有设立合规部，也没有对企业各种行为的审查机制，这样不仅经营上存在风险，更有发生法律风险的可能。为此，二公司联合组建了合规部，由公司副经理、财务负责人、法律顾问组成。合规部主要对企业经营行为进行审查，包括对外签订的各种合同、参与各项规章制度的制定等，在签订合同时必须经合规部的审核。合规部对企业各项规章制度的实施履行监督职能。对各项工作内容的考核乃至员工绩效的评定也须合规部签署意见。

（二）健全各项管理制度，严格遵守制度规定

企业的各项规章制度是企业行为的准则，为此，公司建立并完善了各项管理制度，重点完善了财务核算制度和安全经营制度，如资金的借贷、收支，无论是公司管理层，还是普通员工向公司领取资金，都必须说明用途并限期偿还，同时需经财务负责人和分管经理的审核审批，公司实际控制人也不能随意借支；发票、成本票据等的审核审批，向公司报销发票，大额（2000元以上）的必须提供合同，小额的必须附说明。

（三）根据企业的经营内容，确立整改重点

针对公司涉嫌犯罪的内容和公司的主要经营方式，公司将整改重点放在以下三方面。

1. 前面说过，本人及公司涉嫌犯罪，是因为公司的部分支出不能取得相应发票，不能列支成本。为此，对公司外包的运输业务，根据自主合规员的建议，设计了两种解决方案：一是要求外包运输人办理营业执照，向税务机关申请开具发票，公司外包运输人员应缴纳的税款由公司给予补贴；二是将运输业务统一委托给符合税务机关要求的第三方，即外包运输个人与第三方发生法律关系，纳入第三方管理，公司将运输费用支付给第三方，第三方开具发票给公司。最终，经分析，从公司的业务发展等方面考虑，并在征询第三方监管员及税务机关的意见后，决定采用第二种方案。公司与第三方××供应链管理公司签订运输合同，公司外包运输业务全部委托给××供应链管理公司，公司将运输费用支付给该公司，该公司向我公司开具增值税专用发票。如此，虽然增加了运输价格，但对公司来讲，更规范、更合理、更安心。

2. 加强运输安全管理。公司的车辆大都在城区运行，且装运的都是建筑用料，容易发生安全事故。公司运输车辆的安全，不仅是企业考虑的重点，也是政府极为关注的。为确保运输安全，在日常上，公司加强驾驶员的安全教育、驾驶技术培训，严格出车制度，增加车辆的保养维护，利用信息化技术，公司还购置了"××网络系统"，对运输车辆实施实时监控，该设备能实时全景反映运输车辆和驾乘人员的动态，及时发现事故隐患。

3. 加强政策法规学习，做到知法懂法。自案件发生后，本人一直在反思。缺乏法律知识包括公司法、财务税收法规等，是本人犯罪的一个重要原因。随着企业的壮大和各项法律法规的健全，本人深感，除了承揽业务、搞好经营，对企业的规范管理，对国家法律、政策的了解也是经营好企业的重要条件。为此，本人、公司管理人员加强各种法律法规的学习，特别是财务税收法规和公司法的学习。通过学习，深知企业的经营、个人的行为都要在国家制定的规则下进行，只有这样企业的经营才能长久，个人也不会失去自由。

尊敬的检察官、尊敬的各位与会人士，本人及本人经营的公司涉嫌犯罪应受法律制裁，本人没有怨言，每个人都要对自己的行为负责。极其感谢检察机关对本人及公司实施合规监管，通过合规监管完善各项管理制度，既是给予本人一次从轻处罚的机会，又能对企业今后的发展大为有利。本人认罪、悔罪，再次感谢。

××物流公司合规整改听证会
（第三方监管人报告）

尊敬的各位领导、来宾、听话代表、旁听代表：

××律师事务所受××人民检察院委托，作为企业合规第三方监管人，针对××物流公司及金某涉嫌虚开增值税专用发票犯罪进行合规整改监督，目前××物流公司已对合规风险进行了较为全面的整改并形成了较为完善的合规体系。

具体如下：

一、××物流公司本身为正规物流企业，且具有一定规模

第三方监管人在接受委托后，第一时间前往××物流公司进行实地调查，发现其在当地是一家具有一定规模的物流企业，公司目前主要客户为……因为××物流公司前期已聘请税收筹划团队对业务进行整改，所以第三方监管人对××物流公司的合规工作主要是对相关业务及财务凭证进行核查。第三方监管人多次前往××物流公司办公场所及生产作业现场进行突击检查，目前公司所有业务均能够做到与合同甲乙双方一致（非强求"三流一致"），作业现场整体是较为有序的，入场都必须穿戴安全设备，停车区、仓储区、装卸货区功能划分清晰，管理规范。

二、××物流公司实际控制人金某能够配合第三方监管人工作，认罪悔罪态度明显

××物流公司自进行合规整改以来，提出了包括财务凭证管理、人员培训、业务风险防范等一系列建议。××物流公司一直积极配合第三方监管人工作，对监管人提出的整改建议积极推进并及时进行反馈，法定代表人也能够妥善安排工作计划配合第三方监管人的定期检查、现场检查及不定期的突击检查。

三、××物流公司目前已形成较为完备的合规体系

通过此次整改，××物流公司已形成较为完备的合规体系与合规文化，大大降低了公司涉及虚开的刑事风险。同时，其还聘请了专业的财务公司监督公司账务，定期组织合规培训学习。

综上，第三方监管人认为结合××物流公司及其实际控制人金某在整改期间的表现及相应成果，已符合验收标准目标。

三、涉案企业合规的法律效果

目前涉案企业合规工作适用于批捕、起诉及量刑建议各个阶段，对符合适用条件的企业和企业家，检察机关可以作出不批捕、不起诉或者缓刑量刑建议，对其进行宽缓处理，使企业不因管理人员涉罪涉刑、被羁押等问题影响其正常生产经营，并通过进一步的生产经营活动减少违法犯罪损失，维护社会和家庭的稳定。

（一）刑事激励措施及其适用范围

公开听证后，一般都是合规验收通过，最终的处理结果也是相对不起诉、缓刑等宽缓处理。典型案例中合规整改后企业均享受了刑事激励措施，如70%的案件作不起诉处理，1例公安机关撤案（证据不足），只有2例被提起公诉，最终也是适用缓刑。通过企业合规整改的方式来避免刑事处罚的后果，也是检察机关慎捕慎诉政策的重要体现。

1. 不起诉处理

从实践案例看，合规整改后的激励措施最为明显、激励效果最大的就是对涉案企业、涉案人员作不起诉处理，且基本上依照《刑事诉讼法》第177条第2款，作相对不起诉处理。如湖北一企业涉及经营犯罪，检察机关建议公安机关对企业负责人取保候审，并督促企业合规整改。6个月后，经第三方严格评估、确认合格，决定不予起诉。该企业完善内部管理制度，生产经营步入正轨，营业收入、上缴纳税额均大幅增长，在当地新增投资上亿元、带动就业上百人。通过涉案企业合规改革，降低涉罪企业二次犯罪的可能性，引导企业提高现代化管理能力，促进合规守法经营，进而改善整体营商环境。

典型案例1：张家港市L公司、张某甲等人污染环境案【最高人民检察院企业合规改革试点典型案例（第一批涉案企业合规典型案例）】

【基本案情】

江苏省张家港市L化机有限公司（以下简称L公司）系从事不锈钢产品研发和生产的省级高科技民营企业，张某甲、张某乙、陆某某分别系该公司的总经理、副总经理、行政主管。

2018年下半年，L公司在未取得生态环境部门环境评价的情况下建设酸洗池，并于2019年2月私设暗管，将含有镍、铬等重金属的酸洗废水排放至生活污水管，造成严重环境污染。苏州市张家港生态环境局现场检测，L公司排放井内积存水样中总镍浓度为29.4mg/L、总铬浓度为29.2mg/L，分别超过《污水综合排放标准》的29.4倍和19.5倍。2020年6月，张某甲、张某乙、陆某某主动向张家港市公安局投案，如实供述犯罪事实，自愿认罪认罚。

2020年8月，张家港市公安局以L公司及张某甲等人涉嫌污染环境罪向张家港市检察院移送审查起诉。张家港市检察院进行办案影响评估并听取L公司合规意愿后，指导该公司开展合规建设。

【企业合规整改情况及处理结果】

检察机关经审查认为，L公司及张某甲等人虽涉嫌污染环境罪，但排放污水量较小，尚未造成实质性危害后果，可以进行合规考察监督并参考考察情况依法决定是否不起诉。同时经调查，L公司系省级高科技民营企业，年均纳税400余万元、企业员工90余名、拥有专利20余件，部分产品突破国外垄断。如果公司及其主要经营管理人员被判刑，对国内相关技术领域将造成较大影响。有鉴于此，2020年10月，检察机关向L公司送达《企业刑事合规告知书》，该公司在第一时间提交了书面合规承诺以及行业地位、科研力量、纳税贡献、承担社会责任等证明材料。

检察机关在认真审查调查报告、听取行政机关意见以及综合审查企业书面承诺的基础上，对L公司作出合规考察决定。随后，L公司聘请律师对合规建设进行初评，全面排查企业合规风险，制定详细合规计划，检察机关委托税务、生态环境、应急管理等部门对合规计划进行专业评估。L公司每月向检察机关书面汇报合规计划实施情况。2020年12月，组建以生态环境部门专业人员为组长的评估小组，对L公司整改情况及合规建设情况进行评估，经评估合格，通过合规考察。同月，检察机关邀请人民监督员、相关行政主管部门、工商联等各界代表，召开公开听证会，参会人员一致建议对L公司作不起诉处理。检察机关经审查认为，符合刑事诉讼法相关规定，当场公开宣告不起诉决定，并依法向生态环境部门提出对该公司给予行政处罚的检察意见。2021年3月，苏州市生态环境局根据

《水污染防治法》等有关规定，对 L 公司作出行政处罚决定。

通过开展合规建设，L 公司实现了快速转型发展，逐步建立起完备的生产经营、财务管理、合规内控的管理体系，改变了野蛮粗放的发展运营模式，企业家和员工的责任感明显提高，企业抵御和防控经济风险的能力得到进一步增强。2021 年 L 公司一季度销售收入同比增长 275%，纳税同比增长 333%，成为所在地区增幅最大的企业。

典型案例 2：王某某、林某某、刘某乙对非国家工作人员行贿案【最高人民检察院企业合规改革试点典型案例（第一批涉案企业合规典型案例）】

【基本案情】

深圳 Y 科技股份有限公司（以下简称 Y 公司）系深圳 H 智能技术有限公司（以下简称 H 公司）的音响设备供货商。Y 公司业务员王某某，为了在 H 公司音响设备选型中获得照顾，向 H 公司采购员刘某甲陆续支付"好处费"25 万元，并在刘某甲的暗示下向 H 公司技术总监陈某行贿 24 万余元。由王某某通过公司采购流程与深圳市 A 数码科技有限公司（以下简称 A 公司）签订采购合同，将资金转入 A 公司账户，A 公司将相关费用扣除后，将剩余的资金转入陈某指定的账户。Y 公司副总裁刘某乙、财务总监林某某，对相关款项进行审核后，王某某从公司领取行贿款项实施行贿。

2019 年 10 月，H 公司向深圳市公安局南山分局报案，王某某、林某某、刘某乙及刘某甲、陈某相继到案。2020 年 3 月，深圳市公安局南山分局以王某某、林某某、刘某乙涉嫌对非国家工作人员行贿罪，刘某甲、陈某涉嫌非国家工作人员受贿罪向深圳市南山区检察院移送审查起诉。

2020 年 4 月，检察机关对王某某依法作出不起诉决定，对林某某、刘某乙依法作出不起诉决定，以陈某、刘某甲涉嫌非国家工作人员受贿罪向深圳市南山区法院提起公诉。同月，深圳市南山区法院以非国家工作人员受贿罪判处被告人刘某甲有期徒刑六个月，判处被告人陈某拘役五个月。法院判决后，检察机关于 2020 年 7 月与 Y 公司签署合规监管协议，协助企业开展合规建设。

【企业合规整改情况及处理结果】

检察机关在司法办案过程中了解到，Y 公司属于深圳市南山区拟上市的重点

企业，该公司在专业音响领域处于国内领先地位，已经开展上市前辅导，但本案暴露出Y公司在制度建设和日常管理中存在较大漏洞。检察机关与Y公司签署合规监管协议后，围绕与商业贿赂犯罪有密切联系的企业内部治理结构、规章制度、人员管理等方面存在的问题，制定可行的合规管理规范，构建有效的合规组织体系，健全合规风险防范报告机制，弥补企业制度建设和监督管理漏洞，防止再次发生相同或者类似的违法犯罪。Y公司对内部架构和人员进行了重整，着手制定企业内部反舞弊和防止商业贿赂指引等一系列规章制度，增加企业合规的专门人员。检察机关通过回访Y公司合规建设情况，针对企业可能涉及的知识产权等合规问题进一步提出指导意见，推动企业查漏补缺并重启了上市申报程序。

2. 提出缓刑量刑建议

对于犯罪金额大、情节严重、法定刑较高的案件，虽然不能直接作不起诉处理，但是在合规整改之后，检察机关也可以提出宽缓量刑建议，通过非羁押措施切实保障企业、企业家的正常生产经营。

典型案例：上海市A公司、B公司、关某某虚开增值税专用发票案【最高人民检察院企业合规改革试点典型案例（第一批涉案企业合规典型案例）】

【基本案情】

被告单位上海A医疗科技股份有限公司（以下简称A公司）、上海B科技有限公司（以下简称B公司），被告人关某某系A、B两家公司实际控制人。

2016年至2018年，关某某在经营A公司、B公司业务期间，在无真实货物交易的情况下，通过他人介绍，采用支付开票费的方式，让他人为两家公司虚开增值税专用发票共219份，价税合计2887万余元，其中税款419万余元已申报抵扣。2019年10月，关某某到案后如实供述上述犯罪事实并补缴涉案税款。

2020年6月，公安机关以A公司、B公司、关某某涉嫌虚开增值税专用发票罪移送检察机关审查起诉。上海市宝山区检察院受理案件后，走访涉案企业及有关方面了解情况，督促企业作出合规承诺并开展合规建设。

【企业合规整改情况及处理结果】

检察机关走访涉案企业了解经营情况，并向当地政府了解其纳税及容纳就业情况。经调查，涉案企业系我国某技术领域的领军企业、上海市高新技术企业，科技实力雄厚，对地方经济发展和增进就业有很大贡献。公司管理人员及员工学历普遍较高，对合规管理的接受度高、执行力强，企业合规具有可行性，检察机关遂督促企业作出合规承诺并开展合规建设。同时，检察机关先后赴多地税务机关对企业提供的纳税材料及涉案税额补缴情况进行核实，并针对关某某在审查起诉阶段提出的立功线索自行补充侦查，认为其具有立功情节。

2020年11月，检察机关以A公司、B公司、关某某涉嫌虚开增值税专用发票罪对其提起公诉并适用认罪认罚从宽制度。12月，上海市宝山区人民法院采纳检察机关全部量刑建议，以虚开增值税专用发票罪分别判处被告单位A公司罚金15万元，B公司罚金6万元，被告人关某某有期徒刑三年，缓刑五年。

法院判决后，检察机关联合税务机关上门回访，发现涉案企业的合规建设仍需进一步完善，遂向其制发检察建议并公开宣告，建议进一步强化合法合规经营意识，严格业务监督流程，提升税收筹划和控制成本能力。检察机关在收到涉案企业对检察建议的回复后，又及时组织合规建设"回头看"。经了解，涉案企业已经逐步建立合规审计、内部调查、合规举报等有效合规制度，聘请专业人士进行税收筹划，大幅节约生产经营成本，提高市场占有份额。

3. 监督公安机关撤案

实践中，检察机关也可以充分利用法律监督职能，对公安机关不当立案的案件进行监督，尤其是在企业进行了合规整改之后，再犯罪风险已经消除，更可以适用监督撤案的方式来彻底避免企业的刑事风险。检察机关可以针对涉案企业暴露出的经营管理、法律风险方面的突出问题，自觉开展企业合规工作，积极适用第三方监督评估机制，会同公安机关等有关部门综合运用经济、行政、刑事等手段，既促进涉案企业合规守法经营，也警示潜在缺乏规制约束的企业遵纪守法发展，逐步建立长效机制，实现精准监督。

典型案例：张家港S公司、睢某某销售假冒注册商标的商品案【最高人民检察院第二批企业合规典型案例】

【基本案情】

张家港市S五交化贸易有限公司（以下简称S公司）于2015年6月注册成立，注册资本200万元，在职员工3人，睢某某系该公司法定代表人、实际控制人。

2018年11月22日，张家港市市场监督管理局在对S公司进行检查时，发现该公司疑似销售假冒"SKF"商标的轴承，并在其门店及仓库内查获标注"SKF"商标的各种型号轴承27829个，金额共计68万余元。2018年12月17日，张家港市市场监督管理局将该案移送至张家港市公安局。2019年2月14日，斯凯孚（中国）有限公司出具书面的鉴别报告，认为所查获的标有"SKF"商标的轴承产品均为侵犯该公司注册商标专用权的产品。2019年2月15日，张家港市公安局对本案立案侦查。

【企业合规整改情况及效果】

一是应公安机关邀请介入侦查。2021年5月初，张家港市检察院应张家港市公安局邀请，派员介入听取案件情况。梳理在案证据，本案侦查工作的主要情况如下：第一，睢某某辩称涉案的轴承部分是从山东威海一旧货调剂市场打包购买，部分是从广州H公司、上海J公司购买，认为自己购进的都应该是正品。第二，公安机关经与广州H公司、上海J公司核实，上海J公司系授权的一级代理商，主要经营SKF等品牌轴承。广州H公司从上海J公司进购SKF轴承后进行销售，曾3次通过上海J公司直接发货给S公司，共计54万元。同时，公安机关对山东威海的旧货调剂市场进行了现场调查，发现该市场确实是二手交易市场，无法追溯货品源头。第三，斯凯孚（中国）有限公司出具书面鉴别报告时，未对查获的轴承及包装的真伪进行现场勘查，仅根据清点明细材料出具了鉴别说明和比对示例，且不愿再重新鉴定。此外，该案立案距今超过两年，已属"挂案"状态。

二是及时启动社会调查。检察机关向S公司、睢某某告知企业合规相关政策后，该公司分别向检察机关、公安机关递交了《提请开展刑事合规监督考察的申请书》。随后承办检察官走访企业和市场监督管理局、税务局等行政部门，实地查看公司经营现状、指导填写合规承诺、撰写调查报告。走访调查了解到，该公司系已实际经营六年的小微民营企业，因涉嫌犯罪被立案，一定程度上影响了经营，资金周转困难，公司面临危机。该公司规章制度不健全，内部管理不完善，尤其是企业采购程序不规范，对供货商资质和货品来源审查不严，单据留存不全,还曾因接受虚开的增值税发票被税务机关行政处罚。检察机关经综合考虑,鉴于S公司有整改行为和较强的合规愿望,认为可以开展企业合规监督考察。

三是深入会商达成共识。检察机关认为,该案证明S公司及眭某某存在犯罪故意的证据不确实、不充分,公安机关也难以再查明轴承及包装的来源是否合法,案件久拖不决,已处于"挂案"状态,亟待清理。检察机关与公安机关共同分析了相关情况,并就该案下一步处理进行会商,双方就企业合规、"挂案"清理工作达成共识。公安机关明确表示,如该公司通过企业合规监督考察时还没有新的证据进展,将作出撤案处理。

四是扎实推进合规考察。经向上级检察机关请示并向张家港市企业合规监管委员会报告后,张家港市检察院联合公安机关对S公司启动合规监督考察程序,确定6个月的整改考察期。同时,张家港市企业合规监管委员会根据第三方监督评估机制,从第三方监管人员库中随机抽取组建监督评估小组,跟踪S公司整改、评估合规计划落实情况。按照合规计划,S公司梳理企业风险点,制定财务管理合规建设制度、发票制发流程、货物销售采购流程等内部制度,并形成规范的公司合同模板。在税务方面,公司从以往直接与代账会计单线联系,转变为与会计所在单位签订合同,对财务人员应尽责任、单位管理职责进行书面约定。在知识产权方面,公司明确渠道商应提供品牌授权证明并备案,每笔发货都注明产品明细,做到采购来路明晰、底数清晰。合规整改期间,检察机关会同第三方监督评估小组,每月通过座谈会议、电话联系、查阅资料、实地检查等方式,特别是通过"不打招呼"的随机方式,检查企业的合规建设情况。同时,检察机关还向公安机关通报企业合规建设进展情况,邀请参与合规检查,并认真吸收公安机关对合规制度完善提出的意见。2021年8月5日,鉴于该公司员工数少、业务单一、合规建设相对简易的情况,第三方监督评估小组提出缩短合规监督考察期限的建议。检察机关听取市场监督管理部门、税务部门意见后,决定将合规监督考察期限缩短至3个月。2021年8月16日至18日,第三方监督评估小组对该公司合规有效性进行评估,出具了合规建设合格有效的评估报告。

五是参考考察结果作出处理。2021年8月20日,张家港市检察院组织公开听证，综合考虑企业合规整改效果，就是否建议公安机关撤销案件听取意见，听证与会人员一致同意检察机关制发相关检察建议。当日，检察机关向公安机关发出检察建议，公安机关根据检察建议及时作出撤案处理，并移送市场监督管理部门作行政处罚。检察机关两个月后回访发现，S 公司各项经营已步入正轨，因为合规建设，两家大型企业看中 S 公司合规资质与其建立了长期合作关系，发展势头强劲。

4. 单位和直接责任人员分别处理

通常而言，涉案企业合规的效果同时及于涉案企业及相关责任主体，但随着企业合规责任理论的深入，企业合规义务的履行也可以作为阻却违法的责任要件，从而避免企业的刑事风险。

典型案例：江苏 F 公司、严某某、王某某提供虚假证明文件案【最高人民检察院第三批涉案企业合规典型案例】

【基本案情】

被告人严某某、王某某分别是江苏 F 土地房地产评估咨询有限公司（以下简称 F 公司，从业人员 39 人，曾获评市优秀估价机构、诚信单位）的估价师和总经理。F 公司接受委托为 G 工贸实业有限公司（以下简称 G 公司）协议搬迁项目进行征收估价，先是采取整体收益法形成了总价为 2.23 亿余元的评估报告初稿。为满足 G 公司要求，王某某要求严某某将涉案地块评估单价提高，严某某在无事实依据的情况下，通过随意调整评估报告中营业收益率、加入丈量面积与证载面积差等方式，将单价自 2.16 万元提高至 2.4 万余元，最终形成的《房屋征收分户估价报告》将房屋评估总价定为 2.49 亿余元。后相关部门按此评估报告进行拆迁补偿，造成国家经济损失 2576 万余元。

【企业合规整改情况及效果】

涉案导致公司参与的多项招投标业务停滞，经营面临困难，检察机关评估后认为，涉案企业以往经营和纳税均正常，案发后企业和个人认罪认罚，且主动提交合规申请，承诺建立企业合规制度，对其适用涉案企业合规制度。鉴于两名责任人严重违反职业道德、违法出具证明文件，造成国家经济损失巨大，检察院对严某某、王某某以提供虚假证明文件罪提起公诉，并分别对二人提出缓刑和实刑的量刑建议，得到法院采信；另外，对涉案企业开展合规工作和监管验收，经综合审查认定 F 公司通过评估验收，依法对 F 公司作出不起诉决定。

（二）行政激励措施如何触发

1. 从行刑衔接的角度来看，行政激励措施可以参考刑事激励措施适用

企业合规可以作为出罪、出罚事由，在行政法规中也有体现，如《反不正当竞争法》第 7 条第 3 款规定："经营者的工作人员进行贿赂的，应当认定为经营者的行为；但是，经营者有证据证明该工作人员的行为与为经营者谋取交易机会或者竞争优势无关的除外。"但在对违法企业进行行政处罚的过程中是否可以视企业合规情况给予相应的从轻、减轻处罚，目前尚无立法规定。从行刑衔接的角度看，检察机关通过涉案企业合规不起诉等方式对企业进行刑事合规奖励，行政机关也可以予以参照，在行政监管领域推出行政合规奖励。

刑事责任的免除，并不意味着行政责任不必承担。不起诉案件中绝大部分都启动行刑衔接程序，将案件移送行政机关进行行政处罚。如新泰市 J 公司等建筑企业串通投标系列案件中，检察机关当场公开宣告不起诉决定，并依法向住建部门提出对 6 家企业给予行政处罚的检察意见。

行刑衔接的意义不仅在于行政处罚与刑事处罚的无缝衔接，还在于对合规行为的统一激励。如深圳 X 公司走私普通货物案中，检察机关推进与行政监管部门的"合规互认"，将企业合规计划、定期书面报告、合规考察报告等移送深圳海关，作为海关作出处理决定的重要参考。需要注意的是，企业合规不仅能享受刑事措施的奖励，检察机关还可以在检察建议中建议对企业进行从宽行政处罚，进一步体现企业合规的激励作用。

2. 从检察机关监督职责角度来看，可以建议行政机关为合规企业提供激励措施

利用现行法律规定，也可以间接采取行政合规激励措施。根据《刑事诉讼法》第 177 条第 3 款规定，对被不起诉人需要给予行政处罚、处分或者需要没收其违法所得的，人民检察院应当提出检察意见。需要注意的是，这里的提出检察意见，不仅是提出处罚的意见，还可以结合企业合规整改情况，提出是否从宽处罚的意见，也即检察机关可以建议行政机关在行政处罚的同时，结合企业整改情况，在行政处罚中体现激励措施。如上述深圳 X 公司走私普通货物案中，检察机

关对涉案企业开展第三方监督评估后，积极促成"合规互认"，将企业合规计划、定期书面报告、合规考察报告等移送深圳海关，作为海关作出处理决定的重要参考，彰显了企业合规的程序价值。

典型案例告诉我们，企业合规的一个重要特点就是不要就案办案，要善于从个案中发现类案预防的风险点，比如针对水果市场的走私行为、针对建筑行业的串通投标行为，承办检察机关都通过个案宣讲、扩大受众、政府与企业联动的方式，将个案风险化解扩大到行业、地区风险的化解，进一步提升企业合规的社会价值。

（三）如何发挥刑事合规的"疫苗"效应

上述刑事激励措施、行政激励措施面向的基本上都是"带病"企业，如果只是采取头痛医头、脚痛医脚的个案合规治理方式，很难解决广泛的企业失范问题。因此，可以从刑事风险中及时提炼出风险点，区分企业自身原因、监管制度固有原因等，将风险点变为"抗体"，通过合规宣导、制度修订的方式，让其内化为未涉案企业的合规要素，避免出现类似刑事、行政风险。对于这个过程，企业是缺乏驱动力的，那么检察机关、第三方组织、行政机关作为"掌握制造疫苗技术的生产商"，有必要提炼有效风险点及应对措施，形成专项合规指引或者行业标准，通过"打疫苗"的方式，让企业做好事先防范。个案风险—类案风险—专项指引—行业标准，这个风险逐步识别、固化、预防的过程，就可以放大刑事合规的效能，进一步促进全社会合规体系的完善。

例如，新泰市J公司等建筑企业串通投标系列案件中，2013年以来，山东省新泰市J工程有限公司（以下简称J公司）等6家建筑企业，迫于张某黑社会性质组织的影响力，被要挟参与该涉黑组织骨干成员李某某（新城建筑工程公司经理，犯串通投标罪被判处有期徒刑一年零六个月）组织的串通投标。李某某暗箱操作统一制作标书、统一控制报价，导致新泰市涉及管道节能改造、道路维修、楼房建设等全市13个建设工程项目被新城建筑工程公司中标。由张某黑社会性质组织案带出的5起串通投标案件，涉及该市1家民营企业、2家国有企业、3家集体企业，均为当地建筑业龙头企业，牵扯面大，社会关注度高。

2020年3月、4月，公安机关将上述5起串通投标案件移送新泰市检察院审查起诉。检察机关受理案件后,通过自行补充侦查进一步查清案件事实,同时深入企业开展调查,于2020年5月召开公开听证会,对J公司等6家企业作出不起诉决定。

检察机关通过自行补充侦查,查清J公司等6家企业被胁迫陪标的案件事实。6家企业案发时均受到涉黑组织骨干成员李某某的要挟,处于张某黑社会性质组织控制范围内,被迫出借建筑资质参与陪标,且没有获得任何非法利益。同时,检察机关实地到6家企业走访调查,掌握企业复工复产情况及存在的困难问题;多次到住建部门座谈,了解到6家企业常年承接全市重点工程项目,年创税均达1000万元以上,其中1家企业年创税1亿余元,在繁荣地方经济、城乡建设、劳动力就业等方面作出了突出贡献。如作出起诉决定,6家企业三年内将无法参加任何招投标工程,并被列入银行贷款黑名单,将对企业发展、劳动力就业和全市经济社会稳定造成一定的影响。

2020年5月,泰安市两级检察机关邀请人民监督员等各界代表召开公开听证会,参会人员一致同意对J公司等6家企业及其负责人作不起诉处理。检察机关当场公开宣告不起诉决定,并依法向住建部门提出对6家企业给予行政处罚的检察意见,同时建议对近年来建筑行业的招投标情况进行全面细致的摸排自查,净化建筑业招投标环境。听证会结束后,检察机关组织当地10家建筑企业、连同6家涉案企业负责人召开专题座谈会,宣讲企业合规知识,用身边案例警醒企业依法规范经营,从而达到了"办理一案、教育一片、治理社会面"的目的。

检察机关还向6家涉案企业发出检察建议,要求企业围绕所涉罪名及相关领域开展合规建设,并对合规建设情况进行跟踪监督,最后举办检察建议落实情况公开回复会,对合规建设情况进行验收,从源头上避免再次发生类似违法犯罪问题。在合规建设过程中,6家涉案企业缴纳171万余元行政罚款,并对公司监事会作出人事调整,完善公司重大法务风险防控机制。此后6家被不起诉企业积极扩大就业规模,安置就业人数2000余人,先后中标20余项重大民生工程。

又如,广西陆川县23家矿山企业非法采矿案中,针对非法采矿系列案涉案企业多、案发原因复杂、办案风险大的特点,检察机关会同主管部门研究针对行业顽瘴痼疾的整治措施,以系列案推动行业治理,助力矿山行业领域形成合规建设的法治氛围。通过矿山"行业合规"建设，当地政府加快推进"半边山"矿山整治工作，企业合规在优化当地矿山企业布局、督促矿山转型升级、促进经济有序发展等方面起到积极作用，实现"办理一类案件、规范一个行业"的良好效果。

（四）企业方如何理性对待企业合规要求

1. 量体裁衣，适度前瞻

对企业而言，面对合规需求，要量体裁衣，适度前瞻，不宜脱离自身规模、发展阶段和面临的实际困难。比如，针对初创企业，最基础的就是商业模式合规，如果商业模式本身违反监管法规甚至有刑事风险，就要及时调整产品方向；又如，对上市公司而言，信息披露合规问题就很关键。不同阶段、不同行业的企业，面临的合规需求不同。合规是需要成本的，有时甚至会降低一些运营效率，不能一味求大、求全。

2. 一把手要重视与商业伙伴的合规生态建设

企业合规不仅是从头到脚的合规，还要做到从里到外的合规。一把手重视，组织驱动，这是合规制度能够落地的重要因素，尤其是管理层承诺、对合规绩效考核的重视、对违规行为一票否决的惩罚机制等，都有赖于企业的管理者（所有者）对合规问题的高度重视和以身作则。但仅有内部的合规治理还不足以防范合规风险，很多情况下，都是上下游、供应商等第三方商业伙伴未能遵循合规要求，从而殃及池鱼。将第三方商业伙伴也纳入企业自身合规体系，加强培训、告知、合同条款等方面的合规建设也非常重要。比如，对软件服务或者广告服务而言，如果上游或者下游的合作伙伴未能遵守法律要求，触发刑事风险，而企业作为服务供应方又未能证实自己尽到合规义务，很有可能被认为构成帮助信息网络犯罪活动罪。

3. 公司内部合规官培养与外部律师协同配合做好企业合规工作

合规工作要发挥实效，需要发挥内部合规官与外部律师的协同作用。其中，企业内部培养专职合规官，要紧贴业务一线，了解业务敏感问题，合规与业务要充分结合。外部律师的经验和知识更新要快，可以通过多样本的服务，提炼更多合规经验，甚至可以结合行业趋势，对行业监管走向进行预判，对企业合规方案进行提前布局。内外部结合的方式，可以让企业合规工作更有生命力、持续性。

表 6.5 涉案企业合规全流程文书汇总表

序号	阶段	角色	文书名称	拟写要求
1	启动	企业	企业合规启动（激励名称）申请书	直送机关、案件基本情况、法规依据、申请事项、理由
2	启动	合规团队	委托治理合同（修复型、预防型）	合规团队成员、内容、流程、费用等
3	启动	第三方监管人	关于作为××企业合规专家库成员的通知	组成包括律师、税务师、会计师等
4	启动	第三方监管人	更换监管人的通知	—
5	启动	商协会	同意××企业进行行业合规的通知	—
6	启动	商协会	关于对××企业进行行政（刑事）合规的建议	—
7	启动	商协会	关于缴纳第三方监管人服务费用的通知	费用来源与费用分阶段使用和发放的标准
8	启动	行政机关	同意××企业进行行政合规的决定书/通知/批复	—
9	启动	行政机关	关于对××企业进行刑事（行业）合规的建议	—
10	启动	检察机关	同意××企业进行刑事合规的决定书/通知/批复（针对申请）	原申请情况、人员组成、合规内容、周期、流程等
11	启动	检察机关	关于对××企业进行行政（行业）合规的建议	—
12	启动	检察机关	关于组建××企业合规第三方监管委员会的通知	（专家库）
13	启动	巡回监管人	关于对××企业进行巡回监管的通知（致企业）	巡回监管人包括纪委监委、督办机关
14	启动	巡回监管人	监管人名单的通知	工作内容、周期、方式
15	尽调	企业	成立合规内部协调委员会的通知	明确权责
16	尽调	企业	对企业财务合法性治理的通知	专项系统，针对"一言堂"
17	尽调	企业	对企业合同合法性治理的通知	专项系统，针对"一言堂"
18	尽调	企业	其他合法性治理的通知	—

续表

序号	阶段	角色	文书名称	拟写要求
19	尽调	企业	尽调清单	★必要性（修复型）
20	尽调	合规团队	治理专家名单报告	—
21	尽调	合规团队	治理内容及进度控制报告	—
22	尽调	合规团队	修复型合规原因及对策报告（评分表）	—
23	尽调	合规团队	调查、座谈等通知	—
24	尽调	第三方监管人	首次联合听证会的通知	包括企业、合规团队、商协会、行政机关、检察机关、巡回监管人
25	尽调	第三方监管人	同意××企业合规对策报告（评分表）	—
26	承诺	企业	合规承诺协议	企业向检察机关
27	治理/整改	合规团队	第×阶段性整改进度报告	—
28	治理/整改	合规团队	同意第×轮整改方案的通知	—
29	治理/整改	合规团队	建议对合规承诺进行调整优化的报告	—
30	治理/整改	合规团队	完成合规整改提请监管委评估听证的报告	—
31	治理/整改	第三方监管人	第×轮整改方案	—
32	治理/整改	第三方监管人	同意第×轮整改方案的通知	—
33	评估	第三方监管人	召开××企业刑事合规听证会的通知	—
34	评估	第三方监管人	听证会会议纪要	—
35	评估	第三方监管人	关于××企业通过/不通过合规听证会的通知、公告	—
36	评估	企业	自评报告	上报
37	评估	企业	穿行测试结果报告	—
38	评估	企业	召开听证会申请书	—
39	激励	检察院	不起诉决定书	—
40	激励	检察院	后续合规方式、激励方式建议书	—

第七章 风险领域的专项合规实务

企业内外部环境随时都可能发生变化，合规风险也是如此。因此，风险领域的专项合规无法穷尽，企业宜根据自身所处环境、合规义务判断其专项合规。专项合规是合规管理体系方法论在具体场景下的应用，根据企业情况，一般可分为专项合规的风险领域和重点业务环节两个维度。

国务院国资委在《中央企业合规管理指引（试行）》（国资发法规〔2018〕106号）中将中央企业合规管理的重点领域分为以下八个：（一）市场交易。完善交易管理制度，严格履行决策批准程序，建立健全自律诚信体系，突出反商业贿赂、反垄断、反不正当竞争，规范资产交易、招投标等活动。（二）安全环保。严格执行国家安全生产、环境保护法律法规，完善企业生产规范和安全环保制度，加强监督检查，及时发现并整改违规问题。（三）产品质量。完善质量体系，加强过程控制，严把各环节质量关，提供优质产品和服务。（四）劳动用工。严格遵守劳动法律法规，健全完善劳动合同管理制度，规范劳动合同签订、履行、变更和解除，切实维护劳动者合法权益。（五）财务税收。健全完善财务内部控制体系，严格执行财务事项操作和审批流程，严守财经纪律，强化依法纳税意识，严格遵守税收法律政策。（六）知识产权。及时申请注册知识产权成果，规范实施许可和转让，加强对商业秘密和商标的保护，依法规范使用他人知识产权，防止侵权行为。（七）商业伙伴。对重要商业伙伴开展合规调查，通过签订合规协议、要求作出合规承诺等方式促进商业伙伴行为合规。（八）其他需要重点关注的领域。

国务院国资委采取了重点业务环节+重点领域的融合式分类方法。事实上，在各个业务环节中，又分别融合了专项合规的内容，通常包含但不限于反腐败合规、反垄断合规、安全环保合规、出口管制合规、数据合规等。重点业务环节的专项合规通常包括但不限于人力资源合规、采购合规、销售合规等。

本章将针对部分专项合规进行专门的梳理和总结，供企业参考。企业应根据实际情况建立合理、有针对性、全面的合规管理制度，确保企业安全、稳定、可持续经营。

第一节 反不正当竞争合规

公平竞争是市场经济的根本特征之一，不正当竞争行为是合规监管的直接对象。根据《反不正当竞争法》第二章"不正当竞争行为"的规定，不正当竞争行为主要有以下几项：商业混淆、商业贿赂、虚假宣传、侵犯商业秘密、诋毁对手等。但在合规管理实践中，常将反不正当竞争法律规定作为兜底条款，特别是某些涉及知识产权的合规内容，也放在反不正当竞争合规中予以讨论。由于侵犯知识产权行为和不正当竞争行为之间的边界模糊，知识产权单行法和《反不正当竞争法》调整的对象可能存在竞合情况，因此本节以反不正当竞争专项合规为主。

一、反不正当竞争合规的监管态势

近年来，多个知名企业因不正当竞争行为而受到处罚。在国内"大合规"背景下，反不正当竞争专项合规在国内得到前所未有的重视，越来越多的研究者、实务工作者进入这个领域，不断完善企业反不正当竞争合规管理。

（一）反不正当竞争合规立法梳理

为了建立统一开放、竞争有序的市场体系，我国围绕反不正当竞争，作出一系列重大决策部署，并逐步完善了相关的法律制度。

1. 反不正当竞争总体立法

1993年9月2日第八届全国人大常委会第三次会议通过了《反不正当竞争法》，该法于同年12月1日起正式实施，这标志着我国反不正当竞争法律制度逐步开始建立。

与此同时，2011年发布的《国务院关于进一步做好打击侵犯知识产权和制售假冒伪劣商品工作的意见》、2014年发布的《国务院关于促进市场公平竞争维护市场正常秩序的若干意见》等一系列文件也与《反不正当竞争法》互为补充，相互呼应，为反不正当竞争法的实施和执法工作提供了细化的指引。

为了进一步适应经济发展情况的变化，并规范竞争行为，《反不正当竞争法》于 2017 年和 2019 年先后两次进行了修改，这也意味着我国反不正当竞争法律制度进入新的发展阶段。

2022 年 3 月 16 日，最高人民法院公布了《关于适用〈中华人民共和国反不正当竞争法〉若干问题的解释》，自 2022 年 3 月 20 日起施行，重点对仿冒混淆、虚假宣传、网络不正当竞争行为等问题作出了细化规定。该解释对于加强反不正当竞争司法，促进形成公平竞争的国内统一市场具有重要意义。

2. 反不正当竞争地域立法

2020 年 10 月 27 日，上海市人大常委会第二十六次会议表决通过了新修订的《上海市反不正当竞争条例》，并于 2021 年 1 月 1 日起正式实施。这是《反不正当竞争法》在 2019 年修正后，全国首个修订通过并颁布实施的反不正当竞争地方性法规。

2021 年 2 月 5 日，江苏省市场监管局制定出台了《江苏省互联网刷单炒信不正当竞争案件办案指南》，加强了对打击"刷单炒信"行为的专项指导。[1]

2021 年 8 月 24 日，浙江省市场监督管理局制定了《浙江省平台企业竞争合规指引》。

目前，我国已经基本建立起由多部法律、法规、司法解释、办案指南等构成的，覆盖线上线下、日趋系统完备的反不正当竞争法律规则体系。

（二）反不正当竞争合规司法实践

最高人民检察院公布了多起企业合规改革试点典型案例，其中就有涉嫌侵犯知识产权引发的犯罪行为，最高人民检察院通过适用第三方监督评估机制针对涉案企业暴露出的经营管理、法律风险方面的突出问题，督导企业自觉开展合规工作，积极适用第三方监督评估机制，同公安机关等有关部门综合运用经济、行

---

[1] 参见《江苏：重拳出击，对"刷单炒信"亮剑》，载中国江苏网，http://economy.jschina.com.cn/gdxw/202111/t20211110_2889982.shtml，最后访问时间：2022 年 9 月 17 日。

政、刑事等手段，既促进涉案企业合规守法经营，也警示潜在缺乏规制约束的企业遵纪守法发展，逐步建立长效机制，实现精准监督。

无论是大型企业还是中小型企业都存在不正当竞争合规风险，在国内合规概念提出之前，司法机关已经审理了众多不正当竞争案例，为企业合规建设提供了参考。

反不正当竞争专项合规是企业合规的重点领域之一，接下来的部分将详细讲解各类反不正当竞争合规风险。

二、反不正当竞争合规的风险识别

对于企业来说，进行反不正当竞争合规管理的第一步，是要根据行业特点、业务流程等准确识别不正当竞争风险，进而才可能制定完备的反不正当竞争合规体系。

(一) 反不正当竞争合规风险类型

常见的反不正当竞争合规风险有以下几类，具体分析如下：

1. 商业仿冒合规风险（商业混淆）

商业混淆行为，是指经营者采取假冒的商业标志从事市场交易，使自己的商品或服务与竞争对手的商品或服务相混淆，造成或足以造成购买者误认、误购的行为。

（1）商业混淆行为概述

现行的《反不正当竞争法》吸收了现代反不正当竞争法已采用的广义混淆概念，即除狭义的商品混淆外，还包括主体关联关系、许可使用关系等。除此之外，还引入了"有一定影响的概念"。商品名称、包装、装潢、企业名称、域名标志等都属于未注册的标识，但如果市场主体在使用过程中已经取得了一定的显著性，则可能被作为商业混淆的对象。

（2）商业混淆行为主要类型

根据《反不正当竞争法》第6条规定，易导致大众误认为是他人商品或者与他人存在特定联系的商业混淆行为，主要有四类：

①擅自使用与他人有一定影响的商品名称、包装、装潢等相同或者近似的标识

这是非常典型的商业混淆行为，比如前几年非常活跃的山寨产品，都可能涉及此类商业混淆行为。

典型案例①：

某阿胶制品有限公司将自己生产的商品命名为"马××养心××膏"。该名称与湖南某制药有限公司生产的"养心××膏"非常近似，极易使相关公众误认为是前述公司商品或者与前述公司存在特定联系。因此，监管部门认定某阿胶制品有限公司构成了擅自使用与他人有一定影响的商品名称近似的标识，引人误认为是他人商品或者与他人存在特定联系的混淆行为。

②擅自使用他人有一定影响的企业名称（包括简称、字号等）、社会组织名称（包括简称等）、姓名（包括笔名、艺名、译名等）

此类名称可能是已经注册的名称，也可能是尚未注册但已经使用，具有一定显著性或影响力的名称。

需要注意的是，如果此类名称已经注册为商标，也属于侵权，但属于商标权的保护范畴，不适用反不正当竞争的相关规定。

③擅自使用他人有一定影响的域名主体部分、网站名称、网页等

同样，这类网站名称、网页等，也包括没有注册但已经使用的具有显著性的内容。

④其他足以引人误认为是他人商品或者与他人存在特定联系的混淆行为

"与他人存在特定联系"主要是指误以为与有一定影响的商品的经营者具有许可使用、关联关系等特定联系。

典型案例：

"广州市×宫"是广州市××文化宫具有高知名度的简称，由广州市××文化宫最早使用，"广州市×宫"字样的简称已与广州市××文化宫形成了公众所认知的对应关系。

---

① 除单独标注来源的案例外，本书案例皆为笔者根据工作经验等改编而成，以下不再提示。

广州市×宫教育科技有限公司在其经营场所外悬挂有广州市×宫（番禺宫）招牌；店堂入口处摆放有广州市×宫（番禺宫）春季寒假招生简章、专业少儿时尚艺术培养基地等宣传单，印有"广州市×宫（番禺宫）"字样；摆放的"寒假班火热报名中""珠心算"等宣传画上印有"广州市×宫（番禺宫）"字样。当事人微信公众号名称为"广州市×宫"，以广州市×宫（番禺宫）名义对外宣传。

该行为未经广州市××文化宫许可，且从事与广州市××文化宫相同领域的业务，引人误认为其与广州市××文化宫存在特定联系，造成混淆。

攀附其他已经具有显著性标识企业的声誉，是典型的不正当竞争行为。该行为既损害了权利人的合法权益，损害了消费者的利益，又破坏了公平、诚信的市场经营秩序，极易引发企业诉讼或行政处罚。因此，企业在不正当竞争风险管控中，要严格审核是否存在此类风险。

2. 虚假宣传合规风险

关于虚假宣传，《反不正当竞争法》《广告法》《消费者权益保护法》均作了相关规定，在企业经营中，也是非常容易触发的风险。

（1）虚假宣传行为概述

虚假宣传一般指的是经营者出于为自身或为其他经营者谋取交易机会、扩大竞争优势等目的，对所销售的商品或提供的服务进行与实际情况不相符的宣传，足以造成相关公众误解，对其他经营者造成损害的不正当竞争行为。

构成虚假宣传一般需要同时具备三个条件：经营者之间具有竞争关系、宣传使用的内容足以造成公众的误解、对竞争对手造成直接损害。

（2）虚假宣传行为的三种常见类型

《反不正当竞争法》第8条、第11条，《广告法》第4条，《消费者权益保护法》第20条，《刑法》第222条均对企业的虚假宣传行为有所规范，概括起来，大致有三种类型。

①欺骗型虚假宣传

虚假宣传有多种不同的形式，可能宣传的商品或者服务本身就不存在，可能过分夸大了商品的性能、质量、销量、使用效果等，还有可能宣传使用的科研成果、统计资料等是伪造的或根本无法验证，或者宣传的功效超过主管部门批准的范围。

典型案例：

广州市某电子商务有限公司在网店销售"304不锈钢蜂窝炒锅"，展示价格信息为现价199元，划线价499元；"花生油5L/桶"，展示价格信息为现价89.9元，划线价158元。但执法部门调取后台销售数据后，发现这些商品均未以上述划线价格销售过。该行为违反了《价格法》第14条第4项"经营者不得有下列不正当价格行为……（四）利用虚假的或者使人误解的价格手段，诱骗消费者或者其他经营者与其进行交易"的规定。

还有一些限时折扣商品，如"进口红提"标有"限时8.5折"等促销信息，但在促销页面未按照有关规定标明折价促销期限和折价基准。前述行为同样构成不正当价格竞争。执法部门通过调查还发现，部分商品存在夸大销量的问题，如"进口加力果400g±40g/份"显示已售54670件，但真实销量只有3775件，对其销售状况进行了虚假宣传。

因平台展示的商品存在虚假宣传等多个违法行为，广州市某电子商务有限公司被广东省市场监管部门处以罚款50万元。

②误导型虚假宣传

常见的误导型虚假宣传包括：对商品作片面宣传或对比，将科学上没有定论的观点、无法得到证实的统计数据等当作定论的事实用于宣传，以歧视性语言或引人误导的方式进行商品宣传。

典型案例：

某珠宝有限公司在直播的过程中，主播使用"捡大漏""血漏""不得了""必须大涨""这种美货谁拿谁发""这种美货谁捡谁发财""这种品质货做大牌10万+"等用语来描述销售的翡翠原石在品质、价格方面的优势，作夸大、引人误导的宣传。为了使消费者相信直播间销售的翡翠原石是第一手货源，该公司还让员工冒充货主，虚构出主播和货主现场砍价的虚假场景，以诱导消费者购买翡翠原石。

主管部门经调查后，认定该公司的行为违反了《电子商务法》第17条、

《反不正当竞争法》第 8 条之规定，构成欺骗、误导消费者的虚假宣传，责令该公司改正上述违法行为，并处以罚款 30000 元。

③帮助他人进行虚假宣传

帮助他人进行虚假宣传，最常见的是为他人作虚假评论，使用不真实的"好评"或交易数据，帮助商家进行虚假宣传。

典型案例：

2021 年 7 月，市场监管总局公布了第二批 2021 年度重点领域反不正当竞争执法典型案例，其中提到通过"寄空包"的方式刷评价，已经成为近年来一种新的不正当竞争行为。

一些商家购买大量快递单号，这些快递单号或通过快递物流平台空转，或通过线下物流渠道"寄空包"，为不法商家提供虚假的物流信息。通过这种"作弊"方式刷流量、刷评价，不仅损害公平竞争的市场秩序，造成"劣币驱逐良币"的负面效应，而且会欺骗、误导消费者作出与现实相悖的主观评判，损害了广大消费者的合法权益。[①]

（3）虚假宣传的刑事风险

此外，如果当事人的虚假宣传行为情节严重，还可能引发刑事风险。《刑法》第 222 条规定，广告主、广告经营者、广告发布者违反国家规定，利用广告对商品或者服务作虚假宣传，情节严重的，处二年以下有期徒刑或者拘役，并处或者单处罚金。

典型案例：

李某某等人事先制作"话术"，对潜在客户以一线、二线、余线的电话推销模式进行虚假宣传，根据"话术"推销涉案产品，声称该产品具有增强男性性功能的功效。后经相关部门认定，这些产品不符合药品的界定，不具有预防、治疗、诊断疾病的功效。

李某某等人违反国家规定，明知所销售的涉案产品系食品，不具有增强男性性

[①] 参见《2021 年度重点领域反不正当竞争执法典型案例——网络虚假宣传篇（第二批）》，载中国政府网，http://www.gov.cn/xinwen/2021-07/28/content_5627909.htm，最后访问时间：2022 年 9 月 17 日。

功能等功效,仍发布网络广告对产品作虚假宣传,情节严重,已构成虚假广告罪。

3. 商业诋毁合规风险

商业诋毁行为,是指经营者自己或利用他人,通过捏造、散布虚伪事实等不正当手段,对竞争对手的商业信誉、商品声誉进行恶意的诋毁、贬低,以削弱其市场竞争能力,并为自己谋取不正当利益的行为。

(1) 商业诋毁行为概述

《反不正当竞争法》第 11 条规定,经营者不得编造、传播虚假信息或者误导性信息,损害竞争对手的商业信誉、商品声誉。捏造并散布虚伪事实,损害他人的商业信誉、商品声誉,给他人造成重大损失或者有其他严重情节的,依照我国《刑法》第 221 条的规定,还有可能构成"损害商业信誉、商品声誉罪"。

构成商业诋毁必须具备四个要件:

第一,诋毁行为主体是从事市场交易活动的经营者。通常有两个要点:一是商业诋毁行为的主体为经营者,其他主体所实施的诋毁行为不构成商业诋毁行为,而只能构成一般的民事侵权行为或犯罪行为;二是经营者可以不亲自实施,而是利用其他组织或个人实施此种行为。如果这些组织或个人与经营者之间就实施商业诋毁行为存在过共谋,他们也需要与经营者一起对该行为承担法律责任。

第二,诋毁行为的主观方面是故意。行为人实施商业诋毁行为在主观上是故意的,而且具有明确的目的,即削弱竞争对手的市场竞争能力,并为自己谋求市场竞争的优势地位和其他不正当利益。

第三,行为侵犯的客体(即受诋毁主体)必须是特定经营者,即应为一个或多个特定的竞争对手。受诋毁主体特定有两种方式:一种为直接特定,即行为人明确指出受诋毁主体的身份;另一种为间接特定,即行为人没有指明受诋毁主体的身份,而是以含沙射影的方式,通过提及其荣誉称号、绰号或特定环境的描述,影射受诋毁主体,此时受诋毁主体必须证明自己是言辞指向的对象。

第四,行为的客观方面表现为捏造、散布虚伪事实,对竞争对手的商业信誉和商品声誉进行诋毁和贬低,给其造成或可能造成一定的损害后果。应该注意的是,捏造、散布虚伪事实,意图损害竞争对手的商业信誉和商品声誉,尚未造成损害后果的,也应视为不正当竞争行为而予以处罚,因为它存在造成损害后果的可能性。

（2）商业诋毁行为常见类型

商业诋毁是《反不正当竞争法》明确规制的不正当竞争行为。实践中，商业诋毁行为形式多样，常见的有以下五种类型。

①利用召开新闻发布会、刊登对比性广告或声明性广告等形式，制造、散布贬损竞争对手商业信誉、商品声誉的虚假事实。

随着互联网技术的发展，这些诋毁行为还可能通过朋友圈、微博、公众号等途径扩散。

典型案例：

甲公司系"××源"杏皮茶生产经销商，并于2017年12月14日取得"××源"商标。2018年6月，该公司发现乙公司法定代表人在其微信朋友圈发布"郑重声明"，载明："经由某饮料厂生产的××园牌杏皮茶现有非常严重的产品质量问题，我厂要求市场全部撤回，请各店方务必重视，立即联系配货人员无条件将产品如数退回，如无视此声明出现的任何相关问题，均由店方全部承担，本厂概不负责。同时我厂其他杏皮茶无问题可正常饮用。"该声明经在微信朋友圈传播对甲公司的商誉造成不良影响。甲公司遂向工商部门举报，甘肃省酒泉市肃州区工商局依法对乙公司作出罚款1万元的处罚决定。

后甲公司以诋毁商誉为由提起诉讼，要求乙公司停止侵害、消除影响并赔偿损失。人民法院经审理认为，乙公司在明知甲公司经营"××源"牌杏皮茶且自身对"××园"三字不享有知识产权权利的情形下，无任何事实依据，自行编造"郑重声明"在其微信朋友圈发布。该声明中的"××园"牌杏皮茶与甲公司享有商标专用权的"××源"注册商标仅一字之差，且读音一致，形成高度近似，足以造成公众误解，其行为破坏了公平竞争的市场经营秩序，构成对甲公司商誉的诋毁。判决乙公司在原微信朋友圈范围内消除影响并赔偿甲公司经济损失。

②在对外经营过程中，向业务客户及消费者散布虚假事实，以贬低竞争对手的商业信誉，诋毁其商品或服务的质量声誉。

典型案例：

广州市某科技有限公司通过注册持有的微信公众号等发布比较实验的文章，

文章通过设置不合理的比较条件得出对广州某生物科技有限公司不利的检测结果进而丑化其公司销售的商品形象、降低其商誉。其行为违反了《反不正当竞争法》第 11 条的规定。依据《反不正当竞争法》第 23 条的规定，执法机关对其作出罚款 10 万元的行政处罚。

③利用商品的说明书，吹嘘本产品质量上乘，贬低同业竞争对手生产销售的同类产品。

这类宣传相对隐蔽，但司法实践中被处罚的案例也不在少数，企业仍需注意此类合规风险。

④唆使他人在公众中造谣并传播、散布竞争对手所售的商品质量有问题，使公众对该商品失去信赖，以便自己的同类产品取而代之。

⑤组织人员，以顾客或者消费者的名义，向有关经济监督管理部门作关于竞争对手产品质量低劣、服务质量差、侵害消费者权益等情况的虚假投诉，从而达到贬损其商业信誉的目的。

该行为不仅可能引发不正当竞争问题，还可能扰乱社会秩序。

4. 侵犯商业秘密合规风险

在当今时代，信息传播便捷，成本低廉，侵犯商业秘密的可能性急速加大。同时，在信息主导的大环境中，技术信息、商业信息具有极大的经济价值，是企业的核心竞争优势，企业在商业秘密方面的合规风险，既包括要保护自身的商业秘密免受侵害，也包括不能侵犯他人的商业秘密。

（1）侵犯商业秘密行为概述

根据《反不正当竞争法》规定，所谓商业秘密，是指不为公众所知悉、具有商业价值并经权利人采取相应保密措施的技术信息、经营信息等商业信息。

要构成商业秘密需要具备以下三个条件。

条件一：不为公众所知悉。

必须是不为公众所知悉的信息才可能成为商业秘密，如果存在下面这些情况，就不能认定为商业秘密：①所属技术或经济领域的行业惯例或一般常识；②该信息仅涉及产品的尺寸、结构、材料、部件的简单组合，相关公众仅通过观察产品即可直接获得；③该信息已经公开披露，或通过公开途径可以获得；④该信息无须付出一定的代价即可获得。

条件二：具有商业价值，可以为权利人带来经济利益。

这种经济利益可以是直接的、现实的经济利益，也可以是间接的、潜在的经济利益，能为权利人带来竞争优势。

条件三：采取了保密措施。

这是企业最容易忽略的一点，没有做好保密措施，商业秘密被侵犯后，企业将因举证失败而无法获得损害赔偿。

法院认定是否采取了保密措施，通常考虑以下因素：①所涉信息载体的特性；②权利人的保密意愿；③保密措施的可识别程度；④他人通过正当方式获得的难易程度。

（2）侵犯商业秘密行为的类型

《反不正当竞争法》第9条第1款规定了侵犯商业秘密的四种常见情况：

①以盗窃、贿赂、欺诈、胁迫、电子侵入或者其他不正当手段获取权利人的商业秘密。

这些行为可能是竞争对手非法获取，也可能是内部员工非法获取，司法实践中最典型的是企业员工违反规定擅自获取。

典型案例：

被告人受雇于某超市，在明知公司有"不准泄露公司内部任何商业机密信息，不准私自使用FTP上传或下载信息"规定的情况下，擅自使用FTP程式，将公司的供货商名称地址、商品购销价格、经营业绩及会员客户通讯录等资料，从公司电脑中心服务器上下载到自己使用的终端机，秘密复制软盘，到其他商业机构兜售。该雇员的行为最终被判构成侵犯商业秘密罪。

②披露、使用或者允许他人使用以前述不正当手段获取的权利人的商业秘密。

典型案例：

2018年，马某在代表普某公司向上海某公司提供技术开发服务时，私自向上海某公司售卖技术文件。经鉴定，马某售卖给上海某公司的技术文件与普某公司的商业秘密具有同一性，马某泄露商业秘密的行为给普某公司造成了1259万元的损失。

公安机关以涉嫌侵犯商业秘密于 2019 年将马某移送检察机关审查起诉。最终法院以马某涉侵犯商业秘密罪，判处有期徒刑四年六个月。

③违反保密义务或者违反权利人有关保守商业秘密的要求，披露、使用或者允许他人使用其所掌握的商业秘密。

此种情形是侵犯企业商业秘密的"重灾区"，很多企业员工获得商业秘密后擅自披露企业商业秘密，侵犯企业权益。

典型案例：

2021 年 1 月、3 月，××数控机械有限公司（以下简称数控公司）员工陆某阳、黄某华、向某君，先后从数控公司离职后违反保密约定，私下出资办厂，并以陆某阳妻子为法定代表人成立了台州×能公司。陆某阳等三人通过事先拷贝、备份权利人的"机床客户信息""机床零配件供应商客户信息""机床销售标准价格表""电气设计技术资料"等商业秘密为台州×能公司生产经营所用，台州×能公司明知陆某阳、黄某华、向某君非法获取商业秘密，仍使用该商业秘密牟取非法利益。至查获时止，陆某阳等人以台州×能公司名义招揽了 5 笔机床业务，合同签订的金额计 444.4 万元。

当事人的行为构成侵犯商业秘密行为。市场监管部门结合各当事人的违法情节，责令陆某阳、黄某华、向某君及台州×能公司停止违法行为，分别处以罚款 15 万元、13 万元、13 万元、35 万元。

④教唆、引诱、帮助他人违反保密义务或者违反权利人有关保守商业秘密的要求，获取、披露、使用或者允许他人使用权利人的商业秘密。

这种情形主要针对负有保密义务人员之外的第三人，他们如果明知或者应知商业秘密权利人的员工、前员工或者其他单位、个人实施《反不正当竞争法》第 9 条第 1 款所列违法行为，仍教唆、引诱、帮助，进而获取、披露、使用或者允许他人使用该商业秘密的，视为侵犯商业秘密。

5. 网络新型不正当竞争合规风险

随着互联网技术更新迭代迅猛发展，互联网不正当竞争案件呈现爆发式增长。部分国内知名互联网企业均涉诉此类案件，由于诉争标的额往往较大，法律关系较为复杂，且往往涉及广大网络消费者的权益，因而在国内外均产生显著影响。

作为企业，即使不直接从事网络业务，也有很多业务推广、商品促销需要借助网络力量推进，因而极易触犯网络不正当竞争相关规范。但涉网络不正当竞争的事实认定和法律适用，均与传统不正当竞争案件存在差异，难度更大。因此，企业对于网络上的新型不正当竞争合规风险需要特别予以关注，以免造成不必要的损失。

（1）网络反不正当竞争行为概述

《反不正当竞争法》第12条、《最高人民法院关于适用〈中华人民共和国反不正当竞争法〉若干问题的解释》第21条专门规定了网络不正当竞争行为的内容，但暂时没有详尽地列举互联网不正当竞争行为，原因在于：一是有限的法条列举无法囊括未来新技术引发的新的不正当竞争行为；二是赋予司法更多自由裁量权，以审慎包容的态度适用该条款，既能有效维护市场竞争秩序，还能避免因过严的保护环境影响技术的更迭与创新。

（2）网络不正当竞争行为类型

网络不正当竞争行为则是相关主体在经营互联网产品或提供互联网服务过程中，利用技术手段实施的不正当竞争行为，一般包括如下类型：①未经其他经营者同意，在其合法提供的网络产品或者服务中，插入链接、强制进行目标跳转；②误导、欺骗、强迫用户修改、关闭、卸载其他经营者合法提供的网络产品或者服务；③恶意对其他经营者合法提供的网络产品或者服务实施不兼容；④其他妨碍、破坏其他经营者合法提供的网络产品或者服务正常运行的行为，如广告过滤、链接跳转、搭便车、流量劫持、竞价排名、域名抢注、视频聚合、插件屏蔽、恶意不兼容、网页抄袭、未经授权接入软件、数据不当抓取、域名停止解析等。

典型案例：

当事人为了获取非法利益，通过微信朋友圈等网络平台，宣传推广适用于某短视频软件的群控管理系统，并就该系统对外进行招商合作，招募代理商，销售牟利。该群控管理系统具有批量模拟刷视频"养号"、批量关注某短视频 App

"大 V"及粉丝、批量私信某短视频 App 粉丝、批量评论、自动批量发布作品等功能。

该管理系统实质上利用了某短视频 App 生态系统市场成果，为自己或他人不正当谋取商业机会从而获得竞争优势，不仅严重干扰某短视频平台基于完播率、评论数、点赞数、分享数等若干指标的精准分发机制，而且制造了大量的虚假访问和流量，妨碍、破坏了某短视频平台的评价体系和产品的生态环境，降低了某短视频平台真实用户对其的评价，进而影响该短视频平台的商誉，削弱其竞争优势，违反了诚实信用原则和公认的商业道德，扰乱了公平竞争的市场秩序。

最终相关部门认定该群控管理系统实施了妨碍、破坏其他经营者合法提供的网络产品或服务正常运行的行为，违反了《反不正当竞争法》第 12 条第 2 款第 4 项的规定，执法机关责令其停止违法行为，并处罚款 300 万元。

6. 不正当有奖销售合规风险

有奖销售是一种有效的促销手段，其方式大致可分为两种：一种是奖励给所有购买者的附赠式有奖销售，另一种是奖励部分购买者的抽奖式有奖销售。法律并不禁止所有的有奖销售行为，而仅对可能造成不良后果、破坏竞争规则的有奖销售行为加以禁止。

（1）不正当有奖销售行为概述

不正当有奖销售，是指经营者在销售商品或提供服务时，以提供奖励（包括金钱、实物、附加服务等）为名，实际上采取欺骗或者其他不正当手段损害用户、消费者的利益，或者损害其他经营者合法权益的行为。

《反不正当竞争法》第 10 条列举了禁止经营者从事的有奖销售行为。《规范促销行为暂行规定》则进一步细化，明确列出各种禁止进行的有奖销售。

（2）不正当有奖销售行为类型

不正当有奖销售行为很多，特别是近年来各种点赞赢奖、打卡返还现金的手段层出不穷。本部分列举几种常见的不正当有奖销售情况。

① 谎称有奖销售或对所设奖的种类、中奖概率、最高奖金额、总金额、奖品种类、数量、质量、提供方法等作虚假不实的表示。

这是不正当有奖销售最典型的情况，特别是在移动互联时代，有些主办方甚至存在随时调整参与方式、奖金种类等行为。

典型案例：

当事人自 2020 年 5 月 18 日起开展"打卡全额返"促销活动，并在微信公众号上发布了活动规则和兑奖条件（连续打卡 365 天可全额退款）。后当事人不断增加、变更获奖规则：（1）2020 年 5 月 21 日，当事人单方面修改了《打卡活动用户协议》，增加了不利于用户兑奖的条款。（2）2021 年 3 月 25 日，当事人开始按照擅自修改的协议，设置系统程序审核用户兑奖资格，单方面将用户跨年级学习、跨学段学习、上学期间打卡、上学期间学习等情形认定为虚假提供资料骗取退款，进而取消用户兑奖资格。

当事人上述促销活动属于《规范促销行为暂行规定》第 11 条第 3 款规定的有奖销售行为，当事人修改规则、增设条件、影响用户兑奖的行为违反了《规范促销行为暂行规定》第 13 条第 1 款的规定，执法机关责令当事人停止违法行为，并处罚款 40 万元。

②宣传的奖项内容与实际奖项不一致。

最典型的是为兑换奖品设置过高的条件，造成实际获奖后可享受金额远远低于票面金额。

典型案例：

当事人于 2020 年 12 月 10 日在其微信公众号发布"60 元打车福利"促销活动信息，该促销活动的标题及内容包括"60 元打车福利""冬日里的 60 元大礼包"等信息，消费者扫描该文章中的二维码后，填写手机号即可领取到打车优惠券。该优惠券实际为七折券，且最高抵扣金额为 20 元，如消费者领取后，只有通过三次打车消费，且三次打车消费金额合计达到 200 元，才能真正享受到 60 元的折扣优惠。因此，该文章中所述的 60 元优惠有消费次数、消费金额限制等前提，但未在文章中说明该优惠券的使用规则，需要消费者扫描识别二维码跳转到另一页面，填写手机号领取优惠券后才显示优惠券类型及使用规则。根据《规范促销行为暂行规定》第 12 条的规定，当事人在其注册运营的微信公众号上发布领取优惠券文章的行为，属于有奖销售。当事人在该文章中没有明确优惠券的类型、数量及使用规则等信息，且该优惠券的使用规则所设置的消费次数、消费金额限制的前提，也使部分消费者最终未能获得 60 元优惠，与文章中宣传的

"60元大礼包"等信息不符。消费者因阅读到文章中的"60元大礼包"等宣传信息而提供了手机号,领取了优惠券,对于最终因消费次数、金额达不到条件而未能获得60元优惠的部分消费者,实际造成了影响兑奖的结果。

当事人发布的"60元打车福利"促销活动信息,存在信息不明确、影响兑奖的情形,违反了《反不正当竞争法》第10条第1项的规定。执法机关责令其停止违法行为,并处罚款5万元。

③抽奖式的有奖销售,最高奖的金额超过50000元(以非现金的物品或者其他经济利益作为奖励的,按照同期市场同类商品或者服务的正常价格折算其金额)。

很多企业做活动时,为了吸引消费者,往往提高奖品金额,殊不知这样很容易超过不正当有奖销售金额上限,引发合规风险。

(二)反不正当竞争合规风险检测

企业内部潜在的反不正当竞争合规检测,是企业主动防范风险,构建反不正当竞争合规体系的基础和前提。目前,没有通用于所有企业检测反不正当竞争合规风险的工具。各个企业应结合自身特点,参照行业内相关企业经验,展开专项合规风险检测工作。

1. 反不正当竞争合规风险检测可参考因素

企业检测自身的不正当竞争风险,应将自身的合规义务与自身的活动、产品、服务及运营特点结合起来,以达到全面检测合规风险的目的。具体到不同的企业,风险检测需考虑因素各有特点,以下总结三个考虑因素。

(1)行业

不同行业运营模式、盈利状态各不相同,而同一行业内部,又存在很多相似之处。如互联网行业可能更关注网络新型不正当竞争风险,而媒体行业可能更关注虚假宣传、商业诋毁等合规风险引发的连带责任等。因此,反不正当竞争合规风险检测第一大考虑因素,便是企业所处的行业,结合行业特点关注检测重点。

(2)企业规模

企业规模不同,在反不正当竞争合规方面就存在不同的关注点。

如对于行业内的头部企业,它们往往持有核心技术,具备很强的研发能力,保护商业秘密、防止被他人侵害是企业合规的重点；而对于中小企业，除保护企业自己赖以生存的核心商业秘密外，还需要保持警惕，不要侵犯其他企业的商业秘密，更要避免无意间成为侵犯企业权益的帮凶。

（3）企业地域

企业在反不正当竞争合规风险检测中考虑地域因素，主要涉及两个方面：

一方面，经营地是否跨越不同法域。若跨越不同法域则需要考虑企业是否可能在某一经营地触犯反不正当竞争法律规范。

另一方面，企业经营的产品是否涉及专属地域等内容。若涉及专属地域类产品，要考虑这类产品是否与广告、宣传相符，是否存在虚假宣传等，触发反不正当竞争合规风险。如某陶瓷有限公司伪造产地虚假宣传案就属此类型。涉案企业在网店销售日用陶瓷，日用陶瓷的产地栏、产品标题以及产品的信息介绍等处均醒目标注为"景德镇"，而产品实际产地却并非景德镇，系该企业从位于广东省潮州市等地的供应商处进货，通过物流的方式运送至景德镇，然后在景德镇发货，谎称产地为景德镇，欺骗、误导消费者购买。这种行为就涉嫌虚假宣传商品产地，违反了《反不正当竞争法》的规定。市场监管机关依法责令当事人停止违法行为，并处以罚款 20 万元。

2. 企业反不正当竞争合规风险检测方法

以上讲述了企业反不正当竞争合规风险检测需考虑的因素，以下提供几种企业进行反不正当竞争合规风险检测的方法，企业可以根据自己的情况选择使用、合理评估。

（1）流程梳理法（决策、执行、监督各流程）

将企业运行的所有流程进行准确拆分，分析每个细节流程背后可能存在的反不正当竞争合规风险，则可形成每个细节流程对应的合规风险的统计表。

如在梳理企业对商品进行外宣的过程中可能存在的合规风险时，一般要梳理企业对外发布一个广告需要哪些步骤，广告文案起草、广告图片视频等物料制作、内容审核、投放平台等。在这些流程背后，每个环节都可能存在特定的风险：

在宣传词起草环节，要检测该宣传词是否与企业产品一致，对消费者宣传的是不是企业根本不存在的商品或者服务；或者宣传的商品或服务虽然存在，但对商品的性能、质量、用户评价、荣誉等是否作了虚假的描述；或者宣传词中是否使用了虚构的或者伪造的科研成果、统计资料、文献等作为证明材料；或者是否隐瞒关于商品或者服务的重要信息，对商品进行片面的宣传；或者是否使用模糊的广告语或者其他令人误解的方式进行宣传；或者是否使用了国家级、最高级、最佳等法律禁止的用语。

在宣传发布环节，需要检测广告宣传发布方式是否违法，如是否使用了被明确禁止的短信群发等方式。

在宣传形式方面，需要检测是否以虚假评论、刷单炒信、组织虚假交易等方式帮助他人进行虚假或者引人误解的宣传。

（2）岗位梳理法

在"不合规行为＝权力＋动机＋机会"的公式中，导致合规风险的源头是权力。① 而在企业中，每个人都有具体的岗位职责，岗位职责既是员工的职责范围，也是权力范围。梳理每个岗位的职责，则可以细化每个岗位对应的权力空间；对比各个关联岗位职责，则可分辨岗位之间的监督关系，从而细化出每个岗位可能对应的不合规风险。

岗位梳理法，可以单独使用，也可以与流程梳理法叠加使用，梳理出企业各个流程中、各岗位可能存在的合规风险。

如在企业产品包装、装潢设计岗位，如果没有相应的监督、检索机制，则设计师可能为了自己的利益，抄袭其他企业的包装、装潢，或者使用与知名商品近似的名称、包装、装潢。这类岗位一方面要设计相应的监督、审核、检索机制，另一方面要在工作职责中增加档案管理、证据管理等内容，以降低该岗位人员产生此类合规风险的可能性。

（3）内部调查法

企业可以聘请专业的反不正当竞争合规律师或企业合规师，从企业治理结构、经营情况、违法违规情况、管理漏洞、制度隐患、治理缺陷等方面，深入细致地进行内部调查，并从调查过程、调查内容、调查结论和支撑材料等方面，提

---

① 曹志龙：《企业合规管理：操作指引与案例解析》，中国法制出版社2021年版，第81页。

交专业性的内部调查报告，检测企业内部是否存在合规风险。

如合规师检测企业是否存在商业诋毁合规风险时，可以调查企业内部工作记录、内部会议、科研成果等，识别商业主体在商业活动中是否有虚假陈述、不当评论、煽动性言论，是否存在捏造、散布虚假事实，诋毁损害竞争对手商誉，构成商业诋毁的情况。

合规检测应包含企业的方方面面，如对外的自媒体宣传平台、官方网站等，还包括员工接待客户的话术、发布的介绍资料等。

（4）案例总结法

对企业自身经历的不正当竞争方面的诉讼、处罚案例进行整理，提炼总结出要点，是最实用也最有效的合规风险检测办法。对于案例的总结范围，还可以拓展至同行业、同领域等相关企业的案例。

（5）头脑风暴法

在企业反不正当竞争合规风险检测领域，该方法也具有很强的适用性。比如，企业想要开展有奖销售，在开展之前，就可以针对有奖销售计划展开讨论。各参会人员对比各不正当有奖销售类型，评析企业有奖销售计划是否在实施前已明确规定公布奖项种类、参与条件、中奖概率、兑奖条件等信息，并且在活动的过程中不得变更、附加条件等影响兑奖；发布有奖促销活动信息的内容和实际兑奖情况是否相符合，是否设置兑奖门槛，或者是否要求消费者必须先经过数次消费，满足一定的消费金额才能享受福利；互联网上的点赞领券、转发领券等有奖销售行为，是否均已遵守《反不正当竞争法》的相关规定。

参会人员对比之后，可以提出自己的建议，会议之后进行汇总、对比，即可检测出原计划是否存在不正当竞争合规风险。

（三）反不正当竞争专项合规风险评级

企业存在的不正当竞争风险因素很多，产生的结果也各不相同，有些风险触发后可能影响企业声誉，有些可能引发主管部门行政处罚，最严重的可能触犯《刑法》，企业要缴纳罚金，相关责任人要承受牢狱之灾。

因此，企业在对合规风险进行全面检测之后，需要对风险进行等级评估，按照风险等级进行汇总，形成风险数据库，便于企业根据风险等级，选择匹配的合规措施。

1. 反不正当竞争专项合规风险等级划分

一般将合规风险划分为正常、关注、特别关注、风险预警与风险形成五个级别，并用不同颜色标示（通常将特别关注级别标示为蓝色，将风险预警级别标示为橙色，将风险形成级别标示为红色）。如果形成合规风险（尤其是重大合规风险），则需要及时进行风险识别、分析和评价，并采取风险应对措施。

2. 反不正当竞争专项合规风险评估考虑因素

对反不正当竞争专项合规风险等级进行评估，不仅要考虑不合规行为出现后可能引发的后果，还需考虑企业发生这种不合规行为的可能性以及该不合规行为管控的难易程度、成本高低等。

（1）发生频率

主要是引发此类合规风险，对应流程事件发生的频率。企业在考虑不合规事件发生频率时，不仅要关注单个的点，还要关注整个流程链条。在相应频率确认后，还要具备动态思维，根据岗位和流程结构的变化，实时调整不合规事件发生的频率系数。

（2）违规后果

违规后果又叫作违规成本，主要包括：违规行为发生后可能受到的行政处罚，企业可能承担的刑事责任，相关负责人可能承担的责任（包括行业禁止进入、吊销资格、刑事责任等），企业的赔偿责任，对公司形象的影响等。

（3）管控难度

管控难度系管控成本和收益之比，如果企业管控不合规风险的投入远远大于规避不合规风险可能产生的收益，则管控难度较大。相应地，若这个比例较小，则管控难度较小。

三、反不正当竞争合规计划的打造

在企业反不正当竞争合规领域搭建专项合规管理体系，与全面合规管理体系遵循的基本思路大致相同，只是在侧重点、人员安排等方面存在某些特殊性。

（一）搭建反不正当竞争合规管理体系

企业搭建反不正当竞争合规管理体系，一方面，要专注企业反不正当竞争专项合规的重点范围，是商业秘密、虚假宣传还是商业诋毁等；另一方面，要将反不正当竞争专项合规与知识产权合规、数据合规、环境与自然资源保护合规等其他专项合规协同发展，逐步完善企业的整体合规管理体系。当然，企业也要有心理准备：搭建合规管理体系，无论是全面合规体系还是专项合规体系，都不是一蹴而就的，而是一个系统、庞杂且不断完善的过程。

企业在充分结合自身特点和现实需求的基础上，可按照以下步骤搭建专项不正当竞争合规管理体系。

1. 第一步：确定反不正当竞争合规义务

反不正当竞争合规义务包括两个方面：强制性合规义务，如法律、法规的强制性规范等；承诺性合规义务，主要是企业按照自身经营态势自愿接受的义务，如部分互联网平台曾发布公平竞争承诺书等。

企业应当建立反不正当竞争合规义务库，并在后续执行中根据法律、法规的变动，及时修改。

2. 第二步：识别潜在风险，梳理合规管理重点

进行反不正当竞争合规风险检索后，要编制合规风险清单。这一步的重点是在日常工作中，不断查漏补缺，尽可能穷尽不同层级、不同岗位、不同流程中的所有合规风险。

3. 第三步：制定反不正当竞争合规制度

制定反不正当竞争合规制度，是在企业检测出所有反不正当竞争合规风险后，制定的应对策略和方法。如在企业保护商业秘密合规制度中，至少需要包括以下内容：

（1）在企业内部形成保护商业秘密的文化，对员工进行商业秘密的教育和培训，让企业员工认识到商业秘密的价值以及侵犯商业秘密可能要承担的责任。

（2）制定并实施商业秘密保护的规章制度，通过章程、培训、规章制度、书面告知等方式，对能够接触、获取商业秘密的员工、前员工、供应商、客户、

来访者等提出保密要求。

（3）与员工签订保密协议，明确员工的保密义务，规定员工在企业接触到的信息属于企业，员工有不向第三方披露的义务。要求离职员工登记、返还、清除、销毁其接触或者获取的商业秘密及其载体，明确继续承担保密义务的范围和期限。

（4）对保密信息应该标明保密标识并进行密级的分类，对不同的密级应该采取不同的保密措施，如对涉密的厂房、车间等生产经营场所限制来访者或者进行区分管理。

（5）对能够接触、获取商业秘密的计算机设备、电子设备、网络设备、存储设备、软件等，采取禁止或者限制使用、访问、存储、复制等措施，如禁用企业电脑上的 USB 接口，加密文件只能在企业电脑解密，带出企业在其他电脑上无法解读等。

4. 第四步：实施反不正当竞争合规管理制度

反不正当竞争合规管理制度的核心在于实践，企业应保证各个部门、各个岗位都严格按照合规要求运转。

5. 第五步：评估和改进反不正当竞争合规管理体系

企业在对反不正当竞争合规管理体系运行情况进行监督的同时，要不断评估、总结现有管理体系是否能够适应当前企业的需求与发展。要及时根据员工、合作伙伴、竞争对手的反馈以及市场环境、法治环境、政策环境的变化，不断调整和改进反不正当竞争合规管理体系。

（二）反不正当竞争合规管理资源配置思路

资源配置是经济学概念，是指对相对稀缺的资源在各种不同用途上加以比较后作出的选择。在社会经济发展的一定阶段，相对于人们的需求而言，资源总是表现出相对的稀缺性，从而要求人们对有限的、相对稀缺的资源进行合理配置，以便用最少的资源耗费，生产出最适用的商品和劳务，获取最佳的效益。资源配置合理与否，无论是对于一个企业还是对于整个国家的经济发展而言，都有着极其重要的影响。

在企业反不正当竞争合规管理体系构建中,资源配置同样具有重要意义。企业在构建自己的反不正当竞争合规管理体系时,不能贪大、贪快,要根据企业的规模、盈利能力、面临的不正当竞争风险点高低,权衡选择适合自己的反不正当竞争管理体系构建资源投入规模。

(三) 反不正当竞争合规评估方法

反不正当竞争合规管理体系构建的最后一个步骤即专项合规评估和改进管理体系。

要进行合规体系的不断迭代升级,应当在建立科学、完备的评估方法的基础上,合理检测现有合规体系是否存在漏洞、冲突,之后才能实现螺旋上升。

1. 有效反不正当竞争合规评估须考虑的因素

合规评估应该考虑以下因素:(1) 以前管理评估措施的状态。(2) 合规方针的充分性。(3) 合规目标实现的程度。(4) 资源的充分性。(5) 与合规管理体系相关的内外部问题的变化。(6) 合规绩效信息,包括以下各项体现的趋势:不合格、纠正措施和解决的时间;监视和测量的结果;与相关方的沟通,包括投诉、审核的结果。(7) 持续改进的机会。①

以下以某药品公司员工涉嫌侵犯商业秘密案为例,考量该企业建立的反不正当竞争专项合规的有效性。

某药品公司员工在上一家药企任职期间,与市场部某员工关系良好。其离职后,通过购买的方式,获得了原企业的客户名单、联系人、价格、电子邮件等信息。之后其将该名单分配给现任药企团队内的其他员工,让这些员工与名单中的企业建立联系,开展商业合作。

该药企辩称,企业构建了反不正当竞争合规管理体系,要求员工签订了《反不正当竞争合规承诺书》,因此该行为应该属于员工个人行为,与企业无关。但是我们审视该药企的合规制度就会发现,该合规制度并未发挥作用,如员工购买商业秘密的资金,经过多重途径由公司进行了报销,可见其财务管理岗位并未实

---

① 郭青红:《企业合规管理体系实务指南》,人民法院出版社 2019 年版,第 141 页。

施反不正当竞争合规义务。同时，团队内分发违法收集的商业秘密，也并未被举报，可见其投诉和举报系统不畅。

2. 有效反不正当竞争合规评估方法

目前尚不存在适用于所有企业的反不正当竞争合规评估方法，在此参考《证券公司合规管理有效性评估指引》等文件，提供几种可供企业参考的评估方法。

（1）个别访谈法

访谈的对象可以是企业员工、管理人员，也可以是企业客户、供应商、代理商和承包商等商业伙伴。应围绕企业在商业秘密保护、商业诋毁、有奖销售、宣传推广等各个管理环节是否做到了遵守相关法律和法规，是否消除了原有的管理和制度隐患，是否改变了原有的带病管理方式和商业模式等来考察。

为保证评估的有效性，合规监管人对访谈人员的选择，应当采取随机抽取的方式，访谈应采取秘密进行的方式。

（2）随机抽样

要评估反不正当竞争专项合规体系的有效性，就要随机抽查企业内部可能存在风险的领域和岗位，检测该体系是否能够有效阻止风险的发生。

（3）列席内部会议

合规人员应出席企业内部召开的会议，特别是容易产生反不正当竞争合规风险的相关部门和流程会议，检查管理层、员工、供应商、客户、合作伙伴之间是否严格遵守了合规流程、是否存在合规隐患。

（4）文件审阅

文件审阅是最简洁、最直接的合规体系有效性评估方法，对于反不正当竞争合规体系更是如此。广告文案、有奖竞争方案等是否违反《反不正当竞争法》的规定，内部合规流程应该如何处置等，都可以通过文件进行评估。文件审阅最好采用穿行测试的方式，即根据文件上的处理踪迹、追踪踪迹等，对反不正当竞争专项合规管理制度及实际运行进行验证。

（5）问卷调查

问卷调查一般采取随机方式，在企业内部、合作方、客户之间进行调查，但要注意该调查问卷要尽可能选择匿名方式填写。

(6) 知识测试

知识测试是检测员工掌握企业反不正当竞争合规体系规定最直观的方法，可以在培训后随机测试，也可以定期展开专项测试，或者不定期随时抽查。

(7) 数据测试

统计企业在反不正当竞争合规方面涉及的岗位数量、投入的成本等，与企业面临的反不正当竞争合规风险进行比较，检测投入的合理性。

(8) 模拟投诉举报

这是目前很多企业已经在采取的办法，通过随机地拨打举报电话，发出投诉信，向企业公布的网站发出邮件等方式，对企业内部的"不正当竞争行为"提出投诉和举报，观测企业的反馈情况、处理流程，是否遵守合规体系的要求。

以上是供企业参考的合规体系有效性评估方法，最后需要强调的是，该评估可以是定期评估，也可以是临时评估，在评估、改进轮回后，还需反复评估，不断改进，以促进企业的不断完善。

第二节　招投标合规

《中央企业合规管理指引（试行）》第 13 条第 1 项规定，完善交易管理制度，严格履行决策批准程序，建立健全自律诚信体系，规范招投标等活动。《招标投标法》规定了依法必须招标的项目，以及对依法必须进行招标的项目违反规定进行招标的刑事责任、行政责任以及民事责任。《政府采购法》对政府采购领域的招投标行为制定了系统性的规范，对违规主体规定了严格的处罚规则。招投标活动逐渐成为采购的主要手段，针对招投标活动进行专项合规管理，已成为有效防范招投标活动合规风险的重要措施。本节将针对招投标活动的专项合规管理进行探讨和介绍。

一、招投标合规的监管态势

（一）招投标合规立法梳理

依据《中央企业合规管理办法》第 3 条第 1 款的规定，合规是指企业经营管理行为和员工履职行为符合国家法律法规、监管规定、行业准则和国际条约、规则，以及公司章程、相关规章制度等要求。企业在招投标领域合规义务的来源包括企业从事招投标活动相关的法律法规、监管规定、行业准则和国际条约、规则、标准，以及企业章程、规章制度等。其中重要的来源是国家法律法规、监管规定等外部规范文件。我国目前已经形成了以《招标投标法》为核心的法律法规及规范性文件体系，为规范招标投标活动，保护国家利益、社会公共利益和招标投标活动当事人的合法权益，提高经济效益，保证项目质量提供了行为指引、发挥了积极作用。现对招投标合规的立法梳理如下：

1. 按法律规范体系内容的相关性划分

从法律规范体系内容与招投标活动的相关性角度划分，包括招投标专门法律规范体系和招投标相关法律规范体系。前者是指专门规范招投标活动的法律法规、规章、监管规定以及其他规范性文件。其中，法律如《招标投标法》，行政法规如《招标投标法实施条例》，部门规章如《铁路工程建设项目招标投标管理办法》，省、自治区、直辖市、设区的市的人民代表大会及其常务委员会制定的地方性法规，还有省、自治区、直辖市和设区的市、自治州的人民政府制定的地方政府规章等。后者是指并非专门针对招投标活动加以制定，但是基于招投标是市场交易活动而必须遵守的规范民事法律行为、合同签订与履行、违约责任与履约担保、价格、单位犯罪等相关的《民法典》《价格法》《刑法》等法律规范。此外，有关工程建设项目的招投标还应该遵守《建筑法》《建设工程质量管理条例》《建筑工程施工许可管理办法》等相关规定。

2. 按效力层级划分

招投标法律规范体系中，相关法律规范比较多，在具体适用时要注意层级关系。根据《立法法》规定，效力层级一般按纵向、横向、时间序列区分。

（1）纵向效力层级。根据《立法法》相关规定，《宪法》具有最高法律效力，其次是法律，再次是行政法规，其后为地方性法规和部门规章，地方性法规后面是地方政府规章，下位法不得与上位法相抵触。如《招标投标法》是规范招投标活动的基本法律，适用于在我国境内进行的招标投标活动（见《招标投标法》第2条），政府采购工程进行招标投标的，亦适用招标投标法（见《政府采购法》第4条）。有关招投标活动的行政法规、部门规章、地方性法规、地方政府规章都不得与《招标投标法》相抵触。《招标投标法实施条例》是行政法规，部门规章、地方性法规、地方政府规章都不得与《招标投标法实施条例》相抵触。我国招标项目分为依法必须进行招标的项目和自行决定招标的项目，对依法必须进行招标的项目的法律规定较多且更为严格。除前述法律外，我国行政法规、部门规章、地方性法规和地方规章及其他规范性文件对招投标活动作出了细化规定。为便于学习，在此将国家层面主要的招投标专门法律法规规章以及规范性文件列举如下。

表7.1 国家主要的招投标领域专门规定

	一、法律
1	中华人民共和国招标投标法
2	中华人民共和国政府采购法
	二、行政法规
1	中华人民共和国招标投标法实施条例
2	中华人民共和国政府采购法实施条例
	三、部门规章
1	水运工程建设项目招标投标管理办法
2	房屋建筑和市政基础设施工程施工招标投标管理办法
3	铁路工程建设项目招标投标管理办法
4	必须招标的基础设施和公用事业项目范围规定
5	必须招标的工程项目规定
6	招标公告和公示信息发布管理办法
7	建筑工程设计招标投标管理办法
8	公路工程建设项目招标投标管理办法

续表

四、其他规范性文件	
1	国家发展改革委办公厅关于进一步做好《必须招标的工程项目规定》和《必须招标的基础设施和公用事业项目范围规定》实施工作的通知（发改办法规〔2020〕770号）
2	国家发展改革委办公厅、市场监管总局办公厅关于进一步规范招标投标过程中企业经营资质资格审查工作的通知（发改办法规〔2020〕727号）
3	住房和城乡建设部关于进一步加强房屋建筑和市政基础设施工程招标投标监管的指导意见（建市规〔2019〕11号）

（2）横向效力层级。根据《立法法》第92条规定，同一机关制定的法律、行政法规、地方性法规、自治条例和单行条例、规章，特别规定与一般规定不一致的，适用特别规定。由此可知，同一机关制定的特别规定与一般规定不同的，优先适用特别规定，特别规定效力高于一般规定。例如，在合同的订立、要约与承诺、履行、违约责任、无效等方面，《民法典》有规定，但是《招标投标法》对于招标投标程序、中标人的选择、合同的签订与无效等方面有特殊规定，通过招标投标程序而订立的合同及其履行、无效与否的判断等应优先适用《招标投标法》规定。当然，招投标作为市场交易活动，也应当遵循《民法典》所确立的基本原则，如平等原则、绿色原则，以及《民法典》的具体规则，如代理规则、建设工程合同规则等。

（3）时间序列效力层级。根据《立法法》第92条规定，新的规定与旧的规定不一致的，适用新的规定。据此可知，同一机关制定的新规定与旧规定不一致的，新规定优先适用，效力高于旧规定。进行招投标活动遇到此种情形时，也应当依此处理。

此外，由于我国立法层次比较复杂，如果立法部门之间缺乏必要的沟通与协调，就难免出现一些规定不一致的情形，对此应根据《立法法》规定进行处理：

一是法律之间对同一事项的新的一般规定与旧的特别规定不一致，不能确定如何适用时，由全国人民代表大会常务委员会裁决；行政法规之间对同一事项的新的一般规定与旧的特别规定不一致，不能确定如何适用时，由国务院裁决（《立法法》第94条）。

二是地方性法规、规章之间不一致时，同一机关制定的新的一般规定与旧的特别规定不一致时，由制定机关裁决；地方性法规与部门规章之间对同一事项的规定不一致，不能确定如何适用时，由国务院提出意见，国务院认为应当适用地方性法规的，应当决定在该地方适用地方性法规的规定；认为应当适用部门规章的，应当提请全国人民代表大会常务委员会裁决；部门规章之间、部门规章与地方政府规章之间对同一事项的规定不一致时，由国务院裁决（《立法法》第95条）。

3. 按责任性质划分

（1）刑事责任。刑事责任是指招投标活动中的当事人实施了《刑法》所规定的犯罪行为而应承担的刑事法律后果。根据《招标投标法》《刑法》等法律规定，从招投标活动可能涉及的罪名看，主要有串通投标罪、合同诈骗罪、行贿罪、对非国家工作人员行贿罪、受贿罪、非国家工作人员受贿罪等。从涉及的刑罚种类看，包括主刑：拘役、管制、有期徒刑、无期徒刑、死刑；附加刑：罚金、没收财产等。从主体看，招标人、投标人、代理机构、评标人等可能涉及相关罪名。单位犯罪的，实行双罚制，既处罚单位也处罚单位的直接责任人员。《刑法》第31条规定："单位犯罪的，对单位判处罚金，并对其直接负责的主管人员和其他直接责任人员判处刑罚。本法分则和其他法律另有规定的，依照规定。"如四川某科长何某于在职期间利用职务之便，非法收受他人财物，不能说明合法来源，滥用职权，不履行监督职责，犯受贿罪、滥用职权罪、巨额财产来源不明罪，数罪并罚，决定执行有期徒刑并处罚金，违法所得予以没收。[①]

关于串通投标罪。根据《招标投标法》第53条规定，投标人相互串通投标或者与招标人串通投标，构成犯罪的，依法追究刑事责任。《刑法》第223条规定："投标人相互串通投标报价，损害招标人或者其他投标人利益，情节严重的，处三年以下有期徒刑或者拘役，并处或者单处罚金。投标人与招标人串通投标，损害国家、集体、公民的合法利益的，依照前款的规定处罚。"

[①] 《四川省发展和改革委员会关于12起招投标违法违规典型案例的通报》，载四川省发展和改革委员会网站，http://fgw.sc.gov.cn/sfgw/c108980/2021/12/30/1e95e90eafa843498b8912222a807e08.shtml，最后访问时间：2022年5月13日。

关于合同诈骗罪。根据《招标投标法》第 54 条第 1 款规定，投标人以他人名义投标或者以其他方式弄虚作假，骗取中标，构成犯罪的，依法追究刑事责任。根据《刑法》第 224 条规定，以虚构的单位或者冒用他人名义签订合同，以非法占有为目的，骗取对方当事人财物，数额较大的，处三年以下有期徒刑或者拘役，并处或者单处罚金；数额巨大或者有其他严重情节的，处三年以上十年以下有期徒刑，并处罚金；数额特别巨大或者有其他特别严重情节的，处十年以上有期徒刑或者无期徒刑，并处罚金或者没收财产。

关于行贿罪、对非国家工作人员行贿罪。根据《招标投标法》第 53 条规定，投标人以向招标人或者评标委员会成员行贿的手段谋取中标，构成犯罪的，依法追究刑事责任。《刑法》第 389 条第 1 款、第 2 款规定，为谋取不正当利益，给予国家工作人员财物的，是行贿罪。在经济往来中，违反国家规定，给予国家工作人员财物，数额较大的，或者违反国家规定，给予国家工作人员各种名义的回扣、手续费的，以行贿论处。第 164 条第 1 款规定："为谋取不正当利益，给予公司、企业或者其他单位的工作人员以财物，数额较大的，处三年以下有期徒刑或者拘役，并处罚金；数额巨大的，处三年以上十年以下有期徒刑，并处罚金。"

关于受贿罪、非国家工作人员受贿罪。《刑法》第 385 条规定："国家工作人员利用职务上的便利，索取他人财物的，或者非法收受他人财物，为他人谋取利益的，是受贿罪。国家工作人员在经济往来中，违反国家规定，收受各种名义的回扣、手续费，归个人所有的，以受贿论处。"第 163 条第 1 款规定："公司、企业或者其他单位的工作人员，利用职务上的便利，索取他人财物或者非法收受他人财物，为他人谋取利益，数额较大的，处三年以下有期徒刑或者拘役，并处罚金；数额巨大或者有其他严重情节的，处三年以上十年以下有期徒刑，并处罚金；数额特别巨大或者有其他特别严重情节的，处十年以上有期徒刑或者无期徒刑，并处罚金。"

（2）行政责任。行政责任是指招投标活动中的当事人实施了行政违法行为而应当承担的行政法律后果。根据《招标投标法》《招标投标法实施条例》等规定，招标人、投标人、中标人等主体违反招投标相关法律法规规章规定，应当承担相应的行政责任。

行政责任类型包括：警告、罚款、没收违法所得、一定期限内禁止代理/参加投标依法必须进行招标的项目、停业整顿、吊销营业执照，其中对全部或者部分使用国有资金的项目，可以暂停项目执行或者暂停资金拨付。如《招标投标法》第 60 条第 2 款规定："中标人不按照与招标人订立的合同履行义务，情节严重的，取消其二年至五年内参加依法必须进行招标的项目的投标资格并予以公告，直至由工商行政管理机关吊销营业执照。"《招标投标法实施条例》第 76 条规定："中标人将中标项目转让给他人的，将中标项目肢解后分别转让给他人的，违反招标投标法和本条例规定将中标项目的部分主体、关键性工作分包给他人的，或者分包人再次分包的，转让、分包无效，处转让、分包项目金额 5‰ 以上 10‰ 以下的罚款；有违法所得的，并处没收违法所得；可以责令停业整顿；情节严重的，由工商行政管理机关吊销营业执照。"

此外，承担招投标行政责任单位的直接负责的主管人员和其他责任人员也要承担相应的行政责任，类型主要包括处分、警告、罚款，而有违法行为的评标委员会成员，可能被取消担任评标委员会成员的资格，不得再参加任何依法必须进行招标的项目的评标等。例如，《招标投标法》第 57 条规定："招标人在评标委员会依法推荐的中标候选人以外确定中标人的，依法必须进行招标的项目在所有投标被评标委员会否决后自行确定中标人的，中标无效，责令改正，可以处中标项目金额千分之五以上千分之十以下的罚款；对单位直接负责的主管人员和其他直接责任人员依法给予处分。"

在政府采购活动中，供应商的行政违法行为可能导致警告、罚款直至剥夺一定时期内参加政府采购资格的处罚。如《政府采购法》第 77 条第 1 款规定："供应商有下列情形之一的，处以采购金额千分之五以上千分之十以下的罚款，列入不良行为记录名单，在一至三年内禁止参加政府采购活动，有违法所得的，并处没收违法所得，情节严重的，由工商行政管理机关吊销营业执照；构成犯罪的，依法追究刑事责任：（一）提供虚假材料谋取中标、成交的；（二）采取不正当手段诋毁、排挤其他供应商的；（三）与采购人、其他供应商或者采购代理机构恶意串通的；（四）向采购人、采购代理机构行贿或者提供其他不正当利益的；（五）在招标采购过程中与采购人进行协商谈判的；（六）拒绝有关部门监督检查或者提供虚假情况的。"

（3）民事责任。民事责任是指招投标活动中的当事人因违反民事义务而应当承担的民事法律后果。根据《招标投标法》等法律法规规定，招投标活动的民事责任主要包括两类：合同责任和侵权责任。合同责任包括缔约过失责任和违约责任。缔约过失责任是招投标活动的一方当事人在订立合同过程中，因违背诚实信用原则造成另一方当事人损失而应当承担的损害赔偿责任。《招标投标法》第54条规定："投标人以他人名义投标或者以其他方式弄虚作假，骗取中标的，中标无效，给招标人造成损失的，依法承担赔偿责任……"中标无效后，投标人所承担的损害赔偿责任就是缔约过失责任。

违约责任是合同当事人违反合同义务所应承担的民事责任。在因招标而订立的合同中，违约责任的类型包括不予退还履约保证金、赔偿损失等。如《招标投标法》第60条规定："中标人不履行与招标人订立的合同的，履约保证金不予退还，给招标人造成的损失超过履约保证金数额的，还应当对超过部分予以赔偿；没有提交履约保证金的，应当对招标人的损失承担赔偿责任……"这里的招标人不予退还保证金、赔偿损失都是中标人不履行与招标人订立的合同的违约责任。

侵权责任是指民事主体因实施侵权行为依法应承担的民事法律后果。《民法典》第1165条第1款规定："行为人因过错侵害他人民事权益造成损害的，应当承担侵权责任。"第1166条规定："行为人造成他人民事权益损害，不论行为人有无过错，法律规定应当承担侵权责任的，依照其规定。"《招标投标法》第50条规定，招标代理机构与招标人、投标人串通损害他人合法权益的，给他人造成损失的，依法承担赔偿责任。第53条规定，投标人相互串通投标或者与招标人串通投标的，中标无效，给他人造成损失的，依法承担赔偿责任。《招标投标法》这两个条文规定的对他人损失的赔偿责任就是侵权责任。

4. 按监管内容划分

（1）项目监管。在我国招投标领域，《招标投标法》等现行招投标法律规范体系对依法必须进行招标的项目的相关规定严格、具体。《招标投标法》明确了必须招标项目的类型，其第3条规定："在中华人民共和国境内进行下列工程建设项目包括项目的勘察、设计、施工、监理以及与工程建设有关的重要设备、材料等的采购，必须进行招标：（一）大型基础设施、公用事业等关系社会公共利益、公众安全的项目；（二）全部或者部分使用国有资金投资或者国家融资的项目；（三）使用国际组织或者外国政府贷款、援助资金的项目。前款所列项目的具体范围和规模标准，由国务院发展计划部门会同国务院有关部门制订，报国务院批准。法律或者国务院对必须进行招标的其他项目的范围有规定的，依照其规定。"第 5 条规定："招标投标活动应当遵循公开、公平、公正和诚实信用的原则。"第 6 条规定："依法必须进行招标的项目，其招标投标活动不受地区或者部门的限制。任何单位和个人不得违法限制或者排斥本地区、本系统以外的法人或者其他组织参加投标，不得以任何方式非法干涉招标投标活动。"该法对招投标完整的程序包括招标、投标、开标、评标、中标和签订合同作出了规定，对招标过程中的违法行为规定法律责任。其他的行政法规、部门规章、地方性法规等为实施《招标投标法》制定了更为详细的规定。依法必须进行招标的项目进行招投标活动，必须遵守其中的强制性规定，否则应承担相应的法律责任。

（2）领域监管。《招标投标法》及其实施条例适用于在我国进行的招标投标活动。此外，我国还针对具体的行业领域出台了专门的规范性文件，主要集中在建设工程、机电设备、政府采购、科技项目、服务项目、特种权利和特殊物品（如出口配额、国外贷款、企业产权及资产、国家储备粮和医疗机构药品）等方面。在相关领域进行招投标时，应遵守相应的规定。例如，对于公路工程建设项目，交通运输部于 2015 年 12 月 8 日发布了《公路工程建设项目招标投标管理办法》，该办法自 2016 年 2 月 1 日起施行。

（二）招投标合规执法实践

中共中央、国务院印发的《法治政府建设实施纲要（2021—2025 年）》提出，建立健全政府失信责任追究制度，加大失信惩戒力度，重点治理债务融资、政府采购、招标投标、招商引资等领域的政府失信行为。加大对违纪违法行为的惩治力度，一是加大执法检查力度，二是行业主管部门加强对招投标活动的监管，三是发挥查办案件的治本功能，深入剖析招投标领域典型案件，以问题为导向，认真查找体制机制方面存在的缺陷和漏洞，对查处的腐败案件定期公开曝光，强化震慑作用，加强以案促改。[1]

从近年各地陆续公布的招投标违法违规典型案例来看，招投标领域违法违规形态多样，集中于规避招标、弄虚作假、串标围标、滥用职权、滋生腐败等方面。根据2021年12月四川省发展和改革委员会公布的12起招投标违法违规典型案例[2]、2020年福建省住房和城乡建设厅公布的10起招投标违法违规典型案例[3]，涉及公司弄虚作假（含出借资质）的违法违规行为有4起，涉及公司串通投标的违法违规行为有8起，涉及滥用职权、滋生腐败的违法违规行为有3起，涉及违规招标代理有5起，设置不合理条件限制排斥潜在投标人有2起。各有关行政主管部门保持对招投标领域违规违法行为的高压态势，及时发现并严肃查处招投标领域违法违规行为，促进招投标市场营商环境进一步优化提升。

表7.2 招投标违法违规典型案例[4]

序号	违法违规类型、法律依据及典型案例内容
1	**违法违规类型：规避招标** 法律依据：《招标投标法》第4条规定："任何单位和个人不得将依法必须进行招标的项目化整为零或者以其他任何方式规避招标。"第49条规定："违反本法规定，必须进行招标的项目而不招标的，将必须进行招标的项目化整为零或者以其他任何方式规避招标的，责令限期改正，可以处项目合同金额千分之五以上千分之十以下的罚款；对全部或者部分使用国有资金的项目，可以暂停项目执行或者暂停资金拨付；对单位直接负责的主管人员和其他直接责任人员依法给予处分。" 典型案例内容：2019年，四川某公司在实施某道路西延线工程过程中，未经公开招标，直接委托其他公司开展设计、施工。2021年8月，资阳市发展和改革委员会对该公司处罚款55.95万元。

---

[1] 参见江苏省纪委监委案件监督管理室：《严惩招投标领域违纪违法行为》，载《中国纪检监察报》2021年4月8日，第8版。

[2] 《四川发展和改革委员会关于12起招投标违法违规典型案例的通报》，载四川省发展和改革委员会网站，http://fgw.sc.gov.cn/sfgw/c108980/2021/12/30/1e95e90eafa843498b8912222a807e08.shtml，最后访问时间：2022年5月13日。

[3] 《福建省住房和城乡建设厅关于公布10起招投标违法违规典型案例的通知》，载福建省住房和城乡建设厅网站，http://zjt.fujian.gov.cn/xxgk/zfxxgkzl/xxgkml/dfxfgzfgzhgfxwj/jzsc/202008/t20200807_5350352.htm，最后访问时间：2022年5月13日。

[4] 节选自前述四川省发展和改革委员会公布的典型案例，有删改。

续表

序号	违法违规类型、法律依据及典型案例内容
2	**违法违规类型：弄虚作假** 法律依据：《招标投标法》第33条规定："投标人不得以低于成本的报价竞标，也不得以他人名义投标或者以其他方式弄虚作假，骗取中标。"第54条规定："投标人以他人名义投标或者以其他方式弄虚作假，骗取中标的，中标无效，给招标人造成损失的，依法承担赔偿责任；构成犯罪的，依法追究刑事责任。依法必须进行招标的项目的投标人有前款所列行为尚未构成犯罪的，处中标项目金额千分之五以上千分之十以下的罚款，对单位直接负责的主管人员和其他直接责任人员处单位罚款数额百分之五以上百分之十以下的罚款；有违法所得的，并处没收违法所得；情节严重的，取消其一年至三年内参加依法必须进行招标的项目的投标资格并予以公告，直至由工商行政管理机关吊销营业执照。" 典型案例内容：2017年，19家公司在参加某段公路改建工程招标过程中存在违法违规行为。其中，3家企业串通投标，16家企业出借资质供他人投标。2020年至2021年，青川县交通运输局分别对上述公司以及有关直接责任人作出行政处罚，共处罚款312.75万元，没收违法所得182.7万元。
3	**违法违规类型：串通投标** 法律依据：《招标投标法》第32条规定："投标人不得相互串通投标报价，不得排挤其他投标人的公平竞争，损害招标人或者其他投标人的合法权益。投标人不得与招标人串通投标，损害国家利益、社会公共利益或者他人的合法权益。禁止投标人以向招标人或者评标委员会成员行贿的手段谋取中标。"第53条规定："投标人相互串通投标或者与招标人串通投标的，投标人以向招标人或者评标委员会成员行贿的手段谋取中标的，中标无效，处中标项目金额千分之五以上千分之十以下的罚款，对单位直接负责的主管人员和其他直接责任人员处单位罚款数额百分之五以上百分之十以下的罚款；有违法所得的，并处没收违法所得；情节严重的，取消其一年至二年内参加依法必须进行招标的项目的投标资格并予以公告，直至由工商行政管理机关吊销营业执照；构成犯罪的，依法追究刑事责任。给他人造成损失的，依法承担赔偿责任。" 典型案例内容：2021年6月，在某区排水整治工程勘察设计标段招标中，2家公司串通投标。邛崃市综合执法局分别对该2家公司处罚款1万元，招标人共没收投标保证金8万元。

续表

序号	违法违规类型、法律依据及典型案例内容
4	**违法违规类型：违规招标代理** 法律依据：《招标投标法》第15条规定："招标代理机构应当在招标人委托的范围内办理招标事宜，并遵守本法关于招标人的规定。"第50条规定："招标代理机构违反本法规定，泄露应当保密的与招标投标活动有关的情况和资料的，或者与招标人、投标人串通损害国家利益、社会公共利益或者他人合法权益的，处五万元以上二十五万元以下的罚款；对单位直接负责的主管人员和其他直接责任人员处单位罚款数额百分之五以上百分之十以下的罚款；有违法所得的，并处没收违法所得；情节严重的，禁止其一年至二年内代理依法必须进行招标的项目并予以公告，直至由工商行政管理机关吊销营业执照；构成犯罪的，依法追究刑事责任。给他人造成损失的，依法承担赔偿责任。前款所列行为影响中标结果的，中标无效。" 典型案例内容：2021年4月，某工程招标咨询有限公司在从事某学校扩建项目招标代理工作中，违反招标代理合同约定，安排非本机构专职技术人员负责该项目代理活动。2021年9月，巴州区住房和城乡建设局对该工程招标咨询有限公司给予警告，处罚款2万元。
5	**违法违规类型：设置不合理条件限制、排斥潜在投标人** 法律依据：《招标投标法》第18条规定："招标人可以根据招标项目本身的要求，在招标公告或者投标邀请书中，要求潜在投标人提供有关资质证明文件和业绩情况，并对潜在投标人进行资格审查；国家对投标人的资格条件有规定的，依照其规定。招标人不得以不合理的条件限制或者排斥潜在投标人，不得对潜在投标人实行歧视待遇。"第51条规定："招标人以不合理的条件限制或者排斥潜在投标人的，对潜在投标人实行歧视待遇的，强制要求投标人组成联合体共同投标的，或者限制投标人之间竞争的，责令改正，可以处一万元以上五万元以下的罚款。" 典型案例内容：2018年10月，资中县某局在某改建工程施工招标中，以不合理条件限制排斥潜在投标人或者投标人。2021年3月，资中县综合行政执法局对资中县某局作出行政处罚，处罚款1万元。

（三）招投标合规司法实践

1. 刑事领域

企业合规改革试点工作，是指检察机关对于办理的涉企刑事案件，在依法作出不批准逮捕、不起诉决定或者根据认罪认罚从宽制度提出轻缓量刑建议等的同时，针对企业涉嫌具体犯罪，结合办案实际，督促涉案企业作出合规承诺并积极整改落实，促进企业合规守法经营，减少和预防企业犯罪，实现司法办案政治效果、法律效果、社会效果的有机统一。自 2020 年 3 月起，最高人民检察院部署在 6 个基层人民检察院开展涉案企业合规改革试点。自 2021 年 3 月起，在总结第一批试点经验的基础上，最高人民检察院部署在北京、上海、江苏、浙江等 10 个省市开展第二期试点工作。① 2022 年 4 月，最高人民检察院会同中华全国工商业联合会专门召开会议，对全面推开改革试点工作作出具体部署。②

2021 年 6 月 3 日，最高人民检察院发布企业合规改革试点典型案例。③ 2021 年 12 月 8 日，为进一步加强企业合规改革试点工作，积极推进第三方监督评估机制适用，最高人民检察院印发第二批企业合规管理典型案例。④ 两批案例各包括一起与招投标相关的企业合规改革试点实践案例，分别是"新泰市 J 公司等建筑企业串通投标系列案件"与"山东沂南县 Y 公司、姚某明等人串通投标案"。上述案例显示，检察机关积极稳妥地推动企业合规与不起诉决定、检察听证、检察意见、检察建议等相关工作紧密结合，为涉串通投标罪名的企业合规建设提供了生动的检察实践。

2. 行政领域

在我国，大型基础设施、公共事业等关系社会公共利益、公众安全以及全部或者部分使用国有资金投资或者国家融资的工程建设项目的勘察、设计、施工、监理等采购，必须进行招标。实践中，各级建设行政主管部门作为招标人参与到基础设施、公共事业等工程建设项目的招标投标活动中的情形时有发生，即行政机关在市场活动中既是招标人，又是招标投标活动的行政监督部门。投标人、中标人等招投标活动参与主体如果认为招投标监督机构行使职权的行为侵犯其合法权益，既可以向行政复议机关申请行政复议，也可以向人民法院提起行

---

① 《检察机关涉案企业合规改革试点综述：医治成长"病症"，引导企业扣好"第一粒扣子"》，载最高人民检察院网站，https://www.spp.gov.cn/zdgz/202109/t20210901_528152.shtml，最后访问时间：2022 年 10 月 18 日。

② 《涉案企业合规改革试点全面推开！这次部署会释放哪些重要信号？》，载最高人民检察院网站，https://www.spp.gov.cn/zdgz/202204/t20220402_553256.shtml，最后访问时间：2022 年 10 月 18 日。

③ 《最高检发布企业合规改革试点典型案例》，载最高人民检察院网站，https://www.spp.gov.cn/xwfbh/wsfbh/202106/t20210603_520232.shtml，最后访问时间：2022 年 5 月 13 日。

④ 《企业合规典型案例（第二批）》，载最高人民检察院网站，https://www.spp.gov.cn/spp/xwfbh/wsfbt/202112/t20211215_538815.shtml#2，最后访问时间：2022 年 5 月 13 日。

政诉讼。

综上，企业建立招投标领域专项合规管理计划时，作为投标人既要根据《招标投标法》的规定及时向招标人提出异议或者依法向有关行政监督部门投诉，也要考虑当行政监督部门不当或违法作出投诉处理决定时，如何通过行政复议、行政诉讼进行维权。

3. 民事领域

根据《最高人民法院民事案件案由规定》，与招投标活动直接相关的案由包括招标投标买卖合同纠纷、串通投标不正当竞争纠纷。如原告公司诉被告公司招标投标买卖合同纠纷案[①]中，2017年5月12日，被告公司作为招标人向社会公开招标，在发布的招标文件中规定，投标保证金为60万元，投标保证金不予退还的情形有：拒签合同；投标人在投标活动中串通投标、弄虚作假。原告公司按照招标文件支付60万元投标保证金，并提交投标文件。原告公司等四家投标单位被评审专家作废标处理。原告公司未中标，遂向被告公司申请退还投标保证金。被告公司以原告公司违反招标文件约定为由，未予退还。随后，原告公司将被告公司告上法庭。受诉法院认为，原告公司未中标，故不符合拒签合同不退还招标保证金的情形。原告公司等四家投标公司被废标原因为"存在清单雷同的可能"，从现有证据上无法认定该行为属于法律规定的相互串通投标行为，不符合招标公告中"投标人在投标活动中串通投标、弄虚作假的，投标保证金也不予退还"的情形。判决被告公司返还原告公司投标保证金60万元。该案件显示，在招投标过程中，不论是招标人还是投标人都应严格遵循法律、法规，合法招投标。除此之外，因招标人与投标人签订黑白合同[②]在实践中屡屡发生，建设工程合同纠纷也成为招投标领域的常见民事纠纷类型。收集上述民事纠纷的典型案例、归纳法院观点无疑能帮助企业梳理合规风险类型和应对方式。

---

① 《市中级人民法院发布一起招标投标买卖合同纠纷案》，载雅安市中级人民法院网站，https://www.yaancourt.gov.cn/detail/ea472e44-fd7e-d332-b9b1-1fb70e61.html，最后访问时间：2022年7月13日。

② 所谓黑合同，指未经招投标，且未经政府主管部门备案，并由合同签署方实际履行的合同；所谓白合同，指经过招投标，且经政府主管部门备案，而同一签署方不实际履行的合同。

二、招投标合规风险的识别

合规风险识别是进行企业合规建设的前提和基础，招投标专项合规建设也不例外。把握招投标专项合规的常见风险类型，掌握检测企业招投标专项合规风险的通常操作，并结合企业的招投标合规建设实际查找重点突破的风险点，对于提高企业招投标合规有效性具有基础性意义。

（一）招投标合规风险类型

招投标合规风险是指企业及其员工在招投标过程中因不合规行为引发法律责任、受到相关处罚、造成经济或声誉损失以及其他负面影响的可能性。根据我国招投标法律规范体系识别较为常见的招投标合规风险类型，可以供企业管理人员、涉招投标风险的岗位人员、中介机构在企业招投标制度的制定、决策、运作等环节进行重点风险防范。

1. 招标人未依法履行招标程序的风险

依法应当公开招标而采用邀请招标；将依法必须进行招标的项目化整为零或者以其他任何方式规避招标；招标文件、资格预审文件的发售、澄清、修改的时限，或者确定的提交资格预审申请文件、投标文件的时限不符合法律规定；不按照规定确定中标人；无正当理由不发出中标通知书；无正当理由不与中标人订立合同或提出附加条件；拒不归还应当归还的投标保证金、履约保证金。

2. 招标人妨碍投标人公平竞争的风险

以不合理的条件限制或者排斥潜在投标人，对潜在投标人实行歧视待遇，强制投标人组成联合体共同投标，或者限制投标人之间竞争。

3. 招标人泄露依法应当保密的信息的风险

依法必须进行招标的项目的招标人向他人透露已获取招标文件的潜在投标人的名称、数量以及可能影响公平竞争的有关招标投标的其他情况，或者泄露标底。

4. 投标人之间、招标人与投标人串通投标的风险

投标人相互串通投标报价，或投标人与招标人串通投标。招标的目的就是要

通过公开发布的信息，获得多家投标者参与竞争，以择优中标。串通投标令招投标活动流于形式，损害招标人或者其他投标人的合法权益，既侵害了公平竞争的市场环境，亦可能对招标质量造成很大影响，为后期项目的实施埋下隐患，损害国家利益、社会公共利益或者他人的合法权益。

5. 投标人之间、招标人与投标人之间存在利害关系可能影响招标公正性的风险

根据《招标投标法》及其实施条例规定，与招标人存在利害关系可能影响招标公正性的法人、其他组织或者个人不得参加投标，与投标人有利害关系的人不得进入相关项目的评标委员会。此外，《招标投标法》及其实施条例也对投标人之间的关系作出规定，要求单位负责人为同一人或者存在控股、管理关系的不同单位，不得参加同一标段投标或者未划分标段的同一招标项目投标。

6. 招标人与投标人进行实质性谈判的风险

依法必须进行招标的项目，在确定中标人前，招标人与投标人就投标价格、投标方案等实质性内容进行谈判。

7. 招标人与中标人背离招投标文件订立合同的风险

招标人和中标人不按照招标文件和中标人的投标文件订立合同，合同的主要条款与招标文件、中标人的投标文件的内容不一致，或者招标人、中标人订立背离合同实质性内容的协议。

8. 投标人弄虚作假骗取中标的风险

即投标人以他人名义投标或者以其他方式弄虚作假。一部分投标企业为骗取中标，明知不符合招标条件，仍在投标时使用通过受让或者租借等方式获取的资格、资质证书投标，或使用伪造变造的许可证件投标，或提供虚假的财务状况、业绩、项目负责人或者主要技术人员简历、劳动关系证明、信用状况进行投标。

9. 腐败风险

招投标活动易滋生腐败，权钱交易现象屡见不鲜。不仅有投标人为成功中标，向招标人及其相关人员行贿送礼，甚至有部分行政主管部门为获取不正当利益，在履行监管职能时（如项目招投标，招标代理资质延续办理，招投标投诉、质疑和复议事项处理等方面）直接干预招投标活动，破坏法定程序。

(二) 招投标合规风险识别

企业识别具体的招投标合规风险，首先要明确招投标合规义务来源，其重要性在于合规义务来源是协助企业衡量自身行为是否偏离合规要求的标尺。合规义务来源包括具有强制性的以及自愿选择遵守的义务来源，如：国家及地方的法律法规、规范性文件；行业准则；监管机构发布的命令或指南；司法裁判或行政决定；国际条约、规则；签署合同产生的义务及自愿做出的承诺。综合合规实践以及 ISO 37301 国际标准，企业一般可以通过下列方式识别招投标合规风险。

1. 理解企业及其环境

要为企业建立精准实用的合规计划，我们需要先了解企业拟建立招投标领域专项合规计划的背景，了解企业内部推动专项合规计划的原因及相关方针、程序、资源等，也要了解企业外部针对招投标活动的监管态势、行业习惯、社会文化环境、经济形势等因素。因此，识别招投标合规风险的方式包括对企业进行尽职调查及现场访谈。尽职调查是指检索企业的基础信息，并向企业提供尽职调查清单以收集必要的信息，包括企业已有的业务、组织、治理模式、管理情况、子企业情况及已有的内控、风险管理、合规管理措施和制度等内容。现场访谈是指为了解企业战略规划、岗位职责、相关制度制定和落地情况、已有的相关风险事件等情况，向企业高管及关键岗位的人员进行访谈的行为。

2. 理解利益相关方的需要和期望

企业需确定专项合规计划的相关方和相关方的要求和期望。企业利益相关方包括企业内部的利益相关方和外部的利益相关方，内部的利益相关方包括股东、高管、员工，外部的利益相关方包括供应商、客户、监管部门等。同时，也要警惕利益相关方和企业的不当利益关系，防范招投标活动中的贿赂腐败风险。

3. 确定合规义务来源

招投标合规义务来源是指企业应当遵守的招投标领域的法律法规、监管规定、行业准则和企业章程、规章制度以及国际条约、规则等要求，也包括企业自愿遵守的招投标合同义务及承诺。就招投标领域而言，确定合规义务的必要方式是了解并掌握我国招投标领域的外部规范性文件、企业的招投标制度等内部规定，形成专门的招投标合规义务来源库，明确具体负责部门，并可以通过浏览监管部门网站、成为专业团体的会员、订阅相关信息服务、参加行业论坛和探讨会、聘用法律顾问等方式及时更新合规义务来源。

4. 实务案例

实务案例是指通过对民事、行政、刑事领域的招投标典型案例进行分析，对追责逻辑及法律责任进行梳理，确定招投标合规风险要素，并通过定期更新案例库了解最新的监管态势和常见的招投标合规风险。

5. 企业自查情况

企业可以基于合规义务来源库和典型案例，对企业行为进行自查，排查是否存在不合乎规范的管理现状、违规行为。此外，企业曾发生的不合规事件也是识别合规风险的重要参考依据。

作为示范，在此选取实务中常见的三类较为复杂的招投标合规风险进行识别、分析，包括法律后果和提出可行的建议。

表 7.3　识别分析招投标合规风险示例

类型一	不合理限制、排斥投标人
类型一的识别	《招标投标法实施条例》第 32 条第 2 款规定，招标人有下列行为之一的，属于以不合理条件限制、排斥潜在投标人或者投标人： （1）就同一招标项目向潜在投标人或者投标人提供有差别的项目信息； （2）设定的资格、技术、商务条件与招标项目的具体特点和实际需要不相适应或者与合同履行无关； （3）依法必须进行招标的项目以特定行政区域或者特定行业的业绩、奖项作为加分条件或者中标条件； （4）对潜在投标人或者投标人采取不同的资格审查或者评标标准； （5）限定或者指定特定的专利、商标、品牌、原产地或者供应商； （6）依法必须进行招标的项目非法限定潜在投标人或者投标人的所有制形式或者组织形式； （7）以其他不合理条件限制、排斥潜在投标人或者投标人。 国家发改委办公厅、工信部办公厅、住建部办公厅等联合印发的《工程项目招投标领域营商环境专项整治工作方案》（发改办法规〔2019〕862 号）列举了对不同所有制企业设置各类不合理限制和壁垒的情形，包括： （1）违法设置的限制、排斥不同所有制企业参与招投标的规定，以及虽然没有直接限制、排斥，但实质上起到变相限制、排斥效果的规定。 （2）违法限定潜在投标人或者投标人的所有制形式或者组织形式，对不同所有制投标人采取不同的资格审查标准。

续表

类型一的识别	（3）设定企业股东背景、年平均承接项目数量或者金额、从业人员、纳税额、营业场所面积等规模条件；设置超过项目实际需要的企业注册资本、资产总额、净资产规模、营业收入、利润、授信额度等财务指标。 （4）设定明显超出招标项目具体特点和实际需要的资质资格、技术、商务条件或者业绩、奖项要求。 （5）将国家已经明令取消的资质资格作为投标条件、加分条件、中标条件；在国家已经明令取消资质资格的领域，将其他资质资格作为投标条件、加分条件、中标条件。 （6）将特定行政区域、特定行业的业绩、奖项作为投标条件、加分条件、中标条件；将政府部门、行业协会商会或者其他机构对投标人作出的荣誉奖励和慈善公益证明等作为投标条件、中标条件。 （7）限定或者指定特定的专利、商标、品牌、原产地、供应商或者检验检测认证机构（法律法规有明确要求的除外）。 （8）要求投标人在本地注册设立子公司、分公司、分支机构，在本地拥有一定办公面积，在本地缴纳社会保险等。 （9）没有法律法规依据设定投标报名、招标文件审查等事前审批或者审核环节。 （10）对仅需提供有关资质证明文件、证照、证件复印件的，要求必须提供原件；对按规定可以采用"多证合一"电子证照的，要求必须提供纸质证照。 （11）在开标环节要求投标人的法定代表人必须到场，不接受经授权委托的投标人代表到场。 （12）评标专家对不同所有制投标人打分畸高或畸低，且无法说明正当理由。 （13）明示或暗示评标专家对不同所有制投标人采取不同的评标标准、实施不客观公正评价。 （14）采用抽签、摇号等方式直接确定中标候选人。 （15）限定投标保证金、履约保证金只能以现金形式提交，或者不按规定或者合同约定返还保证金。 （16）简单以注册人员、业绩数量等规模条件或者特定行政区域的业绩奖项评价企业的信用等级，或者设置对不同所有制企业构成歧视的信用评价指标。 （17）不落实《必须招标的工程项目规定》《必须招标的基础设施和公用事业项目范围规定》，违法干涉社会投资的房屋建筑等工程建设单位发包自主权。 （18）其他对不同所有制企业设置的不合理限制和壁垒。 司法实践中对有关不合理限制、排斥投标人的认定需结合案情进行分析，如有法院认为，被告《招标公告》评分办法中规定"注册资本达到 500 万元及以上的计 5 分；达到 100 万元及以上低于 500 万元的计 2 分；低于 100 万元的不计分"；"投标人或其控股公司参与永定城区出租汽车新能源建设的计 15 分；没有参加的不计分"。以上评分内容、标准有倾向性地偏向部分投标人，排斥其他投标人。[①] 也有

[①] 参见湖南省张家界市中级人民法院（2014）张中行初字第 27 号行政判决书，载中国裁判文书网，https://wenshu.court.gov.cn/website/wenshu/181107ANFZ0BXSK4/index.html?docId=1ce1a8f5d82748738e22f27ef908095a，最后访问时间：2022 年 9 月 19 日。

续表

类型一的识别	法院认为，项目交易文件虽就电梯推荐了六种品牌及对应生产厂家，但并未限定于此六种，仅是以此六种品牌电梯所含技术要求供潜在投标人或者投标人参考。可见，招标人对其他电梯品牌并无排斥倾向。①
类型一的分析	法律后果：根据《招标投标法》，招标人以不合理的条件限制或者排斥潜在投标人的，对潜在投标人实行歧视待遇的，责令改正，可以处一万元以上五万元以下的罚款。
	合规建议：招标人可以要求潜在投标人提供有关资质证明文件和业绩情况，并对潜在投标人进行资格审查，但是，招标人不得以不合理的条件限制或者排斥潜在投标人，不得对潜在投标人实行歧视待遇。
类型二	各投标人之间、招标人与投标人之间串通投标
类型二的识别	《招标投标法》第32条规定，投标人不得相互串通投标报价，不得排挤其他投标人的公平竞争，损害招标人或者其他投标人的合法权益。投标人不得与招标人串通投标，损害国家利益、社会公共利益或者他人的合法权益。禁止投标人以向招标人或者评标委员会成员行贿的手段谋取中标。《招标投标法实施条例》第39条至第41条分别规定"属于投标人相互串通投标""视为投标人相互串通投标""属于招标人与投标人串通投标"的情形。
类型二的分析	法律后果：根据《招标投标法》第53条及《招标投标法实施条例》第67条的规定，投标人相互串通投标或者与招标人串通投标的，投标人向招标人或者评标委员会成员行贿谋取中标的，中标无效；构成犯罪的，依法追究刑事责任；尚不构成犯罪的，对单位及其直接负责的主管人员和其他直接责任人员处以罚款，有违法所得的，并处没收违法所得；情节严重的，取消其一年至二年内参加依法必须进行招标的项目的投标资格并予以公告，直至由工商行政管理机关吊销营业执照。给他人造成损失的，依法承担赔偿责任。 《刑法》第223条规定，投标人相互串通投标报价，损害招标人或者其他投标人利益，情节严重的，处三年以下有期徒刑或者拘役，并处或者单处罚金。投标人与招标人串通投标，损害国家、集体、公民的合法利益的，依照前款的规定处罚。
	合规建议：企业是投标人时，建议要求参与投标的人员熟悉串通投标的认定情形，避免被认定为存在串通投标行为。企业是招标人时，应当保证招标投标程序和结果符合法律、法规及其他规范性文件规定，若发现投标人存在串通投标行为的，否决其投标。

---

① 参见安徽省高级人民法院（2021）皖行申174号行政裁定书，载中国裁判文书网，https://wenshu.court.gov.cn/website/wenshu/181107ANFZ0BXSK4/index.html?docId=e465ad62086e4140a9baad21003bc8d3，最后访问时间：2022年9月19日。

续表

类型三	变更招投标合同的实质性内容
类型三的识别	《招标投标法》第 46 条第 1 款规定，招标人和中标人应当自中标通知书发出之日起三十日内，按照招标文件和中标人的投标文件订立书面合同。招标人和中标人不得再行订立背离合同实质性内容的其他协议。《招标投标法实施条例》第 57 条第 1 款规定，招标人和中标人应当依照招标投标法和本条例的规定签订书面合同，合同的标的、价款、质量、履行期限等主要条款应当与招标文件和中标人的投标文件的内容一致。招标人和中标人不得再行订立背离合同实质性内容的其他协议。《最高人民法院关于审理建设工程施工合同纠纷案件适用法律问题的解释（一）》第 2 条规定，招标人和中标人另行签订的建设工程施工合同约定的工程范围、建设工期、工程质量、工程价款等实质性内容，与中标合同不一致，一方当事人请求按照中标合同确定权利义务的，人民法院应予支持。招标人和中标人在中标合同之外就明显高于市场价格购买承建房产、无偿建设住房配套设施、让利、向建设单位捐赠财物等另行签订合同，变相降低工程价款，一方当事人以该合同背离中标合同实质性内容为由请求确认无效的，人民法院应予支持。第 22 条规定，当事人签订的建设工程施工合同与招标文件、投标文件、中标通知书载明的工程范围、建设工期、工程质量、工程价款不一致，一方当事人请求将招标文件、投标文件、中标通知书作为结算工程价款的依据的，人民法院应予支持。 司法实践中对变更招投标合同的实质性内容的认定应当严格把握，如某案件中法院认为："……对实质性变更的判断，一方面需要把握变更的内容，另一方面也需要把握变更的量化程度……没有达到法律所禁止的'实质性变更'的严重程度，也不会导致合同当事人之间权利义务关系的显失平衡，故不应认定《建设工程施工合同》构成对《比选文件》的实质性变更。"即并非变更实质性条款（如合同价款、质量、履行期限等），就一定引起"实质性变更招投标合同"。[①]
类型三的分析	法律后果：上文已明确招标人与投标人不得再行签订背离合同实质性内容的协议，签订该等协议的行为可能面临以下法律后果。（1）因违反法律、行政法规的强制性规定而被认定为协议无效的法律风险。（2）依据《招标投标法》第 59 条、《招标投标法实施条例》第 75 条，招标人与中标人不按照招标文件和中标人的投标文件订立合同的，或者招标人、中标人订立背离合同实质性内容的协议的，由行政监督部门责令改正，可以处中标项目金额千分之五以上千分之十以下的罚款。
	合规建议：（1）招标人和中标人按照招标文件和中标人的投标文件签订书面合同。因此，招投标人需高度重视标的、价款、质量、履行期限等主要条款在招标文件、投标文件中的设计。对于双方无法预测或根据项目进展很可能变化的事项，建议预留将来可以进行解释的弹性空间，避免未来订立的补充协议变更原合同的实质性内容。

[①] 参见最高人民法院（2014）民申字第 842 号民事裁定书，载中国裁判文书网，https://wenshu.court.gov.cn/website/wenshu/181107ANFZ0BXSK4/index.html?docId=b08d236b91274fc59a3d1c95aee84f2e，最后访问时间：2022 年 9 月 19 日。

续表

类型三的分析	（2）签订补充协议是合同双方的合法权益，若确有针对原合同签订补充协议的需要，建议关注以下事项。第一，完善补充协议的"鉴于条款"，在补充协议中明确载明签订的原因与背景情况，详细说明变更目的的正当性与合法性。第二，建议丰富、细化原合同的文字表述，或补充约定原合同的空白之处，尽可能避免直接改变原合同既有语言的含义。第三，针对需进行备案的合同，应及时报请有关主管部门备案，履行完整的报备程序有助于达到避免潜在争议的效果。第四，做好补充协议及其背景材料的保存、归档工作，为可能发生的争议提供直接的参考依据。 （3）准确理解不得对招投标合同作出实质性变更。对此判断需综合考察影响因素，例如变更的条款是否为合同的实质条款、招投标双方的权利义务关系是否显失平衡、招投标双方是否有规避招投标规范性文件的故意、合同履行过程中是否发生客观情况变化、招投标双方补充协议的订立背景与内容是否具有客观合理性等。

（三）招投标合规风险评级

专项合规风险评级的目的是根据企业情况筛选需要着重应对的风险点。结合合规实务，企业组织各部门从发生可能性、影响程度两个维度判断合规风险高低及后果，进而对已识别出的合规风险进行排序。企业将发生可能性高、影响程度严重的风险列为本企业需要着重应对的合规风险。完整的专项合规风险评级流程将结合前述的专项合规风险识别方式展开，具体步骤如下。

第一，了解企业自身情况和环境、相关方的需求和期望，确定需要加强招投标领域合规风险管理的关键业务或岗位范围。发生下列情形时，应对合规风险进行再评级：企业出现新的活动、产品或服务；组织的结构或战略发生改变；企业外部发生重大变化，如金融经济环境、市场条件、债务和客户关系；企业合规义务发生改变；企业内部发生不合规行为。

第二，明确合规目标，确定招投标合规风险评级的工作机构、分工、方法、事项和时间要求等内容。

第三，识别合规义务，根据已识别的招投标合规义务，描述其招投标合规义务来源、引起的风险事件、原因及后果，形成合规风险清单或合规风险库。

第四，分析合规风险，根据可能触发的招投标合规风险类型（如规避招标、串通投标、签订黑白合同等），推理不合规风险发生后可能产生的后果，进行不合规原因查找，制定专门的风险应对措施，并植入企业招投标业务流程，要求对应的岗位职工熟悉并掌握相关风险防范预案及风险发生后的解决措施。

第五，评估风险的等级，可以综合不合规后果的严重程度（民事、行政、刑事责任、损失数额等）及其发生的可能性（发生频率、发生周期等）来考虑并予以确定。风险评估涉及企业合规风险分析过程中发现的合规风险等级与企业能够并愿意接受的合规风险水平的比较，基于这个比较，可以设定实施风险防控措施的优先级。评估风险的优先级并不意味着企业可以接受低等级的合规风险，而是要求企业将主要注意力和资源优先放在更高级别的风险解决上，最终覆盖本专项领域的所有合规风险。

三、招投标合规计划的打造

（一）建立招投标合规管理计划

结合合规专项服务实践，建立招投标合规管理计划主要遵循五个步骤。

1. 开展合规体检

企业自行或聘请第三方专业中介机构依据相关合规要求与原则，就企业及其子公司（视情况而定）开展合规专项体检，包括但不限于围绕招投标业务开展尽职调查、访谈调研、梳理规章制度及业务流程等工作，以进一步识别、分析企业内外部招投标领域的监管环境与经营管理现状。

2. 搭建基础模块

在充分梳理前期合规体检资料的基础上，完善招投标领域的企业合规管理组织体系，厘清企业各招投标业务合规管理主体的职责与分工；同时，要以风险管理为导向协助企业分析招投标领域的合规管理重点，明确企业招投标合规管理的重点领域、重点环节、重点人员等。

3. 完善运行模块

拟定或完善招投标领域合规管理基本文件，协助企业建立招投标合规管理专项计划，以实现企业在招投标领域的合规管理制度、合规风险识别预警机制、合规风险应对、合规审查机制、违规问责/容错免责、合规评估与改进等方面的规范管理，促进招投标专项合规管理体系有效运行。其中，风险识别预警机制和合规风险应对可以通过合规风险清单的形式呈现，具体表格形式可以参考 GB/T 27914—2011《企业法律风险管理指南》附录 B（资料性附录）法律风险清单示例。

4. 落实保障模块

在搭建招投标合规管理基础模块及运行模块的基础之上，企业或第三方还需从考核评价、激励约束机制、信息化建设建议、合规队伍、合规培训、合规文化、合规报告等方面，协助企业建设完善招投标合规保障模块。

5. 进行合规培训

需要注意的是，仅依靠制度并不足以推动招投标合规管理，企业应当持续进行专项合规培训，培训需贯穿专项合规管理计划建设的全过程。

（1）前期。企业对全体员工开展宣扬招投标合规管理价值的培训，宣贯全员参与的合规理念，让全体员工充分认识招投标合规管理的价值与作用，激发合规管理的自主性。

（2）中期。企业需分阶段、分部门开展招投标合规管理风险防控重点难点研讨会、培训会等，就专项合规管理阶段性成果进行说明，对员工难以理解的条款进行重点解析等。

（3）后期。企业需对已建设的专项合规管理计划进行宣传与讲解，并在必要时根据企业反馈情况对合规管理计划进行适当优化。在专项合规管理计划建立完成后，定期开展合规培训，继续强化合规管理要求，提高合规管理意识。

（二）招投标合规管理资源配置思路

企业应确立并提供建立、制定、实施、评估、维护和持续改进招投标合规管理计划的资源，资源支持包括资金支持、人力支持和技术支持，以及获得外部咨询和专业技能的机会，组织架构的基础保障，关于合规管理、法律义务、企业发展和相关技术的参考资料。企业管理者应确保有效部署必要的资源，以实现招投标合规目标。

（三）招投标合规评估方法

开展有效的专项合规评估有助于了解专项合规目的是否达到、专项合规管理计划是否有效，并确定下一步的改善计划。专项合规评估的目的是判断现有的专项合规计划的成果是否有助于企业符合招投标管理体系及相关规范性文件的要求，以及现有的专项合规计划是否得到有效的运行和保障。

常用的合规管理有效性基本调查方法包括但不限于现场审查相关文档、问卷调查、调研访谈、穿行测试与试运行等。开展步骤包括：第一，内部组成跨部门的评估工作组或委托外部专业机构进行，评估人员应当具备专业性、廉洁性、与评估内容无利害关系等基本素质。第二，制订评估方案并开展评估工作，收集并分析违规行为信息，开放投诉举报通道，检查相关制度是否更新，通过对相关工作人员、合作方的访谈，考察专项合规管理计划的情况。具体考察可参照《中央企业合规管理指引（试行）》中的四个方面：合规管理职责、合规管理重点、合规管理运行、合规管理保障。第三，出具评估报告并提出改进措施。第四，持续改进。企业内外部环境持续变化。因此，企业需定期进行评估，至少每年开展一次，企业出现不合规行为的，需及时开展评估并改进专项合规计划，针对不足之处重点开展员工培训。

第三节　劳动用工合规

劳动用工是每个企业都会涉及的常见经营问题。特别是对于那些"人力依赖型"企业而言，在企业人力资源管理的过程中，建立劳动用工专项合规管理制度、体现企业经营和管理的人性化、避免受到行政或刑事处罚，具有较高的必要性。

一、劳动用工合规的监管态势

（一）劳动用工合规立法梳理

随着改革的不断深化，就业形势、劳动纠纷、医疗保障、生产安全等各种新情况、新问题频繁出现，迫切的社会需求推进了劳动法律体系的建设和发展，我国的劳动立法、修法进度加快，立法经验更加丰富，颁布的劳动法律内容更具有可操作性，劳动法律体系愈加完善，以《劳动法》为代表的相关法律法规相继出台。

随着经济的高速发展，民生逐渐成为中国社会的主流期待，对劳动立法提出了新的要求。令人瞩目的《劳动合同法》出台，具有划时代意义。这一法律对构建和谐劳动关系、全面保障劳动者合法权益、促进企业发展提供了有力保障。自《劳动合同法》颁行以来，企业不断规范用工行为、完善规章制度、加强劳动合同管理等，提高人力资源管理水平。各领域的法律法规更加专业和细化，也更加完善。以下列举我国部分劳动相关法律法规：

表 7.4　我国部分劳动相关法律法规

序号	名称	效力层级
1	《劳动法》	法律
2	《劳动合同法》	法律
3	《劳动争议调解仲裁法》	法律
4	《就业促进法》	法律
5	《劳动保障监察条例》	行政法规
6	《职工带薪年休假条例》	行政法规
7	《劳动合同法实施条例》	行政法规
8	《企业职工带薪年休假实施办法》	部门规章
9	《工伤保险条例》	行政法规
10	《女职工劳动保护特别规定》	行政法规
11	《社会保险法》	法律
12	《实施〈中华人民共和国社会保险法〉若干规定》	部门规章
13	《劳务派遣暂行规定》	部门规章
14	《社会保险费征缴暂行条例》	行政法规
15	《保障农民工工资支付条例》	行政法规

为执行法律、行政法规的规定，各地一般需要根据实际情况作出具体规定。在劳动法领域，如最低工资、加班工资基数、病假工资、与婚育有关的各类假期等，各地可能都有相应的具体规定。

随着社会的发展，劳动用工合规不仅涉及劳动相关法律，还表现为其他法律领域与劳动用工相关的合规内容，譬如用工合规涉及《民法典》《公司法》《证券法》《反不正当竞争法》《个人信息保护法》《刑法》《未成年人保护法》等相关法律。

（二）劳动用工合规执法实践

1. 执法概况

首先，在执法体系上趋于完善。目前，劳动监察执法主要以巡视性日常检查、处理群众举报、书面审理用人单位材料等形式进行，按照受理立案、实际调查、案件处理、制定并送达处理决定书、执行、结案的流程办理。我国劳动保障监察执法制度经过发展，已经形成一套条理清晰、体系完善、运行高效、实施有力的完备执法运行体系。

其次，在执法内容上趋于丰富。在《重大劳动保障违法行为社会公布办法》的规定下，一些劳动保障违法事件必须向社会公布，劳动保障违法案件公开既属于政府信息公开法律制度之一，也是政府监管执法的新型实效性手段。[1] 近年来，随着互联网、AI（人工智能）等技术的革新，以及互联网经济、共享经济等新经济模式的盛行，劳动相关的典型案例也越来越丰富。

2. 克扣、拖欠劳动报酬

据查，2021年各级劳动保障监察机构立案查处工资类违法案件6.3万件，为45万名农民工追发工资等待遇56.5亿元。各地公布恶意欠薪等重大劳动保障违法行为2056件，将779个失信主体纳入"黑名单"管理；向公安机关移送涉嫌拒不支付劳动报酬罪案件3441件，公安机关立案2614件。[2] 克扣、拖欠劳动者劳动报酬一直是劳动执法领域的重点工作，为此国家出台了多部文件来保障劳动者的权益，人力资源和社会保障部也出台了"欠薪黑名单"制度，强化了对欠

---

[1] 参见汤洪源：《完善劳动保障违法案件公开制度》，载《中国劳动》2014年第1期。
[2] 《人力资源社会保障部关于2021年法治政府建设情况的报告》，载人力资源和社会保障部网站，http：//www.mohrss.gov.cn/SYrlzyhshbzb/zwgk/gggs/tg/202203/t20220328_441334.html，最后访问时间：2022年9月17日。

薪行为的信用监管，那些主观恶性较大、行为性质比较恶劣、损害后果比较严重的违法主体，将在政府资金支持、政府采购、招投标、融资贷款、市场准入、税收优惠、评优评先、交通出行等方面依法受到限制。

（三）劳动用工合规司法实践

1. 就业新形态

近年来，互联网经济的迅速发展，催生了以平台用工为代表的新型就业形态，经过发展目前已经初具规模。[①] 与传统就业形态相比，新就业形态有用工形式灵活、成本低、便利的优势，也因此受到了社会的欢迎。根据国家信息中心于2021年发布的《中国共享经济发展报告（2021）》，2020年，我国共享经济参与者人数约为8.3亿人，共享经济市场交易规模约为33773亿元，其中服务提供者约为8400万人，平台企业员工数约631万人，平台用工俨然成为用工形式的重要补充。[②] 由于新就业形态在用工形式上具有新颖性和多样性，且法律法规尚未对这个新生事物作出有针对性的规范，这就给实务带来一些新的挑战。

根据天津法院发布的劳动争议典型案例[③]的案例七，互联网平台用工、零工经济下劳动关系认定需要结合个案情况，从劳动关系最核心的特征——从属性的各个要素角度综合分析判断。另外也可能涉及劳动成果的处置问题，根据江苏法院2021年度劳动人事争议十大典型案例[④]的案例四，网络主播与用人单位具有明显人身与经济从属性的，应认定为劳动关系，类似直播带货的场合，网络主播使用用人单位提供的注册账户在互联网平台上为单位销售产品，工作场所、劳动工具由单位提供，直播内容、直播时间由单位安排，劳动报酬由单位发放，双方之间具有明显人身与经济从属性的，应认定双方存在劳动关系。

[①] 参见《人民法院报》2021年9月23日，第6版。

[②] 《〈中国共享经济发展报告（2021）〉正式发布（附报告全文）》，载国家发展和改革委员会网站，https：//www.ndrc.gov.cn/xxgk/jd/wsdwhfz/202102/t20210222_1267536_ext.html，最后访问时间：2022年10月18日。

[③] 《天津法院发布劳动争议典型案例》，载天津法院网，http://tjfy.tjcourt.gov.cn/article/detail/2022/04/id/6662902.shtml，最后访问时间：2022年9月17日。

[④] 《江苏法院2021年度劳动人事争议十大典型案例公布》，载江苏法院网，http://www.jszf.org/zyyg/szdw/sfy/202204/t20220429_75119.html，最后访问时间：2022年9月17日。

2. 女职工权益

随着女性维权意识的增强，女职工维权案件数量呈现增长趋势，但女职工在劳动和社会保障权益方面受到侵害的现象依然存在，集中表现为易遭受就业歧视、"三期"女职工的权益易受侵害、职场性骚扰时有发生。根据北京西城法院发布涉职场"性骚扰"劳动争议典型案例①，对于员工实施职场性骚扰的，用人单位有权依法解除与加害人的劳动关系，无须支付赔偿金。

3. 工伤及职业病

工伤认定和工伤保险类案件，事关劳动者权益保护以及社会和谐稳定，但在行政认定、司法处理等环节又容易出现争议。2021年5月，最高人民检察院发布5件工伤认定和工伤保险类行政检察监督典型案例，要求各级检察机关切实加强劳动者权益保护，人民检察院办理涉工伤类行政诉讼监督案件，对于用人单位不支付工伤保险待遇的，可以引导工伤职工申请工伤保险先行支付，对于发现的社会治理方面存在的问题，发挥检察职能作用积极推动解决。②

对于工伤赔偿问题，普通劳动者因文化水平等限制对其可能获赔的项目、金额往往缺乏了解，而用人单位应当知悉其应对劳动者支付工伤保险待遇的具体项目、金额。同时，劳动者发生工伤事故后，需要用人单位配合申请工伤认定及工伤保险理赔，此时劳动者明显处于被动及弱势地位。在此情况下，用人单位与劳动者达成的协议若明显免除了用人单位支付一次性伤残就业补助金等大额的赔偿义务，则对劳动者明显不利，双方权利义务明显不对等，若用人单位无证据证明劳动者是在知晓所免除的具体赔偿金额后自愿签订协议明确放弃，则劳动者主张以显失公平撤销该协议的，法院应当予以支持。

对于职业病问题，用人单位在劳动用工过程中，必须严格按照劳动立法要求为劳动者提供安全卫生健康的工作环境和劳动保护设施及防护用品，确保劳动者的生命健康权和安全权。根据我国《工伤保险条例》相关规定，劳动者患职业

---

① 《西城法院通报涉职场性骚扰劳动争议典型案例》，载北京法院网，https：//bjgy.bjcourt.gov.cn/article/detail/2019/03/id/3749906.shtml，最后访问时间：2022年9月17日。

② 《最高检发布工伤认定和工伤保险类行政检察监督典型案例》，载最高人民检察院网站，https：//www.spp.gov.cn/spp/xwfbh/wsfbt/202105/t20210512_517755.shtml#2，最后访问时间：2022年9月17日。

病的，应当认定为工伤，依法享受工伤保险待遇。

4. 关联企业混同用工

关联企业混同用工现象屡见不鲜，容易引发劳动争议，较为多见的情况是关联企业相互推卸法律责任，或直接将法律责任推卸给没有实际偿付能力的主体，以达到规避劳动法律义务的目的。在关联公司混同用工情况下，各关联公司应对劳动者的损失承担连带责任，劳动者可选择混同用工的关联企业承担用工责任。在劳动者与具有关联的公司均符合劳动关系特征的情况下，劳动者对于劳动关系的确认享有选择权，但是劳动关系项下的劳动权益不能重复享受。

二、劳动用工合规风险的识别

（一）劳动用工合规风险类型

1. 规章制度

规章制度是企业管理的内部"法律"，是企业规范管理和经营自主权的需要，也是保障劳动者合法权益的规则。合规的规章制度需要具备下列特征：第一，规章制度的内容必须合法，违反法律、法规强制性规定的规章制度会导致无效；第二，规章制度的内容还需合理，直接涉及劳动者切身利益的规章制度内容如果不合理、不科学，在发生劳动争议时，裁审机关有自主裁量权，明显违背常理或过分苛刻的规章制度通常得不到裁审机关的支持；第三，规章制度制定的程序合法，直接涉及劳动者切身利益的规章制度制定时要经过法定的民主程序，在劳动争议案件中，用人单位承担规章制度制定已履行民主程序的举证责任，因此企业应注意在规章制度的制定过程中履行民主程序并注意证据的保存；第四，规章制度必须经过公示和告知程序。司法实践中，企业如无法提供劳动者签字确认的已经收到或知悉规章制度内容等能够证明企业已经履行了公示告知程序的证据，裁审机构则难以认可单位的规章制度对员工有约束力。

企业规章制度不合规可能会承担如下不利后果：

（1）行政责任

根据《劳动合同法》第 80 条规定，用人单位直接涉及劳动者切身利益的规章制度违反法律、法规规定的，由劳动部门责令改正，给予警告。根据《劳动保障监察条例》第 30 条规定，用人单位经劳动保障行政部门责令改正拒不改正的，可处 2000 元以上 2 万元以下的罚款。

（2）民事赔偿责任

根据《劳动合同法》第 80 条规定，用人单位直接涉及劳动者切身利益的规章制度违反法律、法规规定的，给劳动者造成损害的，应当承担赔偿责任。根据《劳动合同法》第 38 条第 1 款第 4 项规定，用人单位的规章制度违反法律、法规的规定，损害劳动者权益的，劳动者可以解除劳动合同。

2. 招聘录用法律风险

企业招聘入职管理在劳动用工合规管理中具有极为重要的作用，单位败诉的因素在于单位的入职合规管理做得不到位，导致单位在发生劳动争议后非常被动。另外，企业违反相关法律的强制性规定，可能会承担行政责任，构成犯罪的，面临承担刑事责任的风险。

招聘录用环节处理不好可能存在的法律风险包括但不限于：

· 企业未设定招聘录用条件；

· 提供虚假招聘信息，发布虚假招聘广告；

· 企业设定的录用条件有歧视性要求；

· 招聘条件中的岗位职责与员工实际入职后不匹配；

· 未核实应聘者相关信息，遭遇应聘欺诈；

· 对于招录人员，前期公司内部审批时间过长，因担心精挑细选的候选人转投其他公司，未做完背景调查或未体检即发出录用通知，入职后发现员工存在种种问题；员工入职前被企业取消录用，对企业来讲存在缔约过失赔偿风险；

· 企业扣押员工身份证或其他证件，向员工收取工服、门禁卡等押金，用人单位违反劳动法相关规定，以担保或者其他名义向劳动者收取财物的，由劳动行政部门责令限期退还劳动者本人；给劳动者造成损害的，应当承担赔偿责任；

· 招用未满 16 周岁的未成年人及国家法律、行政法规规定不得招用的其他人员；

- 企业未及时与员工签署劳动合同，员工入职后拖延签署劳动合同，一个月后主张未签劳动合同双倍工资；

- 员工未及时签署保密协议、竞业限制协议、规章制度确认单等，发生员工到竞争对手处入职等相应情况，企业处理无依据；

- 试用期期限与劳动合同期限不匹配，试用期延长、二次约定试用期或试用期的工资支付标准低于转正后工资的80%或低于当地最低工资标准等违反法律规定的，由劳动行政部门责令改正，违法约定的试用期已经履行的，由用人单位以劳动者试用期满月工资为标准，按已经履行的超过法定试用期的期间向劳动者支付赔偿金；

- 试用期单方辞退员工，但企业未能充分证明员工不符合录用条件或存在严重违纪情形，可能面临员工申请仲裁要求继续履行劳动合同或支付违法解除劳动合同赔偿金。

3. 劳动合同订立法律风险

《劳动合同法》第10条第1款规定，建立劳动关系，应当订立书面劳动合同。劳动合同订立阶段存在的法律风险包括但不限于：

- 员工找人代签劳动合同，或入职后找各种理由拖延签署劳动合同，要求企业支付未签劳动合同双倍工资，甚至拖延签订劳动合同一年以上，以致法律上视为员工与企业建立事实上的无固定期限劳动合同关系；

- 企业未依法建立职工名册；

- 劳动合同中约定固定数额的工资、固定的工作岗位、固定的工作地点等，如日后调整薪资、调岗、调整工作地点等，企业陷入被动局面；

- 劳动合同内容流于形式，或仅仅是法条的堆砌，不能起到风险防范作用；

- 企业未及时在劳动合同期满前与员工续订劳动合同，从而产生与员工之间的未续订劳动合同双倍工资；企业未续订劳动合同超过一年，形成无固定期限劳动合同关系。

4. 劳动合同履行法律风险

劳动合同履行过程中存在的法律风险包括但不限于：

- 企业未达到法定或约定条件即单方变更劳动合同，如调岗、降薪，或变更劳动合同未与员工协商一致并要求员工书面确认，员工主张变更违法；

·协商一致变更劳动合同后单位未及时办理相关确认手续；

·企业不区分是否为涉密人员，让全员签署竞业限制协议，员工离职前未被明确告知是否应履行竞业限制义务，"被遗忘"的员工要求支付竞业限制补偿、解除保密和竞业限制；

·企业与员工签订的保密协议和竞业限制协议约定不明，在员工违约的情况下，则企业维权较为艰辛；

·竞业限制协议的签署时间一般应提前至在职期间。

5. 薪酬绩效法律风险

薪酬绩效关系到劳动者和企业的核心利益，薪酬绩效管理中存在的法律风险包括但不限于：

·企业无故单方降薪，没有法定依据、没有得到劳动者确认；

·企业确因员工不胜任工作或考核不合格等原因进行薪酬调整，未保留相关证据；

·企业迟延支付员工工资，员工被迫辞职的，要求企业支付解除补偿金；

·单位对年终奖规定不明确，员工离职时主张年终奖待遇；

·病假、陪产假、婚假等假期天数不足；

·假期待遇支付不足额，有构成拖欠工资的法律风险；

·绩效考核指标不客观、不可量化；

·绩效考核指标未事先告知劳动者，未要求劳动者签字确认；

·绩效考核流程不客观、不公正；

·绩效考核结果未告知劳动者，或未经劳动者确认、认可；

·绩效考核结果没有事先明确、告知或正确适用；

·第一次绩效考核后，后续无处理措施，导致因绩效考核不合格而调岗、降薪、解除合同的，均涉嫌违法；

·加班未支付加班费；

·未足额支付加班费构成拖欠工资；

·加班与值班分不清，不能清晰区分三种工时制度；

·经调研发现，很多企业在月度工资结构中体现了一定金额的加班费，但与录用通知书确认的薪资总额及结构存在矛盾。

6. 考勤休假法律风险

考勤休假法律风险包括但不限于：

·各部门考勤记录不统一；

·未定期要求员工签字确认本人考勤；

·考勤非专人专管；

·考勤违纪未及时处理并留存证据，导致员工考勤出现问题时，企业由于证据不充分很难举证证明；

·企业没有完善的请假审批制度及流程；

·法定年假没有及时安排员工请休或支付补偿并留存证据；

·企业各类假期不符合国家和地方性规定；

·病假工资支付不足额，未建立病假复查制度。

7. 员工离职法律风险

员工离职法律风险在仲裁和司法实践中是争议较多的，可分为员工主动辞职、协商解除劳动合同、过失性解除劳动合同、非过失性解除劳动合同、经济性裁员、劳动合同终止与续订、离职手续办理环节中的法律风险，具体如下：

（1）员工主动辞职

·只走内部OA流程但未留存员工本人签署的书面辞职材料；

·未要求员工签署《解除劳动合同协议》；

·对"不辞而别"的员工未及时处理，导致员工数日后回单位主张继续工作或主张单位支付违法解除劳动合同赔偿金。

（2）协商解除劳动合同

·口头协商达成解除意见，但未签署书面协议；

·解除协议未将全部用工风险涵盖；

·只有协商，没有达成一致的结果。

（3）过失性解除劳动合同

·员工提起劳动仲裁，要求确认解除劳动合同违法；

·员工要求支付违法解除劳动合同赔偿金或要求继续履行劳动合同；

·单位单方进行过失性解除，在实践中被认定为违法解除的概率很高，法律对于单位的举证责任要求较为严苛。

（4）非过失性解除劳动合同

·医疗期满解除劳动合同，未调整工作岗位即再次通知员工返岗，或者解除劳动合同前未通知员工做劳动能力鉴定；

·因不胜任工作解除劳动合同，公司并没有事先告知员工考核标准，或者考核标准、考核过程不够客观、公正，或者发现员工第一次不胜任工作后即单方解除劳动合同，没有进行调岗或者培训，或者培训的内容与员工本职工作不相关，或者没有进行二次考核，或者考核结果未告知员工，以上均可能导致以劳动者不胜任工作为由单方违法解除劳动合同；

·因客观情况重大变化解除劳动合同，但并未发生法律意义上的客观情况重大变化，或者企业并未与员工协商变更劳动合同而直接协商解除劳动合同，但企业误以为协商解除劳动合同就是协商变更劳动合同，进而因单方解除而违法。

（5）经济性裁员

·没有达到法律规定的裁员条件；

·裁员程序不合法。

（6）劳动合同终止与续订

·劳动合同期满遇到应顺延的情况，企业未依法顺延，直接违法终止劳动合同；

·第二次劳动合同期满，企业未提前一个月征询员工是否按原劳动合同条件续订无固定期限劳动合同，直接终止违法；

·劳动合同期满，企业未及时续订劳动合同，仍继续用工，构成事实劳动关系，员工主张未续签劳动合同双倍工资。

（7）离职手续办理环节

·离职前如未与员工书面确认年假、工资、加班费、奖金等是否结清，员工离职后可能"找后账"；

- 未依法为离职员工出具离职证明给员工造成损失,可能导致承担赔偿责任;

- 离职前未明确告知员工离职后是否需履行竞业限制义务,可能产生纠纷。

8. 特殊员工保护("三期"女职工、未成年人等)

法律对于"三期"女职工、未成年人有特殊保护规定,企业忽视法律规定,可能产生的法律风险包括但不限于:

- 企业因女职工怀孕、生育、哺乳降低其工资,予以辞退、与其解除劳动合同的;

- 对怀孕 7 个月以上的女职工,企业延长劳动时间或者安排夜班劳动的;

- 怀孕女职工进行产前检查,企业扣除产检工资的;

- 对哺乳未满 1 周岁婴儿的女职工,企业延长劳动时间或者安排夜班劳动的;

- 以女员工入职隐瞒或虚构婚育信息为由,与试用期怀孕女员工解除劳动合同的;

- "三期"女员工劳动合同到期,企业直接与其终止劳动合同的;

- 企业未按法律规定给予产假工资或生育津贴待遇的;

- 企业雇用未满 16 周岁童工的;

- 企业雇用未成年工未进行定期健康检查的;

- 企业安排未成年工从事法律规定的禁止性劳动的。

9. 社保公积金及工伤法律风险

- 未缴纳社保;

- 社保漏缴、断缴;

- 社保缴纳基数不足额;

- 根据规定应当缴纳公积金而未缴纳;

- 社保缴纳基数不足额,导致工伤职工工伤保险待遇降低,职工有权要求单位补足差额;

- 员工对工伤认定不服,可以通过行政复议或者行政诉讼等对工伤认定的相关权利进行救济。

10. 非标准劳动关系用工法律风险

（1）非全日制用工

·法律对非全日制用工模式是否签订书面劳动合同未作强制性规定，使得用人单位在招聘非全日制用工劳动者时往往选择不签订书面劳动合同，一旦双方发生劳动争议，劳动者往往主张其为全日制用工，而企业由于未留存书面劳动合同、考勤记录等而陷入被动局面；

·不注意非全日制用工的薪资支付时间为不超过 15 天，即每半个月支付一次工资；

·不注意保存非全日制员工签字确认的考勤记录，导致如发生争议，单位无法证明员工的工作时间为平均每天不超过 4 小时，每周不超过 24 小时；

·非全日制用工的社会保险缴纳与全日制用工有显著区别。

（2）实习生、退休返聘人员

现行劳动法律法规并未将在校学生、达到退休年龄的人完全排除在适用范围之外，与单位之间符合劳动关系成立条件的，有法院裁判认为可以成立劳动关系。企业不区分具体情况，一概以劳务用工论，可能产生相应用工风险。

（3）劳务派遣和劳务外包

·选择的劳务派遣公司不正规或不具有劳务派遣的合法资质；

·使用派遣的岗位不符合劳务派遣"三性原则"，具有被劳动行政部门处罚或被认定为劳动关系的风险；

·使用外包用工方式不当，被认定为真派遣、假外包。

（二）劳动用工合规风险检测

劳动用工合规风险检测是指对于劳动用工中实际或潜在的违规行为及法律风险的预先识别，包括确定劳动用工中违规风险行为的性质、可能带来的法律后果以及在结合人力资源管理实践中出现的风险，来综合评估企业劳动用工合规风险。劳动用工合规风险检测与企业人力资源管理工作联系密切，通常以人力资源用工合规自查、人力资源合规专项体检的方式开展。为实现劳动用工合规检测，需要从程序和实体两个方面开展合规工作。

1. 程序方面的检测工作

在程序方面，劳动用工合规风险检测的操作流程包括发起、执行、优化三个环节，三个环节由企业的人力资源部门和法务部门（或者外部专业法律人士支持）相互配合进行，具体而言：

（1）发起环节

由人力资源部门主动发起劳动用工合规风险检测，经人力资源负责人及企业相关负责人审批通过后，由人力资源部门向法务部门（或外部专业法律人士）提出需求和具体安排，并做好检测准备工作。

（2）执行环节

人力资源部门根据批准的检测方案，结合上文的合规风险类型进行企业劳动用工风险检测工作，全面完整地对劳动用工合规工作开展自评自查，并在规定的时间内将本部门出具的自查报告及自查依据材料提交给法务部门。法务部门负责审查业务部门提交的自查报告等文件，并向人力资源部门出具劳动用工风险合规报告，告知本次自查中发现的主要问题，对于不符合合规要求的事项提出整改意见。实践中，由于劳动用工所涉法律法规繁杂，专业性较强，企业经常借助专业的劳动用工领域的外部律师承担法务部的工作。

（3）优化环节

人力资源部门根据劳动用工合规风险分析报告，结合企业人力资源管理实际情况，形成用工合规整改方案，落实改善人力资源用工自查中出现的各项问题。同时，如人力资源部门提出培训需求，法务部或专业的劳动用工领域的外部律师可结合劳动用工合规自查中发现的问题开展专项培训，输出劳动用工合规知识。

除了日常自查的检测方式，人力资源部门及法务部门还可以借助专业的劳动用工领域的外部律师帮助企业进行企业用工领域的专项体检，检测企业在劳动用工领域的法律风险，提出完善劳动用工合规的方案。

2. 实体方面的检测工作

在实体方面，劳动用工合规风险检测可按人力资源管理的不同环节，根据上述合规风险类型进一步细化。从员工招聘入职、合同签订、合同履行、加班休假、薪酬绩效、员工特殊保护到离职管理，不同的环节侧重点不同。

作为示例，以下阐释部分用工环节应重点检测的合规行为。

（1）招聘环节需要重点排查注意的事项

①招聘信息的内容应规范，避免涉及就业歧视，应与招聘岗位的职责、录用条件相匹配，避免出现不能兑现的承诺，标明期限及信息更新情况；

②不得向应聘者直接或间接地表明系因其个人负面经历、身高、身体残疾、婚姻状况、携带传染病病原而拒绝对其应聘或录用；

③公司在招聘面试过程中应当尽量避免向应聘人员提出上述问题；

④面试劳动者时应当如实告知劳动者工作内容、工作条件、工作地点、职业危害、安全生产状况、劳动报酬，以及劳动者要求了解的与其工作相关的其他情况；

⑤需要约定试用期的，应当依法向应聘者履行告知和协商义务，出具《录用条件告知书》、岗位职责及考核依据，向应聘者征求意见，并请对方签字确认；

⑥正确设置《应聘登记表》，要求劳动者如实填写；

⑦《应聘登记表》末尾书面告知应聘者以上均为单位决定录用的关键信息，如发现其中内容存在虚假，可主张欺诈，认定劳动关系无效，单位可以此为由提出解除劳动合同；

⑧招用人员时禁止出现如下行为：提供虚假招聘信息，发布虚假招聘广告；扣押被录用人员的居民身份证或其他证件；以担保或者其他名义向劳动者收取财物；招用未满16周岁的未成年人以及国家法律、行政法规规定不得招用的其他人员；招用无合法身份证件的人员；以招用人员为名牟取不正当利益或进行其他违法活动。

（2）录用环节需要重点排查注意的事项

①背景调查应规范操作：保证个人信息安全，遵守个人信息保护的相关法律法规，事先获得应聘者书面同意；背景调查可采用电话访谈、网站核实、实地访谈、熟人了解等多种核查途径共同进行；重点核查应聘者的学历、资格、工作经历，特别关注实践中多发的员工工作经历造假现象、与其他用人单位是否仍然存在用工关系；是否对其他单位负有保密和竞业限制义务；身体健康状况，是否在

前单位休过长时间医疗期（了解具体病因）；是否发生过工伤或患有职业病；

②谨慎招录与前雇主未解除劳动关系或者负有竞业限制义务的员工；

③把好入职体检关；

④录用通知（offer）发放应谨慎。

（3）入职环节需要重点排查注意的事项

①入职当天要求员工提交身份证、离职证明、毕业证、学历证、各种职业资格证的原件用于核查，并留存复印件；

②入职当天要求员工签署劳动合同，不签合同不上岗；

③入职当天要求员工签署规章制度签收单，明确已经学习并阅读企业的规章制度，同意遵照执行；

④对员工社保、住房公积金缴纳情况进行审核，确认员工是否符合30日内申报社保、住房公积金的条件；

⑤入职当天要求员工签署试用期录用条件告知书、岗位职责确认书、绩效考核目标责任书等文件；

⑥对于可能需要履行保密和竞业限制义务的人员，建议在员工入职当天即签署保密和竞业限制协议；

⑦HR应注意要求员工本人当面签署上述重要文件。

（4）试用期环节需要重点排查注意的事项

①签署劳动合同，劳动合同中约定试用期条款是唯一的合法设定方式；

②试用期的期限设定要合法合规；

③建议单位用足法律规定的试用期最长期限，但可以有提前转正政策；

④劳动合同期限不满三个月、非全日制用工、以完成一定工作任务为期限的劳动合同不得约定试用期；

⑤同一单位与同一劳动者只能约定一次试用期；

⑥试用期开始前与员工签署试用期录用条件告知书或在劳动合同、规章制度等文件中规定试用期录用条件，书面告知员工试用期的考核方式、考核流程、考核依据，并留存告知员工的证据。

(三) 劳动用工合规风险评级

为掌握企业劳动用工合规风险情况，企业可针对风险检测过程中发现的风险类型，梳理出风险点。劳动用工合规风险依据法律责任、财产损失大小、影响范围、企业声誉影响等，通常可分为高风险、中风险、低风险三个等级，合规风险等级越高，合规风险越容易发生，对企业影响越大。

表 7.5　劳动用工合规风险等级

风险等级	低风险	中风险	高风险
影响	导致一般的经济损失或声誉损失；不会导致行政、刑事法律责任承担	造成中等经济损失或声誉损失；被行政机关责令改正、警告、罚款	很容易形成示范效应，造成重大经济损失或声誉损失；责令停产停业、没收违法所得、导致承担刑事法律责任合规风险

企业可以基于实际情况，根据上文的合规风险类型，评估人力资源管理是否符合法律法规、用工是否规范。不同的企业、不同的行业可能存在的用工高风险不同。

因违反劳动相关法律规定构成刑事犯罪的，属于企业劳动用工高风险。可能涉及的刑事犯罪包括：拒不支付劳动报酬罪、强迫劳动罪、强令他人违章冒险作业罪、重大责任事故罪、重大劳动安全事故罪、雇用童工从事危重劳动罪等。

对于企业，尤其是知名企业而言，遭遇行政处罚，被媒体曝光，可能对企业的声誉及品牌造成重大影响，是企业面临的用工高风险。

人力资源管理中，由于员工人数众多，往往一个员工的关系处理不好，就容易形成不良的示范，引发连锁反应，进而构成用工合规的高风险。

风险等级评估还可以结合企业的实际情况、当前执法及司法实践中的裁审口径，灵活调整风险评级。

三、劳动用工合规计划的打造

（一）搭建劳动用工合规制度体系

劳动用工合规，是指企业劳动用工管理行为符合法律、法规、规章及其他规范性文件、行业规范和自律规则、企业规章制度，以及行业公认并普遍遵守的职业道德和行为准则。构建劳动用工合规管理体系，避免出现合规风险或合规风险隐患，对于企业长远发展意义深远。构建劳动用工合规体系主要应从以下几个方面入手。

1. 事前审查和制定劳动用工管理制度

事前审查和制定劳动用工管理制度的目的是明确劳动用工合规管理的管理组织和工作内容，整理劳动用工合规的法律法规，建立企业内部劳动用工管理的制度体系。

（1）明确劳动用工合规的管理组织

事前合规需要先明确劳动用工合规的管理组织，确保企业制度的制定、执行和监督均有专人负责。企业可以通过分析内部的组织架构来分配劳动用工合规的工作任务。一般来说，由公司决策层负责制定合规管理目标，由人力资源部门负责合规的落实和执行。

一般情况下，企业人力资源部设置人力资源总监、人力资源经理、合规专员、招聘主管、员工培训主管、绩效考核主管、薪酬福利主管等岗位来分管企业人力资源各个模块的工作。企业可根据自身规模对上述工作内容在部门岗位内进行合理的划分。

（2）制定和完善劳动用工合规管理制度

企业应当制定劳动用工合规管理制度，通过全面和完善的合规制度，规范企业从入职聘用员工、员工行为管理到解除劳动合同等相关工作流程。在国家劳动用工法律法规的框架下，全面梳理公司的人力资源管理的各个环节，劳动用工合规管理制度具体包括但不限于如下制度文件：《××公司员工手册》；《××公司考勤休假管理办法》；《××公司绩效考核管理办法》；《××公司薪酬福利制度》；《××公司奖惩管理办法》；《××公司培训管理办法》；等等。

为了方便企业的人力资源管理合规操作，企业可制定《劳动用工合规指引》，将企业劳动用工领域的合规义务、风险点、规避方式等内容汇编，作为人力资源部门和法务部门用工管理过程中的工作指引。

另外，劳动用工作为企业管理运行最重要的部分，企业应当建立全员参与、重点突出的合规培训机制。结合劳动用工领域的特性，梳理合规培训的重点内容、关键岗位和特殊需求，开展分层分级分类的合规教育；促进合规管理人员素质及能力提升，鼓励员工参加合规专项培训。

(3) 规范公司制度的制定流程，确保制度的有效性

根据《劳动合同法》第4条①的规定，企业在制定与员工切身利益相关的制度时，应依法履行相应的民主程序和告知程序，以确保制度的有效性。

A. 履行民主程序应当进行的流程：人力资源部门制定规章制度草案→职工代表大会或全体职工讨论→提出方案和意见→与工会或职工代表平等协商确定。

职工人数在一百人以上的企事业单位应当召开职工代表大会讨论；职工人数不足一百人的企事业单位一般召开全体职工大会讨论。

用人单位应保留职工代表大会或全体职工讨论、与工会或职工代表协商的书面证据（如会议签到表、参加者签字的会议记录、讨论稿征求意见表等）。

B. 制定劳动规章制度、员工手册等，一般通过企业内部民主程序进行。

表 7.6 常见的企业内部民主程序

序号	民主程序方式	具体操作方法	所需文本
1	发放征集意见表	企业在《员工手册》制定后，向员工发放《员工手册征集意见表》，通过回收表单的方式来听取员工的意见，必要时再与员工协商	员工手册征集意见表

---

① 用人单位应当依法建立和完善劳动规章制度，保障劳动者享有劳动权利、履行劳动义务。

用人单位在制定、修改或者决定有关劳动报酬、工作时间、休息休假、劳动安全卫生、保险福利、职工培训、劳动纪律以及劳动定额管理等直接涉及劳动者切身利益的规章制度或者重大事项时，应当经职工代表大会或者全体职工讨论，提出方案和意见，与工会或者职工代表平等协商确定。

在规章制度和重大事项决定实施过程中，工会或者职工认为不适当的，有权向用人单位提出，通过协商予以修改完善。

用人单位应当将直接涉及劳动者切身利益的规章制度和重大事项决定公示，或者告知劳动者。

续表

序号	民主程序方式	具体操作方法	所需文本
2	召开全体职工会议	在会议上分部门发言，记录下员工意见，并当场协商	会议签到表+会议记录
3	召开职工代表大会	在会议上分部门发言，记录下员工意见，并当场协商	会议签到表+会议记录
4	召开工会代表及职工代表会议	在会议上分部门发言，记录下各工会代表及职工代表意见，并当场协商决定	会议签到表+会议记录

C. 规章制度的公示告知方式：

· 通过网站或电子邮件公示。

企业可以将制定的劳动规章制度发布在网站上或通过邮件发送给员工，这种公示手段的优点是快捷、节省成本，缺点是增加了企业的举证成本，要达到证据保存的目的，必须有相应的技术支持。依据《民事诉讼法》第72条，经过法定程序公证证明的法律事实和文书，人民法院应当作为认定事实的根据，但有相反证据足以推翻公证证明的除外。

· 通过公告栏公示。

企业可以将劳动规章制度张贴在员工容易看到的公告栏等处，其优点是无须召集员工开会学习，还可以节省印刷费用、节省空间，公示成本低且容易操作；其缺点同网络公示基本相同，就是增加了企业的举证成本。以公告栏公示作为证据需要企业和员工双方共同认可，否则证据无效。因此，员工如辩称用人单位公示未经双方认可，则用人单位较难举证。

· 通过员工手册公示。

企业可以将劳动规章制度印刷成员工手册发放给员工，这种手段的优点是用人单位可以通过印发并让劳动者签收，使得自身易举证证明已经公示，且便于员工随时查阅和学习。其缺点是印刷成本高，如需修订和更改，容易造成浪费。

· 通过培训公示。

企业可以组织员工开会学习企业的劳动规章制度，并且让参加会议的人员签到。通过培训的手段告知员工的优点是容易证明用人单位已经公示，而且可以节省印刷成本；缺点是有的用人单位人数多，组织开会或培训耽误时间。此外，这种手段不便于劳动者随时了解劳动规章制度的内容。

· 通过劳动合同附件公示。

企业可以直接将和员工的权利义务息息相关的劳动规章制度作为劳动合同的附件，这种手段的优点是减轻了企业的举证责任，能够有效避免劳动争议的发生；缺点是劳动合同附件的制定需要耗费一定的人力、物力，其条款必须表述清晰、明确才能发挥其优势。例如，企业在和员工签订劳动合同时，可以写上这样一句话："乙方（员工）已经认真阅读上述劳动规章制度，并且理解上述劳动规章制度的含义，愿意遵守这些劳动规章制度。"这样就能保证公示的有效性。

（4）建立劳动用工合规知识库

有条件的企业应当制定劳动用工领域的合规知识库及合规操作指南，作为人力资源管理部门合规管理要求的执行标准和参考依据；组织指引手册的宣贯实施，加强执行监控，将合规职责落实到岗到人；制定劳动用工领域合规审查指引，明确要求法律工作人员对劳动用工领域的相关制度进行合规审查。

（5）建立劳动用工风险预警机制

企业应结合自身实际情况，梳理劳动用工领域涉及的法律法规、规章制度，完成劳动用工领域合规风险行为分析，做好风险预警提示；将劳动用工合规管理要求作为企业劳动用工管理制度的制定、审核等工作的重要内容，实现合规风险的有效防控；开展劳动用工规章制度合规性扫描，查找制度缺陷，填补制度空白，进行制度更新，将劳动用工的合规管理要求纳入制度流程，转化为企业劳动用工管理的行为准则和规范。

2. 事中检查和风险应对

（1）日常法律风险评估

基于我国目前劳动法律法规的地域性和高频更新的特点，企业日常风险评估是保证劳动用工合规工作落实执行的重要内容。企业法务部门及人力资源部门在日常工作中应时刻关注法律动态，树立劳动用工合规管理的自查自纠意识。企业应建立劳动用工合规管理自查自纠的两道防线：第一道防线是人力资源管理部门，人力资源管理部门应该在工作中时刻关注人事工作中的风险点，及时向法务部门反馈并咨询处理意见，必要时请外部劳动法律专业人士协助。第二道防线是合规部门及法务部门，合规部门及法务部门应随时关注劳动用工领域法律法规的更新和变化，动态调整企业内部的合规制度，指导人力资源部门纠正和落实。

（2）劳动用工专项法律风险评估

除日常自查自纠外，法务部门及人力资源部门可以定期启动劳动用工领域的专项合规检查，必要时借助外部律师协助梳理检查，以集中发现并纠正劳动用工领域的合规问题。专项法律风险评估通过全面识别风险，形成合规整改方案，并及时落实和改善合规检查中发现的问题，动态调整企业相关制度。

（3）劳动用工监管应对

除企业内部的自查自纠外，企业劳动用工合规同样受到国家相关主管部门的监管。因此，企业要重视劳动用工合规管理，加强对相关人员的培训，提高自身劳动用工合规管理的能力。

（4）劳动争议案件

用工风险贯穿于从员工入职到离职的全过程，随着员工法律维权意识的不断提高，劳动争议案件发生的频率越来越高。因此，企业在用工管理的过程中，除合规管理外，还应注意管理留痕，避免企业在遇到劳动争议案件时面临无法举证，最终败诉的尴尬局面。

3. 事后问责与制度优化完善

与其他专项合规不同，劳动用工领域因法律法规复杂、零散等特点，事后的工作重点应放在查漏补缺、优化制度层面。通过日常的合规风险评估及专项风险评估，公司合规管理的相关部门应注意对工作中遇到的重大风险事件及合规事件进行总结，根据国家法律法规调整公司内部相关管理制度。当然，需要特别强调的是，基于用工管理的特殊性，企业在进行制度调整时需要特别注意前文中提到的涉及员工切身利益的制度要履行民主程序和告知程序，以保证制度的有效性。

(二) 劳动用工合规管理资源配置思路

在企业生产经营的实践活动中，人力资源合理配置不仅是人力资源管理的起点，也是人力资源管理的最终目的，可以说，人力资源管理的各项工作都是围绕"资源合理分配"这一中心问题展开的。从员工的招募、选拔到录用，从员工的调配到教育、培训，从员工的考评、升降到薪酬、福利，乃至员工的合同、离职、退休管理，人力资源管理的最终目标是实现员工与岗位的优化配置，不断提升组织的整体效能。

企业人力资源配置效益的高低不仅直接影响人力资源自身开发的程度，也影响其他经济资源合理利用的程度，进而影响企业各类资源整体配置的效益。因此，企业应该结合自身的情况，通过人与事的总量配置、结构配置和质量配置等，实现劳动用工合规管理的动态平衡，进而实现人力资源管理的目标。

(三) 劳动用工合规评估方法

为提高劳动用工合规评估的有效性，企业在启动劳动专项评估方案时，应首先明确专项评估的目标、对象、范围、期限以及预期效果等内容。其次，对于劳动用工专项评估，应组织成立专项评估小组，制定专门的评估手册，确定风险评估的基本内容。同时，企业应向评估小组提供足够的支持，以保证专项评估有效推进，具体的评估方法和流程如下：

1. 识别合规义务

根据外部环境全面梳理劳动用工领域法律法规及地方性法规，形成劳动用工合规义务清单。

2. 评价合规风险

根据劳动用工领域法律法规规定的合规义务对企业现有制度进行合规分析，识别现有制度的风险点。

3. 合规制度执行

依据法律规定的合规义务，对企业制度进行全面梳理，尽可能完善制度，从制度源头上规避用工风险，并保证制度有效实施。

4. 合规审查评价

企业应定期进行合规审查，必要时应引入外部的协助，及时发现不足并改进。

由于劳动用工领域的法律法规体系庞杂，且具有极强的地域性，国家层面有强制性要求，给企业人力资源管理带来了极大的挑战。因此，企业应充分重视劳动用工的合规管理，以避免出现用工风险甚至员工大规模维权事件，促进企业的良性发展。

第四节 安全生产合规

安全生产合规是指企业及其员工与安全生产相关的经营管理行为符合安全生产监管法律法规、监管规定、行业准则和国际条约、规则、标准，以及企业内部安全管理制度、安全管理协议等要求。

2021年6月10日，第十三届全国人民代表大会常务委员会第二十九次会议通过《关于修改〈中华人民共和国安全生产法〉的决定》。修改后的《安全生产法》对企业的安全生产保障措施提出了更高的要求，并强化了法律责任的承担。在《安全生产法》修改的背景下，企业安全生产合规日益重要，企业安全生产合规体系建设刻不容缓。

一、安全生产合规的监管态势

（一）安全生产合规立法梳理

目前，我国在安全生产合规立法层面，可以按照法规效力层级、责任性质、监管内容等不同方面对涉及的安全生产的法律规范进行划分，形成了以《安全生产法》为核心的安全生产法律法规体系。

1. 按法规效力层级划分

在宪法层面，我国《宪法》对"劳动保护"进行了明确的规定，即"国家通过各种途径，创造劳动就业条件，加强劳动保护，改善劳动条件，并在发展生产的基础上，提高劳动报酬和福利待遇"。

在法律层面，我国在《宪法》的基础上制定了《安全生产法》《道路交通安全法》《海上交通安全法》《矿山安全法》《突发事件应对法》《特种设备安全法》等法律。此外，还有与安全生产密切相关的法律，如《消防法》《劳动法》《职业病防治法》《工会法》《铁路法》《公路法》《民用航空法》《港口法》《建筑法》《煤炭法》《电力法》等。

在法律之外，我国根据不同的监管内容，制定了一系列行政法规、地方性法规、部门规章、政策文件，内容包括安全生产责任制、事故预防、安全培训、应急处理、事故处理、事故调查、监管程序等，由此组成了我国现行的安全生产法律法规体系。

2. 按责任性质划分

根据生产经营单位生产经营行为违反安全生产法律的性质不同，安全生产违法责任主要包括民事责任、行政责任和刑事责任。

（1）民事责任。《民法典》生效后，安全生产民事责任方面的法律主要是《民法典》。依照《民法典》的有关规定，因生产安全事故造成人员、他人财产损失的，生产事故责任单位和责任人员应当承担赔偿责任。赔偿责任主要包括造成人身和财产损害两方面的责任。侵害他人造成人身损害的，应当赔偿医疗费、护理费、交通费等为治疗和康复支出的合理费用，以及因误工减少的收入。造成残疾的，还应当赔偿残疾辅助器具费和残疾赔偿金。造成死亡的，还应当赔偿丧葬费和死亡赔偿金。侵害他人财产的，财产损失按照损失发生时的市场价格或者其他方式计算。

（2）行政责任。行政责任是指违反有关行政管理的法律、法规的规定所依法应当承担的法律后果。行政责任包括政务处分和行政处罚。我国建立了以《行政处罚法》为基础的生产安全行政处罚法律体系，在政务处分上，包括《国务院关于特大安全事故行政责任追究的规定》《安全生产领域违法违纪行为政纪处分暂行规定》；在行政处罚上，除《行政处罚法》外，还包括《安全生产监督罚款管理暂行办法》等。

（3）刑事责任。刑事责任是指依据《刑法》规定构成犯罪的严重违法行为所应承担的法律后果。《刑法》在"危害公共安全罪"一章中规定了重大责任事故罪、重大劳动安全事故罪、危险物品肇事罪、工程重大安全事故罪、危险作业罪等重大责任事故犯罪的刑事责任。

3. 按监管内容划分

（1）综合监管。如《安全生产法》等法律、《安全生产行政复议规定》等部门规章、各省市出台的综合性监管的地方性法规，作为安全生产的基本法律规范，对于企业合规有方向性、通用性的规定，在整个安全生产法律法规体系中处于核心地位，无论从事哪一行业的企业都应当遵守和适用，具有一定的普适性。

（2）行业监管。安全生产合规要求还散见于具体的行业法律法规的规定中。如对于建筑施工行业的安全监管，我国建立了以《建筑法》为基础的监管法律体系，包括《建设工程安全生产管理条例》《建设项目安全设施"三同时"监督管理办法》等行政法规及相关部门规章。

（3）具体事项监管。《安全生产法》第 2 条规定，有关法律、行政法规对消防安全和道路交通安全、铁路交通安全、水上交通安全、民用航空安全以及核与辐射安全、特种设备安全另有规定的，适用其规定。对特种设备、危险化学品、烟花爆竹等极易发生生产安全事故的特定物品及设备，安全监管部门专门制定了《特种设备安全法》《危险化学品安全管理条例》等，这些具体的法律、法规，同《安全生产法》是特别法与普通法的关系。

（二）安全生产合规执法实践

加强安全执法、严厉打击安全生产非法违规行为是用法治思维和法治手段解决安全生产问题的重要举措。2021 年 3 月 29 日，我国应急管理部发布《关于加强安全生产执法工作的意见》，提出须加强安全生产执法工作，提高运用法治思维和法治方式解决安全生产问题的能力和水平，有力有效防范化解安全风险、消除事故隐患，切实维护人民群众生命财产安全和社会稳定，推动实现更为安全的发展。

2019年至2021年，应急管理部公布了三批生产安全事故典型案例。[1] 从该三批生产安全典型案例看，主要呈现以下特点：一是聚焦执法检查重点事项。该执法检查重点主要集中在重大爆炸事故、重大生产安全事故、重大坍塌事故、重大瓦斯爆炸事故、重大火灾事故、较大中毒窒息事故、重大透水事故、重大道路交通事故等方面。二是违法违规现象突出。不合规现象主要体现为主体责任严重缺失、落实安全生产相关法律法规及规章制度不到位、安全管理混乱、应对突发事件能力不足、法律意识缺失及安全意识淡薄、地方政府有关部门安全监管不力等。三是法律责任条款集中。企业及主要负责人主要承担行政责任和刑事责任。

通过对生产安全事故典型案例的分析，我国安全生产合规执法呈现以下特点：一是关注执法重点领域。根据《应急管理部关于加强安全生产执法工作的意见》，当前地方各级应急管理部门执法重点领域主要集中于矿山、危险化学品、烟花爆竹、金属冶炼、涉爆粉尘等重点行业领域，并要求对于重点企业，每年至少进行一次"全覆盖"执法检查，其他企业实行"双随机、一公开"执法抽查。二是建立报告典型执法案例机制。我国建立了典型执法案例定期报告制度，并要求应急管理部建立典型执法案例数据库。三是加强失信联合惩戒。当前，我国严格执行安全生产失信行为联合惩戒制度，对于存在严重违法行为的失信主体要及时纳入安全生产失信惩戒名单，提高执法工作的严肃性和震慑力。对于列入严重失信惩戒名单的企业和人员，将相关信息推送至全国信用信息共享平台，实施联合惩戒。

（三）安全生产合规司法实践

1. 民事领域

依据《安全生产法》、其他安全生产法律规范及法律实践，单位担负安全生

---

[1] 《应急管理部公布2019年全国应急救援和生产安全事故十大典型案例》，载应急管理部网站，https://www.mem.gov.cn/xw/bndt/202001/t20200111_343398.shtml，最后访问时间：2022年9月12日；《应急管理部公布2020年全国应急救援和生产安全事故十大典型案例》，载应急管理部网站，https://www.mem.gov.cn/xw/bndt/202101/t20210104_376384.shtml，最后访问时间：2022年9月12日；《2021年全国应急救援十大典型案例发布》，载应急管理部网站，https://www.mem.gov.cn/xw/xwfbh/2022n1y20rxwfbh/mtbd_4262/202201/t20220120_407030.shtml，最后访问时间：2022年9月12日。

产管理引起的民事责任主要涉及两个方面：一是发生生产安全事故造成人员伤亡、他人财产损失的，承包方应当承担赔偿责任；二是将生产经营项目、场所、设备发包或者出租给不具备安全生产条件或者相应资质的单位或者个人，导致发生生产安全事故的，发包方或者出租方与承包方或者承租方承担连带赔偿责任。其余的民事责任，主要基于承包方、承租方，以及同一作业区域与其他生产经营单位签署的安全管理协议来确定。

司法实践中，民事案件的案由主要集中在财产损害赔偿纠纷、提供劳务者受害责任纠纷、健康权纠纷、侵权责任纠纷、追偿权纠纷等。

案例链接：

案情简介：原告徐某承接案外人的简易厂房工程，由徐某总承包，徐某与死者许某签订合同，将彩钢板屋面工程交由许某施工。后，徐某与某公司法定代表人之父韩某就使用吊车取得联系，韩某将吊车需求信息发布，王某看到信息后委派驾驶员将其名下的吊车派至现场施工。2018年8月9日，吊车驾驶员操作不当，致使吊起的钢梁发生摆动，将站在厂房屋檐边脚手架上的许某碰落摔下致死。事发后，徐某与死者许某家属达成赔偿协议，赔偿141万元。现，徐某向某公司、王某行使追偿权。

法院认为：某公司并未出车，徐某与某公司的合同并未实际履行，故某公司不承担责任。王某通过韩某发布的需求信息，实际履行与徐某之间的合同关系。许某坠亡是由于吊车驾驶员操作不当引发钢梁发生歪斜，驾驶员对事故发生存在过错。雇员在雇佣活动中致人损害的，雇主应当承担赔偿责任，故王某应对驾驶员的过错行为所致损害承担30%的赔偿责任。死者许某在登高作业时未尽到必要的注意义务，未佩戴安全帽和安全绳等安全防护用品，自身存在较大过错，自行承担40%的责任。徐某不具备安全生产条件及相关资质，在承揽钢结构安装工程后，将劳务部分分包给无证人员进行登高及电焊作业，自身亦存在过错，承担30%的责任。①

---

① 《新闻发布｜涉安全生产民事审判案例》，载江苏省苏州市吴江区人民法院网站，https：//wjsfy.chinacourt.gov.cn/article/detail/2020/06/id/5316080.shtml，最后访问时间：2022年9月12日。

2. 刑事领域

司法实践中，安全生产刑事案件涉及的罪名主要是重大责任事故罪，强令、组织他人违章冒险作业罪，危险作业罪，重大劳动安全事故罪，大型群众性活动重大安全事故罪，危险物品肇事罪，工程重大安全事故罪，教育设施重大安全事故罪，消防责任事故罪，不报、谎报安全事故罪等。

案例链接：

案情简介：被告人王某在担任某公司法定代表人期间，通过挂靠其他公司的方式承建某电子厂建筑工地。后王某在未按照国家规定审核特种作业人员操作资格证书的情况下，委托被害人杨某某所在的施工队在上述电子厂建筑工地进行物料提升机拆卸作业。在拆卸作业过程中，被害人杨某某未按操作规程佩戴安全带，发生坠落而死亡。后王某经公安机关电话通知后主动到派出所投案，并如实供述其犯罪事实。案发后，王某所在的公司已赔偿被害人杨某某家属人民币86万元并取得谅解。

法院认为：被告人王某无视国家法律，在生产、作业中违反有关安全管理的规定，因而发生重大伤亡事故，致一人死亡，其行为已构成重大责任事故罪，应依法惩处。王某有自首情节，依法可以从轻处罚。鉴于王某确有悔罪表现，符合适用缓刑的法律规定，决定对其宣告缓刑。依法以重大责任事故罪判处原审被告人王某有期徒刑一年二个月，缓刑二年。①

3. 行政领域

《安全生产行政复议规定》对安全生产领域的行政复议进行专项规定：公民、法人或者其他组织认为安全生产监督管理部门、煤矿安全监察机构的具体行政行为侵犯其合法权益，向安全生产行政复议机关申请行政复议，安全生产行政复议机关受理行政复议申请，作出行政复议决定。对除此之外的其他行政行为提出行政复议，仍可适用《行政复议法》和《行政复议法实施条例》。行政复议后，当事人仍不服的，可提起行政诉讼。

---

① 广东省中山市中级人民法院（2021）粤20刑终209号刑事裁定书，载中国裁判文书网，https://wenshu.court.gov.cn/website/wenshu/181107ANFZ0BXSK4/index.html?docId=bd9d35872a3748a880e0ad25016d3155，最后访问时间：2022年9月12日。

4. 司法实践新动向

（1）涉案企业合规不起诉制度

2021年1月，最高人民检察院发布了第二十五批指导性案例，案例涉及的生产领域包括交通运输、煤矿生产、化工、电力等，均为关系国计民生的重要生产领域，如余某某等人重大劳动安全事故重大责任事故案，宋某某等人重大责任事故案，黄某某等人重大责任事故、谎报安全事故案，夏某某等人重大责任事故案。

2020年3月起，最高人民检察院在上海、江苏、山东、广东的6家基层检察院试点开展"企业犯罪相对不起诉适用机制改革"[①]，2021年12月15日，最高人民检察院发布第二批企业合规典型案例，其中案例四"随州市Z公司康某某等人重大责任事故案——在涉企危害生产安全犯罪案件中适用企业合规推动当地企业强化安全生产意识"与安全生产合规相关，该案例表明，检察机关会积极稳妥地在涉企危害生产安全犯罪案件中适用企业合规制度。

（2）安全生产公益诉讼制度

2021年6月，修改后的《安全生产法》第74条第2款增设公益诉讼条款，明确规定"因安全生产违法行为造成重大事故隐患或者导致重大事故，致使国家利益或者社会公共利益受到侵害的，人民检察院可以根据民事诉讼法、行政诉讼法的相关规定提起公益诉讼"。

2021年3月，最高人民检察院、应急管理部联合发布安全生产领域公益诉讼典型案例，[②] 该9件安全生产领域公益诉讼典型案例所涉违法类型多样化，包括自备成品油、轻循环油、燃气等危险化学品、易燃易爆物品；尾矿库污染、违规采矿导致地面坍塌；违法建设、违法施工带来的消防、交通安全隐患；加油站扫码支付安全隐患等新问题。

[①]《及时推广试点工作经验深入推进企业合规改革——最高人民检察院第四检察厅负责人就〈企业合规典型案例（第二批）〉答记者问》，载最高人民检察院网站，https：//www.spp.gov.cn/spp/xwfbh/wsfbt/202112/t20211215_538815.shtml#3，最后访问时间：2022年9月19日。

[②]《最高检、应急管理部联合发布安全生产领域公益诉讼典型案例 破解安全生产公共利益保护困境》，载最高人民检察院网站，https：//www.spp.gov.cn/spp/xwfbh/wsfbt/202103/t20210323_513617.shtml#1，最后访问时间：2022年9月12日。

二、安全生产合规风险的识别

安全生产合规风险是指企业及其员工因安全生产不合规行为，引发法律责任、受到相关处罚、造成经济或声誉损失以及其他负面影响的可能性及其后果。企业应完善合规风险应对机制，针对发现的风险制定预案，采取有效措施及时处置，并不断提升重大合规风险应对处置能力。

（一）安全生产合规风险类型概述

按责任后果划分，安全生产合规风险类型可分为承担法律责任的合规风险和承担非法律责任的合规风险。法律责任主要是指民事、行政、刑事责任。非法律责任如降低企业资信。例如，应急管理部《关于加强安全生产执法工作的意见》明确提出，严格执行安全生产失信行为联合惩戒制度，对于存在严重违法行为的失信主体要及时纳入安全生产失信惩戒名单，提高执法工作严肃性和震慑力。对于列入严重失信惩戒名单的企业和人员，将相关信息推送至全国信用信息共享平台，按照《关于对安全生产领域失信生产经营单位及其有关人员开展联合惩戒的合作备忘录》（发改财金〔2016〕1001号）要求，实施联合惩戒。这将降低企业信用资质，给企业带来经营风险。

按法律责任划分，安全生产合规风险类型可分为民事合规风险、刑事合规风险和行政合规风险。前文已进行介绍，此处不再赘述。

按责任主体划分，安全生产合规风险类型可分为单位责任合规风险、员工责任合规风险（如生产经营单位负责人、管理人员、实际控制人、投资人，以及其他对安全生产设施或者安全生产条件负有管理、维护职责的人员）以及第三方责任合规风险（提供专业支持服务的其他中介机构及人员）。

（二）安全生产合规风险检测

安全生产合规风险检测，即合规风险的识别，是指对企业内部安全生产合规风险存在或者发生的可能性以及安全生产合规风险产生的原因等进行分析判断，并通过收集和整理企业所有安全生产合规风险点形成合规风险清单，为安全生产合规风险的分析和评价明确对象和范围,以便进一步对安全生产合规风险进行监测和控制等系统性活动。

合规风险识别是安全生产合规管理的首要步骤和前提。开展安全生产合规风险识别常见的步骤有:

1. 识别及确定合规义务

企业要识别安全生产合规风险,首先必须识别安全生产领域的合规义务。

合规义务一般是指合规要求或合规承诺。合规要求主要来自外部合规规范,具有强制执行的效力。具体到安全生产领域,安全生产合规要求是企业必须遵守的安全生产义务,具有强制性,如前面所列的以《安全生产法》为核心的安全生产法律法规体系。合规承诺是企业基于自主意识表示,自愿设定的义务和接受的约束,如建设工程施工企业向业主单位出具的安全生产承诺、签订的安全生产协议。

表7.7 常见企业合规要求与合规承诺

合规要求	合规承诺
法律和法规	与社会团体或非政府组织签订的协议
许可证、执照或其他形式的授权	与公权力机构和客户签订的协议
监管机构发布的命令、条例或指南	与其他组织签署合同产生的义务
法院判决或行政决定	企业对自己的要求,如自愿遵循的原则、方针、程序或规律
指导案例或典型案例	企业对质量和环境保护的承诺
条约、惯例和协议等	企业愿意遵循的相关组织和产业标准等

安全生产合规义务并不是一成不变的。随着企业内外部环境的变化,其安全生产的合规义务也会有所改变。为了及时识别安全生产合规风险,确保持续合规,企业有必要制定相应的企业合规义务动态维护管理流程,以便及时跟进安全生产法律、法规、规范和其他合规义务的出台和变更。

识别合规义务,是安全生产合规风险点识别的重要环节,也是合规管理的基础工作,需要企业花时间和精力来落实,收集适用于本企业安全生产领域的所有合规规范,根据合规要求与合规承诺、结合安全生产业务流程进行分类,建立安全生产合规管理义务库。合规义务清单格式参考如下:

表 7.8 合规义务清单

安全生产业务流程环节	合规义务	合规规范条目	合规规范名称	涉及部门

2. 构建合规风险识别框架

为保证安全生产合规风险识别的全面性、准确性和系统性，企业要构建符合自身安全生产经营管理需要的合规风险识别框架，为合规管理员/员工提供风险识别的角度，以便于合规风险识别工作的开展。实务中企业可根据自身业务的需求，选择不同的风险识别角度。

表 7.9 识别安全生产合规风险的角度

序号	角度	内容
1	企业经营管理过程中涉及安全生产的业务环节	通过对企业经营管理涉及安全生产的环节（如安全生产资质、安全保障设施、安全技术设施、安全评价等）进行梳理，发现每一环节可能存在的安全生产合规风险
2	与安全生产相关的组织机构设置	通过对安全生产相关的组织机构的业务管理范围和工作职责的梳理，发现有关安全生产部门内可能存在的合规风险
3	利益相关者/商业合作伙伴	通过对与企业合作的相关方（发包方、承包方、采购方、出租方等）的梳理，发现每一相关方存在的合规风险
4	引发安全生产合规风险的原因	通过对与安全生产相关的合规环境、违规等引发安全生产合规风险原因的识别，发现企业存在的合规风险
5	安全生产合规风险事件发生后承担的责任	通过对刑事、行政、民事等法律责任的梳理，发现不同责任下企业安全生产存在的合规风险
6	与安全生产相关的法律领域	通过对与安全生产相关的法律法规的梳理，发现存在的合规风险
7	以往发生的案例	通过对本企业或本行业发生的与安全生产相关的案例的梳理，发现企业存在的合规风险

3. 查找合规风险事件并收集违规案例

企业需要根据前期构建的合规风险识别框架，查找安全生产合规风险事件。该环节需要企业结合自身实际，充分运用不同的合规风险识别路径，如合规管理评估、定期自查、内部审计、具体案例分析、员工举报等。

针对不同情况，企业可以采取单一或者多种方法和工具组合的方式来识别安全生产合规风险，较为常用的方法有头脑风暴法、结构化访谈法、"德尔菲法"、情景分析法、检查表法、流程图分析法、风险矩阵法、现场调查法、根原因分析等，具体如下：

表 7.10　常用的风险识别思考方法

序号	名称	内容
1	头脑风暴法	激励知识渊博的一群人员畅所欲言，以发现潜在安全生产合规风险、决策准则和应对办法。通常与其他技术方法一起使用
2	结构化访谈法	根据事先准备好的提纲向访谈对象提出一系列问题，从而获得访谈对象对某些问题的看法。通常与其他技术方法一起使用
3	"德尔菲法"	众多专家就某一个专题达成一致意见的过程和方法。使用这种方法，专家一般不需要签名，采用匿名发表意见的方式。而且专家相互之间通常不认识、不相互讨论、不发生横向联系，只与调查人员进行单向联系
4	情景分析法	通过假设、预测、模拟等手段，对未来可能发生的情景及其影响进行分析
5	检查表法	由专业人员根据经验将项目可能发生的潜在风险尽可能全面地列在一张表单上，形成常见的风险清单。由风险识别人员对该清单进行检查、核对、打钩选择等操作，用来识别该项目可能面临的常见风险
6	流程图分析法	将企业安全生产涉及的流程或操作步骤按照先后顺序绘制成流程图，对流程的环节和步骤逐个进行调查分析来识别其中的风险因素。采用流程图来识别风险能够给人一种总体的印象，清晰地展示出系统各要素之间的关联和因果的传导机制
7	风险矩阵法	是用于识别风险和对识别的若干风险进行优先排序的有效工具，有助于直观地显现风险的分布情况，确定风险管理的关键控制点和风险应对方案
8	现场调查法	通过直接观察工作现场的设备设施、实际操作，了解目标企业的实际经营活动和行为方式，发现并识别潜在的风险隐患。现场调查有助于获得第一手资料，并且能够为提出风险防范措施提供很好的依据
9	根原因分析	对重大损失作根原因分析或损失分析，避免重大损失的再次发生

根据收集的合规风险事件和违规案例，结合企业自身需求，编制安全生产合规风险事件与违规案例清单，并建立相应的知识库。安全生产合规风险事件与违规案例清单格式参考如下：

表 7.11　安全生产合规风险事件与违规案例清单

安全生产业务流程环节	合规风险事件、违规案例描述	产生原因	合规义务	合规规范条目	合规规范名称

4. 编制安全生产合规风险清单

企业在查找出的安全生产合规风险和违规案例的基础上，需要对其进行归类，确定合规风险，并对每个合规风险设置相应的编号和名称。然后，将这些合规风险事件及合规风险统一列表，作为安全生产合规风险分析和评价的基础。

安全生产合规风险清单划分为三个信息区。第一部分为基础信息区，主要内容为明确风险板块和风险类型，以及描述引发合规风险的行为；第二部分为合规管理信息区，主要包括涉及的法律法规、可能涉及的合规责任范畴、潜在的主要合规风险、合规操作指引；第三部分为管理信息区，主要包括涉及的部门、涉及的责任主体、涉及的业务/管理活动。三个部分构成安全生产合规风险清单，格式如下：

表 7.12　安全生产合规风险清单

基础信息			合规管理信息区 （合规风险辨识、分析及防控建议）				管理信息区		
风险板块	风险类型	引发合规风险的行为	涉及的法律法规	可能涉及的合规责任范畴	潜在的主要合规风险	合规操作指引	涉及的部门	涉及的责任主体	涉及的业务/管理活动

（三）安全生产合规风险评级

安全生产合规风险评级，即合规风险评估，是指在安全生产合规风险识别的基础上，应用一定的方法估计和测定在发生安全生产合规风险后可能导致法律制裁、监管处罚、重大财务损失和声誉损失等相关风险损失的概率和损失大小，以及对企业整体运营产生影响的程度，进而确定安全生产风险等级。

确定安全生产合规风险等级可以参考以下标准：

表 7.13 安全生产合规风险等级参考标准

不合规事项	风险等级
不合规的行为轻微，且已经消除	5 级
不合规的行为严重，应急管理部门尚未掌握，但已采取有效的控制措施，可以尽快消除	4 级
不合规的行为较为严重，应急管理部门已经掌握，风险可承受，能够有效控制，应对措施有效	3 级
不合规行为较为严重，应急管理部门已经掌握，风险不可承受，风险不可控制，应对措施无效	2 级
发生较大及以下安全生产事故	
发生重大及以上安全生产事故	1 级

企业在安全生产合规风险评估上，建议遵循以下步骤：

第一，安全生产合规风险分析。合规风险分析是企业对安全生产不合规的原因、来源、后果的严重程度、不合规及其后果发生的可能性进行分析和研究，对识别出的合规风险进行定性、定量的分析，为安全生产合规风险的评价和应对提供支持。分析涉及的主要因素和内容参考如下：

表 7.14 安全生产合规风险分析涉及的主要因素和内容

序号	主要因素	内容
1	严重程度	企业违反企业内部规章制度，尚未发生生产安全事故，属于轻微； 企业或相关方违反法律、法规、规章、技术标准，尚未发生生产安全事故，属于严重； 发生较大生产安全事故，属于较为严重； 发生重大及以上生产安全事故，属于特别严重。
2	风险发生概率	应急管理部门是否已经掌握此不合规行为； 导致发生生产安全事故的可能性。

续表

序号	主要因素	内容
3	风险承受能力	企业能否缴纳罚款、承担民事赔偿责任; 企业信用能否修复,修复的时间长短; 企业是否存在被关闭的风险。
4	风险控制范围	企业能否在追责前及时消除合规风险; 企业能否免受刑事追责(合规不起诉); 企业能否减免行政处罚; 企业是否存在被关闭的风险。
5	风险初步应对措施	是否已经采取具体的控制措施; 改进工艺、教育培训、加强管理的措施是否有效; 与政府监管部门的沟通是否有效; 提起听证、行政复议、行政诉讼是否有利于企业。

第二,在安全生产合规风险分析的基础上,对合规风险进行不同维度的排序,包括合规风险事件发生可能性的高低、影响程度的大小以及风险水平的高低,以明确各合规风险对企业的影响程度。

第三,在对合规风险排序的基础上,对合规风险进行分级。

第四,在合规风险排序及分级的基础上,进一步确定需要重点关注和优先应对的合规风险。

三、安全生产合规计划的打造

企业安全生产合规是指企业通过落实安全生产主体责任,通过全员全过程参与,建立并保持安全生产管理体系,全面管控生产经营活动各环节的安全生产工作,实现安全健康管理系统化、岗位操作行为规范化、设备设施本质安全化、作业环境器具定制化,并持续改进。

(一)搭建安全生产合规管理体系

企业搭建安全生产专项合规管理体系,其步骤建议如下:

1. 开展安全生产合规体检

企业自行或聘请第三方专业中介机构依据相关合规要求与原则,就企业及其子公司（视情况而定）开展安全生产合规专项体检，包括但不限于围绕安全生产各业务环节开展尽职调查、访谈调研、梳理规章制度及业务流程等工作，以进一步识别、分析企业安全生产领域的监管环境与经营管理现状。

2. 搭建安全生产合规基础模块

（1）完善安全生产领域的企业合规管理组织体系。第一，明确安全生产管理部门及其职责。企业管理层可根据自身的规模、行业及发展特点，设置安全生产合规管理机构或安全生产合规专员，也可将合规职能分配给现有岗位。第二，厘清企业与安全生产相关的合规管理主体的职责与分工。如企业决策层全面负责安全生产和职业卫生工作，并履行相应责任和义务；业务部门负责本领域的安全生产日常合规管理工作。第三，要以风险管理为导向协助企业分析安全生产领域的合规管理重点，明确企业安全生产合规管理的重点领域、重点环节、重点人员等。

（2）制定安全生产相关管理制度，包括但不限于安全生产合规计划、安全生产合规管理规范、安全生产合规政策、安全生产合规行为准则，让企业和员工的安全生产活动及行为有据可依。同时，企业要及时做好制度的立改废工作。

3. 完善安全生产合规运行模块

安全生产合规管理体系的落地有赖于完善且符合企业实际需求的运行机制。企业可根据实际需求建立健全安全生产合规风险评估制度、安全生产合规调查制度、危险隐患报告制度、安全生产合规巡视制度、应急管理制度、安全事故应对机制等，确保安全生产合规管理体系有效运行。

4. 落实安全生产合规保障模块

在搭建安全生产合规管理基础模块及运行模块的基础之上，企业或第三方还需建立健全安全生产合规奖惩制度、安全生产合规培训制度、安全生产合规文化建设制度、安全生产合规报告制度等，协助企业建设完善安全生产合规保障模块。

5. 进行安全生产合规培训

仅有制度远远不足以推动安全生产专项合规管理，还需持续进行专项合规培训，贯穿专项合规管理计划建设的全过程：

（1）前期，企业对全体员工开展宣扬安全生产合规管理价值的培训，宣贯全员参与的合规理念，让全体员工充分认识安全生产合规管理的价值与作用，激发合规管理的自主性。

（2）中期，企业需分阶段、分部门开展安全生产合规管理风险防控重点难点研讨会、培训会等，就专项合规管理阶段性成果进行说明，对员工难以理解的内容进行重点解析等。企业的主要负责人和安全生产管理人员应具备与本企业所从事的生产经营活动相适应的安全生产和职业卫生知识与能力。

（3）后期，企业需对已建设的专项合规管理计划进行宣传与讲解，并在必要时根据企业反馈情况对合规管理计划进行适当优化。在专项合规管理计划建立完成后，定期开展合规培训，继续强化合规管理要求，巩固合规管理意识。

（二）配置安全生产合规管理资源

企业应确立并提供建立、制定、实施、评估、维护和持续改进安全生产合规管理计划的资源，资源支持包括人力支持、资金支持和技术支持。

1. 人力支持

首先，管理层要重视发挥其对安全生产合规管理体系的领导作用；其次，在人力资源分配上，企业应设置安全生产合规管理机构或安全生产合规专员，也可将合规职能分配给现有岗位或安排兼职的合规管理员；最后，在员工考核层面，要加强对安全生产合规专员、兼职合规管理员的激励。

2. 资金支持

安全生产专项合规是一个长期的、持续的过程，是企业合规管理体系的重要一环，各项工作的开展需要企业的资金支持，企业应在每年制订全面预算计划时，加大对安全生产合规专项计划的投入，保障各项工作的正常进行。

3. 技术支持

企业应加强员工在安全生产合规管理方面的技术支持，加强技术培训，增加获得外部咨询和专业技能的机会。同时，企业应加强安全生产专项合规管理信息化建设，通过信息化手段优化管理流程，记录和保存相关信息。运用大数据等工具，加强对安全生产管理合规情况的实时在线监督和风险分析，实现信息集成与共享。

（三）安全生产合规评估方法

安全生产专项合规评估一般包括五个阶段，即评估准备、评估实施、评估报告、后续改进以及考核评价与问责。评估准备阶段，主要工作包括成立评估小组、制定评估实施方案；评估实施阶段，主要程序包括各部门自评、收集内外部资料并确定评估重点、开展专项合规管理评估，在评估过程中通常采用访谈、文本审阅、问卷调查、知识测试、抽样分析、穿行测试等方法；评估报告阶段，主要是结合专项合规评估情况，撰写评估报告，报告主要内容包括评估依据、评估范围和对象、评估程序和方法、评估内容、发现的问题及改进建议、前次评估中发现问题的整改情况等；后续改进阶段，主要工作包括制定整改方案和监督与落实整改内容；考核评价与问责阶段，主要是结合专项合规评估结果进行考核评价，对存在违法违规行为的责任人进行问责。

因此，企业需定期进行评估（至少每年开展一次，企业出现不合规行为的，需及时开展评估）并改进安全生产专项合规计划，并针对不足之处重点开展员工培训。

第五节　数据合规

随着我国信息科技和数字经济的发展，企业的经营和管理都更加依赖数据。可以认为，当今的大多数企业都需要在经营和管理的过程中警惕数据合规风险，避免在信息安全、隐私保护等方面触及法律的红线。

一、数据合规的监管态势

（一）数据合规立法梳理

我国数据合规立法呈现出以《网络安全法》《数据安全法》《个人信息保护法》为基石的格局，其他相关法规以该三部法律为核心，适用于境内所有网络运营者，包含处理个人信息及数据在内的行为、所有主体处理网络数据和非网络数据的行为等，分别在网络空间安全、数据安全、个人信息保护领域形成了中国数据合规法律体系。

1.《网络安全法》

该法侧重于网络空间安全，明确了多方面的网络安全要求，包括维护国家网络空间主权、保护关键信息基础设施与重要数据、保护个人隐私信息、明确各方网络安全义务等。其重点是加强关键信息基础设施的安全保障、加强对个人和企业的权益保护、维护国家安全和社会公共利益。

2.《数据安全法》

该法主要侧重于网络安全等级保护制度，包括数据分级分类保护制度、重要数据和国家核心数据管理、数据安全风险预警以及应急处置机制、数据安全审查制度和数据跨境流动监管等。《数据安全法》肩负保障数据安全与数据有效利用的双重使命，聚焦于"避免国家网络主权和安全底线出现漏洞"和"从法律层面对数据处理活动及具体制度进行统筹"，是国家在数据安全与数字经济领域中的总体性规则设计。

（1）重要数据与核心数据。重要数据是指一旦被破坏、泄露、不当利用，可能对国家、社会公共利益造成重大危害的数据。核心数据是指关系国家安全、国民经济命脉、重要民生、重大公共利益的数据。《数据安全法》没有直接规定重要数据、核心数据的类型与范围，相关部门或将制定重要数据目录与清单。这要求数据处理者建立完善的数据安全管理制度，避免重要数据被泄露、损毁、篡改的风险；明确数据安全负责人和管理机构；开展数据安全风险监测和定期风险评估，并向主管部门报送风险评估报告。

（2）数据安全审查。数据安全审查是网络安全审查制度的继承和发展，审查主要聚焦在平台企业以及重要数据的处理活动是否影响国家安全。数据安全审查会在以下情形触发：大型平台企业赴外国上市；数据被外国政府强行调取，可能影响国家安全；新技术、新应用或大规模数据处理方式可能威胁国家安全或社会公共利益；其他影响或可能影响国家安全的数据处理活动。

（3）数据跨境。数据跨境主要分为两大类型：第一类为数据出境活动，即在开展业务活动中，将在中国境内收集的数据传输至境外，或者可以被境外主体访问；第二类为外国司法、执法机关调取存储在中国境内的数据。

3.《个人信息保护法》

该法规定了个人信息的保护，如个人信息范围的界定、个人信息处理基本原则及具体规则、个人信息跨境流动规则、个人信息主体权利及保护、数据处理者的义务等。其重要内容如下：

（1）重构个人信息处理的法律基础，一方面对"告知—同意"规则设置更严格的要求，另一方面又设立多种无须获取同意的其他合法性基础。

（2）强化对敏感数据的保护，设定严格的敏感数据保护规则与高风险数据处理活动记录义务。

（3）设立了包括知情决定、查阅复制、可携带、更正、删除等多项权利在内的个人信息主体权利。

（4）针对自动化决策等高风险处理活动设定多重规则，避免个人遭受大数据杀熟、歧视性对待等数据不当利用危害。

（5）对个人信息出境等数据跨境活动进行重点规制，除取得个人单独同意外，关键信息基础设施或收集个人信息数据量大的实体，需要通过网信部门的出境安全评估。其他个人信息出境活动，需要满足签订标准合同或其他合法性要件。

（6）对收集、处理数据量级大的平台增设大型平台主体责任，要求大型平台承担数据保护主体责任，并在内部建立主要由外部人员组成的独立监督机构。

（7）司法与监管机关的职权进一步强化。人民检察院、消费者协会、网信部门指定的组织，可以向平台企业提出公益诉讼。

表 7.15　数据合规重点法律法规列举

领域	法律	法规、规章与规范性文件（不完全列举）
网络空间安全	《网络安全法》	《网络安全审查办法》 《关键信息基础设施安全保护条例》 《信息安全技术 网络安全等级保护实施指南》 《国家网络安全事件应急预案》 《网络信息内容生态治理规定》

续表

领域	法律	法规、规章与规范性文件（不完全列举）
数据安全	《数据安全法》	《信息安全技术 大数据安全管理指南》
个人信息保护	《个人信息保护法》	《App违法违规收集使用个人信息行为认定方法》 《儿童个人信息网络保护规定》 《常见类型移动互联网应用程序必要个人信息范围规定》 《信息安全技术 个人信息安全规范》

除基本的法律外，我国还颁布了《网络安全审查办法》《儿童个人信息网络保护规定》等。在标准建设方面，以数据安全和隐私保护为基础，中国正在形成更加系统的安全标准。

在地方立法方面，各地结合当地实际，出台了本地数据保护法规和综合数据立法。目前，贵州、天津、海南、山西、吉林、安徽、山东、辽宁、黑龙江、陕西等地区已出台公共数据领域的相关条例。上海和深圳分别出台了《上海市数据条例》和《深圳经济特区数据条例》，不仅涵盖公共数据，还包括个人数据等相关规定。

（二）数据合规执法实践

1. 数据合规执法动态

随着我国自上到下逐步建立层次分明、重点突出的数据安全法规监管体系，针对侵害个人信息行为的相关监管也逐步呈现出多部门监管、执法常态化、监管措施多样等特点。网信办、工信部、公安部、市场监管总局、各行业监管部门等多部门释放出强监管信号，并在执法方面呈现常态化趋势，具体体现在：应用强化关键责任链监管，落实分发商城的责任；提升技术检测能力，开展针对App（包括内嵌第三方软件工具开发包，即SDK）的细化检测；组织对重点问题开展"回头看"。

伴随执法常态化发展，监管措施开始呈现多样性，这对相关企业起到了不同程度的警示作用。当前，我国监管措施涵盖公开通报、应用下架、罚款、实施网络安全审查、过渡性指导措施等。此外，监管处罚对象也不再局限于企业，已覆盖到高管及相关责任人，处罚方式主要体现为警告与罚款。

2. 热点领域

（1）平台算法治理。2021年9月17日，网信办等单位联合发布《关于加强互联网信息服务算法综合治理的指导意见》，要求利用三年左右时间，逐步建立治理机制健全、监管体系完善、算法生态规范的算法安全综合治理格局。最近的一系列有关算法治理的立法和监管行动，预示着中国对网络空间的治理已经逐步从数据治理迈向了算法治理。

（2）汽车数据进入强监管时代。2021年10月1日，《汽车数据安全管理若干规定（试行）》施行。《汽车数据安全管理若干规定（试行）》作为我国首个汽车行业数据安全方面的部门规章，开启了我国汽车数据强监管时代。汽车全产业链涵盖交通、公共服务、工业制造等行业，智能网联汽车配备了各种网络系统，处理大量的数据，随着智能网联汽车保有量的增大，与国家安全、公共利益和个人利益关系越发密切。

（3）隐私计算的发展和应用。中共中央、国务院发布《关于构建更加完善的要素市场化配置体制机制的意见》，首次将数据作为新型生产要素。数据要素化要求数据流动和交换，从而实现数据的生产价值。而制约数据交换和流动的主要因素包括隐私保护、数据权属的不清晰等。隐私计算是指在保证数据提供方不泄露原始数据的前提下，对数据进行分析计算的一系列信息技术，从而实现数据在流通与融合过程中的"可用不可见"。隐私计算不是万能的灵丹妙药，只能解决一部分数据保护问题，隐私计算的输出仍有可能造成个人信息泄露。隐私计算技术加上法律的数据合规方案，才是完整的解决路径。

（三）数据合规司法实践

2017年，《最高人民法院、最高人民检察院关于办理侵犯公民个人信息刑事案件适用法律若干问题的解释》发布。刑事风险的防范一直是企业数据合规工作的底线。

2021年8月1日起，《最高人民法院关于审理使用人脸识别技术处理个人信息相关民事案件适用法律若干问题的规定》实施。人脸识别是人工智能技术的重要应用，在为社会生活带来便利的同时，其所带来的敏感个人信息保护问题也日益凸显。我国过去长期将行政监管和刑事惩戒作为个人信息保护的主要规制手段，基于民事司法裁判的规制不清晰、原告举证责任难以实现等原因，以民事途径维护个人信息权益的司法实践并不顺畅。该司法解释结合《个人信息保护法》确立的侵害个人信息权益的过错推定责任模式，将激活有关人脸识别个人信息保护案件的民事司法保护途径。

"人脸识别纠纷第一案"[①]发生于2019年4月27日，原告郭某在某公园购卡游玩，按照购卡时的规定，他可以在有效期限内通过验证年卡及指纹入园，游玩次数不限。在留存了个人身份信息，录入指纹并拍照后，郭某拿到了年卡。可是没过多久，入园检票方式改为人脸识别。郭某不同意接受人脸识别，要求退卡退费，协商未果，2019年10月28日，郭某将某公园给告了——理由是，某公园在未经其同意的情况下，通过升级年卡系统，强制收集他的个人生物识别信息，严重违反了《消费者权益保护法》等法律的相关规定。2020年11月20日，杭州市富阳区人民法院作出了一审判决，判令：某公园赔偿郭某合同利益损失及交通费共计1038元；删除郭某办理指纹年卡时提交的包括照片在内的面部特征信息；驳回郭某要求确认店堂告示、短信通知中相关内容无效等其他诉讼请求。从判决结果来看，二审法院维持了一审中对郭某合同利益损失的认定和赔偿金额的确定，要求某公园删除当初所采集拍摄的郭某的面部照片。同时，二审在原判决的基础上增判了某公园删除郭某办理指纹年卡时提交的指纹识别信息。而郭某的其他诉讼请求依旧被驳回。

2021年8月21日，最高人民检察院下发《关于贯彻执行个人信息保护法推进个人信息保护公益诉讼检察工作的通知》，要求检察院切实加大办案力度，推动公益诉讼条款落实，形成个人信息保护多元共治新格局。此举措是对《个人信息保护法》第70条之公益诉讼条款的有力支撑。[②]

[①]《人脸识别纠纷第一案》，载中国法院网，https://www.chinacourt.org/article/detail/2022/01/id/6471341.shtml，最后访问时间：2022年9月17日。

[②]《最高检下发通知 明确个人信息保护公益诉讼办案重点》，载最高人民检察院网站，https://www.spp.gov.cn/zdgz/202108/t20210822_527281.shtml，最后访问时间：2022年9月17日。

二、数据合规风险的识别

(一) 数据合规风险类型

1. 个人信息合规风险识别

风险类型	场景举例
合法性基础不满足	未事先征得个人信息主体同意； 处理敏感个人信息、向其他数据处理者提供个人信息、处理 14 周岁以下儿童个人信息、个人信息出境情形下未取得个人信息主体单独同意； 用户同意效力存在法律瑕疵（如强制同意、捆绑授权等）； 不成立或存疑的"单独同意"； 无取得个人信息主体同意的合适场景。
处理事由正当性不满足	非为个人信息主体之利益而处理其个人信息； 处理目的无正当性事由。
处理范围最小必要性不满足	超出必要范围申请过多的个人信息； 非必要场景处理敏感个人信息。
合规跨境条件不满足	不满足《个人信息保护法》第 38 条之规定； 属于重要数据； 属于核心数据； 可能属于其他不宜跨境的信息； 不符合出境目的地法规要求。
超出授权范围的处理	隐私政策无法完全覆盖； 授权/权限弹窗中没有相关表述； 可以补充授权，但短期无法上线； 新增授权范围无法覆盖老用户。
透明度不满足	应向数据主体透传的内容未透传或透传不明确； 透传时机或文案、窗口位置、弹出时机等不满足法律法规或监管要求。
跨法律主体提供数据	除委托处理、共同处理外，未经用户单独同意的数据跨法律主体传输、使用、存储、加工行为。
第三方（含受托方、共同处理方、接收方）数据安全和个人信息保护能力不满足	未签署委托处理协议或协议约定不满足法规要求； 第三方存在超出受托范围处理的行为； 第三方不具备受托处理资质或能力； 第三方的个人信息处理行为不可控； 共同处理方风险可能及于我方。

续表

风险类型	场景举例
个人信息主体权利[①]不满足	查询、复制、可携带、可更正、补充个人信息的功能不具备或条件不满足，从而导致个人信息主体行权不能或困难；逝者近亲属数据权益[②]无满足行权机制或路径。

2. 数据安全重点风险识别

安全风险	典型场景
个人信息去标识化、匿名化等安全措施因技术被重新识别可能性升高	出现新的技术措施导致原有的数据脱敏方案失效或效果减弱。
数据接收方违规使用等潜在安全风险升高	数据接收方发生安全事件或存在潜在重大安全事件风险，发生违规或潜在违规、违约处理数据的风险。
数据接收方聚合数据、融合数据导致重识别、数据滥用风险升高	数据接收方因收购、合并、业务规模扩大等情形导致数据聚合能力提高，对数据主体聚合识别能力增强。
发现重大技术安全风险或发生重大安全事故	发现可能影响行业或某一领域的安全漏洞或技术风险。
应用收集数据类型与时机发生变化，调用用户端上敏感权限类型与时机发生变化	调用用户端上敏感权限的时机提前于用户授权时间。
数据泄露风险	数据接口被非法访问、数据库被"拖库"、内部人员权限管理时效过期等。

（二）数据合规风险检测

目前，我国在数据管理领域，已经正式出台的国家标准有《数据管理能力成熟度评估模型》（GB/T 36073-2018）（DCMM），在数据安全检测评估、认证领域的标准有《信息安全技术 数据安全能力成熟度模型》（GB/T 37988-2019）（DSMM）和团体标准《数据安全治理能力评估方法》（T/ISC-0011-2021）。这三个标准可以成为各行业、企业开展数据治理、数据安全风险评估的参考标准。

《数据管理能力成熟度评估模型》是国家推荐标准，适用于数据治理、数据

---

① 参见《个人信息保护法》第44条、第45条、第46条。
② 参见《个人信息保护法》第49条。

管理能力自评估参考。主要评估八个方面，即数据战略、数据治理、数据架构、数据应用、数据安全、数据质量、数据标准、数据生命周期管理。

《信息安全技术 数据安全能力成熟度模型》是国家推荐标准，适用于数据安全能力评估、数据安全能力建设，对组织建设、制度流程、技术工具、人员能力等进行能力维度的评估。

《数据安全治理能力评估方法》是团体推荐标准，适用于数据安全治理能力评估、指导行业数据安全治理能力建设，从组织建设的完备程度、制度流程覆盖面、技术工具支撑力度、人员能力培养等维度进行评估。

（三）数据合规风险评级

数据合规风险评级，是指对与数据安全、个人信息保护相关的风险事件进行评级。通常的评级分类为高、中、低三种风险等级。但根据不同合规场景，可包含中高维度、中低维度。

1. 高风险

通常是指涉嫌违反了法律法规的禁止性规定，民事、行政法律后果较为严重/涉及刑事领域，或可能引发数据安全事故，风险事件发生概率较高的情形。

2. 中风险

通常是指存在数据安全或法律合规上的风险，但该数据安全风险发生概率较低，或所涉法律法规的解释存有争议空间。

3. 低风险

通常是指可通过协议、文案、信息安全技术手段、隐私计算技术、产品流程设计优化等举措避免实际风险发生的情形。

三、数据合规计划的打造

（一）搭建数据合规管理体系

数据合规包括个人信息保护合规和数据保护合规两方面，由于在企业内部管理体系的建构思路上二者非常近似，本节将对此进行统一阐述。企业的数据合规管理体系总体而言包括以下内容：组织架构体系、管理制度体系、风险防控体系、监督检查体系、外部应对体系、安全技术体系。

1. 数据合规组织架构体系

根据国务院国资委的《中央企业合规管理办法》、发改委的《企业境外经营合规管理指引》，以及主管部门为国家市场监督管理总局的《合规管理体系 要求及使用指南》（GB/T 35770—2022）和合规实操经验等，一个规范的合规组织架构需要由以下四个层级构成：决策层、管理层（经理层、合规负责人）、执行层（风险管理部，包括风控、合规、审计）和各业务部门。[①]

数据合规在法律层面、技术层面、运营管理层面均面临不同的挑战和难点，仅靠单一主体或部门很难实现企业的整体合规。因此，企业应当建设领导层牵头、数据合规部门执行、全员参与的全方位、跨部门的数据合规管理体系。[②]

（1）设置数据合规专门负责人：由于数据合规管理体系的建构是"自上而下"的，领导层的率先垂范具有至关重要的作用，[③] 尤其是通过行动和决定对数据安全和个人信息保护表示积极、明确的支持。企业应根据法律要求并结合自身实际情况决定数据合规责任人，除企业的最高管理者外，还可以设置个人信息保护负责人[④]、数据安全负责人[⑤]等角色。在我国法律语境下，数据合规责任人是指全面统筹与实施企业关于数据安全与个人信息保护的合规工作，对数据和个人信息处理活动以及采取的保护措施等行为进行监督的直接责任人员。

数据合规责任人应当由具有相关管理工作经历和个人信息保护专业知识的人员担任，并承担以下职责：分配足够和适当的资源来建立、发展、实施、评估、维护和改进数据合规管理体系；确保战略和运营目标与履行数据合规义务之间的一致性；结合企业自身的经营范围、行业特征、监管政策、风险识别等因素确定

[①] 参见施俊侃：《强化数据治理背景下企业的数据合规体系建设》，载投资并购律师博客网站，https://www.bizchinalaw.com/archives/38158，最后访问时间：2022年9月17日。

[②] 参见《重磅 | 企业数据合规白皮书发布》，载中国软件评测中心（工业和信息化部软件与集成电路促进中心）网站，https://www.cstc.org.cn/info/1081/231388.htm，最后访问时间：2022年9月17日。

[③] 参见王唯宁等：《企业如何建设合规管理体系》，载中国律师网，http://www.acla.org.cn/article/page/detailById/31888?from=singlemessage&isappinstalled=0，最后访问时间：2022年9月17日。

[④] 参见《个人信息保护法》第52条。

[⑤] 参见《数据安全法》第27条。

数据管理整体方针策略。

（2）建立数据合规跨部门协同机制：数据合规需要法务、技术、安全、内控、审计等多方资源的密切配合，企业应根据自身规模和运营方式等因素设计适宜的数据合规管理组织架构。为支持数据合规管理体系有效运行，企业可以设置专门的数据合规管理部门，统筹协调其他合规部门共同开展数据合规专项工作，使各团队发挥优势、各司其职、相互配合，兼顾法律法规风控要求和政策可落地性，形成管理合力。

2. 数据合规管理制度体系

企业应建立健全数据安全合规管理的相关内部标准、制度和规范，作为业务开展和员工履职的基本要求。主要包括以下三类：

（1）内部行为准则：将数据隐私保护纳入企业经营管理和文化建设的纲领性文件中，包括企业愿景、使命、合规方针、社会责任等方面，为企业收集和处理数据的行为提供道德规范指引，如《员工数据合规手册》。

（2）原则性规范：从数据采集、传输、存储、处理、交换、销毁等全生命周期环节出发，以适用的数据保护法律法规为基础，对各项活动提出合规基本要求，如《用户个人数据使用行为规范》《数据保护合规管理规范》《隐私影响评估管理流程》等。

（3）场景化指引：这是业务单位遵照合规指引开展业务活动的直接依据，是原则性规范结合业务实际场景形成的具体指导书，明确单个业务活动中整个数据生命周期的流转和具体的风险及管控点，使得一线员工清晰了解合规要求和具体的合规动作，能够在遇到具体的合规问题时有据可依。

3. 数据合规风险防控体系

数据合规风险防控体系主要由合规义务梳理、合规风险评估、合规尽职调查、合规培训四大模块组成。

第一，在不同的业务领域，有相应的法律法规或监管政策对企业的数据使用与处理进行规定。企业的数据合规也因此而面临不同的行业监管要求。为更全面和系统地保障企业合法运营，需要先对企业的业务进行梳理，明确数据的使用和处理活动流程，根据适用法律关于数据及个人信息保护的合规监管要点形成数据合规义务清单。

第二，数据保护合规风险评估制度又称数据保护/个人信息保护影响评估，企业通过对数据合规义务清单进行定期评估，并保存评估报告和处理情况的记录，以便及时发现处理敏感个人信息、利用个人信息进行自动化决策、委托处理个人信息、向第三方提供个人信息、向境外提供个人信息等处理活动的数据合规风险点。[1] 个人信息保护影响评估应当包括下列内容：个人信息的处理目的、处理方式等是否合法、正当、必要；对个人权益的影响及安全风险；所采取的保护措施是否合法、有效并与风险程度相适应。[2]

第三，企业在开展外部数据服务合作时，合作方（如数据供应商、接受委托处理数据的受托方）的数据合规风险将直接影响企业自身。因此，在开展合作前，对合作方的数据合规情况进行尽职调查，有助于筛选合规的合作方；在合作过程中，通过持续的、阶段性的尽职调查，对合作方的数据处理活动进行监督，确保合作方依法、依约处理数据，则是防范合作方数据合规风险的有效方式。[3]

第四，企业需要定期组织培训。通过培训，一方面可以提高和增强员工的数据保护意识和能力，确保员工了解最新的数据保护法律法规、监管规定、企业内部规章制度等方面的内容；另一方面也能够保证企业高层管理者与其他层级员工维持一种稳定的沟通关系，使企业高层管理者的数据合规理念与态度能够顺畅传达至企业各层级员工，形成合规文化。

4. 数据合规监督检查体系

数据合规监督检查体系是对违法违规行为进行实时监测和识别的管理体系，包括全流程合规监控、合规审计、违规行为举报三项具体流程。[4]

第一，全流程合规监控要求企业在经营业务的全流程里，针对数据全生命周期，采取必要的技术安全和管理安全措施，保障数据的有效保护和合法利用，对存在违规行为的环节及时进行合规优化。

---

[1] 参见《个人信息保护法》第55条。
[2] 参见《个人信息保护法》第56条。
[3] 参见程婷、史跃、卢萍：《国浩视点 | 数据合规法律尽职调查观察与思考》，载"国浩律师事务所"微信公众号，https://mp.weixin.qq.com/s/gV19uj6QK0BYJguwdVFZLg，最后访问时间：2022年9月17日。
[4] 参见毛逸潇：《数据保护合规体系研究》，载《国家检察官学院学报》2022年第2期。

第二，我国法律法规分别对个人信息处理者、数据处理者的数据合规审计义务作出了规定，不同类型的主体在外审/内审、审计频次、审计报告披露、审计内容等方面需要遵循的法律要求有所不同。企业应参考规定中对各类主体的定义，准确判断自身所属主体类型，识别相应的数据合规审计义务。合规审计的范围至少应涵盖对现有内部管理制度和操作规程的完备性、执行的有效性的审查：在组织架构层面，是否依法设置数据保护机构和合规负责人，其履职是否符合法律要求；数据的收集、存储、使用、跨境传输、主体行权响应等环节，是否采取了法律要求的合规措施；安全事件响应机制是否有效运转等。对审计过程和结果应形成记录并妥善保存，确保能为安全事件的处置、应急响应和事后调查提供支撑。数据合规审计并非一项一劳永逸的工作，企业应结合国内立法、执法实践，在审计完成后定期复验，确保数据审计中发现的问题能得到有效的解决。①

第三，企业应当搭建便捷的数据安全投诉举报渠道，公布接受投诉、举报的联系方式和信息，并及时受理、处置投诉事项。此外，应当建立起内部违规行为举报机制，允许员工实名或匿名通过内部系统举报数据违规行为，并严格保护举报者不受打击和报复。

5. 数据合规外部应对体系

企业对外主要包括应对用户和监管两方面。在应对用户方面，企业应当建立数据主体权利响应机制，针对用户相应的权利请求建立便捷的申请受理和处理流程，为数据主体提供优质的交互体验。在应对监管方面，企业应主动与数据监管部门建立沟通渠道，跟踪监管最新要求和执法趋势，尽快完成内部合规整改，积极配合数据监管部门的调查。

6. 数据合规安全技术体系

数据保护合规体系具有显著的技术依赖性，需要技术深入支持。我国数据保护法律在合规流程性条款中将技术措施与管理措施并列，使技术保障成为数据保护合规管理流程的重要组成部分。在技术层面，应当考虑数据风险核查能力、数

---

① 陈际红等：《权知轻重，度知长短：如何开展〈个人信息保护法〉项下的合规审计?》，载中伦律师事务所微信公众号"中伦视界"，https://mp.weixin.qq.com/s/6y9KoTLpJgffkj8fqeo-Zg，最后访问时间：2022年9月17日。

据梳理能力、数据保护能力以及数据威胁监控预警能力这四大核心数据能力的建设。具体来说，企业应从以下方面着手建立数据合规安全技术体系：

（1）数据梳理。即对企业重要数据、敏感数据进行全面排查梳理，并根据业务需要对不同角色接触、处理数据的权限进行梳理。

（2）入侵防御。即建立、检查数据库防火墙，以便对外部攻击进行有效防护，同时对内部数据库漏洞进行有效防护，防止漏洞被违规利用。

（3）权限管控。即针对不同访问需求，规范数据访问权限，并严格记录访问情况，实现内部数据操作行为的有效控制与监管。

（4）脱敏流转。即在数据使用流转过程中，遵循数据最小使用原则，去标识、去隐私，实现数据的安全高效利用，在安全的前提下提升数据的使用价值。

（5）密文存储。即落实重要数据识别和分类分级保护要求，对重要的核心数据加密存储，守护数据安全。

（6）应急处置机制。为应对个人信息或数据泄露、篡改、丢失等安全事件，企业应建立安全事件应急预案。预案内容应包含：一是安全事件应急响应的组织机构和工作机制、责任机制，总体编制思路可参考《国家网络安全事件应急预案》。二是记录、评估和及时采取减损措施。三是按照规定及时告知用户并向有关主管部门报告。四是应急响应培训和应急演练计划。[1]

（二）数据合规管理资源配置思路

企业数据的有效利用和安全保障有赖于数据管理资源的合理配置。总体来说，数据管理资源的配置可以围绕部门和人员设置、制度保障、分类分级、合规评估、权限管理、安全审计、合作方管理、应急响应、教育培训等方面展开。

1. 部门和人员设置

企业可以设置专门的数据安全管理责任部门，由该部门牵头承担企业数据安全管理工作，包括但不限于制定数据安全管理制度规范，协调强化数据安全技术

---

[1] 刘相文、汤敏志、李伟：《〈个人信息保护法〉实施背景下，如何构建企业数据合规管理体系？》，载中伦律师事务所网站，https://www.zhonglun.com/Content/2021/11-11/1426063940.html，最后访问时间：2022年9月17日。

能力，开展数据安全合规性评估、安全审计管理、安全事件应急处置、教育培训等工作。从整个企业层面而言，需明确数据安全管理责任部门与各项工作执行部门的责任分工，建立数据安全管理制度执行落实情况监督检查和考核问责制度。为保障数据安全管理责任部门的专业性，建议配备数据安全管理责任人员，相关工作执行部门应设置数据安全工作岗位，负责具体落实数据安全管理工作。有条件的平台类型企业还可以设立由数据安全管理责任部门、法务部门和有关业务部门等构成的工作组机制，以协同落实数据安全措施和有效跟进监管侧的合规要求。

2. 制度保障和分类分级

企业应当就数据分类分级、数据访问权限、数据全生命周期管理、数据共享等方面制定制度性规范，建立企业日常数据管理中的行为准则供员工和其他相关方遵守。对于不同安全级别的数据，其敏感度和使用规则可能相差较大，明确分级有助于在促进数据流通使用的同时保障数据的安全。

3. 合规评估

对于企业运营中涉及的业务和功能，如涉及应当进行内部合规评估的事项，应由公司的相关部门（如法务、数据安全责任部门等）对该业务和功能进行合规评估，以确保其中的数据处理活动在上线前做到合法合规。合规评估是企业进行风险事前防范的重要手段，企业应当对内部员工宣贯合规评估的重要性，并在功能/业务推进过程中落实相关合规建议。

4. 权限管理

企业应明确数据处理活动平台系统的用户账号分配、开通、使用、变更、注销等安全保障要求及账号操作审批要求和操作流程，形成并定期更新平台系统权限分配表，重点关注离职人员账号回收、账号权限变更、沉默账号安全等问题。此外，企业还应按照业务需求、安全策略及最小授权原则等，合理配置系统访问权限，避免非授权用户或业务访问数据。严格控制超级管理员权限账号数量。对数据安全管理、数据使用、安全审计等人员角色进行分离设置。涉及授权特定人员超权限处理数据的，由数据安全管理责任部门进行审批并记录；涉及数据重大操作的（如数据批量复制、传输、处理、开放共享和销毁等），采取多人审批授权或操作监督，并实施日志审计。

5. 安全审计和合作方管理

为达到内部和外部合作方管理之目的，企业应对数据授权访问、接口调用等环节进行日志留存和定期备份，并加强数据安全审计管理。企业可安排数据安全负责部门定期对内部和外部合作方开展安全审计，并形成安全审计报告。合作方的引入往往会增加数据泄露的风险，因此，企业在与合作方开展合作之前应对合作方的组织和技术能力进行尽职调查，以书面形式的合同约定明晰双方各自的权利和义务，并纳入数据保护条款。

6. 应急响应

企业应强化其数据泄露（丢失）、滥用、被篡改、被损毁、违规使用等安全事件的应急响应能力。一旦发生数据泄露等违规事件，企业往往很难对公开域的信息传播进行阻断，该事件可能会对企业和数据涉及的有关主体造成损害和损失。除制定应急响应制度外，企业还应结合事件场景和等级制定应急预案并开展演练。

7. 教育培训

企业应对数据安全管理相关岗位的人员进行培训，培训内容包括但不限于数据安全制度要求和实操规范，如法律法规、政策标准、合规性评估、安全意识等。培训的形式也可以多样化，如结合入职培训和日常专题培训，以及结合线上或线下考核评定等。

（三）数据合规评估方法

数据合规评估是企业数据安全管理的重要内容和抓手，企业应当对整体数据安全保护水平进行评估并形成评估报告。根据涉及的数据类型的不同，企业的数据合规要求和评估方法不尽相同。

1. 个人信息保护影响评估

（1）概述

个人信息保护影响评估（亦称作"个人信息安全影响评估"）主要是指在开始数据处理活动之前和在部分特定的情况下，个人信息处理者有义务对数据处理的行为进行不同维度的影响评估，对个人信息主体合法权益是否可能会造成损害的不同风险进行评估，以帮助企业对数据处理过程中可能涉及的风险进行识别与系统分析。个人信息安全影响评估通常被视为一种事前预防机制，帮助组织在业务或工作程序开展之前，识别对个人信息主体权益的风险，实施有针对性的保护措施。个人信息安全影响评估有助于在工作开展的初期识别个人信息安全问题，通过尽早考虑、分析和处理个人信息安全问题，降低组织的时间管理成本、法律风险以及潜在的声誉或公众问题。①

《个人信息保护法》明确规定了在以下场景内，个人信息处理者应当开展个人信息保护影响评估，并对处理情况进行记录：处理敏感个人信息；利用个人信息进行自动化决策；委托处理个人信息、向其他个人信息处理者提供个人信息、公开个人信息；向境外提供个人信息；其他对个人权益有重大影响的个人信息处理活动。② 其中，敏感个人信息是指一旦泄露、非法提供或滥用可能危害人身和财产安全，极易导致个人名誉、身心健康受到损害或歧视性待遇等的个人信息，通常包含个人财产信息、个人健康生理信息、个人生物识别信息、个人身份信息等信息类别。通常情况下，14岁以下（含）儿童的个人信息和涉及自然人隐私的信息属于敏感个人信息。③

此外，在企业档案保管制度要求方面，《个人信息保护法》亦对企业提出了具体的保存期限要求，即个人信息处理者对个人信息保护影响报告和处理情况的记录应当至少保存三年。

(2) 个人信息保护影响评估的步骤和流程

个人信息保护影响评估应主要包含评估对象所覆盖的业务场景、涉及的个人数据收集处理活动和参与及负责部门、已识别的风险，以及已采用或拟采用的安全控制措施清单等。④ 需要注意的是，个人信息保护影响评估应当立足于用户的角度进行评估，而非从企业的角度认定是否可行。在开展个人信息保护影响评估时，企业应考量个人信息主体对企业使用其个人信息所着重关心的内容，诸如该等数据处理行为是否会限制个人自主决定权、是否会引发差别性待遇、是否会造

---

① 参见《信息安全技术 个人信息安全影响评估指南》第4.2条。
② 参见《个人信息保护法》第55条。
③ 参见《信息安全技术 个人信息安全规范》附录B。
④ 参见《信息安全技术 个人信息安全影响评估指南》第4.4条。

成个人名誉受损或精神压力以及是否会致使人身或财产受损等。

企业应当指定个人信息安全影响评估的责任部门或责任人员，由其负责个人信息安全评估流程的制定、实施、改进工作程序，并为个人信息安全影响评估工作执行结果的质量负责。该责任部门或责任人员应具有独立性，不受被评估方的影响。通常组织内部牵头执行个人信息安全影响评估工作的部门可以为法务部门、合规部门或信息安全部门。组织内的责任部门可根据部门的具体能力配备情况，选择自行执行个人信息安全影响评估流程，也可协调其他内部和/或外部相关方提供帮助，或聘请外部独立第三方执行个人信息安全影响评估。[1] 评估可以根据实际情况采用访谈、检查和测试等形式。

个人信息保护影响评估的基本实施流程通常包含准备阶段、分析阶段、评估报告阶段、风险处置和持续改进阶段、评估报告发布阶段。其中，分析阶段应至少包含必要性分析、数据映射分析、对信息主体个人权益影响分析、安全事件可能性分析和风险分析等环节。在此过程中，需要识别待评估的具体个人信息处理活动所处理的个人信息是否为该等活动所必需的，已采取的措施是否符合有关法律法规的具体要求（诸如是否就该信息处理活动取得了个人信息主体的同意或具备其他的合法性基础）等。具体来说，首先，企业应分析处理的或拟处理的个人信息是否有必要、是否可以由其他非个人信息来替代；其次，企业应分析个人信息处理活动对个人信息主体的权益造成的影响，并判定相应的影响程度；再次，对个人信息处理活动的特点、已采用的或已决定采用的安全措施、所涉及相关方类型和数量、个人信息处理活动的规模（包括信息总量、覆盖人群和地域等）等进行分析，判定对个人信息主体的影响和个人信息安全事件发生的可能性；最后，综合分析必要性、影响程度和可能性三个要素，得出风险等级，并给出相应的改进建议，形成评估报告。在完成风险等级判断后，企业可以再根据风险等级确认对应风险处置计划和风险接受准则。企业应持续跟踪风险处置的落实情况，评估剩余风险，将风险控制在可接受的范围内。[2] 对于高风险的数据处理活动，

---

[1] 参见《信息安全技术 个人信息安全影响评估指南》第4.5条。
[2] 参见《信息安全技术 个人信息安全影响评估指南》第5.8条。

在落实整改措施和降险策略前原则上不应当开展。

此外，就具体的个人信息影响评估实践而言，企业既可以针对类型化的个人信息处理活动展开整体的评估，也可以就某一特定场景进行评估（如针对产品中实名认证功能模块的评估）。根据业务所涉数据处理活动的相似性和归纳性，企业采取相适宜的个人信息影响评估形式也有利于降低合规成本和提升业务开展效率。

最后，企业应当妥善保存已经完成的个人信息影响评估报告，作为履行法定义务的存证。

2. 其他类型数据的合规评估

《网络安全法》第 22 条第 1 款规定，网络产品、服务应当符合相关国家标准的强制性要求。网络产品、服务的提供者不得设置恶意程序；发现其网络产品、服务存在安全缺陷、漏洞等风险时，应当立即采取补救措施，按照规定及时告知用户并向有关主管部门报告。

在当前的监管环境下，电信和互联网等类型企业仍应做好网络数据安全的合规性评估工作，开展企业整体数据安全保护水平评估并形成评估报告。报告内容包括但不限于数据安全制度建设情况、数据分类分级情况、数据安全事件应急响应水平，以及重点业务与系统数据合规处理情况、数据安全保障措施配备情况、合作方数据安全保护水平等。

当企业涉及处理敏感的、重要的数据的时候，将进行数据影响评估作为必备的内部合规制度，还是非常必要的。个人信息影响评估即便不能为企业消除所有的数据合规风险，也能在较大程度上帮助企业减少与数据合规相关的风险，还可以帮助企业判断对应的数据风险等级，并作出是否接受该等风险的判断。从我国法律规定来看，开展个人信息影响评估亦是企业在部分法定情形下进行事前风险评估的强制性要求。

总体而言，企业通过实施并较好地完成数据影响评估，不仅能降低各类数据潜在风险的发生，而且能帮助企业自我证明其在业务运营过程中遵守了适用数据保护法律的规定和要求，企业亦能根据数据影响评估的结果采取有效的合规策略与保障措施。

第六节　反垄断合规

企业的垄断行为对市场的公平竞争秩序损害较大。因此，我国越来越重视反垄断的立法和监管，相应地，我国企业面临的反垄断合规压力也将越来越大。对于那些在信息、技术、资源、资金等方面占有竞争优势的企业而言，建立反垄断合规管理制度是保障依法依规经营的必要举措。

一、反垄断合规的监管态势

（一）反垄断合规立法梳理

我国现行有效的《反垄断法》于 2022 年 6 月 24 日修改并于 2022 年 8 月 1 日起生效施行。《反垄断法》主要规制的垄断行为是未依法申报违法实施经营者集中、滥用市场支配地位、横向垄断协议、纵向垄断协议、行政垄断。

《反垄断法》奠定了我国反垄断立法的基调。与此同时，国务院反垄断委员会、国家市场监督管理总局（以下简称市场监管总局）也在与时俱进地颁布配套的制度文件：

· 在经营者集中申报方面，国务院反垄断委员会在 2008 年 8 月 3 日颁布了《关于经营者集中申报标准的规定》，并于 2018 年 9 月 18 日进行了修订；市场监管总局于 2023 年 3 月 10 日发布《经营者集中审查规定》（自 2023 年 4 月 15 日起生效），进一步阐述了申报的要求和审查标准。[①]

· 在垄断协议方面，市场监管总局在 2023 年 3 月 10 日颁布了《禁止垄断协议规定》，细化了查处垄断协议的执法权限、认定行为违法的考量因素、行政调查的程序。

[①] 关于经营者集中申报的法律法规及意见文件还可以参见：《关于经营者集中申报的指导意见》《关于规范经营者集中案件申报名称的指导意见》《金融业经营者集中申报营业额计算办法》《关于经营者集中申报文件资料的指导意见》。

- 在滥用市场支配地位方面，市场监管总局在2023年3月10日发布了《禁止滥用市场支配地位行为规定》，解释了反垄断法下各项滥用市场支配地位行为的认定标准，并罗列了正当理由的适用情形。

除前述法律法规外，国务院反垄断委员会还从经营者整体合规层面，出台了《经营者反垄断合规指南》，指导经营者提高合规管理，鼓励培育公平竞争的合规文化，识别和降低合规风险，加强日常经营的反垄断合规工作。此外，国务院反垄断委员会也为《反垄断法》在特定领域的适用颁布了一系列反垄断指南。[①] 这些反垄断指南就具体领域中的反垄断问题进行了进一步的澄清与说明，为反垄断执法与司法提供了更加细致的指引。

在地方层面，各地的市场监管局也迅速跟进，相继出台了更加细化的企业反垄断合规指引。例如，上海市市场监督管理局于2019年12月发布《上海市经营者反垄断合规指引》；2020年后，山东省、河南省、河北省、湖北省、湖南省、江苏省、天津市、陕西省等地也相继发布合规指引文件。除重申《经营者反垄断合规指南》中的重要内容外，一些省份的反垄断合规指引文件也结合地方经验，对有地方特色的潜在垄断行为加以说明，如《陕西省经营者反垄断合规指引》对建材行业的水泥、砂石、混凝土行业经营者进行了特别提示。

中央和地方层面已经形成系统化的反垄断立法和执法体系。但同时，新型垄断行为也随着技术的发展而不断涌现，这类行为在平台经济领域最为突出。在此背景下，国务院反垄断委员会于2021年2月7日发布《关于平台经济领域的反垄断指南》，细化了《反垄断法》在互联网平台经济领域的适用，为这一领域的反垄断执法提供了依据：

- 在经营者集中方面，指南明确涉及协议控制架构（Variable Interest Entities, VIE）的经营者集中应依法申报，并声明执法机构高度关注"掐尖并购"[②]；

[①] 如《关于相关市场界定的指南》《关于汽车业的反垄断指南》《关于知识产权领域的反垄断指南》《横向垄断协议案件宽大制度适用指南》《关于平台经济领域的反垄断指南》《关于原料药领域的反垄断指南》。

[②] 《关于平台经济领域的反垄断指南》第19条第3款对治理"掐尖并购"的集中进行了规定："国务院反垄断执法机构高度关注参与集中的一方经营者为初创企业或者新兴平台、参与集中的经营者因采取免费或者低价模式导致营业额较低、相关市场集中度较高、参与竞争者数量较少等类型的平台经济领域的经营者集中，对未达到申报标准但具有或者可能具有排除、限制竞争效果的，国务院反垄断执法机构将依法进行调查处理。"

·在市场界定方面,指南指出平台经济领域的相关商品市场界定适用替代性分析,需求替代分析可考虑平台功能、商业模式、应用场景等因素,供给替代分析可考虑市场进入、技术壁垒、网络效应等因素;

·在垄断协议方面,指南罗列了具有平台经济领域特点的垄断协议,包括经营者利用平台收集并且交换价格、销量、成本、客户等敏感信息;

·在滥用市场支配地位方面,指南结合互联网平台经济的特点,进一步规定了支配地位的认定、具体的滥用行为和正当理由。例如,在认定市场支配地位时,可以考虑交易金额、交易数量、销售额、活跃用户数、点击量、使用时长或者其他指标在相关市场所占比重,同时考虑该市场份额持续的时间。

(二) 反垄断合规执法实践

1. 经营者集中申报

随着反垄断监管力度的加强,经营者集中申报已经成为反垄断执法的重点领域。经营者集中申报的执法初见成效,市场监管总局通过一系列处罚和调查活动,引导企业关注经营者集中申报的合规问题,依法进行经营者集中申报。

自2021年以来,执法机构对控制权的认定口径趋严。根据《反垄断法》的规定,经营者通过交易或协议取得对目标公司的控制权,并且交易达到申报要求的营业额标准,且不存在法律规定的豁免情形的,经营者应在交割交易前依法进行经营者集中申报。但《反垄断法》及相关的法律规定并未对"控制权"判断作出明确的规定。可见,持股比例不是认定取得反垄断法项下控制权的决定性标准,不能因只取得少数股权而忽视可能存在经营者集中申报的风险。

违法实施集中的案件多适用顶格处罚。市场监管总局在2021年公布了107件未依法申报实施集中处罚的案件,其中有超过90%的案件适用了顶格处罚50万元。[①] 可见,执法机构对违法实施经营者集中行为的处罚有适用顶格处罚的倾向。同时,结合现行《反垄断法》,我国加大对垄断行为的处罚,处罚上限提高

---

① 参见《中国反垄断执法年度报告(2021)》,载国家市场监管总局网站,https://www.samr.gov.cn/xw/zj/202206/t20220608_347582.html,最后访问时间:2022年9月19日。

到五百万元或者上一年度销售额百分之十的罚款。① 由此可见，企业未依法申报实施集中的违法成本将大幅增加。

综上，市场监管总局在经营者集中执法案件中加大了处罚力度，加强对小股东控制权的审查，执法范围追溯延长到数年前的交易，进一步明晰了执法规则，为企业合规提供了参考的范例。近期的执法现象都对外释放了加强经营者集中监管的信号。

2. 滥用市场支配地位

平台"二选一"是反垄断执法在滥用市场支配地位领域的执法重点。市场监管总局通过高额罚款对平台滥用市场支配地位的行为进行强有力的威慑。

3. 垄断协议

在纵向垄断协议方面，转售价格维持仍是执法关注的重点。某案的处罚决定书明确指出，对纵向转售价格维持的执法思路为原则禁止+例外豁免。虽然当事人基于"创新"和"社会公共利益"两个理由提出了豁免申请，但市场监管总局均以无法提供充分的证据为由驳回了申请，因此，要在此类案件中成功证明不具有排除限制竞争效果的难度极大。

在横向垄断协议方面，相关案件中的行业协会主要通过召集会议、发布通知、起草制定文件等方式，协调会员企业实施固定价格、限制产量、分割销售市场和联合抵制交易等的横向垄断协议。可见，行业协会的组织性质和特点非常容易导致行业内经营者达成、实施垄断协议的风险，这也是反垄断执法的重点领域之一。该案提示了企业在参与相关行业协会活动时，应当提高警惕，避免涉入垄断禁区。

（三）反垄断合规司法实践

反垄断诉讼主要包括民事诉讼和行政诉讼，民事诉讼的争议焦点主要集中在垄断协议和滥用市场支配地位，行政诉讼主要是因涉案企业对反垄断执法机构作出的执法决定不服而提起。其中，涉及知识产权的反垄断民事诉讼已成为相关企

---

① 参见《反垄断法》第58条。

业解决知识产权纠纷的重要途径，集中表现在与标准必要专利有关的反垄断诉讼案件中。另外，随着个人信息保护和数据安全等方面法律体系的完善，涉及数据、算法的反垄断民事诉讼案件也将涌入法院。

互联网一直是反垄断民事诉讼频发的重点领域。数字经济发展至今，市场已经进入以手机端用户为主的白热化竞争阶段，垄断行为出现了新形态。例如，"平台封禁"的垄断问题在近期引发公众热议。可见，随着平台经济领域头部企业的崛起，反垄断民事诉讼已成为对抗大型平台企业实施垄断行为的重要工具。除了互联网领域的反垄断诉讼，司法机构在涉及知识产权的反垄断诉讼领域也积累了大量的实践经验。

二、反垄断合规风险的识别

（一）反垄断合规风险类型

1. 经营者集中申报

经营者集中达到法律规定的申报标准的，经营者应当事先向国家市场监管总局申报，未申报的不得实施集中。判断交易是否需要申报时，通常需评估：（1）相关交易是否构成经营者集中；（2）参与集中的经营者营业额是否达到申报标准。

经营者集中包括如下情形：（1）经营者合并；（2）经营者通过取得股权或者资产的方式取得对其他经营者的控制权；（3）经营者通过合同等方式取得对其他经营者的控制权或者能够对其他经营者施加决定性影响；（4）两个以上经营者新设合营企业。

此外，对于虽未达到申报标准，但可能排除、限制竞争的经营者集中，企业也可以自愿向市场监管总局申报。并且，如果未达到申报标准的经营者集中具有或可能具有排除、限制竞争的效果，市场监管总局"应当"主动发起调查。[①]

[①] 《国务院关于经营者集中申报标准的规定》第4条规定："经营者集中未达到本规定第三条规定的申报标准，但按照规定程序收集的事实和证据表明该经营者集中具有或者可能具有排除、限制竞争效果的，国务院反垄断执法机构应当依法进行调查。"

（1）控制权的判断标准

判断经营者是否取得对目标公司在《反垄断法》项下的控制权，往往是评估申报义务的核心难点。《反垄断法》所称的控制与《公司法》或者《证券法》所称的控制在内涵和外延上有所不同，系经营者对其他经营者的生产经营活动或者重大经营决策具有或者可能具有决定性影响的权利或者状态，包括直接和间接、单独和共同、积极和消极的控制权，也包括控制的权利和事实状态。

判断企业是否取得控制权，需要根据具体情况判断，没有普遍适用的单一标准。目前的法律法规没有给出明确的判断标准，仅罗列了可适用的参考因素，[①]因此，判定是否取得控制权还有赖于执法机构的最终认定。

通常而言，如果企业取得对目标公司关于高级管理人员任免、商业计划和预算决议的决定权或否决权（即"三道否决权红线"），不论该等决定权或否决权是在股东会层面还是董事会层面取得，也不论是通过股权比例、董事席位和投票机制取得，还是通过合同明确约定的否决权取得，抑或是通过实际运营实现，执法机构通常都会认为企业取得了对目标公司的控制权。

除上述的"三道否决权红线"外，《反垄断法》意义下的控制还可以表现在对目标公司重大经营决策、常规生产经营活动事实上的控制关系或经济上的依赖关系等方面，需要综合交易目的、未来计划以及行业特点评估。但如果决议事项是为保护投资者的权利，而非为控制公司的战略决议或日常经营，则应排除在控制权的概念之外。此类保护性权利通常表现为《公司法》规定的特别决议事项：修订公司章程、增减注册资本、合并、分立、解散或者变更公司形式。[②]

综上，判断企业是否取得对目标公司在《反垄断法》项下的控制权，有如下需要考虑的风险事项：

· 是否可以对目标公司重大经营决策、常规生产经营活动施加决定性影响；

· 是否形成对目标公司在事实上的控制关系或经济上的依赖关系；

· 是否排除对投资者的保护性权利；

---

① 参见《经营者集中审查规定》第5条。
② 参见《公司法》第103条。

·是否综合考虑交易目的、未来计划和行业特点。

(2) 营业额的判断标准

一项经营者集中达到申报要求的营业额门槛时，将触发经营者集中的申报义务。营业额标准适用《国务院关于经营者集中申报标准的规定》（2018年修订）第3条第1款规定："经营者集中达到下列标准之一的，经营者应当事先向国务院反垄断执法机构申报，未申报的不得实施集中：（一）参与集中的所有经营者①上一会计年度在全球范围内的营业额合计超过100亿元人民币，并且其中至少两个经营者上一会计年度在中国境内的营业额均超过4亿元人民币；（二）参与集中的所有经营者上一会计年度在中国境内的营业额合计超过20亿元人民币，并且其中至少两个经营者上一会计年度在中国境内的营业额均超过4亿元人民币。"

经营者集中意义下的"营业额"包括相关经营者在实施经营者集中行为的上一会计年度内销售产品和提供服务所获得的收入，扣除相关税金及附加。② 经营者集中申报通常会要求经营者提交经审计的财务报告，作为证明营业额数据的依据。需要注意的是，经营者集中申报的营业额统计范围较为广泛，可能会出现少算和漏算的风险。

《反垄断法》申报意义项下的营业额概念与控制权有紧密联系。③ 具体而言，某一经营者的营业额应当为该经营者以及与该经营者存在直接或者间接控制关系的所有经营者的营业额总和，但是不包括上述经营者之间的营业额。④ 简言之，《反垄断法》下经营者的营业额是一个"集团"营业额的概念，并且其范围往往超出《公司法》或会计规则下的集团。⑤

需要注意的是，相同经营者之间两年内多次实施未达到申报标准的经营者集中的，将会被视为一次集中，集中时间从最后一次交易算起，参与集中的经营者

---

① 但需注意，并非所有参与交易的主体都构成"参与集中的经营者"。
② 参见《经营者集中审查规定》第9条。
③ 参见《经营者集中审查规定》第10条、《关于经营者集中申报的指导意见》第6条。
④ 参见《关于经营者集中申报的指导意见》第6条。
⑤ 例如，经营者A公司是某次交易中的参与集中者，A公司由C公司通过B公司间接控制，则申报意义下，A公司的营业额应等于A、B、C三家公司营业额之和（若C公司还控制另一家公司D，即使D公司的业务与A公司或交易完全没有关系，D公司的营业额也应当计算在内）。

的营业额应当将多次交易合并计算。① 此外，当经营者之间共同控制其他经营者时，参与集中的经营者的营业额应当包括被共同控制的经营者与第三方经营者之间的营业额，并且此营业额只计算一次。

但即使营业额未达到申报标准，反垄断执法机构也可能依法主动调查未达到申报标准的经营者集中。其中，尤其需要关注，交易是否涉及扼杀创新的控制权取得，包括取得初创企业、新兴平台、因免费或低价模式导致营业额较低的公司、因市场规模小导致营业额未达标的公司等的控制权。②

综上，在统计经营者集中申报意义下的"营业额"时存在如下风险事项：

· 是否全面梳理所有享有直接或间接控制权的经营者；
· 是否已加总所有相关经营者的营业额之和；
· 是否达到经营者集中申报的营业额门槛；
· 交易是否属于两年内多次实施未达到申报标准的经营者集中。

2. 滥用市场支配地位

市场支配地位是指经营者在相关产品市场和相关地域市场具有能够控制商品价格、数量或者其他交易条件，或者能够阻碍、影响其他经营者进入相关市场能力的市场地位。具有市场支配地位本身不会触发任何违法行为。《反垄断法》禁止的是具有市场支配地位的经营者滥用其支配地位，实施限制、排除竞争的行为。

（1）界定市场支配地位

判断公司是否具有市场支配地位需要综合市场份额、控制销售市场或原材料采购市场的能力、经营者的财力或技术条件、其他经营者对该经营者在交易上的依赖程度、其他经营者进入相关市场的难易程度等因素考量。③ 作为初步评估，如果公司在相关市场的市场份额达到二分之一，或者与另一家经营者在相关市场

---

① 例如，企业A在2019年至2020年，分别于2019年、2020年年初和2020年年末从企业B处收购了两家公司和一宗资产，虽然这两家公司和资产各自在中国境内的营业额均不足4亿元，但是加起来超过4亿元。因此，在被视为一次集中后，这三起交易需要向市场监管总局申报。

② 例如，《关于平台经济领域的反垄断指南》第19条第3款规定，国务院反垄断执法机构高度关注参与集中的一方经营者为初创企业或者新兴平台、参与集中的经营者因采取免费或者低价模式导致营业额较低、相关市场集中度较高、参与竞争者数量较少等类型的平台经济领域的经营者集中，对未达到申报标准但具有或者可能具有排除、限制竞争效果的，国务院反垄断执法机构将依法进行调查处理。

③ 参见《反垄断法》第23条。

的市场份额合计达到三分之二,或者与其他两家经营者的市场份额合计达到四分之三,则应重点关注公司在业务活动中潜在的滥用行为。①

界定相关市场的风险点在于,并非只有"头部企业"才有市场支配地位。只要相关市场足够细分,非头部企业也可能因其在细分市场中的市场份额被推定具有市场支配地位。

(2)滥用市场支配地位的行为

《反垄断法》第 22 条以不完全列举的方式罗列了法律所禁止的滥用市场支配地位行为。在进行合规风险评估时,应结合公司业务的具体情况进行分析。

①不公平价格行为

《反垄断法》第 22 条第 1 款第 1 项禁止具有市场支配地位的经营者以不公平的高价销售商品或者以不公平的低价购买商品。判断价格是否"公平"时,需要衡量公司设定的产品或服务价格是否"明显高于/低于"参照的价格因素。

引发不公平价格风险的情形包括但不限于:

·销售价格或者购买价格明显高于或者明显低于其他经营者在相同或者相似市场条件下销售或者购买同种商品或者可比较商品的价格;

·销售价格或者购买价格明显高于或者明显低于同一经营者在其他相同或者相似市场条件区域销售或者购买商品的价格;

·在成本基本稳定的情况下,超过正常幅度提高销售价格或者降低购买价格;

·销售商品的提价幅度明显高于成本增长幅度,或者购买商品的降价幅度明显高于交易相对人成本降低幅度。②

②低于成本销售

《反垄断法》第 22 条第 1 款第 2 项禁止具有市场支配地位的经营者在没有正当理由的情况下,以低于成本的价格销售商品,从而排挤竞争者。低价营销是市场上企业常采取的销售方式,在短期内有利于消费者利益。但《反垄断法》禁止的低价销售实质上会排挤竞争对手,因为经营者通常会在获得市场优势地位

---

① 参见《反垄断法》第 24 条。
② 参见《禁止滥用市场支配地位行为规定》第 14 条。

后，提高商品价格以弥补前期"价格战"中的损失。执法机构会考虑低于成本销售的行为是否有排挤竞争对手的效果，以及经营者是否会在排挤竞争对手后提高价格从而获取不当利益、损害市场公平竞争和消费者利益的情况。

引发低于成本销售的风险事项包括但不限于：

·低于成本销售的价格接近或低于成本；

·低价销售的持续时间过长；

·经营者因低价促销而大幅提高市场占有率，或导致竞争对手离开市场；

·低价促销结束后，经营者将价格提高到高于促销前的水平。

③拒绝交易

《反垄断法》第22条第1款第3项禁止具有市场支配地位的经营者在没有正当理由的情况下，拒绝与交易相对人进行交易。在市场经济中，经营者有权自主选择交易对象、协商交易条件，但对于具有市场支配地位的经营者，拒绝与交易相对人进行交易的，很可能会导致对方无法购买产品或使用服务，削减对方的交易机会，从而将对方排挤出市场。

拒绝交易的表现形式可以是明示的，也可以是暗示的。实践中，经营者常通过变相的方式实现拒绝交易的结果。根据企业业务运营模式的不同，拒绝交易有不同的表现形态，常见的拒绝交易风险行为有：

·提出不符合行业惯例的、对方无法接受的交易条件；

·以实质性削减与经销商或客户现有交易数量或交易金额的方式拒绝交易；

·在平台规则、算法、技术、流量分配等方面设置不合理的限制和障碍，使交易相对人难以开展交易等。

④限定交易

《反垄断法》第22条第1款第4项禁止具有市场支配地位的经营者在没有正当理由的情况下，限定交易相对人只能与其进行交易或者只能与其指定的经营者进行交易。"限定交易"可以通过直接或间接的方式实现。直接的方式可以表现为在协议中约定独家条款或排他性条款；间接的方式表现为通过奖励或惩罚的措施，变相诱导或强迫交易相对人实施限定交易。

限定交易行为是反垄断执法关注的重点领域。因此，在起草和审查协议时，应高度关注企业是否存在限定交易的风险。具体而言，对外合作协议中应禁止约定"二选一"的条款，谨慎缔结有关独家合作安排的协议。常见的限定交易风险事项有：

·要求交易相对方只能与该经营者进行交易，不得与其竞争对手进行交易；

·要求交易相对方优先展示其商品或服务，并且遮挡竞争对手的商品或服务信息；

·要求交易相对方达到一定金额或数量的交易量，并采取奖励或惩罚措施确保实现较高的渗透率业绩指标。

⑤搭售或附加其他不合理交易条件

搭售是指将不同商品进行组合销售的行为。搭售是较为常见的营销手段，组合销售商品可以节约销售成本、增加利润。但《反垄断法》禁止的搭售行为是指违反交易惯例、消费者习惯或者无视商品的功能，捆绑销售不同商品或者组合销售商品。实践中，经营者通常通过在搭售商品市场的优势力量，而要求交易对方购买被搭售商品，以提高经营者在被搭售商品市场的竞争实力。

其他类型的附加不合理交易条件是指对交易条件、合同期限、支付方式、商品的运输及商品的销售地域、销售对象、售后服务、费用等附加不合理的限制或要求。附加不合理交易条件没有明确的适用规则，属于兜底性质的适用条款，需根据执法机构的认定标准确认。

常见的搭售风险事项表现为：

·将商品 A 与商品 B 绑定销售，且 A 和 B 不具有功能或构造上的联系；

·以明显的超高折扣绑定销售不同商品；

·通过技术手段绑定销售不同商品，例如格式条款、弹窗、操作必经步骤；

·以惩罚措施强制要求合作相对方接受其他商品或服务，如实施搜索降权、流量限制、技术障碍等措施。

常见的附加不合理交易条件风险事项表现为：

·对交易附加不合理限制，表现在付款条件、付款时间、交货地点等方面；

·在商品或服务价格外收取不合理费用；

·强制收集交易相对方或用户的非必要信息；

·区别对待交易条件相同或相似的交易相对方，例如收取不同的价格、适用不同的折扣、促销政策。

⑥差别待遇

差别待遇是指经营者对条件相同或相似的交易相对人，在交易价格等交易条件上实行差别待遇。在市场经济下，经营者有权根据经济发展和业务运营情况，对不同交易相对人采取差异定价，这是较为常见的商业营销策略。但如果具有市场支配地位的经营者利用其市场优势，对交易条件相同或相似的相对人，提供明显具有差异的交易条件，将使得部分交易相对人处于竞争劣势，从而产生限制或排除竞争的效果，这是《反垄断法》所禁止的行为。

常见的差别待遇风险事项表现为：

·对交易条件相同或相似的交易相对方提供差别待遇，包括收取不同的费用、适用不同的交易条件、提供不同的折扣或优惠、提供不同的技术支持和售后服务等支持性服务；

·实施自我优待，即对企业及其集团的产品或服务提供更好的待遇，对存在竞争关系的合作伙伴提供更差的待遇，从而使企业取得竞争优势。

上述六类行为是构成滥用市场支配地位的违法行为。此外，反垄断执法机构还可以适用《反垄断法》第22条第1款第7项的兜底条款认定其他滥用市场支配地位的行为。在满足行为要件时，滥用市场支配地位的违法性认定还要考虑行为是否存在法律规定的正当性理由，以及行为可能导致的排除、限制竞争效果。

（3）正当理由抗辩

除不公平高价销售商品或不公平低价购买商品外，上述提及的其他滥用行为，均可以适用法律规定的正当理由抗辩。如果经营者具有正当理由，则可以主张相关行为不构成滥用市场支配地位。

表 7.16　正当理由

行为类型	正当理由的抗辩
低于成本销售	降价处理鲜活商品、季节性商品、即将到期的商品和积压商品的； 因清偿债务、转产、歇业降价销售商品的； 在合理期限内为推广新商品进行促销的。
拒绝交易	因不可抗力等客观原因无法进行交易； 交易相对人有不良信用记录或者出现经营状况恶化等情况，影响交易安全； 与交易相对人进行交易将使经营者利益发生不当减损。
限定交易	为满足产品安全要求所必需； 为保护知识产权所必需； 为保护针对交易进行的特定投资所必需。
搭售或附加其他不合理交易条件	符合正当的行业惯例和交易习惯； 为满足产品安全要求所必需； 为实现特定技术所必需。
差别待遇	根据交易相对人实际需求且符合正当的交易习惯和行业惯例，实行不同交易条件； 针对新用户的首次交易在合理期限内开展的优惠活动。

对于平台经济领域的风险行为，还可以参考国务院反垄断委员会《关于平台经济领域的反垄断指南》的规定。该指南针对平台经济行业的特征，提供了更加细化的正当理由情形。

3. 垄断协议

垄断协议是指经营者之间具有排除、限制竞争效果的协议、决定或者其他协同行为，可分为横向垄断协议和纵向垄断协议。

（1）横向垄断协议

横向垄断协议是指具有竞争关系的经营者之间达成的垄断协议、决定或其他协同行为。涉及固定价格、限制商品产量或销量、限制使用新技术、分割市场和联合抵制交易的垄断协议原则上将直接被推定违法，仅在例外情况下才可以被豁免。[1] 横向垄断协议被法律所禁止的原因在于，所有经营者都应当独立地

---

[1] 豁免垄断协议的情形可参见《反垄断法》第 20 条。

实施销售、采购及作出相关市场行为决策，不得达成横向垄断协议以排除、限制竞争。

《反垄断法》所禁止的不仅是明确的、书面的协议或决定，还禁止通过明示或默示的形式进行意思联络、采取协同行为，甚至与竞争对手交换价格（定价）、成本、利润、折扣、产量等竞争敏感信息。实践中，应特别注意避免与行业内的竞争者交换敏感商业信息。交换信息的场景不限于共同参加行业协会组织的会议、私下聚会、政府主管机关组织的行业交流会议以及在就横向交易进行经营者集中申报的过程中，都可能因敏感信息交换或未充分隔离，而触发横向垄断协议的风险。

常见的横向垄断协议风险事项表现为：

·与有竞争关系的经营者达成一致，直接固定或者变更价格水平、价格变动幅度和区间、利润水平，或者约定折扣、手续费、返佣、信贷条款等其他价格因素，以及约定采用据以计算价格的标准公式或者限制参与协议的经营者的自主定价权；

·与有竞争关系的经营者达成一致，以限制产量、固定产量、停止生产等方式限制商品的生产数量，或者限制特定品种、型号商品的生产数量，又或者是以限制商品投放量等方式限制商品的销售数量，以及限制特定品种、型号商品的销售数量；

·与有竞争关系的经营者划分商品或服务的交易条件，包括交易对象、服务或商品使用地域范围、时间段等；

·与有竞争关系的经营者共同约定不购买或使用新技术、新设备，或者不开发新技术、新产品；

·与有竞争关系的经营者约定联合抵制交易；

·利用技术手段与有竞争关系的经营者通过意思联络，达成一致的商业决策；

·与有竞争关系的经营者交换竞争性敏感信息，包括但不限于价格，折扣和折扣政策，客户，市场区域，供应商，销售条款或条件，谈判政策或策略，收益、利润或利润率，市场份额，销售、营销、广告或者促销的策略或者成本，市场、供求、价格趋势等数据或观点，业务扩张/收缩计划等，并据此作出商业决策。

（2）纵向垄断协议

纵向垄断协议是指经营者与交易相对人之间达成的垄断协议、决定或其他协同行为。纵向垄断协议的类型包括固定向第三人转售商品的价格，限定向第三人转售商品的最低价格和国务院反垄断执法机构认定的其他垄断协议（如独家供应、独家采购、限制经销商的销售地域和销售渠道等）。涉及固定转售价格、限定最低转售价格的垄断协议原则上将直接被推定违法，仅在例外情况下才可以被豁免。①

转售价格维持是纵向垄断协议执法关注的重点行为。通常，转售价格维持的风险事项表现为：

· 固定经销商向第三人转售商品的价格水平、价格变动幅度、利润水平或者折扣、手续费等其他费用；

· 限定经销商向第三人转售商品的最低价格，或者通过限定价格变动幅度、利润水平或者折扣、手续费等其他费用限定向第三人转售商品的最低价格；

· 通过其他方式固定经销商转售商品价格或者限定转售商品最低价格（例如，通过经销商转售价格倒推公司对其的出货价格等，设置每一层级经销商的价格水平、价格体系、利润空间等）。

除涉及价格的纵向垄断协议外，实践中还存在涉及非价格因素的垄断协议，相关风险事项包括具有违法性的条款（如要求合作方承诺在商品数量等方面向其提供等于或优于其他竞争性经营者的交易条件），限制合作方开展业务的区域或商户类型，限定合作方只为其提供商品或服务，利用技术手段、平台规则、数据和算法等方式限定其他交易条件。

4. 与行政权力有关的排除、限制竞争行为

滥用行政权力排除、限制竞争是指行政机关和法律、法规授权的具有管理公共事务职能的组织滥用行政权力排除、限制竞争的行为。根据行为类型，可分为限定交易，出台排除、限制竞争的规定，妨碍商品自由流通，限制招投标等。

经营者如果因为行政机构或法律、法规授权的具有管理公共事务职能的组织

---

① 豁免垄断协议的情形可参见《反垄断法》第20条。

所发布的行政命令而实施了垄断行为，能够证明其实施垄断行为是被动遵守行政命令所致的，可以依法从轻或减轻处罚，但不能免予处罚。① 因此，当企业发现相关行政命令可能会导致排除、限制竞争时，应及时主动向相关主管机构反映，在确认相关行政命令的合法性前，避免依据命令采取任何行动；如果已经实施了垄断行为，应及时收集相关证据，向执法机构主张从轻处罚。

（二）反垄断合规风险检测

反垄断合规风险是指对于实际或潜在的反垄断违规行为的预先识别，包括确定具体涉嫌违法违规的风险行为的性质、持续的时间和范围，认定有潜在风险的商业实践行为，评估公司反垄断合规方案。反垄断合规风险检测与公司日常业务运营紧密联系，通常以反垄断合规日常自查、反垄断合规专项检查的方式开展。为实现反垄断合规风险检测，需要从程序和实体两个方面开展合规工作。

1. 程序方面的检测工作

在程序方面，反垄断风险检测的操作流程可以设计为发起、执行、优化三个环节。该三个环节由公司的业务部门和法务部门相互配合进行。具体而言：

（1）发起环节

由业务部门主动发起反垄断风险检测，经业务部门负责人批准后，由业务部门通知法务部门此次反垄断检测的具体安排，并作相应准备。

（2）执行环节

业务部门应根据批准的检测方案、结合上文的合规风险类型进行反垄断风险检测工作，实事求是、全面完整地对其反垄断合规工作开展自评自查，并在规定的时间内将经本部门负责人签字确认的自查报告及自查依据材料提交给法务部门。法务部门负责审查业务部门提交的自查报告等文件，并向相关业务部门的负责人出具反垄断合规风险分析报告，告知本次自查中发现的主要问题，对于不符合合规要求的事项提出整改建议。

---

① 参见《禁止垄断协议规定》第46条、《禁止滥用市场支配地位行为规定》第41条第4款。

(3) 优化环节

业务部门将根据反垄断合规风险分析报告，结合自身业务实际情况，形成合规整改方案，落实改善反垄断合规自查中发现的各项问题。同时，如业务部门提出培训需求，法务部门可结合本次合规自查发现的问题开展专项培训，输出反垄断合规知识。

除日常自查的检测方式外，法务部门还可以组织反垄断合规专项检查，集中审查特定业务线或业务类型的反垄断合规问题。在反垄断执法活动频繁的时期，企业可以按需启动内部的反垄断专项检查，识别、纠正反垄断风险行为，提前应对执法机构可能对公司启动的调查程序。

2. 实体方面的检测工作

在实体方面，反垄断合规检测可按照业务运营的不同阶段，根据上述合规风险类型进一步细化。反垄断合规风险的检测可分为协议起草、产品设计和日常运营三个阶段。不同阶段的风险检测重点存在差异。

首先，协议起草阶段应重点关注公司在签订合作协议时是否存在达成或实施横向垄断协议、纵向垄断协议的风险，参与的投融资交易是否触发了公司的经营者集中申报义务。其次，产品设计阶段应重点关注特定产品的价格、营销策略，以及与其他经营者的合作模式是否存在达成或实施垄断协议、滥用市场支配地位的风险。最后，日常运营阶段应考虑公司的日常经营或管理活动是否存在垄断行为，考察的对象包含公司的运营策略、参与行业竞争的行为、标准协议模板、内部制度文件、商业安排等事项。

作为示例，下表罗列了协议起草阶段应重点关注的垄断行为。

表 7.17 协议起草阶段应重点关注的垄断行为

风险类型	重点关注的对象	重点排查的事项
经营者集中申报	合并协议、收购协议、业务合作协议或借以取得控制权的合同；目标公司的公司章程、股东协议；目标公司的财务会计报告；目标公司的第三方研究报告。	是否取得了对目标公司的控制权；交易的营业额是否达到了申报标准；是否涉及扼杀创新的收购，包括收购初创企业、新兴平台、因免费或低价模式导致营业额较低的公司、因市场规模较小而导致营业额未达标的公司等。

续表

风险类型	重点关注的对象	重点排查的事项
横向垄断协议	业务合作协议或备忘录，有关竞争对手商业关系的合同、决议；公司业务决策的会议记录、备忘录和批准文件等；业务人员与具有竞争关系的经营者的员工之间的通信记录，包括但不限于往来邮件、微信/企业微信/QQ等软件、短信与通话记录。	是否与竞争对手就现实存在或潜在竞争关系的业务（包括新产品合作研发）达成一致；是否就提供产品或服务的费率、利润、折扣、产量、销量等达成一致，或就采购、销售区域、新技术开发等达成协议；是否涉及利用提供服务的机会收集用户或合作伙伴的价格、销售量等信息，并将汇总信息发送给其他合作方作经营参考；是否联合抵制其他经营者。
纵向垄断协议		是否干预其他协议经营者的自主定价权；是否约定了最惠国待遇条款；是否限制交易相对方开展业务的地理区域或商户类型。
滥用市场支配地位行为	与合作方达成的合作协议；有关价格的内部文件；有关其他竞争者的产品/服务价格、营销策略的行业研究或调查文件。	公司是否具有市场支配地位；是否存在不公平价格、低于成本销售、拒绝交易、限定交易、差别待遇、搭售或附加其他不合理交易条件等滥用市场支配地位行为。

反垄断风险检测需要结合公司的运营模式和业务类型有针对性地开展工作。基于对业务或产品运营方式、商业目的的全面了解，结合对各类反垄断风险行为构成要素及其特点的掌握，我们可以总结出反垄断风险问题清单，梳理可能发生风险的情况、风险可能造成的影响和风险发生的概率，进而调整业务模式及运营方法，规避风险行为要素。

（三）反垄断合规风险评级

为更直观地掌握反垄断合规风险的情况，企业可以针对风险检测过程中发现的风险类型，梳理出风险点，并区分各风险点的风险程度，通常可分为高风险、中风险、低风险、无风险四类风险等级。风险等级的高低并不等同于风险行为受到行政处罚的可能性，只是从行为的违法性层面进行等级评估，以提示合规风险，便于企业作出合法合规的商业决策。

风险评级的考量因素包括但不限于：（1）相关行为要素满足各类垄断行为要件的可能性；（2）涉嫌违法行为是否已经超过《行政处罚法》的追溯时效；（3）相关行为是否可适用法律规定的正当理由；（4）涉嫌违法行为导致的行政处罚力度（即违法成本，包括考虑违法行为是否有适用从轻、减轻处罚的空间，是否可能取消员工职业资格等）；（5）当前的执法口径（可考虑当前的执法力度和频率、法律和行业政策的发展和走向）；（6）风险可能对公司声誉产生的负面影响；（7）可能产生损害赔偿的金额。

作为示例，以下是评价四类风险等级的参考口径：

表7.18 评价四类风险等级的参考口径

	无风险	低风险	中风险	高风险
影响	无影响，或者不会导致重大罚款，不会造成损害赔偿或影响公司声誉	引起地方罚款或在×××金额范围内的罚款，可能引起×××金额范围内的损害赔偿，或未影响公司声誉	重大罚款及可能引起损害赔偿超过×××金额，但低于×××金额，并影响公司声誉	罚款超过×××金额，或有严重影响公司业务运营的结果（如导致公司业务被拆分、停业整顿等），并影响公司声誉
不利结果发生的可能性	不太可能发生（概率低于10%）	可能发生（概率范围为10%~25%）	很可能发生（概率范围为25%~50%）	极可能发生（概率超过50%）

当然，并非所有企业都需要采用如此细化的评级体系。对于某些中小型企业而言，采取更为基础或简单的评级框架，可能更有利于企业识别具有显著不利影响的反垄断风险。

对于相关行为要素而言，可以根据上文介绍的合规风险类型，评估相关行为是否符合垄断行为要件。下表就常见的高风险垄断行为举例说明：

表7.19 常见的高风险垄断行为

合规风险类型	高风险示例
经营者集中申报	企业取得对目标公司高管任免、经营计划或年度预算决议的单独否决权，并且交易达到申报的营业额门槛，但交易在交割前未进行经营者集中申报

续表

合规风险类型		高风险示例
滥用市场支配地位	不公平价格行为	以明显高于或低于竞争对手在相同或相似市场条件下提供的可比较价格
	低于成本销售	促销活动的价格接近或低于成本，促销的持续时间较长
	拒绝交易	无正当理由，拒绝交易相对方提出的购买商品或获取服务的交易请求
	限定交易	与合作相对方达成独家安排； 与合作相对方达成妨碍竞争对手向用户提供服务或商品的安排
	搭售或附加其他不合理交易条件	强制要求交易相对方销售公司提供的产品 A 和 B，若对方不同时购买两项产品，则不予以提供配套软件的安装服务
	差别待遇	向 A 地理区域的零售商只提供特定规格的产品，拒绝提供其他规格的相同产品
垄断协议	横向垄断协议	与竞争对手约定销售某项产品的区域不超过约定划分的市场范围，不低于约定的销售价格
	纵向垄断协议	限定经销商向第三人销售商品的最低价格

对于行政处罚的追溯时效而言，如果涉嫌违法的行为已经超过二年的追溯时效，则将有效降低风险等级至低风险。《行政处罚法》第 36 条规定，"违法行为在二年内未被发现的，不再给予行政处罚；涉及公民生命健康安全、金融安全且有危害后果的，上述期限延长至五年。法律另有规定的除外。前款规定的期限，从违法行为发生之日起计算；违法行为有连续或者继续状态的，从行为终了之日起计算"。

值得注意的是，垄断行为可能是持续的，例如，长期实施的垄断协议，或持续存在的拒绝交易或价格歧视行为等，这类垄断行为应当从行为终了之日起计算。此外，应严格检查风险行为是否超过二年的期限，不能因违法行为发生的时间久远而降低评估风险等级。

对于行政处罚力度而言，根据现行《反垄断法》第 56 条第 1 款，实施垄断协议的罚款通常较高，可达涉案经营者上一年度销售额百分之一以上百分之十以下；尚未实施所达成的垄断协议的罚款上限为三百万元。对于行政责任更严重的风险行为，可适当提高风险评估等级。

此外，还可以结合相关行为适用法律规定的正当理由空间以及当前的执法口径，灵活调整风险评级。

三、反垄断合规计划的打造

（一）搭建反垄断合规制度体系

设计反垄断合规的整体风险防控体系，需要考虑到各种维度，在此以时间维度为例，将合规制度体系分为：（1）事前审查与预警制度；（2）事中检查与风险应对；（3）事后问责与制度优化。

1. 事前审查与预警制度

事前合规制度的目标是明确反垄断合规的管理组织和工作内容，整理反垄断法律法规，向员工输出反垄断合规知识，设计贴合业务需求的反垄断法律风险预警机制。

（1）明确反垄断合规的管理组织

事前合规需要明确反垄断合规工作的管理组织，确保专人监督、执行和负责。企业可以结合内部的组织构架，分配反垄断合规的工作任务。通常而言，建议由董事会制定反垄断的合规目标，由管理层负责推动反垄断合规的管理，由法务部门制定具体的合规制度、落实反垄断合规工作，并由董事会定期审核、评估反垄断合规的执行落地。

作为示例，下文罗列了董事会、总经理和法律合规部可以承担的反垄断合规职能：

①董事会作为反垄断合规管理的最高机构，负责从以下方面推动反垄断合规管理：确保反垄断合规目标与战略方向保持一致；决定反垄断合规管理的基本制度、职能划分；确保配置反垄断合规管理所需的资源；持续改进反垄断合规管理工作；决定反垄断合规管理的其他重大事项。

②总经理在董事会领导下，负责从以下方面推动反垄断合规管理：决定竞争合规管理的具体制度和职能设计；持续推进公司员工遵守反垄断合规管理制度；

按照权限对违规人员进行责任追究；支持员工对反垄断不合规事项进行内部举报；向董事会汇报反垄断合规管理工作；处理和解决权限内的其他反垄断相关事件和问题。

③法律合规部在总经理的指导下，负责从以下方面落实反垄断合规工作：研究设计反垄断合规管理的具体制度；采取措施确保反垄断合规管理制度的落实；就反垄断合规管理和反垄断相关问题提供咨询和指导；及时制止并纠正不合规的经营行为；按照权限对违规人员提出处理建议；视情况开展反垄断合规风险的评估；接受员工对反垄断不合规事项提出的内部举报，并负责进行后续调查核实；接洽、协调反垄断合规外部法律顾问；向总经理汇报反垄断合规管理工作；研究与业务相关的反垄断法律法规；定期组织开展反垄断合规培训；处理和解决权限内的其他反垄断相关事件和问题。

(2) 建立反垄断合规知识库

搭建反垄断合规制度的必要前提是合规人员熟练掌握反垄断法律法规、相关政策以及执法实践的知识。只有在熟悉法律方面的规定后，才能灵活地结合企业的商业运营，提供准确的风险评估以及建议方案。

建立知识库的工作，可以从梳理与业务有关的反垄断法律法规、收集执法案例、总结国内外法律法规及监管要求等着手。根据企业对反垄断合规的需求程度，可以定期整理反垄断执法案例分享，确保核心职能员工了解反垄断执法的最新动态。我国的反垄断立法和执法工作起步较晚，立法和执法机构往往会借鉴其他国家或地区的成熟经验和理论研究，所以时刻保持对域外反垄断事件的关注，可以帮助企业了解和预估国内反垄断监管的走向，提前布局规划工作。

此外，随着反垄断执法的加强，行业内的头部企业也开始重视反垄断合规管理，部分上市企业对外公示了反垄断合规制度，这些成果是很好的学习资料。合规人员可以通过学习行业头部企业的反垄断合规实践，进行信息交叉印证，检验本企业的做法是否有待完善之处。

(3) 设计和制定具体的竞争合规文件

反垄断合规的落实依赖于全面和完善的合规制度文本。企业搭建反垄断合规体系时，应注意将合规资料和合规经验进行书面记录，以清晰、明了的方式分类整理成册，向公司主管人员及相关员工发放，组织定期培训，确保员工了解公司的反垄断合规政策，并在日常工作中加以实践，防范违法违规风险。

反垄断合规的制度文件应梳理公司业务可能存在的垄断风险，为员工识别垄断风险提供指引，明确员工培训的安排，以及设计检验员工学习效果的考核制度。反垄断合规制度文件具体可涵盖如下文书：《×××公司反垄断合规培训制度》《×××公司反垄断合规考核制度》《×××公司反垄断应急演练制度》《×××公司反垄断自查合规指引》《×××公司反垄断员工手册》《×××公司反垄断模拟演练合规指引》。

其中，《×××公司反垄断自查合规指引》是核心的合规制度文件，可以帮助公司员工及时发现垄断风险。从内容而言，合规指引可以分为概要部分、实体部分与执行部分。概要部分：简明介绍与公司业务密切相关的反垄断法律法规；实体部分：参考反垄断风险类型，将内容分为垄断协议、滥用市场支配地位、经营者集中、行政垄断，介绍需要重点排查的反垄断风险；执行部分：结合公司运营和业务的特征，将内容按照不同的工作模块，分别设计实施合规管理的工作内容。

合规指引应具有可操作性，需清晰易懂，方便管理团队、法务团队和业务人员随查随用，内容可结合"合规行为示例""风险行为示例"以及"问答"的形式，并辅以案例。

在制定反垄断合规制度文书时，还应注意与业务部门同事进行具体反馈工作，确保合规制度的适用性。反馈可采用业务人员访谈、问卷调查、第三方评估等形式。

(4) 建立反垄断风险预警机制

反垄断风险预警机制可以帮助企业持续检测反垄断风险，及时识别风险事项，进行风险预警，将风险后果的不利影响减轻。反垄断的风险预警治理目标是及时识别风险、确保公司行为的合规性、确保重大经营决策或营销策略的合法性。

反垄断风险预警的治理工作包括：初步梳理重大的反垄断风险点，对业务运营和内部管理进行定期检查，对风险发生的可能性、影响程度和潜在后果等进行系统分析，对于典型性、普遍性和可能产生较严重后果的风险及时发布预警。

2. 事中检查与风险应对

（1）反垄断日常法律风险评估

日常法律风险评估是保证反垄断合规工作落地实施的重要环节。企业员工在日常工作中应保持反垄断合规管理的自查意识，根据反垄断自查指引及其他适用的制度和手册进行反垄断合规日常自查。

如上文所述，企业应建立反垄断风险自查合规指引，各业务部门可按照业务线或工作阶段参照适用风险识别的方法，完成自查。自查工作设置两道风险防线，一道在业务部门，另一道在法务部门。业务部门先进行风险自查，对于疑似涉嫌垄断的事项或疑问，可向法务部门咨询，形成初步的协议或决议文本，并提交至法务部门进行初次审核。这套自查流程可以通过管理系统，内嵌到审批流程中。

日常法律风险的评估方案可以从如下方面细化：明确需要自主开展反垄断风险自查工作的部门和员工；以流程形式说明业务部门自查的步骤；介绍法务部门参与业务部门自查工作的方式；指定有权审议自查报告和调整方案的负责人。

（2）反垄断专项法律风险评估

除日常自查外，法务部门还可以组织启动反垄断合规专项检查，以便集中发现、解决特定业务运营领域的反垄断合规问题。此外，在执法机构关注特定反垄断问题的时期，企业也可以自主开展专项的合规检查工作。

专项法律风险评估可采用发起、准备、执行和优化四项步骤。由法务部门视需求申请发起专项检查，或由董事会、总经理等管理层指示发起检查，并由法务部门牵头进行检查的准备、执行和优化，形成合规整改方案，落实改善检查中发现的各项问题。

（3）反垄断监管应对

企业员工及管理层应理解反垄断执法调查的内容和形式，这对企业应对执法调查而言极为重要。企业应对员工进行反垄断内容的培训，或者通过内部专项调查的方式提高员工应对真实情况下执法调查的能力。

在应对监管机构的反垄断调查时，应注意以下事项：

①企业应迅速成立反垄断调查应对小组，小组由管理人员、法务合规、公共

关系、财务、IT、行政部门等工作人员组成；

②反垄断调查应对小组和重要部门相关工作人员应根据内部的应急演练指南，承担各自的职责；

③负责接待及安保任务的员工应礼貌配合执法人员的调查工作，避免反垄断调查机构认定公司妨碍调查或对调查不予以支持；

④确保所有员工知悉在反垄断调查时的合作义务，了解在调查期间任何形式的阻碍执法行为将受到公司的严厉处置；

⑤确保公司员工在调查范围内提供真实的信息，避免作伪证、提供误导性信息或者发表个人意见；

⑥逐条记录执法人员在调查中获得的所有文件，记录负责文件管理的人员在公司内的身份和职责；

⑦控制公司所有商业团队内部的谣言，注意信息保密，确保公司在反垄断调查期间正常经营，禁止公司员工向第三方披露任何调查信息。

（4）反垄断诉讼

企业在提起或应对反垄断诉讼时，应注意保留书面的证据文件。在应对其他人提起的反垄断诉讼时，公司应组织专门人员积极准备诉讼文件和材料，收集诉讼证明，同时注意信息保密，避免对外透露任何与诉讼有关的信息。同时，公司内部也应及时讨论应对诉讼的方案，包括确定处理公共关系的方案，避免诉讼对公司的声誉或日常运营造成不利影响。

3. 事后问责与制度优化

事后的反垄断合规主要是为了追究相关人员的责任，复盘风险事件中暴露的合规缺口，进而完善内部的合规管理和制度优化。

为确保反垄断合规制度的落地实施，企业需要制定事后问责制度，可以由法务部门根据事后调查掌握的情况，根据国家法律法规和公司内部相关管理制度，向管理层提出人员处理意见，由管理层作出最终处理措施，由人事部门予以执行。

此外，无论是反垄断调查、诉讼还是风险评估，公司各部门都应注意对工作中遇到的难点问题或重大风险事件进行总结，审视公司业务或合规管理中存在的漏洞，制定完善反垄断合规管理的方案。例如，法务部门在对业务合作协议模板进行专项审查时，发现公司与经销商签订的协议均包括排他性的合作安排，在及时纠正风险问题后，还应重新制定业务协议模板，并安排专门培训，向销售或产品设计等业务职能的员工说明此类协议的违法风险。

（二）反垄断合规管理资源配置思路

反垄断合规资源的配置设计并没有固定的参考标准，需要结合企业的自身需求和发展来灵活安排。大型企业和中小型企业对反垄断合规的需求有较大差异，并且能够向反垄断合规管理投入的资源也不尽相同。通常而言，企业可以参考自身的经营规模和面临的风险，评估企业对反垄断合规的需求程度。

企业规模可通过企业的年度营业收入、市场占有率的指标来进行初步评估。对于初创企业或中小型企业，企业面临的反垄断风险通常表现在垄断协议方面，所以在制度建设和风险评估工作中，可在垄断协议方面重点配置人力、时间和资金。同时，此类企业承担风险压力的能力较弱，所以在评估垄断风险时需要重点关注违法成本，包括风险可能导致的罚金、对业务运营造成的影响。行业的头部企业或者大型企业营业额和市场占有率通常较高，所以企业面临的垄断风险点会更加复杂多样，需要在合规制度的各个层面投入管理资源，其中应重点关注与公司主要业务（即高收益业务、核心业务或企业未来发展的重要业务）紧密联系的风险防控。

同时，企业还需要考虑自身的风险状况，考量企业的经营及所处行业性质，企业是否拥有中间商、咨询机构、合作商、经销商，企业的客户及竞争者状况等。

此外，企业对反垄断合规的资源投入还可能受到其他领域合规需求（如反贿赂和腐败）的限制，所以企业需要结合自身的合规需求和面临的监管风险综合衡量对反垄断合规资源的投入。

（三）反垄断合规评估方法

正如前文分析，企业可根据自身需求，启动专项的反垄断合规评估。为提高专项评估的有效性，企业在最初制定专项评估方案时，应明确专项评估的目标、对象、范围、期限以及预期效果。例如，确定专项评估的范围是业务合作协议还是产品设计方案，评估的目标是确保某项营销方案的合规性还是应对监管机构阶段性的执法活动。此外，应组织评估小组制定专门的评估手册，向评估小组提供足够的资源支持，以实施评估手册的各项内容。

具体而言，评估小组应有权审阅一定保密等级的协议、商业政策等文件。视情况需要，评估小组还有权采取以下措施：

1. 监控与竞争对手/合作伙伴的商业联络

（1）加入所有相关的工作通信群。

（2）抄送所有的群发邮件。

（3）参与所有电话/面对面多人会议。

2. 参与及审核各级经营管理层的重大商业决策

（1）重大商业决策的范围包括：商业模式/盈利模式；与竞争对手/合作伙伴关系；定价；捆绑/限定交易/不合理条件/拒绝交易/差别待遇。

（2）参与经营管理层的重大商业决策会议。

（3）审核经营管理层最终形成的重大商业决策，并提出审核意见。

由于部分反垄断风险具有隐蔽性，不易确定风险大小，除文件审阅外，评估小组还可以考虑实地排查风险，访谈管理团队、服务商及其他合作伙伴、商户及其他客户，就排查事项对商户或消费者进行抽样调查，抽查合同、业务规则细则，形成反垄断风险专项排查报告。

第七节 反商业贿赂合规

企业反商业贿赂合规，是企业为有效防范、识别、应对商业贿赂合规风险所建立的一整套合规体系。在我国合规监管实践中，因商业贿赂而产生的违法犯罪风险，与涉税、环境资源保护、生产安全及产品质量、职务侵占与内部腐败、招投标、信息安全和个人信息保护等共同形成了合规风险高发的领域。

《反不正当竞争法》第 7 条规定："经营者不得采用财物或者其他手段贿赂下列单位或者个人，以谋取交易机会或者竞争优势：（一）交易相对方的工作人员；（二）受交易相对方委托办理相关事务的单位或者个人；（三）利用职权或者影响力影响交易的单位或者个人。经营者在交易活动中，可以以明示方式向交易相对方支付折扣，或者向中间人支付佣金。经营者向交易相对方支付折扣、向中间人支付佣金的，应当如实入账。接受折扣、佣金的经营者也应当如实入账。经营者的工作人员进行贿赂的，应当认定为经营者的行为；但是，经营者有证据证明该工作人员的行为与为经营者谋取交易机会或者竞争优势无关的除外。"该条包含商业贿赂概念，是我国相关监管部门开展反商业贿赂工作的依据之一，也可以作为各个企业开展反商业贿赂合规的参照性规定。

一般认为，反商业贿赂合规是世界范围内的专项合规起源，也是各国探索较为成熟的专项合规模式。在许多场合，反商业贿赂合规被称为"反腐败合规"，二者在管理体系建设和法律风险防范方面差异较小。对于反商业贿赂合规或反腐败合规，本节仅作概括性呈现。

一、反商业贿赂合规的监管态势

商业贿赂是市场竞争机制的主要敌手之一。为应对商业贿赂，我国主要从行政和刑事两方面通过立法进行规制。

在行政方面，以前述《反不正当竞争法》第 7 条为核心，若发生其禁止行为，则产生"由监督检查部门没收违法所得，处十万元以上三百万元以下的罚款"的法律后果，"情节严重的，吊销营业执照"。然而，这一规定只是总领性规定，在广告、招投标、药品销售等领域都有其特别法，应按照相应的规范进行调整。

在刑事方面，商业贿赂犯罪主要涉及《刑法》规定的行贿罪、受贿罪、单位行贿罪、单位受贿罪、对非国家工作人员行贿罪、非国家工作人员受贿罪、介绍贿赂罪等。这些罪名中，颇具代表性的是行贿罪和单位行贿罪的规定，对企业经营的警示意义也较高，涉及这两个罪名的犯罪案件数量也较大。《刑法》第 389 条规定了行贿罪："为谋取不正当利益，给予国家工作人员以财物的，是行贿罪。在经济往来中，违反国家规定，给予国家工作人员以财物，数额较大的，或者违反国家规定，给予国家工作人员以各种名义的回扣、手续费，以行贿论处。因被勒索给予国家工作人员以财物，没有获得不正当利益的，不是行贿。"

《刑法》第 393 条规定了单位行贿罪："单位为谋取不正当利益而行贿，或者违反国家规定，给予国家工作人员以回扣、手续费，情节严重的，对单位判处罚金，并对其直接负责的主管人员和其他直接责任人员，处五年以下有期徒刑或者拘役，并处罚金。因行贿取得的违法所得归个人所有的，依照本法第三百八十九条、第三百九十条的规定定罪处罚。"实践中，企业因构成贿赂类犯罪而带来的损失绝不只是法律规定的罚金，还将面临无法承接政府项目、经营资格受到限制、商业信誉变差、客户群体流失等一系列连锁性后果。可以认为，企业一旦被定罪，就将失去发展机会、走向破产倒闭。

在行政法和刑事法的统领下，我国的反商业贿赂执法力度不断增强，行政监管机关和司法机关借助现代化的监管科技，具备发现和制裁大多数商业贿赂违法犯罪行为的能力。这使得企业面临较大的反商业贿赂合规风险，企业应当对反商业贿赂合规风险予以高度重视。

二、反商业贿赂合规风险的识别

反商业贿赂合规风险的识别方式与其他类型专项合规风险的识别方式具有一定的相似性，包括分析企业经营领域和经营模式、分析同行企业行为动态和监管风险、监测上下游企业及商业伙伴的违法犯罪风险、以风险模拟测试的方式进行整体评估等。所采用的具体手段也有一定相似性，包括进行员工访谈、开展问卷调查、抓取企业数据、分析网络评价和新闻报道等。风险识别的目标在于，将深藏于企业经营和管理活动中的商业贿赂风险予以全面清查。

企业面临的反商业贿赂合规风险主要分为两种：一种是显现的违法违规风险，另一种是潜在的违法违规隐患。当企业已经涉嫌违法犯罪，被执法机关启动制裁程序时，其反商业贿赂合规风险已经显现，合规风险识别工作可以围绕该风险源展开，评估该风险源及相关风险事务的根本成因、影响范围、处置成本等。然而，对于尚未被行政制裁、刑事追诉的企业而言，识别反商业贿赂合规风险就成为其首要和前提工作。此外，在合规管理制度日常的运行、评估、更新中，也要始终"以风险为导向"，定期开展反商业贿赂合规风险识别和监控工作。根据国内外合规律师、监管组织、行业协会等公布的合规风险识别方法，常见的操作手段包括以下五种：

1. 分析企业既往记录

包括内部记录和外部记录两种类型。内部记录是指企业内部的商业贿赂违规举报、处罚记录；外部记录是指企业被行政制裁或警告的记录、涉嫌重大民事纠纷的案件记录、相关负面新闻报道等。如果相关问题已经有所记录，那么一般认为，该行为或经营环节发生商业贿赂的风险较高。

2. 与企业管理者进行详细交流

对企业管理者指出的问题进行风险溯源，以确定具体风险和风险级别。一般而言，发生频次较高的风险也意味着风险级别较高，需要予以更多的关注。

3. 对员工进行调查访问

可以依据企业员工的岗位类型，设计并发放风险调查问卷，或者组织员工进行谈话，以切实了解业务中潜在的商业贿赂合规风险。一般而言，采购、销售、售后等外向型的业务环节具有的商业贿赂风险级别更高，因为该类员工在工作中可能面临更多诱惑。

4. 分析同行企业动态

同类行业、相似规模、相似地域的企业所面临的合规风险一般具有相似性。即使某一企业自身未发生违法犯罪事件，其他相似企业也可能已经被行政执法部门制裁或陷入相关纠纷。例如，国家在医药领域开展相关专项执法行动，大量医药企业因涉嫌商业贿赂被查处，那么同类企业面临的风险也会显著提高。

5. 进行合规风险模拟测验

这种风险模拟测验一般通过合规科技实现，即通过数字和信息系统建立风险场景，检验企业内部人员的商业贿赂风险应对能力。例如，如果企业已经开展了一段时间的反商业贿赂合规培训，员工充分了解在礼品赠送、差旅、慈善捐赠等常见风险环节的合规要求，内部风险事件数量降低，那么意味着相关的风险级别可以降低。

三、反商业贿赂合规计划的打造

打造反商业贿赂合规管理体系，合理配置企业合规管理资源，既需要从合规管理制度的基本要素入手，也需要在一些特殊方面予以强化。

对于大多数企业而言，落实反商业贿赂工作，需要先建立一套要素齐全的合规管理制度体系，包括管理层承诺、拟定合规章程、进行合规风险评估、组成合规组织、开展合规培训、建立违规举报、培养廉洁文化等。对此，我国尚未出台统一化的行为规范，但可以借鉴域外的详细标准予以实施。一般而言，满足以下细节，才能被认定为有效的反商业贿赂合规计划：

1. 有管理层承诺和反商业贿赂方针

例如，企业管理层需明确反商业贿赂合规比获取经营利益更重要，通过"廉洁承诺""廉洁公告"等方式将反商业贿赂的理念充分表达和传递。

2. 通过发布"行为手册"等，阐明反商业贿赂合规的政策和程序

例如，企业需针对官员和客户关系，建立礼品、差旅、招待的花销限额，员工应当严格遵守相关要求。

3. 保障反商业贿赂的自治权力和资源

例如，需有高管负责反商业贿赂合规计划的实施和监管，还需配置足够的职权和资源，保障他们能获取企业有关数据、调查相关风险事件，并将调查结果上报负责领导。

4. 进行反商业贿赂风险评估

每个企业存在的反商业贿赂风险点均有所不同，应当依据评估结果配置资源。例如，针对一些企业，若花费大量合规资源管理招待和礼品问题，而不是监督大型政府竞标项目、管控有问题的第三方咨询费用、调查过大的经销费折扣，那么这个合规计划的实施很可能是无效的。

5. 建立反商业贿赂的培训及建议制度

例如，许多大型企业采取线上和线下相结合的合规培训方式，为不同业务部门的人提供不同的合规建议。实践中，许多企业员工在出差前需要接受特殊的反商业贿赂培训课程，因为公务差旅和客户招待环节最容易发生贿赂风险，需要在员工面临风险前的最佳时机再度予以提示和强调。

6. 建立反商业贿赂激励和惩戒措施

例如，有些企业将合规作为管理分红的重要考量因素，在年终奖计算和绩效

考核等环节，将员工反商业贿赂的表现作为重要依据。

7. 重视第三方尽职调查和费用支付问题

例如，许多企业在与第三方达成商业合作以前，都会要求其签署廉洁协议，以确保这些合作方不会从事贿赂行为。又如，有的企业会在开展商业合作以前，对合作伙伴进行尽职调查，以免受到不良企业的牵连。

8. 建立商业贿赂秘密举报和内部调查制度

一般而言，企业大多会设立匿名举报电话并任命合规监察员调查举报违规事件。如果企业建立了以上制度，商业贿赂有关问题的发生率往往较低。

9. 定期进行测试、审查，改进反商业贿赂合规制度

例如，一些企业会采取员工问卷调查的方式测试其合规文化和内控效果，根据法律政策的变化，实时更新反商业贿赂合规管理细节。

10. 完成并购、收购的事前尽职调查和事后整合

通常而言，如果企业在收购或并购时怠于发现目标企业存在贿赂行为，导致贿赂行为的后果仍在延续，则其应承担法律责任。因此，企业需要对目标对象进行反商业贿赂合规管理。

11. 保障对商业贿赂行为的调查、分析、补救

企业应及时发现商业贿赂行为并采取相应的惩戒和补救措施。实践中，企业打造反商业贿赂合规计划的方法各有千秋，其本质目标在于建立廉洁的企业经营文化，让员工"不敢腐，不能腐"，最终达到"不想腐"的境界。

图书在版编目（CIP）数据

企业合规事务管理：高级／中国企业评价协会企业合规专业委员会组编．—北京：中国法制出版社，2023.11

2024年企业合规师考试教材

ISBN 978-7-5216-3916-2

Ⅰ.①企… Ⅱ.①中… Ⅲ.①企业法-中国-资格考试-自学参考资料 Ⅳ.①D922.291.914

中国国家版本馆CIP数据核字（2023）第182882号

策划编辑：黄会丽　　　责任编辑：赵律玮　　　封面设计：杨泽江

企业合规事务管理（高级）
QIYE HEGUI SHIWU GUANLI（GAOJI）

组编/中国企业评价协会企业合规专业委员会
经销/新华书店
印刷/保定市中画美凯印刷有限公司
开本/730毫米×1030毫米　16开　　　　　　印张/28　字数/359千
版次/2023年11月第1版　　　　　　　　　　2023年11月第1次印刷

中国法制出版社出版
书号 ISBN 978-7-5216-3916-2　　　　　　　　　　定价：108.00元

北京市西城区西便门西里甲16号西便门办公区
邮政编码：100053　　　　　　　　　　　　　　传真：010-63141600
网址：http://www.zgfzs.com　　　　　　　　编辑部电话：010-63141793
市场营销部电话：010-63141612　　　　　　　印务部电话：010-63141606

如有印装质量问题，请与本社印务部联系。

前勒口二维码内容由中国企业评价协会企业合规专业委员会提供，为本书读者提供考试相关服务，有效期截至2024年12月31日。